심리전이란 무엇인가?

개정판 서문

독자의 요청에 부응하기 위해 1950년대 중반에 개정본을 집필했다. 초판 본문 중 14장은 '심리전과 무장해제Psychological Warfare and Disarmament'로 남겨두길 바랐으나 결국에는 삭제했다. 새로 쓴 4부는 3장으로 구성되어 있으며 심리전 분야와 관련된 학자 및 요원이 겪은 문제를 다루었다. 13장까지는 초판과 본문이 같다.

개정판은 초판과 마찬가지로 현장 경험의 산물이다. 필자는 1949년 이후 아홉 차례의 해외 파견 중 다섯 번은 극동지방에서 근무했다. 이때 말라야에서 연방고등판무관을 지낸 헨리 거니 경(나중에 공산주의자들에게 암살당함)을 비롯하여 필리핀인과 한국인, 중국 국민당원 및 중공군 포로 등과 대면했고, 전장에서 맥아더 장군의 지휘를 받던 수석 심리전 전문가인 J. 우달 그린 대령과 인연을 맺기도 했다. 1953년에 사망한 조셉 I. 그린 대령에게는 친구이자 동료로서 갚아야 할 빚이 있다. 감사의 글(초판)에 열거한 옛 친구에게도 많은 신세를 졌다. 그들의 조언과 지도편달 덕분에 수많은 궁금증이 해소될 수 있었다.

초판을 읽은 독자들이 소감이 담긴 편지를 보내 많은 보탬이 되었다. 아르헨티나 번역가 2인과, 일본어 번역을 위해 애써준 수마 요카치로Suma Yokachiro와 중국어역 초판 및 개정판을 옮긴 첸 엥칭Ch'ên En-ch'êng 모두는 작품의 내용이나 필치를 개선하는 데 직간접적으로 도움을 주었다.

전에는 제자였다가 육군지원 부설연구소(ORO, the Operations Research Office) 동료를 거쳐 지금은 아내가 된 제너비브 라인바거 박사의 격려와 조언에도 감사의 뜻을 전하고 싶다.

끝으로, 美기관과 정부 부처가 심리전의 원칙을 좀더 타당하게 확정하여 3판에서는—몇 년 후면 출간될—좀더 원숙한 심리전이 국제정세에 반영될 수 있기를 바란다. 원칙을 수정하는 데 필요한 시간은 딱히 정해두지 않았지만 범위나 방침이나 혹은 작전의 정의에 대해 소견을 밝히고 싶은 독자가 있다면 저자와 상의하여 3판 이후에라도 내용을 실을 수 있으면 좋겠다.

폴 라인바거
1954년 8월 3일

Psychological Warfare
심리전이란 무엇인가?

폴 M. A. 라인바거 지음 | 유지훈 옮김

CONTENTS

개정판 서문

1부 정의와 역사

CHAPTER 1 심리전의 역사적 사례   11
CHAPTER 2 심리전의 기능   33
CHAPTER 3 심리전이란 무엇인가?   47
CHAPTER 4 심리전의 한계   60
CHAPTER 5 1차 대전과 심리전   76
CHAPTER 6 2차 대전과 심리전   94

2부 분석·첩보·상황평가

CHAPTER 7 프로파간다 분석   131
CHAPTER 8 프로파간다 정보   156
CHAPTER 9 상황평가   174

3부 설계와 작전

- 197 **CHAPTER 10** 심리전 조직
- 223 **CHAPTER 11** 계획과 설계
- 234 **CHAPTER 12** 민간인 회유작전
- 244 **CHAPTER 13** 부대 회유작전

4부 2차 대전 이후

- 279 **CHAPTER 14** 냉전과 7건의 교전
- 304 **CHAPTER 15** 전략적 국제정보작전
- 321 **CHAPTER 16** 연구·개발·미래

부록

- 341 6·25전쟁과 심리전(1950~53)
- 351 감사의 글

---

* 일러두기
1 '프로파간다'는 '선전'과 동열하다.
2 원문에서 직접인용은 큰따옴표("")를, 생각이나 강조(이탤릭체)는 작은따옴표를 사용했다.

PART 1
정의와 역사

Psycholog

CHAPTER 1　심리전의 역사적 사례

CHAPTER 2　심리전의 기능

CHAPTER 3　심리전이란 무엇인가?

CHAPTER 4　심리전의 한계

CHAPTER 5　1차 대전과 심리전

CHAPTER 6　2차 대전과 심리전

사랑하는 아내 제너비브에게
이 책을 바칩니다.

CHAPTER 1 심리전의 역사적 사례

심리전은 전쟁 전부터 종식된 이후에도 벌어진다. 심리전은 심리전 전담요원을 상대로 벌이는 싸움이 아니다. 전쟁의 법과 관례 및 관행의 통제를 받지 않고 지형이나 전투서열 혹은 교전 측면에서 정의할 수도 없다. 심리전은 끊임없는 과정process일 뿐이다. 성패는 작전을 개시한 후 수개월이나 수년이 지난 뒤에 알려질 때가 더러 있다. 어떻게든 성공하면(성공을 딱히 규정하긴 어렵다) 엄청난 보상을 누리고 실패하면(물론 감지할 수는 없겠지만) 목숨이 위태로워질 수도 있다.

심리전은 전쟁이라는 익숙한 개념에 잘 들어맞진 않는다. 군사학이 정밀하고 정확한 까닭은 합법적인 폭력을 적용한다는, 정의가 명확한 주제를 다루기 때문이라고 본다. 장교나 사병은 자신이 적을 정하지 않고도 다수에 대해 폭력을 행사할 수 있다. 전쟁을 선포하거나 중립을 인정하거나 적군의 목록을 작성하거나, 혹은 평화를 선언하는 등의 문제는 정치색을 띠는 탓에 군인의 책임과는 동떨어진 것으로 간주된다. 즉, 군인은 고위(즉, 정치) 당국이 군사작전의 성격을 규정하거나 법으로 권위를 인정받은 사령부가 적을 확정한 후라야 전쟁으로 비화되지 않는 선에서 무력을 행사한다는 것이다. 반면 작전의 본질이 하염없이 모호한 분야는 오직 심리전뿐이다.

심리전은 수단과 임무의 성격상 전쟁이 선포되기 훨씬 전부터 개시된다. 격렬한 교전이 중단되더라도 심리전은 중단되지 않는다. 적은 심리전에 투입된 자신을 드러내지 않기 위해 안간힘을 쓴다. 때로는 조국과 신God의 목소리로, 때로는 교회나 친근한 언론의 목소리로 위장한다는 것이다. 심리전 담당요원은 이렇다 할 반응을 보이지 않는 반동세력(적을 가리킨다)과 투쟁해야 한다. 눈에 빤히 보이는 전담요원과 싸워서는 안 된다. 그는 공격을 무차별적으로 수용하기 때문이다. 심리전에서 승리와 패배는 딱히 규정할 잣대가 없어 전략을 구상하더라도 섬뜩한 살얼음판을 벗어나진 못할 것이다.

심리전이란 무엇인가?

분명한 전쟁 프로세스 중 베일에 싸인 심리전에 접근하는 공식적인 방식을 보자면, 논리로 주제의 범위가 한정될 때까지 정의에서 정의로 이어지는 유클리드 증명에서 출발해야 하지 않을까 싶다. 혹은 시대에 따라 심리전이 발전해온 양상을 밝히는 역사적 접근법도 흥미로울 성싶다.

최선은 논리적·역사적 접근법을 단순화시키면 가능할지도 모르겠다. 구체적인 예로 2차 대전에 이르는 역사에 나타난 심리전의 사료를 보는 것이 가장 타당하리라 본다. 그럼 각종 개념과 협력관계를 추적할 수 있을 터인데 이를 염두에 둔다면 1·2차 대전에 가담한 조직과 작전을 상세하고도 정확히 평가할 수 있을 것이다. 사학자나 철학자가 이 책을 읽는다면 어떤 대목에서는 숱한 논쟁을 벌이겠지만 규정이 어려운 주제를 다룬 조사결과에 대해서는 격론까지 가진 않을 듯싶다.

심리전과 프로파간다는 각각 인류만큼이나 역사가 깊지만 독립적인 전략으로 주목하기 위해 현대식으로 전문화되었다. 관련 사료는 수천 종의 서적에 산재되어 있는 탓에 이를 일목요연하게 정리하긴 어려울 것이다. 퇴역을 고려하고 있는 독자라면 이 주제를 꼭 살펴보기 바란다. 프로파간다의 역사는 혹시라도 특이하거나 사소한 것으로 치부했을 법한 수많은 사건을 다시 조명할 뿐 아니라 역사가 흘러가는 과정을 밝히 볼 수 있는 감각도 일깨워줄 것이다. 심리전을 구사했다고 인용할 만한 자료도 적지 않다.

〈사진 1〉 프로파간다(선전)의 기본형 미국에서 제작된 이 전단은 필리핀 상륙 당시 발행된 것으로 파병부대와 현지 민간인의 협력을 유도하기 위해 필리핀 현지에 살포되었다. '민간인 작전' 타입 정도로 봄직하다.

기드온이 구사한 패닉 전술

심리전을 적용한 옛 사례 중 하나는 기드온(기원전 1245년으로 추정)이 미디안과의 전투에서 햇불과 항아리를 사용한 사건을 꼽는다.

이 일화는 성경 『사사기the Book of Judges』 7장에 기록되어 있다. 기드온은 전술적으로 열세였던 반면 미디안은 많은 수효로 기드온을 아주 쓸어버릴 작정이었다. 보통 전술로는 전황을 역전시킬 수 없던 그는 작금의 사령관과는 달리 좀더 신적인 영감을 바탕으로 당대의 기술과 군대식 의례에 주안점을 두었다.

기드온은 앞서 300명의 장정을 확보한 후, 적 진영에 혼란을 일으킬 방도를 찾고 있었다. 그러던 차에 당시 군대는 100명 중 한 명이 등과 횃불을 들고 출격한다는 사실이 문득 떠올랐다. 300명에게 각각 횃불과 나팔을 갖추게 했으니 30만 병력의 '아우라'를 연출할 수 있었던 것이다. 등불은 요즘처럼 스위치로 점멸할 수 없으므로 항아리에 횃불을 숨겨 허를 찌르는 급습이 가능했다.

〈사진 2〉 나치군의 사기저하 전단 1944년 이탈리아 전선에 투입된 이 전단에서 나치는 미군의 행동을 요구하진 않고 있다. 목표는 프로파간다를 통해 미군의 사기를 저해하는 것. 단순명료한 메시지에 주목하라. 나치는 2차 대전 내내 정치편향적인 첩보를 오해한 탓에 프랭클린 D. 루스벨트에 대한 미군의 반감이 상당했으리라는 착각에 사로잡히고 만다. 이를테면 평소에 내뱉는 불만도 대역선동으로 착각한 나머지 독일군은 이런 전단이 먹혀들었다고 생각했을 성싶다.

장정 300명은 횃불과 항아리를 준비했다. 횃불은 항아리에 숨긴 채 나팔과 함께 이를 각자가 하나씩 들고 나선 것이다. 기드온은 당일 밤 적진 주변에 병력의 대형을 갖추고는 자신을 따라 항아리를 동시에 깨도록 했다. 그러고는 미친 듯 나팔을 불어댔다.

미디안인들은 충격에 잠을 깼다. 경황이 없던 터라 제 진영에서 서로 싸우기 시작했다. 히브리 기자는 이 공로를 겸허히 하나님께 돌렸다. 미디안이 싸움을 포기하고 줄행랑을 치자 이스라엘은 그들의 뒤를 좇았다(사사기 7:22~23). 결국 기드온은 미디안을 진멸했다.

패닉을 불러일으키기에는 왠지 어울리지 않을 법한 도구를 활용한 심리전은 고대국가의 역사에서는 흔한 편이다. 예컨대, 중국에서는 황제권력을 찬탈한 왕망Wang Mang이 한때 주술사를 대거 파견한 부대로 훈족을 멸하려 한 적이 있다. 정작 자신은 정통적인 책략을 가장 신뢰했음에도 말이다. 당시 그는 타격을 입었지만 회복이 불가한 혁신가innovator였던지라 기원후 23년경에는 반란군 진압 중 황실동물원에 있던 야수—호랑이와 코뿔소 및 코끼리—를 그들에게 풀어버린 적도 있다. 공포심을 불러일으킬 요량으로 방사한 것이다. 이때 반란군은 먼저 왕순Wang Sun 장군을 살해했다. 야수들은 흥분한 채 황실군대 주변을 배회하며 되레 그들을 위협했다. 설상가상으로 태풍까지 불어 닥치자 흥분은 더 고조되었고 반란군의 사기도 충천해져 결국 부대는 참패를 당하고 만다. "사령관의 사기를 떨어뜨리고 맥을 못 추게 하라"는 핵심 프로파간다가 되레 왕망에게 실현된 것이다. 반란군의 전세를 알게 된 그를 두고 혹자는 이렇게 기록했다. "극심한 우울감이 황제를 억눌러 건강이 나빠졌다. 황제는 술을 많이 마셨고 굴oysters 외의 음식은 입에 대지 않았으며 매사를 그냥 내버려두곤 했다. 또한 몸을 뻗을 수 없어 의자에 앉은 채로 잠을 청하기도 했다(레옹 위게, 『역사론Textes Historiques』 1권 628~633p)." 왕망은 그해 죽임을 당했다. 그로부터 1000년이 흘러 안시Wang An-Shih(기원후 1021~1086)가 집권하기 전까지 이렇다 할 경제적 혁신은 이루어진 바가 없다. 좀더 효과적인 심리전을 구사했더라면 역사는 달라졌을 것이다.

〈사진 3〉 전쟁 당시 눈에 띈 전단 중 하나 일본 상공에서 작전을 수행하던 B-29(폭격기)로 살포할 예정이었는데 전단에는 공격으로 폐허가 될 11개 도시가 명시되어 있었다. 미군은 '민간인작전' 타입인 이 전단을 활용, 일본인들에게 "스스로 생명을 지키라"며 호소했던 것이 분명하다. 그러자 적국은 전략적 요충지인 11개 도시를 폐쇄하여 전투력에 타격을 입었으나, 미군은 인류를 중시하고 있다는 인상을 주며 "미군이 무차별 폭격을 가했다"는 일본군의 주장을 반박했다.

아테네인과 한족의 프로파간다

심리전을 좀더 그럴듯하게 활용한 사례는 그리스 역사학자인 헤로도투스 Herodotus의 문헌에 기록되어 있다.

테미스토클레스는 아테네에서 최고로 꼽히는 범선들을 점찍어둔 후 마실 물이 흐르는 곳에 이르렀다. 그는 이튿날 이오니아인이 아르테미시움에 도착하면 바로 보이는 비석에 글을 새겨두었다. 내용은 이렇다. "이오니아인들이여, 조상과 싸움을 벌이고 그리스를 노예로 만드는 데 앞장서고 있는 그대는 불의를 행하고 있소. 우리와 손을 잡읍시다. 혹시라도 그럴 수 없는 형편이라면 전장에서 군대를 철수시키고 카리아인에게도 철수를 요청하시오. 어느 것도 불가하다면, 불가피한 사정이 있어 전투를 벌이고 있는 중이라면 우리가 개입하더라도 밀어붙이시오. 다만 이오니아인은 우리의 자손이며 본디 야만인의 원한은 그대들에게서 비롯되었다는 사실을 기억하시오."

2차 대전 당시 중국의 괴뢰부대와 이탈리아군 등, 다소 반신반의하는 적들에게 살포한 전단과 문구가 매우 흡사하다(그리스어로 쓴 본문과 사진 5를 비교하라). 선동가가 청중의 관점에서 상황을 보려 한다는 점에 주목하라. 상대의 안전에 관심을 두고 있다는 뉘앙스는 유대감을 일으키지만 테미스토클레스는 이오니아인이 전쟁을 밀어붙일 경우를 대비하여 페르시아에 대한 흑색선전도 추가했다. 골수가 아닌 이오니아인이라면 누구든 아테네와 손을 잡을 수 있다는 의구심을 유도한 것이다. 현대식 전시전단의 요건에도 모두 부합하는 선전이다.

군사적 프로파간다의 또 다른 초기형태는 전쟁 개시 전에 선언하는 정치적 비판으로, 선포 즉시 어느 한 편에 대한 법적·윤리적 정당성을 보여주는 사례로 봄 직했다. 예를 들어 『삼국지San Kuo』는 가장 많은 독자가 읽은 소설이 아닐까 싶은데, 이 작품에는 군사작전을 감행하기 전날 밤(기원후 200년경) 친親한 반체제 집단이 선포한 것으로 보이는 글이 보존되어 왔다고 한다. 본문은 선전기법을 한 데 모아놓은 까닭에 관심이 간다. 이를테면, 1) 적을 구체적으로 지명하고 2) '포섭이 가능한 사람들'에게 지지를 호소하며 3) 군중의 공감대를 형성하며 4) 정통체제의 지지를 탄원하는가 하면 5) 자신의 역량과 높은 사기를 호언하고 6) 단합을 기원하며 7) 종교에 호소한다는 것이다. 선언문을 포고하는 것은 다소 정교한 정례의식과도 관계가 깊다.

한조는 악한 날 몰락했고 황제의 권위는 기울어졌다. 동탁이 현 사태를 악용하자 재앙이 귀족가문에 닥치고 말았다. 평민도 잔인한 행태에 치를 떨었다. 우리는 황실 권세의 안위와 나라의 존립을 위해 군대를 소집했다. 맹세컨대 우리는 전력을 다해 힘이 닿는 데 까지 싸울 것이다. 일탈이나 이기적인 행동은 추호도 없으리라. 서약을 따르지 않는 자는 목숨을 부지하지 못할 것이며 자손도 끊길지니라. 전능한 천신과 대지모와 조상의 영령이 우리의 증인이라.

어떤 국가든 역사에 나타난 선전 사례는 한둘이 아니다. 선전이 군사작전의 일환으로 활용된다면 이는 '군사적 프로파간다'라야 옳을 것이다.

〈사진 4〉 투항을 유도한 항복증 독일은 혼란과 비극에 패전이 확실시되는 와중에도 공식적으로 제작된 것을 선호했다. 때문에 연합국은 공식적인 것으로 보이는 '항복증surrender passes'을 독일측에 강제 배포했다. 원판은 붉은색으로 인쇄되었고 지폐형 조판으로 마치 비누 프리미엄 쿠폰을 연상시켰다(서부전선, 연합국 파견군 최고사령부가 1944~45년 발행).

이데올로기를 강조하다

어떤 의미에서는 안타까운 이야기일 수도 있지만, 과거에 대한 경험은 미래에 대한 실마리를 제공할 수도 있다. 1·2차 세계대전은 냉철한 외교적 현안보다는 뇌리를 장악해온 이데올로기나 정치적 신념이 전쟁의 원동력이 되고 말았다. 전황은 점차 심각해졌고 인정gentlemanly도 고갈되어갔다. 적은 인간이 아닌 미치광이로 취급했다. 충직한 군인이라면 부대뿐 아니라 '이데올로기(주의ism)'나 지도자에 대한 의리까지 지켜야 했다. 전쟁이 종교전으로 퇴보한 셈이다. 과거의 기독교·이슬람교나 혹은 가톨릭(구교)·프로테스탄트(신교)간의 전쟁에서 비롯된 선전술을 재조명한다면 현대전에서 심리·군사적으로 적용해 봄직한 전술을 정립할 수 있을지도 모르겠다. 이를테면 상대방의 종교를 바꾸는 데 걸리는 시간은 얼마며, 적의 약속을 믿을 수 있는 상황은 언제인가? 이단(요즘 말로는 '반동세력')은 어떻게 뿌리를 뽑을 수 있는가? 적은 때가 되면 변절할 만큼 믿음이 약한가? 적이 떠받드는 (민감한) 주제를 전단이나 방송에 언급할 때 반드시 지켜야 할 규정이 무엇인가?

이슬람 신앙과 제국이 팽창하는 과정에서 나타난 수많은 정보는 요즘에도 간과해선 안 된다. 일설에 따르면, 인간의 믿음은 폭력으로 소멸되지 않고, 폭력만으로 인간의 마음을 바꿀 수는 없다고 한다. 사실이 그렇다면 독일은 나치 이데올로기를 탈피할 수 없고, 전체주의 세력의 포로가 된 민주사회 국민은 군주정치에 적응하지 못할 터이나, 혹시라도 적응하고 나면 자유주의 원칙으로는 두 번 다시 마음을 돌릴 수 없을 것이다. 이슬람의 수장과 후계자가 벌인 전쟁은 장기화된 심리전의 두 가지 원칙을 보여주는데 이는 오늘날에도 적용된다.

인간은 개종과 죽음의 기로에 서면 개종을 택하기도 한다. 때문에 독실한 사람은 뿌리마저 사라질 것이다. 종교를 바꾸려면 공공행사에 참여하는 것도 중요하지만 공식적인 종교용어도 필요하다. 아울러 지속적인 감시로 배교자에 촉각을 곤두세워야 한다. 모든 언론매체가 기존의 신앙을 배격한다면 새로운 종교를 순수한 마음으로 인정할 것이다.

〈사진 5〉 혁명 프로파간다 혁명이 전시에 어느 한 편의 손을 들어준다면 혁명 프로파간다는 한 정부가 다른 정부를 비판하는 수단이 되게 마련이다. 위 전단은 일제의 괴뢰정권인 수바스 찬드라 보스의 아자드 힌드 파우지(자유인도군)가 발행한 것이다(싱가포르, 1943~44년에는 '쇼난Shonan'으로 통했다). 일제를 대놓고 언급하지 않은 탓에 '블록block' 프로파간다로 봄직하다. 주제는 단순하다. 영국인은 먹을 것이 풍족한 반면 인도인은 굶어죽고 있다는 것. 물론 개연성이 아주 없는 주장은 아니었다. 실제로 벵골에 기근이 닥쳤을 때 아사한 수천 명 중 백인은 하나도 없었으니까.

즉각적인 개종에 대규모의 혹독한 군사작전이 필요하다면, 새로운 종교에 귀의하는 조건 하에 특권을 누릴 수 있다는 사실을 통해 불쾌한 종교에 관용을 베푸는 것도 같은 결과를 기대할 수 있을 것이다. 피정복민이 기존의 신앙과 관행을 개인적으로 변변찮게나마 누릴 수 있게 되더라도 사회생활에—정치·경제 혹은 문화든 관계없이—발을 들이게 되면 새로운 사상을 수용하도록 길들여질 것이다. 따라서 사회의 모든 신흥집단은 몇 세대가 지나는 동안 부와 권력과 지식을 쌓아가는 과정에서 새로운 종교에 귀의하고 기존 신앙은 세력도 품격도 없는 야비한 미신으로 전락하게 될 것이다.

〈사진 6〉 문맹인을 위한 프로파간다 2차 대전 당시 프로파간다는 군중에 손을 뻗는다. 중국·버마·인도 전역기구CBI Theater facilities과 일본 경쟁업체의 선전이 가장 흥미롭다. 위 전단은 글을 읽을 수 있는 인도인에게는 힌두스타니(데바나가리 문자)나 로마자로 된 힌두스타니로, 문맹인들에게는 그림으로 선전하기 위해 고안된 것이다. 전단은 영국국기로 시작해서 친일 꼭두각시인 수바스 찬드라 보스가 쓴 의회기로 끝을 맺는다.

〈사진 7〉 뉴스를 통한 프로파간다 뉴스는 최고의 심리전 매체 중 하나로 각광받고 있다. 하나는 연합군이 에게 제도에 주둔한 독일군을, 또 하나는 독일군이 프랑스에 주둔해 있는 미군을 겨냥한 기사가 보인다. 둘을 비교해 보면 (독일어로 쓴) 연합국 기사가 좀더 프로답다. 호소문과 기사를 분리해서 싣고, 풍성한 뉴스거리를 칼럼에 게재했다는 점과 아울러 제3자인 민간인을 위해 모국어인 그리스어로 설명을 덧붙였다는 점도 주목해 보라(우측상단).

앞선 두 가지 원칙은 이슬람이 출현할 때도 작용했다. 2차 대전 당시에는 나치가 이를 적용한 바 있는데 이를테면 폴란드와 우크라이나와 바이엘로루시아에서는 군사작전을, 네덜란드와 벨기에 및 노르웨이를 비롯한 서방국가에서는 관용의 원칙을 구사했다. 작전 중에도 이런 원칙이 눈에 띄었을 것이다. 전자는 곤란이 따르고 물리적 피해도 크지만 효과가 신속한 반면, 후자는 스팀롤러만큼이나 (속도는 더디지만) 결과가 확실하다. 기독교인이나 민주주의자 혹은 진보주의자가—자유주의자를 뭐라 부르든—자신의 사상에 대해 특권을 누리지 못하거나 수치스런 입장에 놓여 있다는 가정 하에, 자발적인 전향에 대한 기회가 열려있어 누구라도 승자의 대열에 편승할 수 있다면 그들은 목엣가시가 될 만한 사람을 거의 다 전향시킬 수 있을 것이다(빌프레도 파레토의 말마따나 "신흥 엘리트를 포섭하는" 것이요, 현대판 마르크스주의자들이라면 "역사적으로 교체된 계급으로부터 잠재적 핵심 지도층 인사를 활용"한다 할 것이요, 요즘 정치인이라면 "야당에서 인재를 등용한다는 뜻"으로 해석할 것이다).

〈사진 8〉 몽골의 비밀병기. 몽골 정복자들은 군사력의 효율성을 높이기 위해 풍문과 공포 전략을 구사했다. 그들은 일단 권력을 잡으면 피정복민을 위협하기 위해 그럴싸한 군사전시물을 사용하곤 했다. 일설에 따르면, 사진에 묘사된 프랑스 판화는 전투용 하우다(howdah, 코끼리나 낙타의 등에 올려놓는 닫집이 있는 가마—옮긴이)로 칭기즈칸의 종손이자 마르코 폴로의 친구인 쿠빌라이칸이 도입했다고 한다. 분명 실전보다는 의례전시용에나 걸맞을 듯한 이 병기는 이름만 내뱉어도 '심리전'의 변수가 되었다.

칭기즈칸의 흑색선전

심리전의 효과가 매우 탁월하여 오늘날에도 여파가 남아있는 사례가 있다. 전 세계에서 최고로 손꼽히는 정복자(테무진, 칭기즈칸)는 끝이 보이지 않는 타타르족 기병으로 정복전쟁에 나섰다. 육중한 수효로 전 세계를 휩쓴 것이다. 최근 연구에 따르면, 인구밀도가 낮은 내륙아시아 외곽은 밀도가 높은 몽골 주변을 제압할 만큼 많은 인구를 생산할 순 없다고 한다. 칸 제국은 대담한 군사적 창의력을—기동성이 높은 군대와 첩보를 십분 활용하고 전 세계의 절반을 아우르는 전략을 구사하며 온갖 프로파간다를 적용했다—바탕으로 세워졌다. 몽골은 중국 송 왕조뿐 아니라 4000마일이나 떨어진 프로이센에서 신성로마제국과도 전쟁을 벌였는데, 당시 로마제국과 송 왕조는 상대의 존재를 몰랐다(풍문으로는 알고 있었지만). 몽골은 전술을 계획하기 위해 스파이를 투입하는 등, 여러 수단을 통해 수효가 많다는 둥, 무식하고 포악하다는 둥의 허위사실을 고의로 유포하기도 했다. 두려움을 느끼고 있는 적이라면 그들의 의중은 그리 문제가 되지 않았다. 유럽인들은 열세한 데다 숫자도 적은 기마대를 '수효를 헤아릴 수 없는 부대'로 띄우곤 했다. 몽골 첩자가 길거리에서 그런 유언비어를 퍼뜨렸기 때문이다. 7세기 전 몽골이 공격할 당시 군사력이 약했다거나 사령부의 냉철한 첩보활동이 있었다는 사실을 인정하는 유럽인은 지금도 거의 없다.

칭기즈칸은 적에게 두려움을 주기 위해 적군의 첩자도 이용했다. 첩자를 만나면 부대에 대한 뜬소문을 주입시킨 것이다. 칭기즈칸 전기를 처음 저술한 유럽작가는 예스러운 문체로 그가 호레즘에게 일격을 가한 일화를 이렇게 기록했다.

한 사가는 호레즘 왕이 감시차 보냈던 첩자에게 정보를 흘려 적군의 전력과 수효를 다음과 같이 밝히게 했다. 첩자가 왕에게 이르되, "모두가 전쟁에 능한 장정으로 혈기가 왕성하여 마치 씨름꾼을 보는 듯하더이다. 전쟁과 피로 얼룩진 그들은 싸움을 참지 못해 장수도 어찌할 도리가 없을 정도였습니다. 하지만 성정은 불같아도 사령관에게는 철저히 복종했고 칭기즈칸에게도 헌신을 다하더이다. 그들은 식량에 불만이 없었으며 이슬람 사람과는 달리 닥치는 대로 짐승을 잡아먹는 까닭에 연명하는 데도 아무런 문제가 없었습죠. 저들은 딱히 먹을 고기가 없을 때는 돼지뿐 아니라 늑대와 곰과 개도 잡아먹고 정한 음식과 부정한 음식을 가리지 않습니다. 허기를 채워야 한다면 이슬람이 금기시하는 동물도 서슴지 않고 죽였습죠. (마지막으로) 칭기즈칸 부대의 수효는 메뚜기떼 같아 당최 헤아릴 수가 없더이다."

실제로 칭기즈칸이 파악해 보니 부대는 70만 명으로 확인되었다 ….

첩자는 (전에도 그랬지만) 적의 사기를 떨어뜨리는 것만큼은 효과가 확실히 입증되었다. 호레즘의 통치자와 백성은 늑대를 서슴지 않고 잡아먹는 데다 수효도 헤아릴 수 없이 많은 씨름꾼들에게 공격을 당하리라는 두려움이 없진 않았지만 그래도 최선을 다해 진검승부를 펼쳤다. 물론 그들의 사기는 칭기즈칸이 쥐고 있어 전쟁의 운명은 이미 결정된 상황이었다.

몽골은 프로파간다 전술·전략은 탁월했을지 몰라도 통합이라는 문제는 해결하지 못했다. 피정복민의 마음은 사로잡지 못한 것이다. 피정복민을 인민으로 대체한 중국이나, 이슬람으로 개종시킨 무슬림과는 달리 몽골은 법질서를 세우고 세금을 징수했으며 몇 세대에 걸쳐 세상이 자신의 것인 양 득세했다. 얼마 후 몽골제국은 급속도로 와해되며 역사의 뒤안길로 사라지고 말았다.

실명한 존 밀턴

『실락원Paradise Lost』을 비롯한 역작으로 영미문화에 족적을 남긴 존 밀턴이 시력을 잃게 된 경위도 주목해 봄직하다. 그는 올리버 크롬웰의 심리전에 집중하느라 의사의 경고를 무시한 채 눈을 과도하게 썼다고 한다. 하지만 심리전도 목적을 달성하지 못해 아쉬움이 더했다.

밀턴은 정적의 주장에 조목조목 반박해야 하는 신세가 되어 상대가 알아듣도록 자신의 소신을 조곤조곤 밝히기보다는 긍정적인 입장을 촉구하는 데

급급했다. 당시 그는 잉글랜드 공화국의—당시 유럽인들 사이에서는 이례적인 데다 가혹하고도 선동적인 정부로 통했다—의회 비서관으로 활동했다. 잉글랜드인들은 다소 미흡한 법적 절차로 국왕을 처형하여 크롬웰이 정권을 잡게 된다. 때문에 정적은 두 가지 측면에서 그들을 공격할 수 있었다. 이를테면, 군주제를 신봉하는 자들은 국왕을 죽인(당시에는 무정부주의나 이를 방조한 것만큼이나 중대한 혐의였다) 살인마라 몰아세웠고 질서와 자유를 신봉하는 자들은 독재자의 노예로 치부한 것이다. 프랑스 작가인 클로드 드 사무아즈Claude de Saumaise(라틴어로는 살마시우스Salmasius)가 작품에서 당사자들을 강력히 비난하자 밀턴은 의연한 성정과 판단력을 상실한 듯했다.

살마시우스를 반박하는 두 저서를 보면 밀턴이 심리전에서 피해야 할 실수를 거의 다 범했다고 본다. 자신의 지론에서 상대의 것으로 논점을 바꾸는가 하면 글도 지나치리만치 장황했다. 게다가 험악한 욕설과 온갖 상스러운 어구에 집착하며 살마시우스를 낱낱이 공격했고 의식이 허락할 때마다 중상비방을 일삼기도 했다. 두 작품은 영미문학 박사과정을 이수하고 있는 학자라면 보기 싫어도 읽어야 하지만 그 외의 독자가 작품성을 인정한 사례는 딱히 들어본 일이 없다. 두 문헌이 당대에 지속적으로 영향력을 행사했다는 견해는 가당치 않다(밀턴이 라틴어로 쓴 본문은 영어로도 번역되어 있다. 흔해빠진 군대식 비속어가 심드렁해진 군인이 있다면 그의 작품을 통해 욕설을 마음껏 채우라). 밀턴은 기대를 저버린 뒤로 시가를 쓰기 시작했고 그제야 세인은 걸작을 감상할 수 있게 되었다.

17세기 프로파간다에 쓰인 공격적인 어조는 안타깝게도 20세기 프로파간다의 특징으로 굳어지고 있는 추세다. 아래 발췌한 글은 미군이 공산주의자에 대해 썼거나 공산주의자가 폴란드 민주주의자를 겨냥한 듯 보이지만, 실은 루터 교인이 퀘이커교도를 다룬 책에서 발췌한 것이다. 장황한 사설의 일부는 이렇다.

최근 퀘이커교도를 보면 신성모독적인 소견과 위험천만한 관행도 모자라, 하나님을 인정하지 않는 듯한 범죄를 자행하는가 하면 교회와 공동체의 자치기관을 전복시키려 하고 미련한 경기와 우스꽝스런 행태를 보이고 있어 멀쩡한 기독교인이 보기에도 숨이 막힐 지경이다. 이는 죽음을 연상시키며 광적인 교리로 악취가 나는 시체를 보는 듯하다 …

처음 몇 페이지를 보면 저자는 퀘이커교의 외설과 간통, 소요, 공모, 신성모독, 체제전복기도 및 광기를 비난하고 있다. 밀턴의 무례한 언사가 시대에 뒤떨어진 것은 아니었다. 다만 당시 프로파간다의 취약성을 극복하지 못했다는 점은 좀 아쉽다.

역사에서 찾은 사례

전시 및 외교전에서 적용된 프로파간다는 수많은 사례가 있지만 이를 단순한 이야기로 엮는다면 의미는 크게 퇴색될지도 모른다. 프로파간다는 문화적인 요인을 감안해야 하고 군사적 상황도 현실적인 관점에서 평가해야 하며 심리전에 활용된 언론매체도 세심하게 추적해야 의미 있는 사례를 꼽을 수 있을 것이다. 유력한 주제를 몇 가지 꼽자면 다음과 같다.

카리브 해적이 불안을 조장하기 위해 해군을 상대로 벌인 심리전 기술

코르테즈가 아즈텍인의 공포감을 조성하기 위해 말을 동원하고 '공정한 신the Fair God'에 관한 멕시코 전설을 이용한 전략

1683년 전쟁에서 투르크가 물리적인 수단에 연연한 나머지 심리전에서 패배함으로써 중유럽의 패권을 내주게 된 사건

영국 동인도회사가 수적으로 우세한 인도를 상대로 정복전을 벌일 때 구사한 선전술
(에드몬드 테일러Edmond Taylor가 『리처 바이 아시아Richer by Asia』에서 이를 언급했다)

1636년 이후 도쿠가와 막부가 설치한 예방 심리전 시스템은 일본인의 뇌를 억누를 만큼 가장 엄격한 통제수단이었다

만주족의 야전심리전. 만주족은 공포심을 부추겨 중국을 정복, 400대 1이라는 수적 열세를 극복했다

농민의 반란을 막기 위한, 유럽의 봉건계급선전. 당시 농민은 오물과 무정부, 살인 및 가학을 연상시켰다

에스파냐 제국의 심리전시설로 간주된 종교재판소

전시작전의 부차적인 수단으로 개시한 전단지 인쇄

목록은 민간사학자가 연구하거나 참모연구의 일환으로 조사할 수 있고, 그래야 마땅한 주제로 출발한다. 심리전 관련 자료를 수집하거나 심리전을 위한 독트린의 틀을 구성하는 것도 중요한 작업이다.

〈사진 9〉 1690년 영국 지하통로에서 발견된 흑색선전물 윌리엄은 소심한 악당인 제임스 2세에게서 잉글랜드의 왕좌를 빼앗을 무렵 스튜어트 왕조에 헌신하는 충성파의 반대에 부딪치고 만다. 사진 속 대자보는 흑색선전의 초기 형태를 잘 보여준다. 이를테면, 무역상이 채권과 채무를 조목조목 열거하는 등의 익숙한 형태를 차용하여 메시지를 전달했다는 것이다.

미국독립혁명

독립혁명 당시에도 심리전은 매우 중요한 역할을 했다. 영국의 식민지 거부로 이어진 휘그파의 선전운동단체는 심리전의 기능에 정통했다. 홍보전단을 제작하여 민간인에게 호소한 것이 전쟁에 불을 붙인 도화선이 되었다. 벙커힐에 주둔한 미군은 전장에서 벌인 최초의 프로파간다 중 하나를 활용했다(사진 11). 메시지는 최대한 직설적으로 표현했다. 영국장교와 사병 사이에 존재하던 계급차별을 두고 교묘한 전술을 펼쳤는데 이때 그들은 공포심을 설득의 보조수단으로 삼았고 신랄한 언어를 구사했다. 지금도 벙커힐 전단은 야전 프로파간다의 전형을 보여주는 고전으로 손색이 없다.

미국인들은 언론을 대거 동원했다. 왕당파loyalist로 방향을 돌린 신문사들은 휘그파Patriot의 노선을 지키라는 경고를 받았다. 왕당파의 위협에 자진 폐간으로 응수하자 간행을 중단하는 것은 곧 미국에 대한 반역으로 간주하겠다는 엄포도 들었다. 전쟁 전후로 휘그파와 후예들은 신문 발행과 아울러 그들의 메시지가 신속히 유포되길 간절히 바랐다. 언론 통제와 협박에도 휘그파는 영국 언론을 능가했다. 영국에서는 전쟁 내내 거점으로

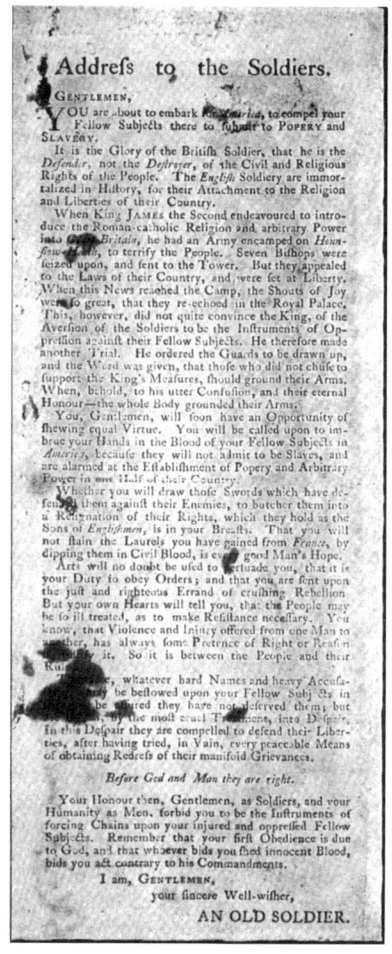

〈사진 10〉 대영제국의 군대를 와해시키려는 미국의 기밀선전물 찰스 디킨스의 소설 『바나비 러지 Barnaby Rudge』를 읽었다면 미국독립혁명 당시 잉글랜드에서는 반기독교사상이 프로파간다의 주된 이슈였다는 점을 기억할 것이다. 미국의 프로파간다는 독립—영국인이라면 누구나 공감했을 법한 주제—이라는 주제를 논하는 대신 기독교사상을 반박함으로써 영국군을 와해시키려 했다(원본의 출처는 미상. 육군성War Department 파일에서 발췌한 것으로 1775년 자료로 추정).

삼았던 대도시를 중심으로 신문이 배포되었기 때문이다. 정치적 추론과 경제 및 전쟁의 향방을 둘러싼 논쟁과 만행을 다룬 기사도 주효했다.

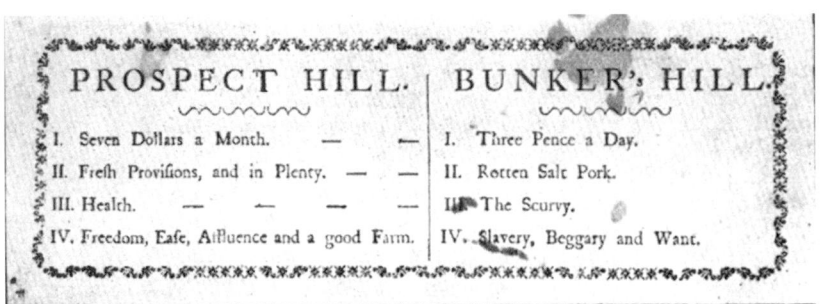

〈사진 11〉 벙커힐(Bunker Hill, 미국 보스턴 언덕으로 독립전쟁 당시의 전장—옮긴이)에서 발견된 전단 (마감일이 적혀 있지 않아) 지금도 유효하다. 출처를 암시하는 대목도 없고 원조와 짝퉁을 구분하는 대목도 없다. 시쳇말로 '회색'선전이 아닐까 싶다. 전단을 보면 부와 식량과 건강뿐 아니라 경제적 지위의 상승도 기대할 수 있단다. 하지만 어려운 정치적 이슈는 거론하지 않고 있다. 논외랄까.

대륙군 사령관인 조지 워싱턴도 전쟁 프로파간다를 비롯하여 정의롭고 온건한 정치·군사적 조치에 깊은 관심을 보인 터라 휘그파 선동가의 정책기조도 이를 고스란히 반영했다.

전쟁 중에는 어느 한 편에서 발행한 서적에 큰 영향을 받는 경우도 더러 있었는데 독립전쟁도 예외는 아니었다. 당시 토머스 페인Thomas Paine이 쓴 『상식Common Sense(소책자 시리즈로 널리 각광받았다)』은 미국의 여론을 뒤흔들었다. 작가는 미국다운 사고방식의 근본을 밝히며 과감하면서도 합리적인 논리로 독립혁명의 정당성을 단순명료하게 풀어냈다. 휘그파 보수주의자들도 프로파간다에 이를 활용하지 않을 수 없었다. 『상식』은 미국문학의 고전이 된 동시에 '전쟁을 승리로 이끈 책'으로 역사에 족적을 남겼다. 미국이 존경하는 샘 애덤스Sam Adams를 비롯하여 다른 작가들도 혁혁한 공을 세웠다.

반면 멕시코전쟁은 그리 영예롭지만은 않았다. 멕시코가 미국을 상대로 벌인 심리전이 포병대의 반역으로 이어지자 멕시코시티 외곽에서는 미군부대에 피바람이 불기도 했다. 양국의 역사가들은 양 진영에서 벌어진 배신과 전복활동을 대충 얼버무려왔다.

 남북전쟁 당시에는 잉글랜드와 유럽대륙에서 프로파간다 기구를 구축할 때 링컨과 남부연합이 심리전을 구사했는데, 북군 입장에서는 흑인부대(전쟁 종식을 앞두었을 때 남부연합도 흑인부대를 양성할 계획이었다)의 투입 여부가 프로파간다로서 주된 이슈일 법도 했지만 실은 그렇지 않았다. 전쟁의 목적('통일' 아니면 '분리'라는 기본적인 문제는 차치하고)에 대해 양 진영에서 이견이 분분했고 통상적인 정책을 계속 이어나가야 했기 때문이다. 흑인부대에 대한 입장도 양측이 같았다.

〈사진 12〉 현찰도 프로파간다의 매체 좌측상단에 보이는 화폐는 프랑스 혁명통화로, 혁명다운 슬로건을 썼다는 데 주목하라. 옆에는 유명한 1만 루블이 보인다. 전 세계적인 혁명을 7개 국어로 촉구하고 있다. 일본 페소화는 반대편에 미국의 선전문구가 인쇄되어 있다. 캡처한 지폐는 필리핀 전쟁 당시 심리전 전담국이 대거 인쇄하여 적군에 살포한 것이다. 3루피 지폐 두 장은 일본이 버마를 점령했을 때로 거슬러 올라간다. 둘 중 아랫것은 일본을 조롱하기 위해 발행한 지폐였다.

보어인과 버마인

19세기 후반, 두 차례에 걸친 영국전쟁은 심리전의 역할을 잘 보여준다. 영국은 버마와 보어인을 모두 정복했다. 버마는 인구도 더 많은 데다 영토도 더 넓었기 때문에 (일본에 버금가는 지도부를 갖추었더라면) 군사력도 증강시킬 수 있었을 것이다. 하지만 버마는 고요하고도 치욕스레 펼쳐진 최후의 전쟁에서 영국에 점령당하고 만다. 도우러 온 나라는 없었다. 버마는 투항할 기회조차 없었다. 영국은 버마 정부의 종언과 아울러, 버마가 인도제국에 합병되었다는 일방적인 선언으로 전쟁을 종결시켰다. 버마의 정치적 사망은 1886년 1월 1일에 벌어졌지만 사건의 기억은 계속 퇴색되어 왔다.

반면 보어인은 전 세계를 떠들썩하게 했다. 그들은 영국과 각을 세울 만한 독일과 아일랜드, 미국, 프랑스 및 네덜란드 등에 연락을 취했고 자신의 입장을 자주 역설했다. 보어인은 특공대전을 벌이기도 했다(이때 국제군사용어에 '특공대 commando'가 등재된다). 소규모 부대를 영국 후방에 투입, 소란을 일으킴으로써 전 세계 언론의 공분을 부추긴 것이다. 결국 보어인은 합리적인 조건으로 항복했고 영국은 국제사회의 뭇매를 맞아야 했다.

버마인을 기억하는 사람은 없지만 보어인은 누구나 기억한다. 가능한 수단을 모두 활용하여 최선을 다해 싸웠기 때문이다. 한때는 윈스턴 처칠을 생포하기도 했다.

앞선 사례는 프로파간다와 관련 작전의 군사적 기능이 얼핏 보기에는 모호하고 막연한 듯싶지만 실은 그렇지 않다는 것을 입증하고 있다. 이는 역사라기보다는 역사에 기록해야 한다는 호소로 간주해야 할 것이다. 최근 일화는 심리전(요즘은 기정 군사작전으로 자리 잡고 있다)을 표방하는 독트린의 자취를 추적하며 또 다른 문제를 제기해 왔다.

CHAPTER 2 심리전의 기능

　넓은 의미에서 심리전은 심리학이라는 학문을 전시운용에 적용하는 것인 반면, 좁게는 적에 대한 프로파간다와 아울러 이를 보완할 수 있는 군사작전상의 방책으로 볼 수 있다. 결국 프로파간다란 비폭력 수단으로 설득하는 행위를 두고 하는 말이다. 전쟁은 (달리 보는 시각도 있겠지만) 폭력성을 띤 설득으로 규정할 수 있다. 예컨대 미군이 공습으로 일본의 한 도시를 불바다로 만든다면 이는 일본의 물리적인 전쟁수단을 차단하는 동시에 적진을 타격함으로써 더는 전쟁을 벌이지 못하도록 설득하겠다는 계산이 깔려있는 것이다. 공습 후 투항을 종용하는 전단을 살포한다면 이 작전은 설득의 연장선으로 봄직하다(폭력성이 비교적 낮고 대개 효과도 떨어지지만 그럼에도 싸움을 멈추게 하는 필수 과정으로 꼽힌다).

　전쟁도 그렇지만 심리학도 어제 오늘의 주제는 아니다. 전쟁과 심리학은 각각 인류의 역사만큼이나 유서가 깊다. 전쟁은 심리학보다 더 현실적으로 와 닿는 평범한 이슈로 훨씬 더 오랜 역사를 가지고 있다. 심리학이라는 학문이 과거에는 종교나 윤리, 문학, 정치 혹은 의학이라는 표제 하에 연구되었다는 점에서 그렇다. 현대 심리전은 심리학의 연구결과를 의식적으로 적용해 왔다.

2차 대전 당시, 미국의 적들은 미국 국민과 지도자보다 더 광기를 부렸다. 때문에 미국은 과학적이거나 상식적인 심리전 무기를 마음껏 쓸 수 있었다. 이를테면, 황제신화Emperor myths나 나치총통주의Fuhrer principle, 혹은 상식이 통하지 않는 경직된 철학으로 이를 바로잡을 필요가 없었다는 이야기다. 적 입장에서 장점이라면 군대와 국민이 모두 세뇌를 당했다는 것이었지만 우리에게는 회의론자도 있어 프로파간다 작전을 내부적으로 방해한 사상이 없었다는 장점이 있었다. 심리학의 최신 연구결과를 신속하고도 대담하게 적용할 수 있다는 것은 결코 하찮은 문제가 아니다. 미국은 심리학의 학문적 특성 덕분에 아리아인의 인종주의나 헤겔의 역사철학 같은 신조에 비추어 프로파간다를 검증해야 하는, 독단주의에 빠진 적을 추월할 수 있었다.

심리학에서 파생된 심리전

  프로파간다는 심리학 지식이 없는 사람이 제격인 경우도 있다. 인간미, 창의적인 상상력과 힘찬 호소력은 천재들의 글에 배어있다. 토머스 페인은 프로이드Freud나 파블로프Pavlov의 글을 한 줄도 읽은 적이 없지만 독립전쟁 당시 그의 주장은 한 심리학자가 인용한 호소문마다 단골로 등장했다. 물론 현대전에서는 통계학을 운운하더라도 재능을 예상할 순 없다. 심리학 덕분에 유능하지만 평범한 정치인이나 장교도 설득 전략을 체계적으로 구상하고, 최선의 결과를 예측하여 목적을 달성할 수 있었던 것이다.

  전선에서 심리학이 하는 역할은 무엇일까?
  첫째, 심리학자는 군인의 시선을 '정신적인 대상(평소에는 눈에 잘 띄지 않는다)'으로 돌리게 한다. 욕정을 원한으로, 지략에 능한 개인을 겁쟁이 집단으로, 마찰을 불신으로, 편견을 분노로 바꾸는 비결을 일러주기도 한다. '무의식unconscious mind'에 접근하면 가능한 일이다. (2차 대전 당시 중국인 아기는 소란을 피워도 가만히 놔두었지만 일본인 아기가 그랬다면 곧장 얼른다거나 꾸짖었을 거라는 사실은 심리전을 구상할 때 감안해야 할 매우 중요한 원리다)

둘째, 심리학자는 적의 심리를 파악하기 위한 기술을 설정할 수 있다. 역사를 보더라도 심리상태를 잘못 판단해서 최악의 실수를 저지른 사례도 더러 있었다. 심리학자는 통계나 설문조사를 통해 포로의 면면을 파악하면 일정 기간에 해당되는 전군의 심리도 추정이 가능하다. 설령 포로가 없더라도 적 당국이 자국의 부대나 국민에게 송출한 뉴스와 프로파간다를 분석하면 심리를 예측할 수 있다. 적군의 여론을 비롯하여, 사기를 진작시키거나 떨어뜨릴 변수를 밝히고 나면 그들이 어떤 조건에서 어떻게 대응할지 합리적으로 추정할 수 있다는 것이다.

셋째, 심리학자는 심리전 요원의 사명감과 (상황의 경중을 판단하는) 균형감각을 유지하는 데 보탬이 된다. 프로파간다는 심리전 요원이 적의 마음을 몸소 돌려보겠다는 심산으로 벌일 때가 가장 위험하다. 득도 없고 실효도 없는 말장난은 완전히 실패한 프로파간다도 '프로파간다'로 포장이 가능하다. 적에게 던지는 말대답은 재미가 쏠쏠할 수도 있다. 전시라면 적에 대한 악감정을 드러내거나 약점을 조롱하기 십상이다. 하지만 나치를 가리켜 "독일인은 살인을 일삼는 개코원숭이떼 같고 히틀러는 정신이 나갔으며 아낙네들은 게을러터진 데다 새끼들은 죄다 멍청하더라. 글을 봐도 두서없는 횡설수설에 음식은 쓰레기"라고 비방한다면 독일의 전의는 더욱더 강성해질 것이다. 심리전 요원은 적이 주의를 기울일 만한 화제를 꺼내되 사사로운 감정은 배제해야 한다. 이때 심리학자는 객관적인 안목을 갖고 체계적인 절차를 따르며 냉정을 찾는 요령을 일러줄 것이다. 전시작전중이라면 사단장이 적을 얼마나 증오하는지는 그리 중요하지 않다. 심리전을 구사할 때는 죽이고 싶은 생각이 간절하더라도 설득하는 법을 고민해야 한다. 증오에 집착하는 것은 군인의 임무가 아니다. 증오심이 누구에게는 쓸모가 있을지 몰라도 그렇지 않은 사람도 있게 마련이다. 최선의 임무는 전투나 다른 수단으로 적이 싸움을 멈추도록 유도하는 것뿐이겠지만 전투가 아닌 프로파간다를 선택한다면 심리학자의 조언이 필요할 수도 있다. 사적인 감정은 억제해야 하니까.

끝으로, 심리학자는 매체—라디오나 전단, 확성기, 소문을 퍼뜨리는 잠입요원, 송환된 적군 등—를 제시하기도 한다. 또한 해당 매체를 활용해야 할 때와 하지 말아야 할 때를 규정하는가 하면 작전·첩보장교와 손잡고 심리학적 수단을 풀가 동할 계획을 수립하기도 하며, 군사·경제 혹은 정치적 상황을 감안하여 프로파간다의 타이밍을 노리기도 한다.

자문을 위해서라면 심리학자가 군이 현장에 있을 필요는 없다. 석사나 박사학위를 취득하거나 몇 년 간의 대학원 교육을 이수하지 않아도 된다. 심리학자는 자신이 쓴 매뉴얼이나 심리전 장교를 대상으로 실시하는 세뇌교육, 혹은 전파로 송출되는 프로파간다 통신선에 등장키도 한다. 특히 고위 사령탑 본부 소속이라면 현장에 투입해서 나쁠 건 없겠지만 그가 꼭 필요한 인재는 아니다. 심리학자 개인은 없어도 무방하지만 심리학적 체계는 그렇지 않다는 것이다(앞으로 필자는 책 전반에 걸쳐 심리학 관련도서를 참고할 것이다. 심리학 역사로는 그레고리 질부르크Gregory Zilboorg와 조지 W. 헨리George W. Henry가 쓴 『의학적 심리학의 역사A History of Medical Psychology, 뉴욕, 1941』와 로웰 S. 셀링Lowell S. Selling의 『광기에 도전한 인간Men Against Madness, 뉴욕, 1940년 재정가판은 1942년』이 읽을 만하다).

선전(프로파간다)은 '요령rule of thumb'으로 할 수도 있지만 선험적인 직감으로 성과를 낸다는 것은 천재만이 가능한 일이다. 과학적인 정신과 교육을 통해 전수할 수 있는 기술로 개발된, 정통 심리전을 구사하려면 전제와 임무를 명확히 규정하고 수단을 체계적으로 갖추며 작전은 일부라도 검증해야 하며 과학에서 차용된 기술을 활용해야 한다. 이와 가장 근접한 학문이 바로 심리학이다. 물론 인류학과 사회학, 정치·경제학, 지역학 등의 전문분야도 기여하는 바는 있지만 이러한 학문이 필요하다는 사실을 지적하는 학문이 심리학이다.

심리전은 전쟁의 한 축

포병장교는 전쟁의 본질을 연구하지 않아도 임관이 가능하다. 사실 장교는 전통과 군사기술, 규율 및 건전한 사상으로 되는 것이다. 전쟁의 일반적인 특성과 역할은 손자를 비롯하여 베제티우스와 프리드리히 대제 및 클라우제비츠 등, 소수의 저술가들이 규정해 왔을 뿐이다.

핵폭탄에서 발산하는 섬뜩한 빛이 기존의 규정을 어떻게 바꿀지는 아무도 모른다. 무기가 아무리 진화하더라도 이를 휘두르는 주체는 인간일 뿐이다. 전쟁의 동기와 취약성은 이를 표출하는 기술적 수단이 아무리 기발하고 끔찍해도 고대와 인간을 벗어나진 않을 것이다.

전쟁은 예로부터 정의가 명확한 데 반해, 심리전은 전쟁을 떠나서는 이해할 수 없는 개념이었다. 심리전은 특수한 경우에만 동원되는 단순한 도구가 아니라 모든 지구촌 국가의 군사·안보상황에서 널리 활용되고 있다.

심리전은 전쟁의 한 축이기도 하다. 동서고금을 막론하고 전쟁이란 '인간이 공식적으로 벌이는 싸움an official fight between men'이라는 것이 가장 단순하면서도 명료한 정의다. 물론 싸움과 살육, 개체군의 다툼은 동물의 왕국에서도 알려져 있지만 이를 '전쟁'이라고 하진 않는다. 모든 동물이 싸우지만 오직 인간만이 전쟁을 선포하고 벌이며 종식을 고한다. 인간만이 인간을 상대로 전쟁을 치른다는 것이다.

공식적인 정의는 '무장한 군중이 서로 폭력을 행사하는 것'이란다.

'서로reciprocal'가 아니라면 전쟁은 성립하지 않는다. 자신을 방어하지 않는 사람을 죽이는 행위는 전쟁이 아니라 살인이나 학살 혹은 처형이라야 옳을 것이다.

당사자가 '군중public'이 아니라면 폭력은 전쟁이 될 수 없다. 2차 대전 당시 적들도 이에 대해 고민이 더러 있었다. '군중'에 대한 원칙을 위반했을 때 언제 여론의 뭇매를 맞게 될지 몰랐기 때문이다. '군중'이 성립되면 전투원은 (헌법이 정한) 법률을 따질 필요가 없다. 국제적인 관행에 따르면, 최소한의 수효를 채운 전투원이 확실한 신분과 정치적인 목적을 가지고 있다면 조건이 충족된다고 한다. 이웃에게 총을 쏘면 살인을 기도한 것이지만, 지인 20~30명을 모아 왼팔에 붉은 손수건을 묶고 나서 "미국 정부를 타도하기 위해 나왔다"고 '선언한 뒤then' 반동세력인 이웃주민을 쏜다면 그는 전쟁을 벌인 셈이다. (실제로 단순한 살인이 아니라 내란죄나 반역죄로 사형을 당할 것이다)

끝으로 전쟁은 '폭력'을 행사해야 한다. 아이슬란드에서 예멘에 이르는 현대 국가의 법에 따르면, 정치·경제 혹은 도덕적 압박은 전쟁이 아니라고 한다. 전쟁은 국가를 대신하더라도 평시라면 누구도 하지 않을 성싶은 짓을 합법적인 행위로 만드는 것이다. 사실, 전시라도 국가를 위한 일이 아니라면 적을 죽이진 못한다. 일본인 채권자를 쏘거나, 사복차림으로 일본군을 죽인다면 (법정이 어디든 관계없이) 살인 혐의로 사형에 처하는 것이 법적으로 타당할 것이다. (이는 전범재판소에서 재차 반복되는 혐의 중 하나다. 독일인과 일본인 중에는 죽일 권한이 없는 사람을 살해한 경우도 더러 있다)

현대 국가의 정부들은 폭력을 독점하는 행위를 시샘한다. 전쟁은 폭력을 최대한 행사하지만 현대전을 단순한 야만행위로 보진 않는다. 전쟁이 (광기어린 살육 시기에 벌인) 난잡한 살인행각에 불과하다면 굳이 참모를 둘 필요는 없을 것이다. (사회에서 중요한 역할을 담당하는) 현대전은 얽히고설킨 제도와 정략을 반영하고 있다. 현대전은 공식적인 작전이요, 기술적으로 복잡다단하고 의식화된 작전이기도 하다. 전쟁에서 사람을 살해하려면 정확한 타깃을 정확한 방법과 타이밍에, 정확한 곳에서 공언한 목적대로 해야 한다. 그러지 않으면 일 전체가 틀어질 뿐 아니라—설상가상으로—패전을 각오해야 할 것이다.

왜 그런 식으로, 여기가 아니라 거기서, 그때가 아니라 지금 싸워야 할까? 답은 간단하다. '사람'과 싸우기 때문이다. 싸움의 목적은 상대의 마음을 바꾸는 데 있다. 비유컨대, 우리가 승리한 전쟁은 독일인과 일본인이 미국의 행동양식과 미국이란 나라를 좋아하게 만들고자 제작한 광고영상과 같다. 그들은 미국을 못마땅해 했지만 (차라리 마음을 바꾸는 게 더 나을 만큼) 훨씬 험악한 대안을 제시했기에 평화를 이룰 수 있게 된 것이다.

물론 설득이 불가능한 경우도 있다. 이때는 목숨을 빼앗거나 물리적인 수단을 동원해서(격리나 투옥으로) 중립을 유도해야 한다. 아돌프 히틀러를 비롯한 일부 나치당원은 끝까지 미국을 혐오하거나 이해하지 못해 죽음을 택했다. 투항할 의

지가 전혀 없었기 때문이다. 태평양전쟁 때도 포로로 수용되기 전, 많은 일본군이 극단적인 선택을 했다. 사람이 그렇다. 대개는 전멸 직전까지 가야 싸움을 멈출 터인데 이런 경우는 둘 중 하나다.

첫째, 패전한 측이 조직의 소속감을 잃고 리더와 전술을 결정할 수 없게 된다면 전쟁을 포기할 수 있다. 더는 군중으로 싸울 수 없기 때문이다. 예컨대, 1865년 4월, 美남부인이 그랬다. 남부연합 대통령과 내각은 리치몬드에서 열차에 올랐다. 나중에 하차한 사내들은 '난민'이 되었다. 남북전쟁의 결과로 데이비스 대통령은 자신을 대통령이라 여기지 않았고 사람들도 명령을 따르지 않았다. 1945년 독일에서도 벌어질 뻔한 사건이다. 카를 데니츠 해군총사령관(Karl Doenitz, 히틀러가 죽은 뒤 독일 대표로서 무조건 항복에 응했다—옮긴이)이 없었다손 치더라도 ….

둘째, 패전한 측이 조직에 소속된 가운데, 적군과 연락하여 종전을 준비하고 조직적인 수단으로 승전한 측의 조건에 합의하기 위해 정치적 조직을 활용하기도 한다. 영국이 미국의 독립을, 보어인이 영국의 지배를 인정했을 때, 핀란드가 러시아의 명령서에 조인했을 때, 일본이 항복했을 때가 사례로 꼽힌다.

두 경우가 얽힐 때도 더러 있다. 이를테면, 국민은 평화를 원하지만 적국이 정부의 의중을 파악하지 못할 수도 있고, 승전국이 패전국의 정부를 박살냈다고 생각할 때 기존 정부가 이름을 살짝 바꿔 조직을 정비하는 사례도 있다. 물론 지도자나 사상은 기존의 것과 다르지 않다.

분명 전쟁은 동서고금을 막론하고 반동세력의 심리를 변화시키기 위해 벌인다. 즉, 전멸을 위한 전쟁이 아니라면(사례를 찾기 힘들다) 심리적인 목적으로 전쟁을 치른다는 이야기다. 이제 미국은 사상과 언어가 자국민에게 알려지지 않은 인종을 찾기가 어려워졌다. 이처럼 소통할 기회가 있는 곳에서는 항상 적대조직(혹은 정부) 중 하나는—협력은 하지만 언제든 대항할 의향이 있다—승자의 특혜를 조건으로 협력할 가능성이 있다. 조직은 저 나름대로 의식이 있는 사람들로 이루어져 있으므로 기존 정부를 운영하는 사람이 생각을 바꾸지 않는다면 이를 전복시키려는 사람이 생각을 바꿔야 마땅할 것이다.

전쟁은 몸뚱이가 아니라 적의 '생각the minds'과 싸우는 것이라는 사실은 병법을 기록한 저술가들도 증언하고 있다. "전쟁은 수단만 다를 뿐 정치와 같다"고 주장한 카를 폰 클라우제비츠의 금언은 태곳적부터 공인된 진리를 현대식 표현으로 옮긴 것일 뿐이다. 전쟁은 일종의 설득이다. 경제성도 떨어지고 위험한 데다 불쾌하기까지 하지만 다른 것이 실패해도 설득은 성공한다.

이데올로기

이데올로기란 인생사의 근본적인 의문을 둘러싼 뿌리 깊은 신념을 가리킨다. 이데올로기도 심리전에 중요한 역할을 한다. 근본과 관계가 없는 생각의 차이는 흔히 '견해차' 혹은 '이견'이라고 말한다. 예컨대, 관세를 높여야 한다는 사람이 있다면 나는 폐지를 주장하고 세계를 통합해야 한다는 사람이 있다면 나는 그에 반대표를 던질 것이다. 혹자는 공화당을 지지할지 몰라도 나는 민주당을 지지한다. 하지만 월급은 달러로 지급해야 하고 가정을 이루려면 결혼을 해야 한다는 것, 사유재산과 미국 정부, 다수결의 원칙, 민주적인 선거제도 및 자유로운 언론의 가치를 인정한다는 데는 이견이 없을 것이다.

견해가 다른 영역이 너무 넓은 탓에 정치색이 가미된 문제를 두고는 아무것도 공감할 수 없다면 단순한 견해차보다는 이데올로기의 차이로 봄직하다. 이데올로기가 다르면 제도적 틀이 타격을 입기 때문에 당신과 내가 같은 도시에 사는 것이 못마땅할 테고 서로를 볼 때마다 마음이 불안해질 수도 있다. 행여 그 때문에 동네의 풍기가 문란해지진 않을까 우려할지도 모르겠다. 예컨대, 내가 나치당원이고 당신이 민주주의자라면 내 아이가 당신 아이 옆집에 사는 건 상상도 하기 싫을 것이다. 당신이 인성은 착하지만 투표할 자격도 없고 집을 임대해 주기에도 미덥지 않은 데다 육군 장교로도 신임할 수 없다면, 그리고 평소에는 반정부시위를 자행한다고 생각한다면 나와 가까워지긴 매우 어려울 것이다.

초기 전쟁사를 보면 프로테스탄트(개신교)와 가톨릭(구교)이 서로의 신도를 이단으로 몰아 화형으로 다스리게 된 원인은 형이상학적인 이론이 아니었다. 17세기 무렵, 프로테스탄트는 가톨릭이 세력을 장악할 때 무슨 문제가 벌어질지 너무도 잘 알고 있었고, 가톨릭도 프로테스탄트가 집권할 때 벌어질 사태를 직감하고 있었다. 누가 권세를 잡든 새 통치자는 전복이 두려워 전임 통치자를 억압하고 반혁명 예방책의 일환으로 고문대와 화형대 및 동굴을 이용했을 것이다. 자유는 이데올로기라는 울타리 밖에 있는 사람에게는 허용되지 않는다. 적이 언론의 자유와 사유재산과 개인의 안위를 존중하지 않는다면 당신도 그의 자유와 안위를 존중할 의무가 없다. 따라서 어떤 이데올로기든 최소한의 절대원칙은 이데올로기가 통일된 지역(나치의 하우스호퍼 장군은 루돌프 셀렌을 따라 이를 '지심geo-psychic' 구역이라 했다)에 사는 주민이라면 이웃의 안위를 존중해야 한다는 것이다.

작금의 스페인은 서로에 대한 불신이 점점 고조되다가 수년간의 치열한 내전을 겪고 나서야 두 파벌 중 하나가 안정될 수 있었다. 스페인은 공화정을 수립했다가 4년 만에 왕정복고를 선언했다. 공화정이든 왕정이든 온전한 통합은 아니었지만 하나의 정부와 교육제도가 전국 대부분을 통제할 수 있었다. 다른 국가들은 이데올로기의 통합 정도가 서로 달랐다. 예컨대, 스칸디나비아는 얼핏 잠잠해 보였지만 독일 침략이 가시화되자 비드쿤 크비슬링(Vidkun Quisling, 노르웨이 정치인으로 독일 침략에 협력하여 노르웨이를 나치 독일에 팔아넘긴 반역자—옮긴이)이 매국노로 전락했고 러시아와 이탈리아 및 독일 등은 자국의 이데올로기에 집착, 자국민의 의식수준을 확인할 요량으로 정통과 이단을 규정했다. 물론 전 세계의 대다수 국가는 이데올로기를 크게 혼동하고 있다(근본적인 신념이 흔들리고 있다). 즉각적인 해결책도 없거니와 이를 찾지도 않고 있다.

교육

교육이란 지역주민이 후계자인 자녀에게 생활에 필요한 정보를 비롯하여 선량한 남녀 시민, 혹은 선한 크리스천이나 신도를 양성하기 위해 수많은 가르침을 아울러 전수하는 제도적 과정을 일컫는다. 민주주의 국가에서 교육은 교과과정의 일부에서만 이데올로기 색깔을 띠나, '여론opinion'을 두고는 정부가 외설과 신성모독 및 내란 등에 관련된 법을 통해 이데올로기를 부정적으로 통제하고 있다.

이데올로기에 대한 자의식이 강하고 획일화된 사고방식을 조장하려는 국가에서는 교육과정에 선동과 규제가 결합되기 때문에 결국 국민은 심리전을 벌이고 있는 듯한 각박한 환경에서 살게 된다. 이때 이단은 사형을 당하거나 의견이 묵살될 것이다. 역사적 유물론과 마르크스의 객관성, 민중Volk이나 파시즘, 야마토다마시이(yamato damashii, 大和魂, 일본민족 고유의 정신으로 강조된 관념—옮긴이) 혹은 '新민주주의new democracy'는 무관한 활동영역에서도 모든 선악을 판단하는 시금석이 된다. 교육과 프로파간다가 합쳐지면 끊임없이 세뇌가 이루어지게 마련이다. 프로파간다 조직을 갖추지 않은 국가가 그들과 전쟁을 치른다면 자유를 표방하는 국가가 불리해질 것이다. 프로파간다를 행정적으로나 조직적으로 구사할 재간이 없기 때문이다. 교육과 심리전은 빙하와 눈사태의 관계와 같다. 속도와 테크닉이 다를 뿐 의식을 점유한다는 것은 같으니까.

세일즈맨십

세일즈맨십(salesmanship, 판매수완)도 심리전과 관계가 있다. 프로파간다는 대량인쇄술과 원격통신을 활용한 산업화된 세일즈맨십에 비유될 때가 더러 있다. 이런 부적절한 비유가 나돌게 된 원인은 세계대전 당시 미국이 해외에서 실시한 프로파간다 중 상당수가 서툴렀고 선전요원 중 일부는 전시 프로파간다의 본의를 크게 오해하고 있었기 때문이다.

전쟁에서 충성은 여론이 아니라 이데올로기의 문제다. 어느 모로 보나 선량한 시민이라 해도 제 편이 지는 것을 바라는 사람은 없다. 정신이 멀쩡하고 사리도 분별할 줄 아는 사람이 패배를 원한다면—패배를 인정하는 것조차도—그건 가볍게 넘길 수 없는, 매우 참담한 문제일 것이다. 독일이 전복되길 바라는 독일인이 반역자이듯, 전쟁에서 물러나 미국계 유대인을 사지로 내몰고 싶어 하는 미국인 또한 조국에 대한 배신자가 될 것이다. 이런 가치판단을 치약이나 탈취제 혹은 담배 판매에 빗댄다는 것은 가당치가 않다.

광고는 평시에 효과가 있다. 대수롭지 않은 것이기 때문이다. 판매자의 입장은 다르겠지만, 어쨌든 소비자의 선택이 심각한 결과를 초래하진 않는다. 예컨대, 드로미더리Dromedary와 올드코인Old Coin이라는 담배가 있다. 흡연자는 어떻게든 하나를 골라 피울 것이다. 무엇을 피우느냐가 크게 중요한 문제는 아니다. 드로미더리는 그저 밋밋한 담배지만 올드코인을 보면 왠지 모르게 여배우의 다리가 연신 뇌리를 맴돈다면 그는 올드코인을 구매할 수도 있다. 1941~42년 당시 미국은 프로파간다에 동원할 물리적 수단이 널려 있었지만 대수롭지 않은 목적으로 이를 줄곧 활용해온 탓에 전시 프로파간다 중 상당수가 세일즈맨십 방식으로 구사되고 말았다.

어찌 보면 세일즈맨십은 청중을 시청각적 선동appeal에 익숙해지도록 만들겠다는 군사적 목적에는 일조했다고 본다. 결국 외부 프로파간다는 지역광고와의 경쟁을 통해서만 국내 시청자에게 다가갈 수 있게 되었다. 전문적인 상업광고가 판을 치고 있는 가운데서 외부 광고가 관심을 끌기란 쉽지 않을 것이다. 공산당이나 파시스트당이 300명이 참여하는 '군중회의mass meeting' 같은 이벤트를 개최한다거나 대도시에서 포스터 몇 십 장을 붙인들 미국에서 대중의 관심을 사로잡을 수는 없다. 정치 선전요원이라면 현지인의 관심을 자극하기에 앞서 드라마나 탄산음료, 펜실베이니아산 원유를 광고하는 욕조 속 미인이나, 혹은 드라마에 나오는 담배를 제쳐야 한다. 그러다 보면 외부 프로파간다는 대중의 관심을 받지 못하거나, 기존 미디어를 모방하기 위해 위장술을 택할 것이다. 부산스런 세일즈맨십으로 미국 시민들은 정부가 표방하는 프로파간다에 둔감해지고 경계심도 다소 헤이해질지도 모른다. 하지만 외부 선전이나 수상한 선동을 배격하고, 해외에서 급작스레 침투하려던 이데올로기를 대부분 차단할 수 있는 '심리적 만리장성'을 세울 수 있었던 것도 세일즈맨십 덕분이다.

심리전과 공보

심리전과 공보public relations는 적용하는 방향이 다르다. 심리전은 적을, 공보는 주로 국내 시청자를 찾아간다. 둘은 중립적인 대상에도 이르는데 빈도가 높으면 이를 분간하기가 어렵다. 몇몇 국가에서는—일본의 '조호쿄쿠(Joho Kyoku, 정보국. 1940년 내각정보부를 확충하여 언론·매스컴 통제나 정보선전을 맡았던 내각 직속기관으로 1945년 말에 폐지되었다—옮긴이)' 등—두 기능이 하나의 기구에 통합되기도 한다. 특히 美 육·해군의 공보에는 몇 가지 기본적인 원칙이 있다. 이를테면, 뉴스는 군사보안이 허용하는 범위 내에서 허술해서는 안 되고, 신속하게 배포하되 흥미를 자극해야 하며, 국방에 대한 신뢰도를 끌어올려야 하며, 취지가(내용 못지않게) 적의 사기에 도움이 돼선 안 된다는 것이다. 이러한 원칙은 건실한 신문사라면 타당하겠으나 명민하고 진취적인 적을 상대해야 할 때는 심리전의 입지가 좁아질 수도 있다.

미디어가 같다면 공보와 심리전을 일일이 구분하기란 사실상 불가능하다. 2차 대전 당시, 전시정보국the Office of War Information(OWI)은 상대 청취자에게 흘릴 뉴스를 전파하기 위해 정교하고도 치밀한 계획을 세웠으나, 안타깝게도 당국은 적이 전시정보국 소식만 청취할 테니 美 육·해군이 국민에게 송출하는 방송에는 주목하지 않을 거라 단정했던 모양이다. 뉴욕이나 샌프란시스코 방송국이 심리전의 일환으로 특정 전투나 교전 동향을 브리핑할 때 육·해군 공보장교는 전혀 다른 소식을 전하고 있다면 적군의 언론 및 방송국은 근거가 빈약한 뉴스를 가려내거나 두 소식을 비교해가며 인용할 것이다.

심리전과 문화국

요즘 군대는 공보실과 아울러 문화기관(장교나 군무원이 각 부대에 솔깃해 할 만한 오락물이나 교육자료를 제공하거나 정치사상을 교육시킨다)도 도입하고 있다. 문화국morale services은 적의 심리전을 차단하는 주요 방어시스템으로, 프로그램을 통해—부대원이 딴생각을 하지 않도록 유도함으로써—적의 교묘한 화술을 사전에 막았다. 2차 대전 당시 미군 라디오 방송국은 국민을 대상으로 한 글로벌 라디오 방송을 개설하여 미국 프로파간다에 매우 중요한 소재를 쏟아냈다. 당연히 적과 동맹군이라면 저들 들으라고 꾸며낸 것보다는 미국인이 같은 미국인에게 전하는 소식에 좀더 주의를 기울일 것이다. 문화국 관계자들은 자신이 주요 프로파간다 기관이라는 일설에 강한 유감을 표하며 "청취자들은 프로파간다가 이면에 깔려있지 않은 순수한 정보와 뉴스 및 교육을 기대한다"고 주장했다. 따지고 보면 틀린 말은 아니었다. 전시에는 '모든 커뮤니케이션이 곧 프로파간다all communication has propaganda effect'라는 사실을 항상 염두에 두고 있는 것도 아닌 데다 특별한 한두 경우에만 중점사항과 시기를 조율했기 때문이다.

단언컨대, '프로파간다(선전)'라는 용어가 중요한 것은 아니며(용어를 바꾼들 '선전'이라는 실체가 달라지진 않으니까) 자신은 선전요원이 아니라는 선전요원의 신념도 귀중한 자산이 될 수 있다. 문화국이 미군부대에 뉴스와 오락물 및 교육자료를 제공하자 전 세계의 '기생parasitical' 청취자도 대거 몰려들었다. 미군방송을 듣고 잡지를 읽고 암시장에서 책을 사는 글로벌 구경꾼을 두고 하는 말이다. (美정보교육처가 시중도서를 들여오는 날이면 중국 윈난성 쿤밍에 있는 리엔타 대학은 기쁨을 감추지 못했다. 중국 대학생들이 오랜 고립생활 끝에 미국산 양서를 실컷 읽게 되었으니까)

문화국은 국내외 청취자들에게 그럴듯한 심리전을 구사할 기회는 잃었지만 당국이 '심리전 기관'이라는 사실을 인정하지 않은 덕분에 '프로파간다 기관' 측면에서는 실리를 챙길 수 있었다. 미군은 심리적인 내분이 딱히 없었기에 문화국의 업무가 자연스레 심리전 업무와 통합되었다. 둘 다 군기강과 애국심이 투철한 미국인이 담당했기 때문이다.

독일과 소련군의 사례를 보더라도 문화국은 심리전과 공보, 뉴스 및 공교육을 이루는 통합 프로파간다 기관 중 하나였다. 반면 일본 부대의 문화국(위안소)은 육체 및 정신의 위안(주전부리나 그림엽서 혹은 부적을 제공)에 주안점을 둔 까닭에 뉴스와는 직접적인 관계가 없었고 공식 프로파간다와는 더욱더 거리가 멀었다.

민간활동

자유국가의 대형 커뮤니케이션 매체는 전시라 한들 통합이 이루어질 리 없다. 언론과 무대, 영화, 라디오 방송, 출판 등은 계속 가동될 것이다. 이런 민간기관은 심리전의 일환으로 뉴스나 특집방송에 새로운 이야깃거리를 끊임없이 올린다. 민간부문의 정보를 통제하여 공공연히 드러난 적의 프로파간다가 국내에 유포되는 것을 방지하려면 가끔이나마 검열을 실시해야 한다.

뉴스는 이를 발행한 사람에게 선전 의도가 있을 때 프로파간다가 된다. 설령 리포터와 편집자와 작가에게 그런 의도가 없었다손 치더라도 제보자(인터뷰한 사람이나 특파원 지인 등)는 어떤 목적을 염두에 두고 뉴스를 언론에 제공했을 수도 있다. 정부 관리들은 공방을 벌이는 장소를 회의실에서 기자회견실로 옮기고는 '임시' 선전활동의 일환으로 공개 혹은 비밀 정보를 흘리고 있다. 어제 오늘의 이야기가 아니다. 심리전은 민간매체가 지속되고, 각자가 제 목소리를 내리라는 전제하에 기획해야 한다. 아울러 민간작전이 개입하면 막대한 피해를 입을 수 있다는 점도 사전에 감안해야 한다. 전투 지휘관이 무장병력을 전장으로 이동시킬 때는 민간인 차량을 도로 밖으로 끌어낼 수 있지만 심리전 지휘관은 통제할 권한이 없는 민간 라디오 방송이나 기타 통신소통량을 빠져나가기가 어렵기 때문이다.

심리전은 외교와도 밀접한 관계가 있다. 심리전은 적을 전략적으로 기만하는 데 꼭 필요한 행위다. 의료부문에서는 심리전이 의무대의 경험을 통해 요령을 터득하기도 한다. 아군 부대에 어떤 환경이 조성되면 적진도 같은 환경에 맞닥뜨리게 마련이다. 예컨대, 미군이 벌레에 물리면 같은 벌레가 적군도 물겠지만 "미군부대에는 벌레가 얼씬도 하지 않는다"는 말이 적의 귀에 들릴 수도 있다. 결국 심리전은 전쟁 포로를 회유하고 포로로 끌려간 아군을 보호하는 것과 관계가 깊다.

심리전은 수많은 과학이 가미되고 전쟁의 모든 기능을 담당하지만 그 자체가 하나의 (학문)분야이기도 하다. 심리전은 세 가지 주제로 구분한다(심리전의 체계와, 외부 심리작전의 감지·분석, 전술 혹은 즉각적인 실행). 필자는 이를 차례로 짚어볼 것이다. 심리전은 은밀히 실시해야 하는 폐쇄적인 작전이 아닌지라 청취자들의 일상과 그들이 벌이는 싸움에서 결과를 찾아야 한다는 것을 명심하라.

CHAPTER 3 심리전이란 무엇인가?

　심리전은 군사력을 동원하지 않고도 군사적 실리를 챙긴다. 심리전을 구사하면 왠지 정정당당하지 못하다고 여기던 시기가 더러 있었다. 유능한 군인이라면 말보다는 무기에 의존하는 것이 당연할 테니까. 1차 대전 이후, 프로파간다를 알아보는 것조차 꺼려했던 루덴도르프Ludendorff 장군은 그 무기(프로파간다)를 가리켜 "연합군이 자행한 가장 섬뜩한 짓"이라 꼬집었다. 그러나 2차 대전 때는 수많은 美육·해군 장교들이 심리전에 투입되었고 민간인의 조력이나 후원 없이도 일부 작전은 대성했다. (과달카날섬에 주둔해 있던 J. A. 버든 대령은 손수 전단을 쓰고 연설문을 작성했으며 해병대에서 빌린 항공기를 몰고 전단을 뿌렸다. 하지만 안타깝게도 우듬지를 지나갈 무렵 일본군의 총격에 파도 속으로 사라지고 만다. 당시 대령은 전시정보국OWI에 대한 소문을 들었을지 몰라도 당국 민간인들은 그를 알지 못했다)

　심리전은 이제 낯설지가 않다. 향후 심리전은 단순한 적용 여부가 아니라 이를 좀더 효율적으로 적용해야 한다는 문제에 봉착할 것이다. 따라서 심리전은 정의를 밝히는 목적보다는 편의convenient와 가동성operable에 주안점을 두고 규정되어야 마땅하다. 전 세계는 1·2차 대전을 거치면서 실증적인 사례를 통해 이를 알게 되었다.

심리전은 사전에서 정의할 개념은 아니다. 정의는 누구나 내릴 수 있는 '오픈 게임(open game, 참가자격에 제한이 없는 비공식 경기—옮긴이)'이다. '심리전'과 '군사적 프로파간다'를 규정하는 방법에는 세 가지가 있다.

첫째, 어떤 정황과 서적, 대화 혹은 연구 강좌에서 토론한 결과를 판단하여 규정한다.
둘째, 어떤 임무와 관련된 책임소재와 권한을 결정하여 규정한다.
셋째, 지정된 수단으로 달성할 법한 결과를 밝힘으로써 규정한다.

쉽게 말하자면, 참모장교는 전투장교가 적용하는 것과는 다른 정의가 필요하고, 정치지도자는 군인이 요구하는 정의보다 폭넓은 정의를 적용해야 하며, 사상에 심취한 사람the fanatic이라면 자신만의 정의나 혹은 두 가지 정의(개연성은 더 높다)를 염두에 두고 있어야 한다는 것이다. 이를테면, 하나('민주주의를 증진시킨다'거나 '민중의 의식을 고취시킨다')는 자신에 대한 프로파간다요, 다른 하나('뜬소문을 퍼뜨린다'거나 '언론을 매수한다'거나 혹은 '이웃에 마약을 건넨다')는 적대관계인 상대를 겨냥한 프로파간다일 것이다. 어떤 군사적 개념이든 정의는 완벽히 규정할 수 있는 대상이 아니다. 군사작전은 변화무쌍하고 군사적 정의definitions는 지휘계통을 수립하는 데 매우 중요하기 때문이다.

정의를 규정하는 첫 번째 방법은 연구목적에 부합한다. 이는 정치·군사적 상황을 이해하기 쉬운 항목으로 구분하는 데 도움이 될 수 있다. 두 번째 방법(조직과 관계가 깊다)은 정의를 입증할 수 있는 조직이 존재할 때 적용할 수 있다("프로파간다는 전시정보국과 미군전략정보국이 수행하는 임무를 가리킨다"). 셋째는 사후에 상황을 평가하는 데 보탬이 된다("이는 독일인이 선동할 때 벌인 짓이다").

모든 프로파간다의 첫 번째 교훈은 '추론된 불신reasoned disbelief'인데 프로파간다를 둘러싼 선전을 모두가 믿는다면 애석키도 하고 사리에도 맞지 않을 것이다. 군대와 정부에 기용된 '선전요원'은 모두가 우수사례의 귀재들이다. 그러니 자신의 실적을 두고 좋게 평가하지 않을 사람이 과연 몇이나 있을까? 프로파간다는 주장이 공정한 잣대가 될 수는 없으며 (전시) 군사작전에 걸맞게 신중히 판단해야 한다.

범위가 넓은 정의와 좁은 정의

'프로파간다'는 선교가 본분이던 바티칸 동명 부서의 명칭에서 유래했다. 프로파간다의 정의는 한둘이 아니다. 예컨대, 미국인 중에는 월터 리프먼Walter Lippmann과 해럴드 라스웰Harold Lasswell, 레너드 W. 둡Leonard W. Doob이 프로파간다를 분석하고 역사적 사례를 소개하는 등, 의미심장한 기록을 남겼다. 이밖에도 수많은 학자 중 몇몇이 매우 중요한 문헌을 기고했다. 다음 정의를 보면 필자의 책은 어떤 내용일지 짐작할 수 있을 것이다.

프로파간다란 구체적인 목적을 가지고 특정 집단의 정신과 감정 및 행동에 영향을 주기 위해 계획한 커뮤니케이션을 일컫는다.

정의의 범위가 넓다. 이를테면, 앤티덴트Antident 치약을 구매하라거나, 침례라는 신학원리를 믿으라거나, 어버이날에 부모님께 드릴 꽃을 사라거나, 일본인을 폭행하라거나, 국내 파시즘과 투쟁하라거나, 혹은 겨드랑이에 탈취제를 뿌리라는 홍보도 여기에 포함되기 때문이다. 정의의 폭을 넓히면 모두가 프로파간다에 들 수 있다. 전쟁·해군성은 군종軍宗이나 매점PX, 안전사고 캠페인이나 성병퇴치선언 따위를 프로파간다로 취급하진 않았으므로 이 정의는 좀더 범위를 좁혀 민간이나 비정치적인 목적을 위한 내용은 제외하는 것이 바람직할 듯싶다.

프로파간다란 정치·경제·국방을 아우르는 공익 목적을 가지고 특정 집단의 정신과 감정에 영향을 주기 위해 계획한 대중 주도 커뮤니케이션을 일컫는다.

대다수의 대학교재에서 채택한 내용으로 상투적인 정의로 보인다. 군사적인 프로파간다라면 다시금 군살을 뺄 필요가 있다. 적을 상대해야 한다는 점을 반영하면 다음과 같다.

군사적 프로파간다란 구체적인 전술·전략적인 목적을 가지고 적enemy이나, 해외의 중립 혹은 우방 집단의 정신과 감정에 영향을 주기 위해 계획한 커뮤니케이션을 일컫는다.

커뮤니케이션이 사전에 '계획'되지 않으면 프로파간다가 성립되지 않는다는 점에 주목하라. 예컨대, 한 장교가 탱크포탑 밖으로 머리를 내밀고는 동굴에 있던 일본인에게 소리쳤다고 하자. "얼른 나오시오! (웅얼웅얼), 그러지 않으면 당신들을 (웅얼웅얼) 할 수밖에 없소!" 뜻이 전달되었는지는 확실하지 않지만 엄밀히 말하자면 이는 프로파간다가 아니다. 동굴에 있는 일본인의 정신과 감정에 영향을 주기 위해 커뮤니케이션을 계획하지 않았기 때문이다. 장교가 이 점을 감안하여 일본어로 "당장 투항하시오. 그러지 않으면 美육군은 화염을 방사할 것이고 이에 따른 불가피한 참상을 애석하게 생각할거요"라고 말했다면 프로파간다에 좀더 가까웠을 것이다.

아울러 프로파간다에는 주지의 목적이 있어야 한다. 정의에도 포함되어 있는 조건이다. 전시와 평시를 막론하고 커뮤니케이션은 부지기수로 일어난다. 청자에게 벌어지는 결과 때문이 아니라 화자의 '직성'이 풀리기 때문이다. 세계대전 당시 일본인을 그린 만화를 그들에게 유포했고 독일어를 조롱하는가 하면 이탈리아인에게는 천박한 욕설을 퍼붓는 등의 작태가 불쑥 나타났다. 보낸 쪽은 배꼽을 잡았겠지만 목적을 생각해 보면 우둔하기 짝이 없는 패착이었다. 적의 심기를 건드려 저항의지가 되레 강성해졌으니 말이다. (원시시대라면 분노가 통했겠지만 현대식 군사 프로파간다에서는 너무도 큰 대가를 치를 수 있어 삼가고 있다. 물론 계획만 잘하면 적의 심기를 건드리는 것이 아주 무익한 것은 아니다. 드물긴 하지만 소소하게나마 통하는 경우도 있다)

'심리전'은 다음 정의와 같이, 프로파간다를 전쟁의 목적에 적용하는 일이라고 생각하면 이해하기 쉽다.

심리전이란 적에 대항하기 위한 프로파간다뿐 아니라, 이를 보완하는 데 필요하다면 군사·경제·정치적인 작전대책도 아울러 적용하는 활동을 일컫는다.

'심리전'은 2차 대전 당시 합동참모본부와 합참의장의 지휘아래 성공을 거둔 작전으로 알려졌다. 주요 '전역(theater of war, 전쟁이 벌어지고 있는 지역을 뜻한다—옮긴이)'에서 '심리전 부대'가 태동하고 '심리전' 독트린이 미군에 편입된 이유도 그 때문이었다.

앞선 정의는 '심리전'을 표현하는 방식 중 하나일 뿐이다. 특히 독일이 유럽을 정복할 때는 '심리학으로 벌이는 전쟁'이라는 개념이 불쾌하리만치 유행했다. 미국식으로 쓰자면 심리전은 매스컴을 이용하여 일반 군사작전을 보충한다는 뜻이고, 나치식으로는 심리학에 근거하여 정치·군사적 전략을 예측·실시한다는 뜻이다. 미국식으로 심리전은 신무기를 효율적으로 충분히 활용함으로써 재래식 전쟁의 양상을 바꾸었다면 독일식 심리전은 전쟁의 동향 자체를 변모시킨 것이다. 각국이 해석한 심리전을 구분해 보는 것도 중요하다.

심리학으로 벌이는 전쟁

1936~41년, 히틀러가 주창한, 기괴하고도 섬뜩한 전략을 가리키는 별칭이 여럿 있었다. 에드먼드 테일러는 동명작품(『공포전략the strategy of terror, 보스턴 1940』)과 『신경전the war of the nerves』에서 이를 '공포전략'이라 규정했고, 극동 추축국(Axis, 2차 대전 당시의 독일·일본·이탈리아를 일컫는다—옮긴이)의 5열(Axis fifth column, 전시에 후방 교란·스파이 행위 등으로 침략군의 진격을 돕는 자—옮긴이)을 필두로 미국의 해군심리전 계획 등을 집필한 라디슬라스 파라고Ladislas Farago 정치부 기자는 『독일의 심리전German Psychological Warfare: A Critical, Annotated and Comprehensive Survey and Bibliography(뉴욕, 1941)』에서 심리전과 전쟁을 다룬 독일문헌 수백 가지를 간략히 소개한 바 있다. 훈련과 심신의학을 비롯하여 프로파간다와는 무관한 심리학 등을 다루었으나, 대개는 전쟁을 과학에 적용한 행적을 인상적으로 담아냈다. 나치의 '발명품'에 대한 기사와 서적도 급속도로 이어졌다.

독일에 대한 관심이 수그러들자 일각에서는 독일이 벌인 전쟁이 두 가지 측면에서 이례적이었다는 주장이 제기되었다.

첫째, 정치와 프로파간다, 체제전복 및 군사력 행사가 서로 완벽하거나 완벽해 보일 정도로 동시에 진행되었다는 것

둘째, 군사적 목표를 달성하기 위해 현대 심리학의 연구결과를 활용했다는 것

독일의 심리전은 전쟁 전·초에 선두를 달렸고 유엔은 이를 추월하기 위해 노력했다. 물론 범위와 특성은 서로 달랐다.

독일 참모는 유럽을 정복할 때 여론을 분석한 듯싶다. 이 중 상당수는 적중률이 높았던 것으로 나타났다. 당시 여론분석을 통해 나치는 (허무맹랑한 이야기지만) 국가의 항복 시기를 예측할 수 있는 과학 공식을 발견한 듯 보이기까지 했다. 전쟁을 치르던 독일은 속도전을 구사했고(효과가 검증되었으니 심리적으로나 군사적으로도 타당했다) 극도의 공포감을 조성한 '외교술'로 전쟁의 위협이 최고조에 이르자 체코슬로바키아인들은 결국 방아쇠 한번 당겨보지 못하고 주데텐란트(Sudetenland, 주데텐 산맥 주변에 있는 보헤미아·모라비아의 북부지역. 1차 세계대전 말에 독자적인 한 지구로 확정되었으며 당시 인구의 대부분을 차지하던 독일인들은 체코슬로바키아로 편입되었다—옮긴이)에 항복했고 반년 후에는 독재자 앞에 무릎을 꿇어야 했다. 독일군은 전쟁을 개시하겠다는 겁박으로 유리한 입지를 선점하기 위해 모든 수단을 총동원했고 전쟁을 일으켰을 때는 공포감을 극대화했던 것이다. 독일측 심리자문단은 정치·군사 첩보원들에게 여론 예측법을 전수한 것으로 보인다. 그래서인지 반나치 프로파간다를 분석한 결과는 크게 적중했다. 이견의 여지가 없을 정도로 탁월한 전략과 야전작전이 여기에 추가되면서 독일은 단순한 전쟁이 아니라 신종 전쟁—심리전—이라는 결과를 창출해낸 것이다.

심리전의 공식은 심리학자가 쓴 책이 아니라 헌법학자의 문헌에서 찾을 수 있다. 전쟁이 가진 전체성totality은 정부 내 독재의 결과이며 전체적 통합은 전체적 권위에서 비롯된 것이다. 독일의 '비밀병기'는 독일인이 히틀러에게 공공연히 부여한 권력과, 이를 빈틈없이 무자비하게 휘두르는 데 있었다. 총통이 전문가를 지휘했지 전문

가가 총통을 지휘한 것은 아니다. 독일이 타이밍을 냉철히 예측하여 전 세계를 놀라게 했다면 이는 미증유의 전쟁을 창안해 낸 심리전 브레인트러스터(braintrusters, 선거의 입후보자나 현직 공직자의 고문단으로서 정책집단 또는 두뇌집단을 지칭하는 말—옮긴이) 때문이 아니라 독일의 모든 자원을 쥐락펴락하는 괴물정치인 때문으로 봄직하다. 미국의 역대 대통령 중 히틀러가 평시에 휘두른 것과 맞먹는 권력을 행사한 사람은 전혀 없었다. 전시에도 그런 대통령은 없었다. 미국 각료를 비롯하여 육·해군 관계자나 논객 등도 자신의 솔직한 발언과 소견을 개진하며 정책을 세상에 내놓고 있다. 당연한 이야기다. 전쟁 초기에 '심리전'을 가능케 했던 변수는—과잉권력과 무지한 대중, 중앙집중식 프로파간다 및 비밀 정치공작—1944~45년에는 독일을 부질없는 소모적 파멸로 이끌고 말았다.

그런 '심리전'은 민주국가의 기틀 안에서는 불가능하다. 미친 듯이 권력을 거머쥐려는 욕구의 필요에 장단이 맞춰진 전쟁이요, 극단적인 협력도 서슴지 않는 전쟁이며, 적의 여론에 비추어 정치·도덕적 약점을 노리고 벌이는 전쟁이기 때문이다. 제국주의를 표방하던 일본 내에서도 진주만 공습은 '순전히purely' 해군작전의 일환으로 비밀리에 수행해야 했다. 야전총사령부와 해군원수에게 "예고 없는 공격은 일본에 대적하는 미국의 파벌을 단합시키는 자충수"라 주장했을 법한 일본인들은 진주만 공습을 계획하지 않았다. 그루Grew 대사가 밝힌 보고서에 따르면, 일본은 옛 의회정신의 잔재가 다분했다고 한다. 군대는 국민과 외국인보다 지략이 뛰어나야 했다. 반면 서방세계의 독재정권에서는 국민이 정예부대와 비밀경찰 및 당 조직의 감찰을 받고 피해국가와 아울러 심리전의 대상이 된다. 히틀러는 전쟁을 좌지우지할 수 있었지만 일본인들은 섣불리 그러진 못했다. '심리전'은 전쟁을 앞둔 일본에조차 과도하리만치 독재적인 조치였기 때문이다. 그러니 미 당국은 더더욱 손을 떼고 있었던 것이다. 전쟁이 개시되면 미국은 소이탄 공격과 장거리 폭격 및 핵무기 등으로 적의 허를 찌를 수는 있었지만 '개전' 자체를 빌미로 공포감을 줄 수는 없었다. 미국은 현재—헌법정신에 의거하더라도—'침략시기the timing of aggression'를 내세워 적을 위협할 순 없다. 모든 국가가 그런다면 평화는 지금보다 훨씬 더 가까워졌을 것이다.

넓은 의미에서 독일의 심리전은 심리적 기술보다는 정치적 배경에 더 의존했다. 예컨대, 피해가 예상되는 민족을 분열시키고 당장의 영향권에 들지 않은 강국에 관대하며 공포감을 조성하기 위해 신무기를 시연하는가 하면 전쟁의 두려움을 조장함으로써 평화주의운동에 고삐를 채워 진정시키며 유럽 교통의 중심지라는 입지조건을 활용한 독일은 신경전을 전대미문의 전쟁인 양 포장했다. 이러한 심리전은 민주국가를 대적하는 독재국가가 침략전쟁을 벌이지 않는 경우라면 성공하지 못할 공산이 크다. 민주주의가 예민하고 강성한 데다 경각심이 강한 국가에서는 심리전이 통하지 않을 것이다.

따라서 실질적 변수가 되는 심리전은 히틀러식 신경전이 아니라 영국과 미국이 프로파간다의 수단을 전략에 적용한 것으로 봄직하다. 혹자는 미국이 신경전에 나설 거라고 주장할지 모르겠다. 하지만 언론이 신경전의 타이밍(시기)을 둘러싼 '일급비밀'을 공개하고 의회는 국제윤리를 문제 삼고 심지어는 조직원까지 비망록을 떠벌리거나 한창 작전 중에 티격태격하는 언쟁을 방송에 내보낸다면 그는 조만간 생각을 접을 것이다. 겁을 주려했다가 되레 적의 웃음거리가 될 테니 말이다. 심리전은 군사·정치체제에서 감당해야 할 역할이 있지만 그 역할은 거창하지도 않거니와 목적과 윤리 및 법률의 제한을 받는다.

프로파간다_기타 정의

프로파간다의 정의는 앞서 밝혔지만 프로파간다 분야에 적용되는 기술·전문 용어들은 구분이 필요하다. 프로파간다는 운용측면에서 다섯 가지 요인에 따라 구분된다.

1 출처/소식통(미디어 포함)Source
2 타이밍Time
3 청중Audience
4 주제Subject
5 임무Mission

순서는 분석가 입장에서 중요한 정도에 따라 대강 정했다. 다섯 요인은 전문 참모진 부재시 프로파간다를 분석할 때 유용한 기준을 제시할 것이다. 첫 글자를 따서 '스태즘S-T-A-S-M'이라 외우면 오래 기억할 수 있다. 특히 다섯 번째 '임무'는 적이 정보를 유포하여 얻고자 하는 예상결과도 아우른다.

5대 요인은 '야전 프로파간다 분석술' 외에 군사적 프로파간다의 하위 유형에 대한 정의에 적용하면 바람직할 것이다.

'출처/소식통'은 가장 중요한 변수다. 소식통이 공개·공인된 것이라면 이를 밝히는 정부는 프로파간다를 전 세계에 보도해도 된다는 전제를 두고 권위 있는 프로파간다를 발표하며 앞으로의 동향을 지켜볼 것이다. 소식통이 허위라면 정부나 군 당국은 조작이 바람직한 대응이라는 점과, 프로파간다가 역추적될 수 없다는 점을 분명히 밝혀두어야 한다. 출처에 대해 적용하는 기술은 둘로 구분된다. 소식통이 공개되었다면 국제적으로 명성이 높고 책임의식이 투철한 공직자가 투입되어야 한다. 그는 정부와 기관을 내세워 최선의 결과를 얻을 것이다. 공개된 출처를 활용할 경우 유포자는 대개(항상 그렇지는 않지만) 정보의 정확성을 믿고 있다는 인상을 준다. 한편 조작된 출처를 두고는 불온적인 창의력과 신속한 위조술에 일가견이 있고 규율과 보안감각이 확고한 사람을 기용해야 한다. 2차 대전 당시 미국은 두 프로파간다를 결합하려 했다가 결국에는 카테고리를 세분화하여 세 가지 유형으로 프로파간다를 운용했다.

백색선전
대개 군사령부를 비롯하여 정부나 정부기관(공인된 출처)이 발표한다. 백색 프로파간다는 공개 심리작전과 관계가 깊다.

회색선전
출처를 분명히 밝히지 않는다.

흑색선전
사실과 다른 출처에서 유포했다는 점을 주장한다. 흑색 프로파간다는 비공개 심리작전과 관계가 깊다.

〈사진4〉에 소개한 백색선전은 영미 정부의 공식 메시지라는 점을 부각시키기 위해 모든 수단을 동원한다. 가장자리는 지폐모양으로 처리했고 국새도 보기 좋게 찍혀있다. 사령관의 서명은 발행한 주체가 솔직한 심정으로 공개했다는 점을 입증한다.

〈사진38〉도 영미 당국이 독일군의 투항을 유도하기 위해 제작한 것이나, 소식통이 영미 당국이라는 점은 모호하게 처리했다. 실은 출처를 공개하지 않음으로써 독일군이 이를 자신의 진영에서 나온 선전물이라 믿게 할 의도가 있었던 것이다. 두 프로파간다는 사뭇 다르지만 서로 보완하는 역할을 하므로 모두 필요하다. 물론 둘 사이의 거리는 가급적 멀어야 한다.

라디오 방송에서는 공개와 비공개 프로파간다의 차이가 훨씬 더 두드러지게 나타난다. 2차 대전 당시 전파가 오가는 유럽 상공은 공개 및 비공개 방송국이 송출하는 프로파간다로 가득했다. 영국은 BBC 방송국을 통해 독일측에 메시지를 전하면서 자신이 영국인이라는 사실을 숨기려 하지 않았다. 하지만 한편으로는 프리랜싱 나치방송이나 독일군 방송 혹은 자유언론단체 행세를 하며 비밀방송국에서 독일군에 선전하기도 했다. 독일도 이에 질세라 공식 뉴스를 미국에 영어로 송출하는가 하면 미 중서부에 있는 독립 라디오 방송국에서 보도하는 미국인을 자처하기도 했다. 교전국들은 동일한 방송시설을 통해 공개와 비공개를 넘나들며 프로파간다를 두루 구사한 적도 더러 있다. 예컨대, 미국인이 운영하는 '라디오 사이판Radio Saipan'은 공인된 샌프란시스코 프로그램을 중계했지만 이따금씩 미군전략정보국OSS이 임차할 때는 이를 '일본' 방송국으로 둔갑시키기도 했다(이런 경우 흑색선전은 조만간 '회색'이나 '백색'으로 바뀌게 마련이다).

타이밍에 따라서는 전략 및 전술적 프로파간다로 구분된다. 전략적 프로파간다는 성과가 즉시 눈에 보이지 않는다. 목적은 심리적 변화를 유도하여 적을 설득시키는 데 있고 수개월이 걸릴지도 모를 일이다. 〈사진19〉는 독일의 미래를 경고한 전단으로 전략적 프로파간다의 전형이다. 반면 전술적 프로파간다는 단기적인 목적을 위해 동원되며 대개 장기적인 전략은 다루지 않는다. 그러나 포위된 적에 유포하는 전단 등, 작전에서 결과에 이르는 기간이 오래 지연될 경우 전술적 프로파간다가 간혹 운용되기도 하지만 소수에 불과하다. 두 유형은 다음과 같이 규정할 수 있다.

> **전략적 프로파간다**는 적군과 적국의 국민과, 적이 점령한 지역 전체를 대상으로 하며 전략 계획과의 조율 하에 수주, 수달 혹은 수년에 걸쳐 계획·추진한 결과를 실현하기 위해 설계한다.

> **전술적 프로파간다**는 구체적인(대개는 이름을 밝힌다) 청취자(독자)를 대상으로 하며 국지전 작전을 지원하기 위해 동원·수행한다.

선전활동(프로파간다 운용)이 적의 동시다발적인 선전활동과는 어떤 관계인가에 따라 공격 혹은 방어적 프로파간다를 구분하기도 한다. 2차 세계대전이 벌어지기 전에는 이런 구분이 현격히 두드러지는 듯했으나 실제로 구분해 보니 거의 모든 일상에서 의미가 없었다. 프로파간다는 뉴스 및 여론과 매우 밀접하기 때문에 구체적인 사전운용분석pre-operational analysis은 필요가 없었다. 때문에 자세히 분석해봐야 서류철 신세가 되는 경우가 허다했다. 일상에서는 공격·방어의 구분이 무의미하지만 기록은 남겨야 하니 구분은 해두련다.

> **방어적 프로파간다**는 사회 및 대중 활동을 수용·운용하기 위해 계획한다(소련의 5개년 계획 프로파간다가 전형적인 사례로 꼽힌다).

> **공격적 프로파간다**는 선전요원이 원치 않는 사회적 활동을 방해하거나, 혁명적인 수단(동일 사회 내에서)이나 국제적인 수단, 혹은 외교나 전쟁을 통해 다른 사회가 서로 바람직한 사회적 활동을 도모하기 위해 계획한다.

프로파간다는 담당요원이나 집단이 염두에 둔 목적에 따라 구분하기도 한다. 공격·방어적 프로파간다와 마찬가지로 실제보다는 이론에 더 가까운 탓에 자주 눈에 띄진 않는다. 훨씬 은밀한 계획이라면 이를 자세히 참고하겠지만 말이다.

개조 프로파간다는 개인의 정서적·실질적 지지의사를 한 집단에서 다른 집단으로 전향시키기 위해 계획한다.

분열 프로파간다는 적의 하위집단을 분열시켜 단일부대의 효율성을 저하시키기 위해 계획한다(예컨대, 연합군은 독일인 가톨릭 신도를 상대할 때 처음에는 가톨릭신자라는 사실에 집중했다가 나중에 독일인 신분을 환기시켰다).

통합 프로파간다는 군이 점령한 지역민을 대상으로 하며 점령군 사령관이 전파한 명령이나 방침을 준수하도록 유도하기 위해 계획한다.

역(카운터)프로파간다는 적의 프로파간다 중 일부 주제나 요점을 반박하기 위해 계획한다(미군이 일본군의 만행을 비난하고 나면 일본군이 미군의 만행으로 이를 맞받아치곤 했다).

프로파간다 문헌에 근거한 것을 제외한 용어는 기억해두지 않아도 된다. 기본적인 구분은 프로파간다의 내용보다는 관련된 실무로 결정되기 때문이다.

2차 대전 당시에는 정부가 불안정한 지역—다를랑(프랑스의 군인·정치인. 1942년 11월 프랑스령 북아프리카에 영·미군이 상륙하자 영·미측에 협력, 아프리카 총독에 취임했으나 그 해 11월 반反비시 정부에 의해 암살되었다—옮긴이)이 집권한 북아프리카와 공산주의 중국과 태국(2차 대전을 다룬 6장 참조)—에서의 프로파간다를 두고 민군이 골머리를 앓았다. 이때 군사행동은 현지에서 권력을 누리던 정부와 미국 정부의 정치적 관계를 규정하는 것과도 무관하지 않았다. 전쟁을 치러야 할지 말아야 할지 고민이 이만저만이 아니었다. 현지 당국이 프로파간다를 적극 활용하고 있다면 정치가 프로파간다의 중요한 기준이 되었다. 미군 사령관들은 추진하거나 금해야 할 정치적 약속을 결정해야 했다. 영국보다는 미국의 처지가 더 난감했다. 영국은 프로파간다와 대외정책을 조율하는 정치전 집행관Political Warfare Executive이 있었기 때문이다. 프랑스로부터의 독립을 알제리에 약속할 수 있을까? 배반을 거듭하며 일본을 뒤엎는 데 혈안이 된 태국에 면책을 약속할 수 있을까? 지지를 대가로 총통을 납치해주길 바라는 옌안이나, 일찍이 네덜란드에 반기를 들고 일본에도 저항할지 모를 인도네시아에도 면책을 약속해야 할까? 프로파간다의 영역을 초월하는 문제들이다. 사령관의 결단으로 프로파간다가 추진되거나 철회되었지만 정작 결정권은 선전요원의 권한 밖에 있었다.

따라서 정치전은 행정적인 면에서 고위급 활동_{a higher-level activity}이며 다음과 같이 정의할 수 있다.

정치전이란 정부와 정부의 직접적인 정치적 관계나, 정치색을 띤 집단과의 관계에 대한 프로파간다나 군사작전을 지원하기 위한 방향으로 국가정책의 틀을 짜는 것이다.

정책의 틀을 짜는 실무는 대개 육군이나 해군 당국의 역할은 아니다. 당국이 자문 역할을 하거나 적절한 군사행동을 추진하라는 요구를 받을 수는 있겠지만 말이다. 정치전의 대표적인 사례로는 루스벨트 대통령이 카사블랑카 회담에서 즉흥적으로 천명한 '조건 없는 항복_{Unconditional Surrender}'을 꼽는다. 정치전은 미국의 프로파간다뿐 아니라 미군 장교들이 독일인에게서 수용할 수 있는 투항 유형에도 영향을 주었다.

CHAPTER 4 심리전의 한계

심리전은 '정의what it is'로도 어느 정도 감이 잡히겠지만 불가피한 한계를 통해서도 이해할 수 있다. 한계는 네 가지 주제로 구분된다.

  정치적 한계
  보안의 한계
  미디어의 한계
  인적자원의 한계

한계가 다 그렇듯, 앞선 네 가지 한계도 이를 장점으로 전환시킬 수 있는 담력과 기술이 없는 사람에게만 장애가 될 뿐이다. 프로파간다는 정치에 좌우된다. 전장에서 반드시 규정해야 할 '적enemy'을 두고도 정치가 개입하지만 정치적 목표를 '현명하게' 이용하면 값진 성과를 내기도 한다. 한편 보안은 전군의 귀한 자산인지라 안전이 보장된다면 아무리 높은 대가라도 과한 것은 아니겠지만 선별적으로 융통성 있게 검열을 실시하면 긍정적인 효과를 기대할 수 있을 것이다. 프로파간다가 전파되는 수단인 '미디어'는 심리전의 군수물자와 같다. 미디어는 수행할 수 있는 임무를 한정하기도 하지만 이를 단숨에 가능케 만들기도 한다. 아울러 모든 군사작전의 성패는 대개 인적자원을 적재적소에 활용하느냐의 여부에 달려있다.

논의할 가치가 있는 주제들이다. 필자는 2차 대전의 경험에 비추어 본 사례를 주로 다루었는데 다른 영역과 마찬가지로 충돌을 해소하는 데 필요한 지침은 상식보다는 경험이 살짝 앞서기 때문이다.

심리전의 정치적 한계

정치는 심리전의 내용에 지대한 영향을 준다. 두 국가가 서로 전쟁 중이라도 둘의 관계가 아주 단절된 것은 아니다. 전시에는 비정상적이고 위험하고 민감한 관계로 돌변하며 각국은 상대의 국정과 약점에 관심이 많아진다. 2차 대전 당시 미군과 정부와 국민은 일본에 대해 많은 것을 알게 되었다. 평시에 20년을 공부했어도 그만큼은 습득하지 못했을 것이다. 일본인 이름이 뉴스에서 회자되고, 일본의 이모저모가 증오의 대상이자 관찰의 대상이 되었다.

전쟁 당사국은 선호도가 높은 채널에서 적의 관심사를 소개하고자 했다. 적이 듣고 싶어 하는 소식을 흘리려 한 것인데, 실은 적의 사기를 떨어뜨리고 적의 방침이 불확실하다는 점을 밝히며 적의 파벌을 이간질하는 뉴스를 조작한 것이다. 이때 특기병인 선전요원들은 선전기회가 국가의 방침에 의해 차단되면 분노를 금치 못했다. 하지만 타깃에 눈이 먼 요원들은 자신의 책임을 망각해 작전을 망칠 수도 있다.

일설에 따르면, 동유럽에 송출된 방송에서 국가사회주의의 反자본주의노선을 강조한 독일 방송국은 BBC가 이 '천인공노할' 발언을 서유럽에 반복해서 내보냈다는 사실을 알게 되었다고 한다(서유럽에서는 독일인이 反볼셰비키 노선으로 사유재산의 투사인 척했다). 한편 미국은 독일인을 보면 일본의 '원숭이 인간monkey-men'이 떠오른다고 폄훼했다가 일본인이 이를 중국에 송출한 적도 있다. 중국인도 그런 비방은 좋아할 리 없었다. 역풍에 휩싸인 프로파간다 중 가장 유명한 사례는 단연 "술고래, 천주쟁이, 반역자Rum, Romanism, and Rebellion"를 꼽는다. 제임스 G 블레인이 1884년 총선에서 그로버 클리블랜드Grover Cleveland에게 패한 원인으로 추측되는데 이는 뉴욕에서 공화당을 지지하는 어느 성직자가 민주당을 두고 한 발언으로, 反금주론자와 가톨릭신자와 남부사람들이 민주당의 핵심인사라 비방한 것이다(사실일 수도 있지만 부적절한 별칭으로 문제를 꼬집는 것을 좋아할 사람은 없었다. 공화당원의 사기를 진작시키겠다는 근시안적 목표는 달성했을지 몰라도 민주당원의 불쾌감을 증폭시키고 중도파의 심기마저 불편하게 한 탓에 프로파간다는 결국 실패하고 말았다).

국내정치와 야전심리전 사이에서 균형점을 찾기란 쉽지가 않다. 심리전 장교가 적진과 가깝다면 적의 투항을 유도해야 한다는 임무를 더 고민할 것이다. 생명을 살리고 물자와 시간을 아낄 수 있다면 말 한두 마디가 그리 대수겠느냐마는 안타깝게도, 전방에서 적의 회유에 성공한 발언이 국내에서는 불쾌감을 조성할 수도 있다. 게다가 적은 위해를 가할 요량으로 이를 콕 집어다가 역으로 송출할 게 뻔하다. 국내 프로파간다도 섣불리 내보내면 작전지가 어리둥절해질 수도 있다. 전장에 투입된 군인에게는 "가급적이면 라드(lard, 돼지기름을 정제하여 하얗게 굳힌 것으로 주로 요리에 이용한다—옮긴이)를 아껴쓰세요"라는 주문이 헛소리로 들릴 것이다.

일본 천황을 둘러싼 프로파간다 문제도 예외는 아니었다. 일본 천황을 원숭이나 돼지, 미치광이 혹은 주술사 등이라 비하하는 것이 미국 내 정치에 보탬이 되었을 수는 있다. 실제로도 정치적인 이득을 본 사람이 아주 없는 건 아니었다. 하지만 미국 정부가 국민의 사기를 고취시킨답시고 천황을 폄하했다면 일본 국민은 훨씬 더 큰 모멸감을 느낄 것이고, 결국에는 무리수를 둔 미국의 패배로 일단락되었을 것이다. 어느 겨울날 러시아가 전방에 투입된 독일군에 넉넉한 식량과 따뜻한 옷가지를 지원키로 약속한다면(다른 사례에서는 약속한 것으로 보도된 바 있다) 나치는 이를 러시아 민간인에게 도로 전파할 것이다. 아사 직전인 국민이라면 파시스트 침략자를 배불리 먹이고 몸뚱이까지 따뜻하게 녹여주는 스탈린은 못 봐줄 테니까. 적의 입장에서는 원수에게 호의를 베푼다는 점이 바람직해 보이겠지만 국민 입장에서는 얼토당토한 일이 아닐 수 없다. 반면 적을 가리켜 '잔인한 미치광이'에 '인간의 탈을 쓴 짐승'이라든가 '잔인한 무뢰한' 같은 비속어를 남발하면 국민들의 속은 시원할지 몰라도 같은 욕설을 적이 입수하면 그들은 이를 자국민에게 전파할 것이고 결국 여론은 유포자에게 불리해질 것이다.

심리전에 성공하려면 평화적인 종전이 궁극적인 목표라는 사실을 망각해선 안 된다. 종전에 성공하려면 싸움이 중단되어야 하고 당사국은 평화적인 관계를 다시금 회복해야 한다. 지나치게 많은 공약을 선언한 프로파간다는 동맹국과 자국민의 공감을 얻지 못해 관계가 소원해지는 반면, 유혈보복을 천명한 프로파간다는 적 진영의 평화운동을 저해할 것이다. 2차 대전 당시에는 전후를 위해 특정 경계지역을 약속한 강대국은 전혀 없었다. 모호한 약속을 건넸을 뿐이다. 명확한 약조는 누군가의 환심은 살 수 있을지 몰라도 관계가 소원해지는 편도 생길 테고, 아주 약속을 피하면 장밋빛 기대에 부푼 당사자가 목소리를 높일 수 있기 때문이다. 프랑스가 자르(Saar, 독일 서부의 주로 철·석탄 산지를 놓고 독일과 프랑스가 몇 차례 분쟁을 벌였다—옮긴이)를 점유하리라는 사실을 몰랐다면 더욱 치열하게 싸웠을 것이고, 자르를 약속받았다면 이를 기정사실로 간주해서 또 다른 조건을 요구할 것이다. 이때 자르를 주장할 법한 국가라면 불만을 토로했거나 관심을 끊었을 것이다. 이처럼 모호한 정치적 발언은 프로파간다의 '보험asset'이 되기도 한다.

루스벨트 대통령은 세계정치라는 역할을 이행하는 과정에서 만주는 중국에 넘기고, 대한민국은 "적당한 때in due course" 독립시키고, 프랑스에는 식민제국의 위상을 보전키로 했다. 그 외의 조건을 두고는 분명한 서약을 피했다. 다른 사례를 보면(깊이 들어가면 복잡하니 거두절미하고) 1차 대전 당시 영국은 아랍과 유대민족 모두에 팔레스타인을 약속했다가 스스로 진퇴양난에 빠지고 말았다. 30년이 지난 지금도 달라진 것은 없었다.

적은 누구인가?

정치와 프로파간다를 잇는 주요 연결고리는 적의 본질에 대한 정의에서 찾을 수 있다. 전시작전 중에는 (대개) 적을 구별하기가 어렵지 않다. 군복이나 언어가 다르거나 혹은 피부색이나 체격이 낯선 장정을 적이라고들 하지만 심리전에서는 구별이 쉽지가 않다. 우수한 심리전 요원들은 자신이 아니라 남이—왕이나 총통, 정예부대, 혹은 자본주의자들—적이라는 믿음을 심어주기 위해 안간힘을 쓴다. 그리고 "우리는 너희와 싸우고 있는 것이 아니라(말이 채 끝나기도 전에 박격포나 폭탄을 두루 날리면 곤란하다) 너희를 호도하고 있는 아무개와 싸우고 있는 거야"라는 메시지가 통할 법한 상황을 연출키도 한다. 2차 대전 중 같은 방식을 구사한 소련 전문가의 프로파간다도 매우 능숙했다는 평가를 받는다. 전쟁이 종식되기 전 소련의 선전요원은, 러시아 편에서 두 뒤꿈치를 마주치는 독일장교들을 보여주며 미개한 부랑아인 히틀러가 어쭙잖게 전쟁을 벌여 우수한 독일군을 사지로 내몰았다고 주장했다. 이오시프 스탈린도 거들었다. "독일과 독일 국민Volk은 영원할 것이오!" 즉, 독일은 원수가 아니었다는 뜻이니 스탈린은 러시아 국민들을 프로파간다의 함정에 빠뜨린 셈이다("독일이 아니라 나치가 우리의 적이었던 거야!"). 탁월한 심리전술이었다. 모름지기 일반 국민(노동자 및 농민)은 태생부터 노동자 국가인 러시아 편이라는 프로파간다 논지를 일찌감치 깔아두었기 때문이다. 결국 나치에 남은 독일인은 거의 없었다.

적을 규정해두면 심리전에 도움이 된다.

1 통치자
2 통치집단
3 불특정 조작단
4 특정 소수집단

적의 범위가 너무 넓어선 안 되고 너무 좁아도 곤란하다. 범위가 좁으면 통치자가 사망하거나 통치집단이 구성원을 바꿀 때 평화를 위한 호기가 수포로 돌아갈 수 있다. 미국과 영국은 독일 장교들이 평화운동을 우려하는 데다 피점령국이 위태롭지만 계속 反독일에 합의하도록 유도하고 싶은 마음에 '나치'가 아닌 '독일제국'을 적으로 규정하자는 정책을 채택했다. 일본의 경우에는 군국주의자와 '파시스트'는 주적으로, 자본주의자는 차적次敵a poor second으로 규정하고 천황과 국민은 평화협정의 대상으로 간주했다.

분명한 정치적 목적을 가지고 심리전을 벌인다면 정치는 한계가 아니라 보탬이 될 수도 있다. 요원은 자국의 정치시스템을 가감 없이 밝혀도 된다. 회유가 가능해 보이는 리더나 집단을 상대할 때는 듣기 좋은 칭찬을 해도 좋다(물론 나치가 미국의 저명한 고립주의자를 극찬했다가 그들을 파멸로 몰고 갔던 수작은 부리지 말아야겠지만). 심리전 요원이 꿈꾸고 있는 '낙원'을 약속할 수도 있다.

방어적이고 모호한 데다, 뜻은 선하지만 중립적인 정치노선을 표방한다면 심리전 요원은 실언을 피해야 한다. 예컨대, 2차 대전 당시 미국은 일당국가를 배격한다는 주장을 금했다. 거대 동맹국인 러시아가 일당국가였기 때문이다. 일본과 독일 정부가 자유기업을 몰락시킨 사실도 공격할 수 없었다. 연합국에도 사회주의가 없진 않았으니까. 게다가 미국은 민족구성상 인종정책에 취약할 수밖에 없던 터라 인종문제도 꺼낼 수 없었다. 이러한 '금기사항(서면에 기록하진 않고 각자의 판단에 맡겼다)'은 당국 사무소마다 있었는데 이를 위반할 때마다 요원은 반대여론의 뭇매를 맞아야 했다.

조약

심리전에서는 지키지 못할 약속은 피해야 한다. 2차 대전 중 미국은 어느 정부에도 약속을 남발한 적이 없지만 요원들은 터무니없는 약조를 많이도 했다. 미국은 네덜란드에 본토와 영토를, 인도네시아에는 자치정부를 넌지시 약속했고 일본을 비롯한 당사국에는 인도네시아 원자재에 접근할 권리를 약조하기도 했다. 그러나 미국 관계자들은 비공개로, 정부가 약속을 지킬 거라 "예상"하거나 "희망"하거나 혹은 "생각"한다고 밝혔을 공산이 크다. 사실 '예상'과 '희망'과 '생각'은 한 입에서 나올 수 있는 말이 아니다. 특히 '예상'과 '희망'은 의미가 아주 다르다. 금융업자(뉴욕)인 제임스 월버그James Warburg가 『불문조약Unwritten Treaty』에서 주장한 바에 따르면, 미국은 2차 대전이 종식되기까지 아무에게나 뭐든 약속하고 나서(전시정보국 출신이라 문외한은 아닐 것이다) 이를 일부라도 들어주기 위해 현명하고 아량이 넓은 대외정책을 실시할 계획이었다고 지적했다. 패자가 한 약속은 망각하면 지우고 난 후 백지상태에서 대외정책을 다시 수립할 수 있지만 승자의 약속은 반드시 지키거나 거절해야 하기 때문이다.

심리전 요원은 정부의 수장이나 각료급 인사의 발언이 토씨 하나라도 약속을 뒷받침하지 않는다면 식민지 사람이든 당국에 우호적인 게릴라든, 지하조직이나 혹은 적군에도 뭔가를 장담해서는 안 된다. 심리전 요원의 약속이 상대 집단에 따라 서로 일치하지 않는 경우도 있다. 미군 장교 중 일부는 중국 공산주의자를 가리켜 '우수한 인민'이라 극찬하는가 하면 물자를 지원하겠다는 선심도 모자라, 정치적으로는 장개석(장제스)을 배격하겠다고 밝혔다. 그러나 다른 미군 장교는 중국 정부 관계자에게 "미국은 중국을 인정한다거나 내정간섭의 뜻을 전달한 적이 없다"고 주장했다. 서로 다른 입장을 전해들은 중국 관계자는 미국인들이 바보인지 사기꾼인지 한동안 판단이 서질 않았다고 한다. 프랑스와 세르비아 및 폴란드를 상대할 때도 아주 유사한 일이 벌어졌다. 전투장교가 선거결과나 자유, 혹은 노동자의 권리를 섣불리 장담한다거나, 부하가 식량을 수송할 능력이 없는데도 이를 지원하겠다고 고집을 피우는 건 어리석은 짓이다. 그뿐 아니라 정치적 상황과 관련하여 정부가 어떻게든 약속을 뒷받침할 수 있는 입장인지 여부를 파악하지도 않고 선심을 남발하는 라디오 방송인이나 전단 제작자는 정말 무책임한 사람이다. 한 사람의 실언으로 나라 전체가 '사기국' 취급을 당할 것이다.

보안의 한계

보안문제로 프로파간다가 한계에 부딪치기도 한다. 심리전이 완벽한 보안계획을 저해하는 경우도 더러 있다. 보안은 고급정보가 적에게 노출되지 않도록 차단하는 반면, 프로파간다 작전은 정보를 적에게 흘리는 데 목적이 있다. 보안은 적이 정확한 통계를 알지 못하게 조치를 취하는 것이라면, 프로파간다는 현재 통용되고 '허위사실이 없는' 정보를 입수해야 한다. 보안 담당자는 적이 어느 정도까지 알고 있는지 파악하지 못하면 육·해군의 뉴스를 보류해야 한다고 종용하는 반면, 선전요원은 적의 소식통보다 정보를 더 신속히 유포함으로써 자신의 정보를 불신하게 만드는 데 목적이 있다. 보안은 신원이 수상쩍거나 적과 긴밀히 연루된 사람은 통신기관에 접근해선 안 된다는 입장인 반면, 선전요원은 적의 언어를 능숙히 구사하고 대화로 공감대를 유도하여 적의 환심을 사는가 하면 그들의 문화에 조예가 깊은 사람을 찾는 데 혈안이 되어 있다.

그러다 보니 심리전 요원과 보안 요원이 서로 걸림돌이 되는 사례도 비일비재했다. 2차 대전 당시에는 美검열기관이 이러한 갈등을 해소하는 역할을 도맡았다. 바이런 프라이스Byron Price가 지휘한 美검열국은 의연하고도 이지적인 작전으로 두각을 나타냈다. 당국은 국민에 공개된 정보를 냉철하게 감찰했고 군이나 백악관이 개입하지 않으면 홍보도 공개를 허용했다. 검열국에 대한 일화는 시어도어 쿱Theodore Koop이 쓴 『조용한 무기Weapon of Silence』에 잘 나타나 있는데, 작가에 따르면 결과가 신통치 않은 심리전은 당국이 과감하게 싹을 잘랐다고 한다.

전시 보안규정은 심리작전에도 적용된다. 정책전문가나 작가 혹은 프로파간다 분석가의 자격을 갖춘 민간 군무원은 대개 교양도 있고 문학적 감각도 뛰어나다. 하지만 보안규정을 위반할 때 느끼는 희열 때문에 정보의 수준을 '극비'로 평가 절상한다(이를테면, 어떤 작전의 '속사정을 훤히 꿰고 있다는' 식으로 지인 앞에서 자랑을 늘어놓는다는 것). 과시욕은 물리치기가 거의 불가능하다. (군부대도 이를 모를 리가 없다) 보안을 지나치게 통제하면 '일급비밀TOP SECRET'을 많이 알고 있다고 우쭐대려는 욕구를 불러일으켜 되레 난장판이 되고 말 것이다. 군인과 민간인이 협업하는 곳이라면 경쟁의식이 과시욕에 불을 붙일 것이다. 2차 대전 때는 독일 측도 프로파간다 전담반이 가십과 기밀을 남발하는 분위기로 취지가 퇴색된 적이 있다.

보안규정

심리전에 적용되는 보안규정은 모든 작전에 통용되는 일반적인 상식에 근거하며 다음과 같이 정리할 수 있다.

1 기밀은 항상 최소한이어야 한다. 적에 유리하다는 강력한 근거가 없는 한 어떤 정보도 기밀로 구분해서는 안 된다. 또한 기밀 및 기밀해제는 해당 교육을 받은 지정 담당관의 책임이다(2차 대전 당시 미국인들은 두서없이 정보를 기밀로 취급한 탓에 모든 기밀이 무색해지고 말았다. 한때 필자는 연로한 속기사가 연합군간의 극비계획을 손에 쥐고 있는 것을 본 적이 있다. 그녀는 손잡이가 없는 서랍에 문서를 넣어 정보를 보호해온 터라 서랍은 손톱 다듬는 줄로 열어야 했다. 그런데 그 사실도 '보안' 규정에 있더라).

2 보안은 일반적으로 부대 전체에 적용되어야 한다. 현역 부대원에서 면식이 있는 모든 관련자를 두고 하는 말이다. 특정 요원에게만 극비정보를 일러주는 것은 어리석은 처사다. '특혜'를 받으면 내부정보를 과시할 가능성이 있고 그러지 못한 사람은 심기가 불편해지기 십상이다. 돌연 호기심도 발동할 것이다. 전 부대에 정보를 허용하거나 금해야 한다.

3 보안은 편집이 목적이 되어선 안 된다. 보안검열은 독립적인 기능이다. 보안규정이 부적절하면 담당요원은 자의적인 권한의식을 가지고 보안유지라는 미명하에 필체나 문학 혹은 정치적 성향을 표출할 소지가 있다. 검열은 국내외의 방침에 따라 일관성 있게 적용되어야 한다. 라디오 방송이나 전단을 검토·판단하는 것은 다른 이야기다.

4 인쇄물에 대한 보안은 유지하기가 쉽다. 전단은 확인을 위해 G-2(美극동사령부 정보참모국)에 보내면 된다. 보안기능은 다른 곳에서도 가동될 수 있다. 그러나 라디오 방송 보안은 문제가 다르다. 2차 대전을 돌이켜 보면 속보는 보안절차를 기다릴 틈이 없이 바로 처리되어야 했다. '인쇄물'과 '방송'이라는 두 가지 통제 유형은 서로를 보완하므로 모두 필요하다.

'보안 통신원'은 부대 소식을 신속히 처리하는 라디오 방송 요원과 24시간 소통해야 한다. 보안 요원은 프로파간다의 가치를 위해 협력하는 태도가 사상에 배어 있어야 한다. 또한 라디오 방송 선전이 필요하다는 점을 상관에게 일깨워 주어야지, 자신의 계급이 라디오 방송 요원의 것보다 더 높다고 생각해선 안 된다. 심리적으로도 그렇다. 공감할 줄 아는 보안 요원을 만나면 프로파간다 방송원의 협력 가능성이 높아지는 반면, 공감할 줄 모르는 요원은 직무와 직위의 권위만 내세울 것이다. 방송 요원의 높은 사기가 보안 요원의 사기보다 더 중요하다.

'보안 감독'은 기관을 감찰하는 것을 두고 하는 말이다. 즉, 보안 감독관은 고급 라디오 수신기를 갖추고 방송 관계자와 접촉하지 않은 채 방송을 청취한다. 감독관의 마인드는 냉철해야 바람직하다. 또한 통신원과는 달리, 협력도 필요 없다. 분석은 작전 종료 후에 실시되므로 엄정한 잣대가 적용될 수 있는 것이다 (1942~1943년까지 워싱턴에서는 샌프란시스코에서 어떤 소식이 '송출'되는지 아는 사람이 없었다. 대일본 방송 관계자 중 민간인들은 이런저런 지시를 받았지만 정작 워싱턴의 정책담당자들은 어떤 방송이 전파를 타는지 몰랐던 것이다. 어느 날 한 민간 선전 방송 관계자(전시정보국)는 정보가 극비인지라 방송에 내보내거나 유포할 수 없다는 입장을 워싱턴 육군 측에 타전한 적이 있다. 결국 육·해군은 태평양에 파견된 보안 감독이 보낸 보고서를 받고 난 후에 전시정보국의 정보를 파악했다고 한다).

보안 통신원은 송출 과정에서 프로파간다의 결과물을 확인한다면 보안 감독은 송출 이후의 결과를 검토하여 채널을 통해 징계나 시정 조치를 권고할 수 있다. 최종적인 군사임무는 (전군의 심리전 그룹에 대해) 담당 사령관이나 행정참모라는 인사가 총괄하고, 군사적 통제하에 제 역할을 담당하는 민간단체의 군사임무는 많이 보고 말수는 적은 담당관의 손에 맡겨야 한다. 보안 요원이 선전요원 행세를 하면 보안 요원 없이 밀어붙이는 선전요원이 되고 만다. 그러면 자칫 참사가 빚어지기도 한다.

미디어의 한계

라디오 수신기가 알려지지 않은 곳에는 심리전 방송을 내보내서는 안 된다. 심리전의 일환으로 문맹인에게 책을 '투하'한다는 건 어불성설이다. 당연한 규정 같지만 이를 지키지 못하는 경우가 더러 있다. 프로파간다가 통할 만한 지식수준이 뒷받침되지 않는 곳이라면 뉴스나 사기진작(혹은 저하)용 캠페인을 들입다 전파한다고 해서 바람직한 결과가 나올 리 없다. 이를 기대해서도 안 된다.

어느 시골에 라디오 방송 시설이 없다는 사실을 뻔히 알고도 그들에게 방송을 송출하는 건 어리석은 짓이지만, 2차 대전 초 전시정보국은 반일 방송에서 같은 오류를 범했다. 일반인이 청취하는 연속극과 대중가요를 일본에 단파로 송출한 것이다. 당시 단파방송은 정부나 상류층 외에는 거의 알려지지 않았다는 보고가 있었는데도 말이다. 알려진 바에 따르면, 수신 설비를 갖춘 일본 정부가 방송 내용을 일본 군·정부 단체에 중계했다고 한다. 프로파간다의 취지는 (라디오 방송일 경우) 전파가 도달하는 영역 바깥에 있는 청취자가 아니라 '영역 안에 있는 사람에게 영향을 주는 것'이다. 적군의 카운터선전요원이 당국의 선전 내용을 언급했다는 사실은 그저 수고했다는 표시에 지나지 않는다. 적의 방송국을 자극해서 반응을 얻어내면 재미는 있을지 몰라도 청취자가 선전요원과 무관한 사람이라는 점이 확인되지 않는다면 소탐대실일 뿐이다.

(정말 재미는 있더라. 1942년 어느 봄날 필자는 샌프란시스코 라디오 방송국이 전파했음직한 메시지를 제안한 적이 있다. 이를테면, '미국의 미술 애호가들'은 일본이 값비싼 양서와 그림을 대도시에서 속히 끄집어내길 바란다는 내용이었다. '조심하지 않으면 공습으로 죽을 수도 있다'는 우려로 일본이 시끄러워질 거라는 생각에 마음의 준비를 단단히 하고 있었다. 그러나 샌프란시스코의 방송에도 일본 측에서는 관련 이야기가 나오지 않았다. 4일이 지나자 독일의 라디오 룩셈부르크(나치가 주무르고 있었다)가 유럽에 방송을 내보내더라. '미개한 美공군성'은 대변인을 통해 일본의 기념이 될 만한 문화를 파괴할 거라는 메시지를 일본에 전달한 것이다. 나치 논객은 이에 "미개한 미국인의 행동답다"는 말도 덧붙였다. 이때 뉴욕이 방

송을 수신했다. 필자는 내가 꾸민 이야기가 전 세계에 유포되고 있다는 데 기분이 우쭐해졌다. 그러나 돌이켜 보면 자기만족 외에 딱히 득이 있었는지는 미지수였다. 나치에게 정보를 곡해할 기회를 제공했다는 점에서는 실이 더 컸다)

미디어는 단순히 장비로 이루어져 있다.

1 표준파방송
2 단파방송
3 확성기
4 전단
5 팸플릿
6 서적
7 장식물

적절한 미디어를 적시에 활용하는 데는 조건이 있게 마련이다. 라디오 방송은 수신기가 있다는 사실이 확인될 때만 전파되어야 하고, 기록물은 글을 읽을 수 있는 사람이 어느 정도는 있어야 살포할 수 있다(중국에 주둔했던 전시정보국은 중버인(중국·버마·인도)CBI 美항공대 본부의 요청으로 전단에 그림만 그려 넣었다. 중국과 티벳 접경 구릉지에 사는 원주민이 대상이었기 때문이다. 추락한 미군 조종사를 구조해 달라는 메시지였다. 방송은 해봐야 조족지혈의 효과도 기대할 수 없었다. 라디오 방송이 뭔지도 모르거니와 글을 읽을 줄 아는 사람도 없었기 때문이다). 방송을 듣거나 전단을 읽는 사람의 숫자는 적의 감시와 관심 정도, 현지의 관습, 적 부대나 민간인의 갈등 등의 변수를 감안하여 추정해야 한다.

프로파간다 미디어가 한계를 초월하는 경우도 종종 있다. 한때 미·영군은 베를린에 전단을 살포한 적이 있다. 전단 가장자리에는 작은 일련번호가 적혀있어 세트별로 배열이 가능했다. 독일군은 민간인의 전단 입수를 금지했고, 나치 당국은 이를 폐기하기 위해 '히틀러 소년단'을 현장에 투입했다. 아이들은 열심히 전단을 주웠고 다량이 폐기되었다. 이때 나치는 아이들이 전단을 따로 빼돌리고 있었다는 사실을—너무도 늦게—알게 되었다. 숫자를 차례대로 모아 한 세트씩 완성했던 것이다. 희귀한 숫자가 있는 경우에는 베를린에 두루 퍼진 연합군 전단을 서로 교환하여 멋진 '전단앨범'을 엮기도 했다. 게슈타포(비밀국가경찰)가 감시하고 있을까 싶어 전단에 손도 대지 못했던 부모들은 어린 자녀의 방에서 간이서류철을 발견했다. 앨범이 그럴싸해 보였다. 기대감이 컸던 영·미 선전요원도 이렇게나 흐뭇한 결과는 미처 예상하지 못했을 것이다.

인적자원의 최대 한계치

심리전에서는 필경 사람도 한계가 있게 마련이다. 항공기가 눈에 띈다는 이유만으로—승무원이 투입될 수 있는지 모르는 상황에서—공중지원이 확보되었다고 믿는 사령관은 분별력이 없다고 봐야 한다. 마이크가 선전요원이 되는 것도 아니다. (마이크보다는) 성대를 쓰는 '사람'이 말을 잘해야 하고, 언어를 아는 것만으로는 부족하다. 정훈인력은 전문작가의 수준에 버금가면 좋겠지만 무리하게 한계치를 능가하려 해선 안 된다. 너무 잘하려다 보면 프로파간다의 성과가 무색해질 수 있기 때문이다(한때 일본인이 미국 원어민 흉내를 낸 적이 있다. 1920년대에는 이미 한물 간 속어를 썼는데 차라리 교과서에 나올 법한 평이한 영어를 구사했다면 더 좋았을 뻔했다. 되레 위화감만 조성하고 말았다).

심리전에서는 장비의 성능도 그렇지만 인적자원의 역량도 평가가 필요하다(중국에서 있었던 일이다. 어느 날 필자는 중세와 현대를 아우르는 일본미술 전문가와 자리를 같이했다. 그는 양쯔에 주둔해있는 일본 부대에 살포할 전단을 제작하고 있었다. 아주 세련된 일본어를 쓰자 중국어·일본어 전문가들이 문제를 제기하고 나섰다. "일본군 대다수가 이런 말을 이해할까요?" 구어를 유창하게 구사하는 일본인이 없었기 때문에 전단은 충칭에서 옌안까지 두루 투하했다. 해당 지역의 일본 공산주의자들은 전단을 읽으면 꼼꼼하고도 장황하게 피드백을 해주었기 때문이다).

정치·군사적 여건이 되면 억류된 민간인이든 생포된 군인이든 할 것 없이 적과 함께 제작한 전단을 확인하는 것이 바람직한 수순이다. 예리한 사람이라면 적의 피드백이 참인지 거짓인지 가려낼 수 있을 것이다.

심리전을 '똘똘하게intelligent' 구사하면 '부채'를 '자산'으로 만들 수도 있다. 선전요원은 오케스트라 음원이 없으면 적국의 음악 방송을 녹음한 뒤 해설을 새로 붙여 방송 일정을 짰다. 원어민(이를테면 일본 토박이나, 발언이 불분명한 양쯔 방언을 적절히 구사하는 중국인)을 구할 수 없다면 그보다 더 뛰어난 대체인력을 썼다. 아주 완벽한 언어를 구사하지 못한다면(혹은 외국인이라는 사실을 밝히지 않으면) 적과의 '교감rapport'은 기대할 수 없기 때문이다. 믿을 만한 배신자보다는 신뢰할 만한 적의 이미지를 만드는 것이 더 쉽다. 적군의 언어를 무리하게 구사할 바에야 차라리 언어가 미숙하다는 점을 솔직히 인정하는 편이 더 나을 것이다.

실전에서는 이런 뜻이다.

1 화자는 대본을 작성할 때 구어체든 문어체든 적군의 언어를 완벽하게 구사해야 한다거나
2 외국어 억양을 감추려 해서는 안 된다

예컨대, 대독일 방송을 내보내는 영국에서는 라디오 아나운서가 대부분 빈이나 유대계 억양에 익숙하지만 영국 억양으로 독일어를 구사하는 편이 낫다고들 한다. 나치에 포섭된 청중은 반유대주의 사상이 뼛속까지 스미든 탓에 아무리 설득력과 웅변력이 있어도 유대식 억양으로는 영향력을 발휘할 수 없다는 것이다. 반면 다른 아나운서의 영국식 억양은 확신을 심어줄 수 있었다. 독일인은 영국 토박이 발음에 적응이 된지라 독일어를 구사했다면 아무리 정확하더라도 실망했을지 모른다.

한편 적군의 언어를 유창하게 구사하는 사람을 두고는 항상 이런 의문이 따른다. "이 친구가 왜 여기서 나와?" 배신자는 적의 대변인보다는 설득력이 떨어지므

로 선동을 위해서는 관심을 끌 수 있어야 한다. 호호경(Lord Haw Haw, 2차 세계대전 중 독일에서 대영국 선전 방송을 한 윌리엄 조이스의 별명이다—옮긴이)이 그런 인물이었다. 그는 연기의 달인이기도 했지만 열정도 남달라 "엉뚱한 편에 서긴 했지만 자신의 노선을 굳게 믿는다"는 발언에도 청취자들은 고개를 끄덕였다. 전쟁 초만 해도 그는—배신한 적이든, 친독 달변가든—수치스런 역할을 도맡아야 했을 것이다. 적의 사기가 충천하여 배신은 생각할 겨를이 없었을 때니까. 하지만 전쟁이 종식될 무렵이나 사기가 저하될 때는 "이쪽으로 넘어와 봐. 나도 갈아탔는데 괜찮더라고!"라는 말을 믿을 가능성이 높아지게 되어 있다.

프로파간다 관리자는 인력을 투입할 때 신중해야 한다. 요원이 감당할 수 없는 임무를 부여하면 자칫 재능을 허비할 수 있다(첨단 야전부대라면 자칫 생명을 잃을 수도 있다). 이를테면 캘리포니아 출신 교포에게 동경 사투리를 요구해서는 안 되며, 심리전 담당 군인의 언어구사력이 특출하다고 해서 글을 잘 쓴다거나 라디오 해설을 멋들어지게 할 수 있다거나 혹은 연기를 잘 할 거라는 예단은 금물이다. (악성편지는 쓸 리 없는) 청중이 있다는 생각으로 마이크를 쥐면 평범한 사내라도 말의 파장이 클 거라고 오해하기 쉽다. 관리자는 요원의 한계를 감안하고 적의 입장에서 그를 보려고 노력한다. 적의 언어를 유창하게 구사하면 배신자가 아닐까 하는 의심을 사게 되고 어설프면 뒤뚱스럽다거나 멍청해 보일 수도 있다. 그럼에도 프로파간다는 사내가 쓴 대본으로 사내가 직접 읽어야 하며 멋도 상황에 맞게 부려야 한다. 결국 사전계획 담당자는 가용인력도 상황의 결과를 판단하는 데 필요한 변수로 생각해야 한다는 것이다.

카운터(역)프로파간다

물리전에서는 적의 전투력이 가늠되므로 카운터프로파간다가 취약점으로 간주될 수 있다. 그러나 이는 여느 전쟁과는 다른 심리전만의 특징이기도 하다. 선전 메시지가 전파할 가치가 있다면 적의 메시지에 연연하거나 휘둘릴 필요는 없다. 적군의 프로파간다는 작전상 득이 될 때만 참작해야 한다. 예컨대 적이 터무니없는 거짓말을 한다거나, 국민이 보기에도 너무 불쾌해서 카운터프로파간다를 수정해 봐야 별 효과가 없는 이슈를 제기할 때 그에 주의를 기울여야 한다는 것이다. 적의 쟁점은 대개 뜬구름 잡는 이야기일 경우가 많다. 특히 이데올로기를 사이에 두고 벌이는 전쟁이라면 더더욱 그럴 것이다. 한편 나치와 러시아는 사상이나 인생관을 둘러싼 이론보다는 기초생활에 필요한 문제에 대해 기발한 프로파간다로 대립했다. 반박도 통쾌하고 반박에 토를 다는 것도 통쾌하겠지만 최선의 프로파간다가 카운터프로파간다인 경우는 흔치가 않다. 카운터프로파간다는 적의 실수를 이용하고 성공담은 그와 무관한 성공담을 선전하며 대응한다.

물론 프로파간다 분석이 필요치 않다는 이야기는 아니다. 심리전 부대가 주둔해 있는 곳이라면 분석을 실시하는 첩보단이 있게 마련이다. 예컨대, 미군 조종사가 투하한 사탕에 독이 묻어있다는 발표가 적군 측에서 나왔다 치자. (흑색선전 요원이 독을 묻혀 만든 '미제' 사탕 몇 개로 이를 입증했다손 치더라도) 이를 거짓말이라 주장해봐야 소용없다. 독이 묻은 사탕이 실제로 떨어졌는지는 알 수가 없기 때문이다. 그러나 적의 사령관이 자신의 부대에 포로 사진을 보여주었는데 (연출된 사진을 보아하니) 미군이 생포했다가 '죽인' 포로였다면, 이와는 반대로 그들을 잘 관리하고 있는 사진을 유포하면 된다. 그러지도 않고 섣불리 투항을 권하는 건 어리석은 짓이다. 가령 미군과 연합군이 거리에서 난동을 부린다거나 상대의 여성을 납치하고 있다는 둥, 연합군은 안전한 집결지에 앉아있는데 미군만 전투를 벌이고 있다는 둥, 해괴한 주장이 적군으로부터 제기된다면 연합군이 미군과 공조하고 있다는 사실을 보여주는 전단을 살포하거나 라디오 방송에서 이를 다루면 좋을 것이다.

카운터프로파간다에서 적군의 프로파간다는 심리전 상황의 일환으로 간주하고, 적군은 유리한 입지를 위한 발판으로 활용할 뿐이다. 적이 주도권을 쥐었다면 그들의 프로파간다 뒤에 아군의 것을 유포하라. 적이 부인할 수 없는 사실을 적군에게 밝히라. 아군에 어떻게 대응할지를 두고 밤새 고민하게 만들라. 적이 보안장교를 몰아붙여 국내 청취자를 안심시킬 수 있는 통계를 발표하느라 진땀을 흘리게 하라. 정말 영리한 프로파간다는 카운터프로파간다를 우려하지 않는다. 적의 선전요원은 애당초 사기꾼인지라 반듯한 신사라고는 생각지 않기 때문이다. 세상에 남은 유일한 신사는 아군과 아군의 청취자들뿐이다.

CHAPTER 5 1차 대전과 심리전

1차 대전 당시 심리전은 부차적인 기술에서 주요 군사기술로 변모했고 나중에는 전쟁을 승리로 이끈 '병기'라 일컫게 되었다. 독일 입장에서는 설득으로 승전을 포기했다는 상상을 즐겼고, 전 연합군 선전요원들은 참호전(trench warfare, 대치하는 군대들이 땅을 파서 구축한 반영구적인 참호망에 의지하여 공격·반격·수비하는 전투—옮긴이)의 엄청난 맹공에도 교착상태가 지속되었지만 자신의 기지 덕분에 승전할 수 있었다는 상상을 즐겼기 때문에 그런 일설이 확산된 것이다. 넓은 의미에서 보면 분명 1914~1918년까지는 심리전이 승패를 결정하는 무기였을 듯싶긴 하다. 연합국의 정치적 품위와 윌슨 대통령의 14개조 평화원칙Fourteen Points, 군주제 폐지, 폴란드 및 발트제국, 핀란드, 체코슬로바키아와 남슬라브 민족주의의 부활 모두가 1918년의 독일 항복에 매우 중요한 역할을 했다. 그렇다면 심리전이 총과 군대와 항공모함, 폭격기 및 탱크보다 더 기여했을까? 곤란한 질문이다. 마치 장거리 주자에게 "심장이나 폐, 다리 혹은 머리 중에서 어느 기관 덕분에 우승할 수 있었느냐?"고 묻는 것과 같다. 전쟁은 인간의 모든 구성원—신체적 조건과 전술, 지성과 정서 등—이 인간의 그것을 상대로 벌이는 것인 만큼 복잡한 목표(정부의 항복)를 이뤄내는 과정에서 병기의 성능을 일일이 구분하기란 불가능할 것이다. 생존자를 하나도 남기지 않고 적을 몰살시킨 무기라면 또 모를까.

전쟁 당사국에서는 매스컴이 민간인의 일상이 되어 전시 프로파간다가 현저히 두각을 드러냈다. 대형신문사와 홍보조직, 정책공보 기획 및 여론조작이 만연해지자 민간부문에서 개발한 기술이 군사용으로 전환되어야 했던 것이다. 참전국의 심리전 기관은 대체로 평시의 非정치 프로파간다 기관과 비견된다. (1941년 이전에도 러시아에서는—예외적으로—볼셰비키 지도자들이 '천재성'을 발휘하여 인적자원 혹은 군수시설 중 한 쪽에 프로파간다를 편중시킨 적이 있다).

전시인들 근본적인 국가의 특성이 달라질 리는 만무하다. 개전 직후 기성세대를 재교육한다거나 신기술을 가르친다거나, 평시에는 몰랐던 행정 혹은 운용상의 절차를 개발하기에는 너무 늦기 때문이다. 어떤 국민은 각고의 노력 끝에 정예요원을 정치·군사·경제 혹은 사회적 전선에 투입할 대형 부대로 변모시키기도 했다. 물론 국민의 역할은 전쟁에 가담한 사람의 경험에 영향을 받게 마련이다. 1914년 영국은 세계적인 뉴스 방송과 세련된 언론, 그리고 해저 케이블시스템으로 유명한 기술·상업적 국제 커뮤니케이션에 두루 경험이 많아 이를 소리 소문 없이 전시체제로 바꾸었다. 그러나 독일은 언론 통제가 훨씬 심한 데다 기술·상업 네트워크도 비교적 제한되어 있었다. 영국은 외교·영사관도 우수한 반면, 독일측은 열성과 못지않게 미숙한 일꾼도 적잖은 비중을 차지했다.

영국은 애당초 선두를 달렸다. 독일 프로파간다는 '프로파간다'로 규정하면서도 당국이 유포하는 것은 뉴스나 문화적 교류 혹은 문학으로 표현했다. '교양'인을 자부했던 독일인은 순박했지만 영국은 이에 조롱으로 화답했다. 독일어 '쿨투어(Kultur, 문화)'를 '천박하고 현학적인 오만boorish pedantic arrogance'과 동일한 어구처럼 쓴 것이다. 독일인에게는 추한 감정을 서슴지 않고 발설하는 것도 모자라 이런 글을 문서에 담는 추악한 습성까지 있었다. 숱한 사례를 보면 영국인은 독일인에게 허풍이나 복수심을 연상시키는 어구를 떠올리게 하고는 이를 전 세계에 퍼뜨렸다. 독일어에서 비롯된 일부 신조어 덕분에 영어도 어휘가 풍성해졌다. 예컨대, '스트레이프(strafe, 공격하다/벌하다)'는 "신이여 영국을 심판하소서(증오의 찬가)"에서 비롯된 어구다. 본디 '증오의 찬가 Hymn of Hate'는 독일인이 자국민을 위해 창작한 곡이었고 '헌(Hun, 독일놈)'도 독일제국의 빌헬름 황제가 독일군을 부를 때 쓰던 호칭이었다. 아울러 독일인은 어떤 전쟁에서도 보탬이 된 적이 거의 없던 관료주의적 '스내푸(snafu, 혼란)'라는 환경을 언론과 정보기관에 조성키도 했다. 결국 1차 대전 때는 국가의 특성 덕분에 보복이 저절로 이루어졌다.

1917~19년까지 미군의 심리전도 익숙한 시스템에 주로 의존했다. 이를테면, 영국에 버금가는 언론을 비롯하여 교회와 YMCA(기독청년회), 셔터쿼단(Chautauqua, 하계문화교육학교로 1874년에 창립, 오락과 교육을 겸한 문화·교육처였으나 지금은 쇠퇴했다—옮긴이) 및 법률과 관행에 따른 진보적 제도 아래 부흥한 민간단체를 활용한 것이다. 다른 국가들도 평시 기관과 협력했다. 일본은 영민했지만 '문화' 강국이 되기 위한 노력에 팽창주의를 더해 혼란을 가중시켰다. 프랑스는 군사·외교 인사를 프로파간다 임무에 적응시키는 데 탁월한 역량을 과시했을 뿐 아니라, 전장에서의 입지로 여론이 들끓고 중립국도 동정하는 분위기가 조성되면서 프랑스발 프로파간다는 이목을 끌게 되었다. 중국은 위안스카이(Yüan Shih-k'ai, 정치적 격변기를 맞은 중국의 정치가로, 중국 근대화와 국방개혁에 기여했으며, 1912~16년 중화민국 초대 대총통을 지냈다—옮긴이)의 독재가 종언을 고하며 혼란에 빠진 듯했으나 완벽한 외교전을 구사하며 저자세로 대처했다. 1915년 중국이 일본과 치른 준전쟁quasi-war은 연합국이 분열된 책임이 전적으로 일본에 있다는 점에서 칭찬 받아 마땅하다.

프로파간다 전쟁은 물리전 못지않게 주요 참전국인 영국과 독일 및 미국에 영향력을 행사했다. 특히 민간·혁명 집단은 신흥 혁명 정부로서 강렬한 존재감을 드러냈다. 주의를 돌리는 것 외에 딱히 이렇다 할 역할은 없었다. 예컨대, 체코슬로바키아 공화국은 1918년 펜실베이니아 피츠버그에서 프로파간다를 개시했고 체제가 구색을 갖추자마자 심리전을 벌였다. 이때 통치와 전쟁을 둘러싼 비용은 증가하고 책임은 더욱 막중해졌다.

영국의 역할

1차 대전 당시 영국은 미국이 2차 대전 때 겪은 실책과 교훈을 미리 저지르고 배웠다. 영국 외무부는 1914년 전쟁선전국War Propaganda Bureau을 설립했으나 민간기관(애국협회)이나 정부·군 당국의 하위 정치·군사협회가—서로 조율도 하지 않은 채—대대적인 작전을 수행했다. 혼란이 커지자 전쟁이 중반에 이를 무렵, 영국은 존 버컨John Buchan 대령이 이끄는 정보부를 조직했다(버컨은 소설애호가라면 『39계단The Thirty-Nine Steps』이나 『아침의 궁정The Courts of the Morning』 등을 쓴 일급 스릴러 소설가로 기억하겠지만 트위즈뮤어 경Lord Tweedsmuir이라는 작위를 받은 귀족이자 캐나다 총독으로도 유명하다). 버컨은 머리 꼭대기에서 사사건건 간섭하는 정보부 위원회와 항상 사이가 좋은 것은 아니었다.

영국은 독일과 마찬가지로 조직이 큰 어려움을 겪었다. 결국 당국은 역할을 구분키로 하여 프로파간다 기관을 둘로 나누고 나서야 1차 대전을 종식시켰다. 정보부는 비버브룩 경Lord Beaverbrook의 지휘아래 정보국장인 버컨 대령과 아울러 해외에서, 국가전목위the National War Aims Committee은 국내에서 민간인을 대상으로 심리전을 감행했다. 군사심리전은 민·군 기관이 모두 담당했다. 영국은 전시 강대국으로 부상하는 데 필요한 심리전 시스템을 구상하기 위해 5년간 격렬한 논쟁을 벌이고 건설적인 정책을 발의해야 했다. 행정적인 문제가 없진 않았지만 그럼에도 사기를 높이기 위한 프로파간다를 주저하지 않았고 이를 전파하는 데 소요되는 막대한 자금과 창의력을 아끼지 않았다.

영국은 정치전과 뉴스 프로파간다를 조율하고, 국내 정책입안자와 군사 작전·공보 책임자의 소통을 위한 연락부를 가동시키는 데 선두를 달렸다. 2차 대전에 참전한 미국도—좀더 느긋하고 젊고 규모도 큰 데다 필요한 구성원을 두루 갖춘 정부에서도—타이밍 면에서는 영국만큼 좋은 성과를 거두진 못했을 것이다. 2차 대전 당시 국무성과 육·해군, 전시정보국, 미군전략정보국 및 재무성이 관련 사건이나 뉴스의 타이밍을 결정하는 과정은 이렇다. 공격을 받은 연방기관이 모종의 조치를 취하면 다른 연방기관이 이를 포착하여 관련 조치를 개시하되 개연성이 있을 때만 나선다는 것이다. 1차 대전을 치르던 영국은 여러 국가에 대한 정책과, 각 부서가 관련된 정책을 긴밀히 조율함으로써 미국의 단점을 극복했다. 물론 아주 성공했다고는 볼 수 없지만 많은 교훈을 얻었을 것이다. 프로파간다의 '순생산성 the net product'은 목적 면에서는 우수한 편이었다.

프로파간다에 실패한 독일

1차 대전이 종식된 후, 독일 작가들은 영국이 프로파간다에 능수능란한 원인을 영국인에 내재한 악마 근성으로 규정했다. 반면 독일인은 마음이 순수해서 잘 속는다고 했다. 홀로코스트로 유명세를 탄 히틀러는 이 같은 오판을 반복하지 않았다. 그가 쓴 『나의 투쟁Mein Kampf』을 보면 영국은 프로파간다에 전문적인 감각이 있지만 독일인은 그렇지 않다고 했다. 또한 히틀러는 대중을 노골적으로 경멸했다. 주의가 산만하고 형식논리에 무비판적으로 반응하는가 하면 진술이 한쪽에 치우치더라도 반복하면 곧잘 수긍한다는 것이다. 그는 "[영국에서] … 프로파간다는 일급병기지만 우리에게는 실직한 정치인에게 건네는 선물에 불과하다"고 주장했다. 독일 민족주의자들은 어떤 계급이든 적이 프로파간다를 구사했기 때문에 패전했다는 주장에 동감했다. 이로써 이미 200년을 꾸준히 이어온 거짓신화—독일군은 전장에서 지는 법이 없다—를 이어가는 데는 성공했다. 과격주의자와 미치광이들은 '뒤통수stab-in-the-back'론을 내세우기도 했다. 이를테면, 무패 독일은 유대인이나 사회주의자 및 민주주의자가 내부에서 배신한다는 것이다. (두 변명은—연합국 프로파간다가 탁월하여 독일인이 속절없이 넘어간다거나, 연합국 프로파간다는 효과가 없더라도 순수한 독일인 사이에서 반전감정이 들끓는다는 것—서로 양립할 수 없음에도 나치는 이를 동시에 들먹이곤 했다)

종전 후 1920년대에 접어들자 독일은 미국의 심리전을 승전의 주된 요인으로 간주하며 이를 극찬했으나 미국은 승리의 원인으로 부대의 전쟁이력을 강조했다.

독재자의 프로파간다는 애당초 아마추어 같은 무능력과 관료주의라는 저주를 받았다. 하나만으로도 타격이 이만저만이 아닐 터인데 둘이 합쳐졌으니 치명적인 결과는 명약관화했다. 1914에서 1915년까지 독일 작가와 학자들은 연합국을 비난하는 데 혈안이 되어 있었으나 공보가 미숙한 탓에 극도의 반감을 불러일으키고 말았다. 독일은 정부가 둔감하고, 뉴스나 홍보(당시에는 민간 선전요원의 주된 소식통이었다)에 미숙한 인력이 가담한 데다 '반영anti-British' 독자조차 눈살을 찌푸리고만 군 당국의 고루한 태도로 고충을 겪은 것이다. 한편 해외 프로파간다는 보안이 어설픈 비밀 채널을 통해 전파되었고 첩보와 사보타주 요원의 역할을 혼동하는 경우도 있었다. 보안에 '틈새breaks'가 생기자 모든 독일 요원은 오명을 쓰게 되었다. 게오르거 질베스터 피에렉George Sylvester Viereck은 친독 성향을 과감히 밝혔음에도 이상하리만치 명성이 자자했던 인사로 훗날 『확산되고 있는 증오균Spreading Germs of Hate(보스턴, 1930)』이라는 책에 자신의 작전을 가감 없이 기술했다. (영국 정보장교 중에는 전쟁이 종식된 후에도 취향이 일반 정서에 맞지 않은 사람은 없었다) 피에렉은 침착하고 능숙한 영국인을 높이 평가했는데 이는 필요 이상의 극찬이었다.

더 심각한 사실은 독일 프로파간다에는 동기와 조직이 모두 부실했다는 것이다. 독일 총참모부 책임자인 니콜라이 중령은 독일 언론과 군·제국 공보장교에 일부 책임을 돌렸다. "적은 독일이 어떤 프로파간다를 구사해도 꿈쩍하지 않더라. 언론과 해당 장교가 들어야 할 질책이 아닐까 싶다. … 국제적인 사고를 가진 신문조차도 협력하지 않았다. 해외에서 존중받는 언론은 바로 이들을 두고 하는 말이다. 편집 방침이 다른 신문(친군국주의)이 정부의 리더십을 기대할 수 없다면 일치된 결과를 목표로 삼을 순 없을 것이다. … 때문에 정부의 언론 지도부는 '언론이 국가정책에 타격을 주어선 안 된다는' 것만을 목표로 삼고 있을 뿐이다."

니콜라이 중령은 자신의 소견을 체계적인 심리전 정책으로 발전시키지 않고 독일인의 시각에서 본 1차 대전의 근본적인 결함을 토로했다. 1920년에 쓴 글에서 그는 이렇게 덧붙였다. "적은 우리의 최전선 프로파간다를 모방했다고 주장한다. 승전에 따른 윤리적 오점을 지우기 위해 고의로 허위사실을 날조했으니 유죄인 셈이다." 프로파간다는 군인답지 않은 비열한 술수라든가, 투항을 설득하여 양측이 목숨을 부지하느니 차라리 생명을 걸고 싸우는 편이 훨씬 더 명예로우리라는 주장을 니콜라이는 반박할 수 없었던 것이다. 대신 그는 현실적인 쟁점을 지적했다. "성공할 가능성이 높은 프로파간다를 적진에 투입하지 못하는 까닭은 도의적인 양심이 아니라 현실적인 걸림돌 때문일 것이다. 적과는 달리, 프로파간다가 적을 타격할 만한 (심리적인) 공격지점이 우리에게는 전혀 없다. 군사 프로파간다의 전조인 '정치적 프로파간다'도 부재했다."

독일이 1차 대전에서 배우지 못한 것은 훗날 차기 대전에서 배워 적용했다. 1914년 독일 정부는 권력을 확신하며 전쟁을 선언했다. 카이저 빌헬름Kaiser Wilhelm은 민중이 권력을 탐하지 않을 거라 생각했다. 선조가 군대와 아울러 물려준 권력이니 이러쿵저러쿵 참견하지 않는 편이 나을 거라 여겼기 때문이다. 그러나 1939년 히틀러가 이끈 독일 정부는 국내에서 예리하지만 파렴치하고 냉정한 프로파간다를 구사한 지 20년 후에 세계대전을 일으켰다. 히틀러주의는 민중에 지지를 호소하다 나중에는 그들을 위협하는 식으로 정권을 잡았고, 나치 수장들은 공포전략이나 '심리전'의 일환으로 국제사회에 같은 전술을 적용했다. 히틀러는 아첨으로 시작해서 소란을 피우다가 만행으로 마무리하는 전술로 유럽을 정복했다. 이는 도시 빈민가에서 자행된 술수였다.

크릴위원회

독일이 두려움에 떨던, 미국의 프로파간다는 두 기관의 작품이었다. 민간기관은 공보위원회the Committee on Public Information(조지 크릴 위원장의 이름에서 비롯된 '크릴위원회the Creel Committee'로 알려져 있다)이고, 군사기관으로는 선전부(심리부)와 美극동사령부 정보참모부, 총사령부와 헤버 블랭켄혼Heber Blankenhorn 대위가 이끄는 미원정군을 꼽는다.

크릴위원회에서 수장은 대통령의 신임을 얻을 뿐 아니라, 국내 정책에 참여하는 고위급 인사라는 점에서 다른 정부 정책과 프로파간다를 조율할 수 있는 최고의 특권을 과시했다. 크릴은 프로파간다 활동을 일종의 홍보로 간주했다. 위원회는 매우 느슨하게 조직되었으나 신속히 확대되었다. 2차 대전 당시 총예산은 전시정보국 예산 중 극히 일부에 불과했음에도 위원장은 대다수의 공보활동을 체계적으로 정립했다.

뉴스 방송은 자료를 상업언론에 넘기고, 이를 가공하여 해외 언론기관에 배포하는 워싱턴 보도국이 관리했다. 크릴위의 기관은 프로파간다 활동 전반을 아울러 주관하므로 국내 시청자의 중요성이 크게 강조되었다. 부서는 포스터와 공보, 4분남Four Minute Men(미국 전역에서 자원한 현지인이 진행), 영화, 국내 소수민족단체 및 외국어언론, 여성인권기구, 정보국, 통신사 특집 및 만평으로 구분되었다. 역사는 짧지만 규모는 큰 영화업계에도 선전영화를 국내외에서 상영하는 채널도 설치되었다. 한때 크릴위는 미국 선전영화를 상영하지 않으면 배포를 보이콧하겠다며 스위스 극장주를 압박할 요량으로 국내 프로듀서를 회유한 적도 있었다.

선전기관은 프랑스와 영국, 이탈리아, 스위스, 네덜란드, 스페인, 스칸다나비아, 멕시코를 비롯한 남미 국가들과 중국 및 러시아에 파견되었다. 1차 대전 당시에는 국내 선전요원을 일본에 파견할 필요가 없다고 생각했으나, 당국에 프로파간다 파일을 넘기며 이를 쓰라 했더니 일본측은 그러겠다고 답했다.

크릴위원회는 주먹구구식 운영으로 큰 혼란을 일으킬 뻔했다. 새로운 아이디어가 떠오를 때마다 기관들이 난립했다. 상업적으로는 홍보로, 사회적으로는 시민단체를 통해 실행해온 것처럼 민심을 흔드는 것이 기본 콘셉트였다. 하지만 전쟁 프로파간다는 미국인의 입맛에는 맞지 않았다. 쉴 새 없이 떠들어대는 선동가가 되레 전후 평화주의나 고립주의를 도모하려는 의식을 조장했을지도 모르겠다. 기술적인 측면에서는 선전했지만 국민의 의사를 크게 벗어난 대가는 실로 엄청났다.

전쟁을 치른 미국은 '지구촌을 안전한 민주주의 세계로 만들겠다'는 가열한 프로파간다를 두고 국내에서는 실망을, 해외에서는 불신을 자초하고 말았다. 결과적으로는 실망과 불신이 2차 대전의 불씨가 되었지만 국내 프로파간다 활동을 좀더 겸허하고 신중하게 계획했더라면 이를 방지할 수 있지 않았을까 싶다. 크릴위와 당국 요원들은 전쟁만큼이나 암울하고 힘겹긴 하지만 전쟁이 끝나면 평화가 찾아온다는 사실을 기억하지 못했다. 아울러 '마지막 전쟁'은 존재하지 않으므로 프로파간다가 다시 제 기능을 발휘할 수 있도록 훗날을 도모해야 한다는 것도 깨닫지 못했다. 미국은 1차 대전으로 모든 전쟁이 종지부를 찍을 거라고 주장했다. 그들은 이를 철석같이 믿었을 것이다.

퍼싱 장군의 본부

크릴위 소속 민간인들은 원정군 본부에 파견된 美극동사령부 정보참모가 심리전을 운영하는 데 일조했다며 우쭐댔다. 애당초 전단 제작을 주로 다룬, 블랭켄혼 대위의 공식 사료를 보면 외부 지원은 언급된 바가 없었다. 매스컴 수단인 라디오 방송은 존재하지도 않았거니와 스피커도 일반 확성기를 거의 능가하지 못했기 때문에 결국에는 인쇄매체가 적과의 커뮤니케이션 수단이 되었다. 그래서 전단이 필수였다.

원정군에 소속된 미국인들은 사기진작(혹은 저하) 및 투항유도 전단에 집중했다. 상식적인 심리학 관점에서 보더라도 성과는 대단했다. 전단 살포 기술은 영국과 프랑스의 사례를 적용했지만 점차 독자적인 기술을 창안·개발했다. 공중 살포는 주로 풍선과 항공기를 이용했는데, 항공기에 탑재된 전단폭탄은 2차 대전 때 개발된 것이다. 박격포로 전단을 살포하는 기술도 두루 개선되었다.

사기진작(혹은 저하)용 전단은 당시 전 세계에 퍼진 반군국주의 및 친민주주의 정서를 자극했다. 이때 독일 정부의 비효율성과 독재는 더할 나위 없는 타깃이 되었다. 반상류층 프로파간다가 아직 공산주의의 전유물로 간주되진 않은 터라 독일 병사를 대상으로 장군과 귀족, 관리 및 자본주의자에 항거하는 선전물이 쏟아졌다. 독일 민족주의가 로레이너(Lorrainers, 벨기에와 독일의 접경 프랑스의 동북부에 사는 게르만 민족—옮긴이)와 바바리안(바이에른인, Bavarians, 독일 동남쪽 다뉴브강을 따라 정착한 민족—옮긴이)

에 호소하는 프로파간다로 공격을 당한 셈이다. 미국이 무기를 대거 생산하고 있는 데다 미군이 유럽에 주둔해 있으며 독일군의 후퇴가 심상치 않다는 소식은 속보전단보다는 사기저하용 전단에 실었다.

전시 프로파간다의 주된 임무—투항을 유도한다—는 미국인의 실력이 탁월했다. 그들은 투항한 독일군에 일급 미제 식량을 약속한다는 선전물을 수도 없이 제작했다(사진 13). 넉넉한 식량과 인간적인 대우, 국제법에 의거한 특권, 일단 목숨을 부지해야 애국한다는 가치관, 가족에게 돌아갈 수 있는 기회 등, 투항을 위한 주제가 거론되었다. 그러나 미국은 식량에 주안점을 두기로 했다. 주제를 다방면으로 검토한 결과였다. 조국이 아사 위기에 처해 있다는 사실을 알고 있는 군인이라면 먹거리가 솔깃하지 않을 수 없기 때문이다.

거만하고 무능한 독일 최고사령부는 '프로파간다를 무시하라'는 선전으로 연합국—주로 미국 전단—의 전단에 대응했다. 독일군의 패색이 짙어갈 무렵인지라 그런 주문은 사태에 대한 잔소리에 불과했다. 당국은 군인이 처한 곤경을 구체적으로 밝히진 않았다. 예컨대 "투항하면 실업자가 되어 가난해지고 병을 얻어 홀로 패가망신을 당할 것이다. 아내는 프랑스인에게 얻어맞을 것이요, 딸은 야만인에게 강간을 당할 것이며, 부모는 물가가 올라 굶어죽으리라"는 망언은 하지 않았다는 것이다. 이 전술은 차후 전쟁에서는 볼 수 있었다. 1918년 독일 사령부는 판단력이 흐려졌는지 호들갑을 떨며 적의 전단을 프로파간다로 규정(추잡하고 비열하다!), 훌륭한 독일군이라면 자신의 소임을 기억할 거라며 다독였다. 하지만 전선 너머로 식빵을 굽고 베이컨을 튀기고 커피를 볶는 상상에 잠긴 장정들에게는 헛소리로 들렸을 것이다. 결국 독일군은 투항했다.

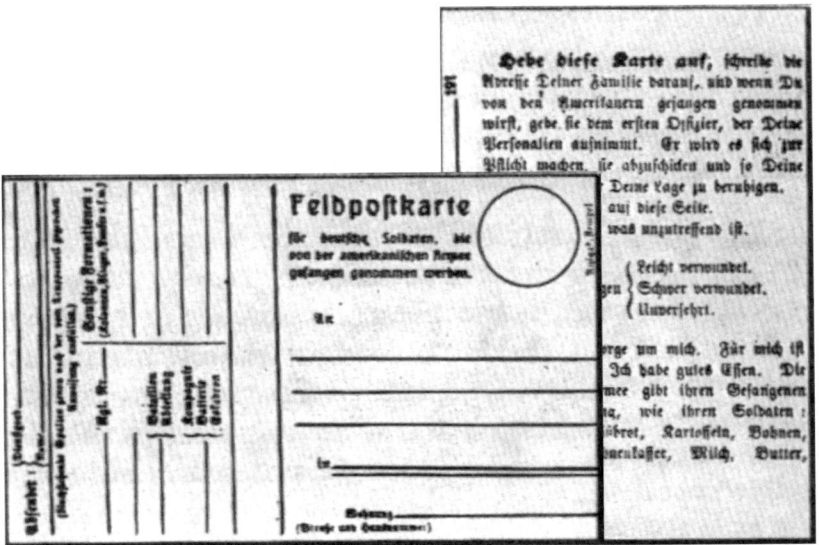

〈사진 13〉 美원정군*이 뿌린 투항전단 1차 대전 당시 미군의 전단은 독일에서 발행한 펠드포스트카르트(V메일*의 전신인 야전엽서)의 원형을 모방했지만 이를 흑색선전으로 보긴 어렵다. 출처나 의도를 숨기지 않았기 때문이다. "포로로 잡혔을 때 신분을 확인하는 첫 번째 장교에게 이를 주라." 포로는 전투서열의 이력을 기입하라는 주문을 받는데 각 항목을 채우고 나면 부상을 입었는지, '쇠고기와 식빵, 감자, 콩, 자두, 커피, 우유, 버터 및 담배 등"으로 호식해 왔는지 밝혀질 것이다.

* 美원정군American Expeditionary Forces_1차 대전 중인 1917년 유럽에 파견하기 위해 존 J. 퍼싱을 사령관으로 한 미군부대

* V메일_제2차 세계 대전 중에 미군이 이용한 마이크로필름 우편

  블랭켄혼 대위의 부대는 심리학자의 도움 없이 독일의 사기분석차트를 개발했다. 차트는 과학적인 여론조사가 일반화되기 전에 구성되었으므로 임의의 가중치를 부여한 피선택 기지변인selected known factors 그룹에 근거하여 평균을 산출했다. 또한 '독일 포로 100명 중 의구심을 표출한 사람의 수효'가 아니라 '유보트 상황'이라든가 '독일의 단결' 등, 추상적인 일반론을 대조군으로 설계했다. 차트는 신문이나 포로 중에서 발견된 태도attitude를 백분율로 환산한 수치보다는, 원인이 되는 요인에서 비롯된 사기를 추적하며 세심하게 기록되었다.

볼셰비키·중국혁명

1차 대전 당시 프로파간다가 역동적으로 발전한 국가는 러시아였다. 러시아혁명은 군대의 반감과 경멸의 대상이 된 지도부, 경제적 고난과 때늦은 개혁에 대응하면서 전개되었다. 우선 체질적으로도 개혁은 불가피했다. 혁명에 반기를 든 사람이 거의 없었고 민중은 환희와 희열과 만족을 느꼈기 때문이다. 그러나 러시아의 주류 사회주의자들은 마르크스 철학을 가리켜 (직설적으로 말하자면) "수단이 목적을 정당화한다"고 해석했다. 그들은 항상은 아니더라도 거의 적중하는 정치·경제 예측방안을 개발했다며, 이를 확보하지 않은 자는 누구도 노동자나 농민을 자유롭게 할 수 없을 거라 생각했다. 핵심을 빗나간 듯 보이지만 실은 정곡을 찌른 철학이었다. 헤겔주의와 마르크스주의의 난해한 독트린은 주류 사회주의자들(러시아어는 '볼셰비키')이 '무조건적 정의'의 합리적 근거를 제시할 때 내세우곤 했다. 볼셰비키는 혁명 초창기부터 민주주의 세력을 잔인하게 궤멸했다. 볼셰비키만이 역사의 비밀을 좌지우지했던 터라 다른 집단을 도울 이유는 없었다.

볼셰비키 운동은 레닌과 트로츠키의 사상에서 리더십을 찾았다. 레닌은 미국과는 달리 민주주의를 증오했다. 민주주의는 허풍일 뿐 아니라, 거대한 독점 자본주의의 최전선이요—자본주의자들에게는 금시초문일 수도 있다—축소되고 있는 시장에서 세력을 키워 결국에는 국제적인 자본주의 전쟁과 파산, 노동계급의 혁명으로 이어질 게 뻔하다고 생각했기 때문이다. 레닌은 이튿날 아침 해가 뜬다는 진리만큼 이를 확신했다. 다만 지속기간을 두고는 이견이 있었는데, 일부 볼셰비키 비관론자들은 자본주의 세계가 1920년대까지는 이어질 거라 예측했다.

사상의 틀이 이런 탓에 매우 위험천만한 심리전이 감행되었다. 볼셰비키는 반동세력을 '일소하고liquidate' 싶을 만큼(집단을 궤멸하여 다시는 결집하지 못하게 막는다는 의미였지만 실은 '대량숙청'을 뜻했다) 경멸했다. '자본주의' 세계에 대한 반감이 고조되자 그들은 신God과 애국심, 민족의 역사, 교회, 금전, 사유재산, 정절과 혼인 및 운문을 똑같이 혐오했다. 결국 모스크바는 온갖 기행과 불만의 중심지가 되었고, 러시아는 도덕성이 가장 느슨한 문명국가로 전락했다.

볼셰비키는 자본주의 세계를 증오한 탓에 러시아의 애국심마저 포기할 수 있었다. 그들은 러시아 부대를 전선에서 이탈시킬 때 미소를 지었다. 독일군도 마찬가지였다. 그러나 볼셰비키는 최후의 승리를 자부했다. 수주나 수달이 지나면 독일에서도 혁명이—이는 카를 마르크스의 독특한 경제론이 예측한 것이었다—일어나리라 확신했기 때문이다. 사회의 형태가 모두 수립되었다는, 러시아의 안일한 태도는 브레스트리토프스크 협상에서 독일측에 건넨 경솔하고도 위험한 답변에 고스란히 배어 있었다. 독일의 최후통첩에 트로츠키는 "좋소, 전쟁도 평화도 없던 일로 합시다no war and—no peace"라고 맞받아쳤다.

독일은 볼셰비키가 명시된 평화조약에 서명하지 않으면 독일군이 전쟁을 확대시킬 거라고 위협했다.

트로츠키는 "마음대로 하라"고 대꾸했다. 신경 쓰지 않는다는 눈치랄까. 전쟁판을 벌여도 이를 우려하지 않겠다는 것이다. 다른 곳으로 자리를 피해 자본주의자들과는 상종을 하지 않겠다는 심산이었다.

독일은 돌연 몸이 굳어버렸다. 심각한 독트린이 울려퍼지고 끼니조차 잇지 못하는 나라에는 부대를 보내고 싶지 않았기 때문이다. 트로츠키가 협상을 두고 옥신각신하며 시간을 허비하는 동안에도 인쇄기는 주야로 가동된다는 사실은 그들도 알고 있었다. 이를테면 "전쟁은 종식되었고 자본주의는 퇴출당하고 있으며 식량과 평화, 풍요와 무신론 등, 볼셰비키의 넉넉한 삶을 누리기 위해 노동자의 혁명이 도처에서 벌어지고 있다"는 선전일 것이다. 결국 러시아는 항복조약에 합의했으나 동부전선에 주둔해 있던 일부 독일 사단은 볼셰비즘의 영향을 받은 터라 자유와 평화의 메시지를 마음에 새긴 채 자국으로 복귀했다. 독일의 공산주의 혁명은 온건파 사회주의자들과 군대의 잔당이 연합해서 이를 중단시켰으나—러시아의 작전도 원인으로 꼽힌다—애당초 성공할 수 없는 혁명이었다.

러시아는 가시밭길을 달갑게 걸어갔다. 볼셰비키 지도자들은 열악한 무기와 공업생산설비, 부실한 식량으로 러시아를 5년 동안 결속시켰다. 러시아 볼셰비키는 의외로 사기가 하늘을 찔렀고 일반 국민에 대해서는 '프로파간다'와 '공포'라는 무기를 휘둘렀다('공포'는 근대 전체주의 독재에서 가장 먼저 나타나는 전형적인 증상이다).

볼세비키 프로파간다는 당시까지—아마 지금까지도—유사 이래 가장 완벽한 프로파간다가 아니었나 싶다. 정치적 한계는 끝을 몰랐다. 구세계the old world에서는 뭐든 정당했으니까. 1946년 소련 시민이 칭송했던 애국심과 종교, 국민주권, 국제법뿐 아니라 자본주의 국가와, 혹은 당사국이 체결한 조약은 1919~1922년에는 조롱거리가 되었다. 전 세계에 확산된 러시아발 프로파간다는 공개적인 것도 더러 있었으나 대개는 은밀히 유포되었다. 이는 볼세비키의 '적색공포Red scare'로, 정도만 다를 뿐 각국 어디에나 퍼져 있었으며 견줄 만한 작전이 없을 만큼 마성의 위력을 과시했다. 돌이켜 보건대 (적색공포의 여파로) 1920년대 당시 미국인들이 헌법에 반기를 들진 않을까 노심초사했을 성싶기도 하다는 것이 기가 찰 노릇이지만 실제로 법무장관을 비롯한 다수가 정말 이를 우려했다고 한다.

미국은 (생각과는 다른 이유로) 경계를 늦출 수 없었다. 볼세비키 프로파간다의 마성은 미·영·프의 프로파간다가 중단된 곳에서 대부분 태동했다. 연합국은 일찍이 심리전의 일환으로 모든 세인에게 더 나은 신세계를 약속하는 아쉬운 실수를 저지르고 만다. 전쟁이 종식되고 상황이 정리되었을 때 대다수는 '더 나은 세상'을 이룩하겠다는 것을 '당연한' 약속으로 여기긴 않았다. 그럼에도 볼세비키 프로파간다는 연합국 요원이 씨만 뿌리고 거들떠보지 않은 공약을 대신 거둬들였다. 서방세계의 민주국가들이 국내외 프로파간다 작전을 철회하자 당연한 공약 이상으로 비화된 기대감은 곧 볼셰비즘으로 변질되었다. 볼세비키 프로파간다의 전략적 우위는 영향력이 대단했다. 연합국이 토대를 마련한 탓에 수백만이 레닌주의식 유토피아에 고개를 끄덕이게 된 셈이다.

물론 1920년대의 볼세비키 프로파간다가 허접했다는 뜻은 아니다. 기술로 보나 심리학적으로 보나 정치적으로 보나 나쁘진 않았다. 또한 장기적인 확신을 무너뜨리고 일시적인 공포를 조장했다는 점에서도 훌륭했다. 그러나 소련이 치른 대가는 녹록지가 않았다. 정부는 미국을 비롯한 각국을 상대로 독자적인 심리전을 공개 선언했다. (윌슨 대통령을 비롯하여 하딩과 쿨리지 및 후버 대통령은 분노하며 이를 거부했다) 볼세비키 프로파간다를 전파한 매체는 아래와 같다.

러시아 정부 채널
공산 '당' 채널(사실 어느 국가든 공산주의자들은 정당이 아니다. 맹신적이고 잔인하고 광적인 정치적 종교 지배층을 명시하기 위해 '당party'을 썼다)
노조
민간요원
'비밀조직'
영사 및 통상사절 등 공식사절단
우편 전단
포스터, 서적 및 문헌
영화
라디오 방송

전반적인 화두는 세계혁명이 도래하고 있다는 분명한 메시지였다. 이는 이론으로 밝혀진 경제법칙으로 불가피한 것이었다. 다가올 세계혁명은 소유계급의 자본 통제권을 박탈하고 모든 자본을 노동자의 손에 쥐어 줄 것이다. (자본을) 도용한 자들이 되레 도용을 당한다는 이야기다. 마르크스의 책에서 발견한 경제법칙은 소유계급의 악영향을 끊고 세계평화와 번영, 안녕과 자유를 보장할 것이다. 이는 선전이 아니라 (볼세비키의 주장에 따르면) 과학science이요, 객관적인 사실이다!

공산주의자들은 이러한 화두를 귀에 못이 박이게 떠들었다. 그들은 심리전에 정치전까지 벌였고 非공산주의 국가들이 이런 상황을 거론할라치면 "전쟁광의 음모"로 매도했다. '민주주의적democratic'이라는 용어는 공산주의자뿐 아니라, 공산주의를 문제 삼지 않을 만한 비공산주의자가 쓰는 어구였다. 공산주의자들은 새로운 용어―소련을 비롯한 공산주의 신문사에서도 사용했는데 미국과 영국에서 통용되는 정서상의 뉘앙스는 같으나 현실적으로는 뜻이 판이하게 달랐다―를 창작해냈다. 이를테면, '민주주의'는 '자유선거'를, '자유선거'는 국민이 '민주적인 지도자'를 선출한다는 뜻이다. 그러나 '민주적인 지도자democratic leaders'는 비공산권 국가에서 선출된 국민은 아니라는 것이다. 비공산주의 지도자는 어떤 대상의 '도구'나 '꼭두각시stooge'로, '굽실거리는' '수구세력'에 지나지 않기 때문이다. 따라서 진정한 '민주주의 지도자'란 국제적인 공산주의 조직의 인준을 받은 사람만을 두고 하는 말이며 이는 철학으로 알려진 지식이란다.

그렇다면 이러한 심리전의 효과는 무엇이었을까? 우선, 근본적인 성과는 외면한 채 말만 무성하면 공산주의 프로파간다는 자멸하게 마련이다. 공산주의 프로파간다는 절망이나 무질서 혹은 공포가 난무하는 상황에서만 제 기능을 발휘할 수 있는데 공산주의 지도자들이 승전을 확신하는 이유가 여기에 있다. 그들이 연구한 바에 따르면, 절망과 무질서와 공포는 어찌됐든 자본주의 국가가 부추길 것이기 때문이다. 둘째, 공산주의 프로파간다 앞에서는 다른 모든 가치관이 프로파간다의 희생양이 되고 만다. 프로파간다를 밝히려면 (마르크스주의 같은) 광신도가 되어야 하고 이를 인정하려면 새로운 신조를 수용할 각오가 필요했다. 국제사회의 이해나 애국심, 신의, 소송의 자유, 혹은 예술적 양심은 모두 프로파간다의 제물이 된다. 결국 공산주의 세계에서는 만사가 프로파간다인 셈이다. 공산주의를 해치는 것은 무엇이든 진리가 될 수 없다. 공산주의자들은 그들만의 철학이 있다. (터무니없는 철학이 궁금하다면 『공산당 선언The Communist Manifesto』과 레닌의 『카를 마르크스The Teachings of Karl Marx』, 스탈린의 연설집을 읽어보라. 논리도 없거니와, 순수하지만 지식은 짧은 열성에 혀를 내두를 것이다) 끝으로, 공산주의 심리전은 중단을 모른다. 화두는 바뀔지 몰라도—도발적일 때도 있고 화해 무드일 때도 있다—기관과 운영은 달라지지 않기 때문에 공산주의 프로파간다는 노련하고 능수능란하다. 냉철하거나 실용적인 이상주의자들을 유치할 정도로 안정된 소수의 공산국가를 제외하면 강성한 경찰국가police-state와, 정서적으로 불안하거나 무지한 해외 광신국이 좌우한다.

심리전의 인지도가 높아진 원인으로는 1차 대전 당시 연합군의 눈부신 공적(단기에 그치긴 했다)보다는 볼셰비키의 프로파간다를 꼽는다. 현대 공산주의는 앞으로도 심리전을 계속 벌일 것이다.

1922년에서 27년 사이, 공산주의 지도자들은 은연중에 엄청난 실수를 저지르고 만다. 중국 국민당의 군·정 참모에 협력을 요청한 것이다. 공산주의가 뼛속까지 들어찬 터라 누구도 그들보다 우월할 수는 없다고 자부했을 터인데 이는 중국도 마찬가지였다.

중국 사령관은 비정규전과 프로파간다, 혁명암시상황 및 군중선동을 비롯한 모든 전술을 모스크바에서 습득하고는 고국에 돌아와 국민당 혁명의 군사작전(1922년 여름)을 감행하기 위해 공산주의자들의 지원을 받았다. 결국 노장이 지휘하던 군대는 첩보요원과 선동가, 포스터 제작진, 학생운동, 언론 프로파간다와 사상이 투철한 부대 앞에서 속절없이 패하고 만다. 이는 근대 아시아에서 세간의 관심을 끈 전쟁이었음에도 교전은 거의 없었다. 국민당 지도자가 공산주의 심리전술에 자신의 기술까지 총동원했기 때문이다. 그가 바로 장개석이었다.

1927년 공산주의자들은 국민당의 추가 활용 여부를 두고 모스크바에서 논쟁을 벌였다. 국민당과 삼민주의(Sunyatsenism, 쑨원이 주창한 중국 근대 혁명의 기본 이념으로 민족주의, 민권주의, 민생주의로 이루어져 있다—옮긴이)와 장개석을 모두 청산하는 편이 낫다는 주장이 있는가 하면, 미국과 일본 및 영국의 '제국주의'를 상대하기 위해서는 국민당을 좀더 활용해야 한다는 견해도 있었다. 장개석은 모스크바에서 훈련을 터라 논의를 완벽히 이해했고 그에 관심도 많았다. 공산주의자들이 언제, 어떻게 그를 납치할 것인가를 논할 때 장개석은 선수로 그들을 납치한다. 1927년 가을, 공산주의자들에게서 인연을 끊은 장개석은 '공포'와 '프로파간다'라는 무기를 휘두르며 경제개발이라는 대의로 관심을 돌린다. 그들은 장개석을 용서하지 않았다. 중국 국민당이 모스크바의 것과 동일한 선전기관을 두고 있었음에도 공산주의자들은 이를—자신이 들어도 우습겠지만—'파시스트fascist'라 일축했다(명분에 관계없이 반공산주의는 무조건 파시스트였다).

1917년~1922년의 러시아혁명과 1922년~1927년의 중국혁명(북벌)은 공산주의 심리전이 연출해낸 상황을 잘 보여준다. 그 이후 러시아 밖에서 (스페인은 제외) 벌어지는 공산주의 심리전은 권력을 장악하려 할 때마다 실패했다. 2차 대전 이후, 공산주의 심리전은 군대가 국가를 점령하거나 민중을 설득한 후라야 국가를 장악할 수 있다는 점이 입증되었다. 심리전의 마성은 공산주의 프로파간다를 떠난 지 오래다. 즉, 군대의 강력한 압박이 뒷받침되어야 효과를 기대할 수 있다는 이야기다. 그러나 러시아와 중국의 사례에서 보듯, 먼 과거에는 군사적 지원 없이도 심리전이 통했다. 기술과 신조(독트린)와 인력을 혁신하면 지금도 가능할지 모른다.

〈사진 14〉 라디오 방송 전단(안치오, 1944) 이 전단은 1944년 4월 독일군이 안치오에 주둔한 미군을 향해 살포한 것으로 두 가지 프로파간다의 전형을 결합해 흥미롭다. 이를테면 영국 방송사에 대한 역선전공작은 미미하지만 독일 라디오 방송의 오락적 가치는 크게 부각시켰다는 것(통신대가 찍은 위 사진은 전쟁공보국을 통해 공개되었다).

CHAPTER 6 2차 대전과 심리전

볼셰비키가 이루어 놓은 심리전의 성과는 사람들이 배우고 적용해야 할 기술이라기보다는 마르크스주의의 독특한 '비행mischief' 정도로 간주되곤 했다. 마찬가지로, 1922년에서 1927년까지 중국 국민당 부대가 역사적인 북벌에 나선 것은 딱히 설명은 어렵지만 중국다운 행적으로 꼽힌다. 그러나 중국 공산당의 심리전에서 배워봄직한 교훈은 서방세계의 관리나 학자들이 외면해 왔다. 한편 유럽의 강대국인 독일은 열띤 국내정치와 흡사한 심리전을 격렬히 치르고 있었다. 아돌프 히틀러가 독일 총통으로 부임, 외교에 대해 '돌격대 전략'을 구사하자 국민은 '신무기'의 실체와 적용방식에 눈을 뜨기 시작했다.

(육군대학 자료에 따르면, 1925~1935년까지의 이슈를 연구하는 전임 장교는 한둘이 아니었지만 1919~1929년을 통틀어 중국 공산당의 심리전을 다룬 연구보고서는 고작해야 두 편뿐이었다. 물론 美육군이 연구를 등한시했다고 볼 순 없다. 인력과 사료가 턱없이 부족하긴 해도 최고의 군대라는 점은 자명하니까. 육군은 그저 미국다웠다고나 할까, 아메리카 대륙의 여느 곳과 마찬가지로 세상을 대수롭지 않게 생각했을 뿐이다)

국가사회주의 독일노동자당the National Socialist German Workers' Party(히틀러가 규정한 조직명)은 소수의 열혈추종자를 중심으로 창설된 집단이었다. 나치도 자신의 신조(독트린)를 믿기는 하지만 공산주의자가 이를 신봉하는 만큼은 아닌 듯했다. 예컨대, 나치는 프로파간다를 가리켜 '현대의modern' 권력을 쟁취하는 데 없어서는 안 될 강력한 무기로 간주했다. 공산주의자들이 민주주의를 속임수로 치부하자 나치도 이에 동조했다. 공산주의자들은 자신만의 거룩한 사명이 있다면 소수민족이라 하더라도 민중의 지지를 받아 '국민이 먼저'라고 주장하는 정부를 실현할 수 있다는 것을 입증했다. 물론 국민이 국민을 통치하는 (민주) 정부는 분명 아니겠지만 말이다. 나치는 이를 모델로 삼았다. 아울러 공산주의는 20세기 국가에서도 신인man-god을 세우고 숭배하며, 그를 지도자라 부를 수 있다는 것을 몸소 보여주기도 했다. 나치는 이 같은 소련의 관행도 지도자의 원칙으로 삼았다.

또한 공산주의자들은 자칭 '당party'이라는 조직이—실은 엄격한 내규 및 자격조건과 능동적인 조직원을 갖춘 준종교집단에 더 가까웠다—1당 50을 통제할 수 있다는 것을 입증한 반면, 나치는 이탈리아 파시스트를 일부 본떠 아류의 당을 조직했으나 독일 공산당의 직접적인 사례를 좀더 모방했다. 공산주의자들은 청년지부와 여성기구, 노동기관 및 사조직 등이라는 '민중조직mass organization'의 필요성을 밝혔고, 나치는 이것도 모방했다.

나치의 기관은 여러 측면에서 적용하는 목적은 다르다고 하나(나치에 아리아 신화an Aryan myth가 있다면 공산주의에는 사이비경제론pseudo-economics이 있었다) 공산주의의 모본인 것은 분명했다. 공산주의와 나치는 수단으로 목적을 파괴했고, 민중은 도외시한 채 권력을 쟁취·유지하는 데만 혈안이 되어 프로파간다가 여느 때보다 중요해진 것이다. 이론적으로는 목적이(나치는 독일이 전 세계를 통치하는 것이고 공산주의는 보편적인 공산주의 역사를 이룩하는 것) 가장 중요하지만, 목적을 이뤄낼 수단이 항상 옳은 데다 당의 수장만이 요원한 목적의 실현 여부를 판단할 수 있기 때문에 러시아와 독일은 파렴치하게 권력만을 좇고 있었다.

2차 대전의 원인이자 수단이었던 신종 심리전은 모든 이슈를 프로파간다에 종속시킨 데서 비롯되었다. 프로파간다 중독자는 뭐든 의심한다. 신념이 불신 속에서 길을 잃었달까. 문화생활—진실과 법과 이웃을 존중하고 예의를 지키며 신God을 사랑하는 것—을 평범한 방식으로 통제하면 제대로 될 리가 없다. 프로파간다에 현혹된 사람은 선전 외에는 아무것도 보이지 않기 때문이다. 무대에서 춤을 추는 아가씨에서 고해성사에 이르는 모두가 아군과 적군으로 편이 갈릴 것이다. 무고한 것도, 즐거운 것도 없다. 만사가 권력에 대한 맹목적인 두려움과 직결되어 있으니 권력을 쥐기 전에는 권력자를 증오할 테고, 그들의 이성을 믿지 않는 데다 인격을 존중하지도 않고 선의와 동기를 신뢰하지도 않을 것이다. 그들은 쓰레기일 뿐이다. 선전광인 그가 '마땅히' 권력을 쥐고 있어야 할 집단의 일원인데 애먼 그들이 집권하고 있으니 말이다. 하지만 그런 사람이 막상 권력을 장악하게 되면 동지와 동료를 증오한다. 프로파간다를 자행하는 '당'원은 자신이 권력을 쥐게 된 과정이 이기적이었다는 점과, 동지도 똑같이 오만하다는 점을 잘 알고 있기 때문에 누구도 믿지 못하는 것이다. 유혈숙청과 인민재판, 살상, 가족추방 및 범죄은폐 따위는 프로파간다의 역할이 과도하게 변질된 결과로 봄직하다.

2차 대전 때는 필자처럼 평범한 미국인이 심리전을 감행하는 것도 선전광에게는 대적행위였다. 프로파간다는 이데올로기로 발전해 왔고, 전 세계는 가공할 '신흥 종교'로 몸살을 앓았다. 예컨대, 소련의 저명한 언론인인 카를 라데크Karl Radek는 반역 혐의로 법정에 선 적이 있다. 비신스키Vyshinsky 검사가 묻는다.

"고의로 그런 짓을 벌인 겁니까?"
"잠자는 것 말고 고의가 아닌 일은 하나도 없었소."

프로파간다에 집착하던 전체주의자의 감정이 묻어나는 답변이다. 자타를 막론하고 모든 행위에는 의미가 있다고 확신하게 된 것이다. 그는 책임감 때문에 자유사회에 사는 미국인이 근본적인 천성으로 여기던 신념(자아존중과 친절, 우애 및 동정심)을 저버렸다.

국가사회주의와 공산주의 국가를 비롯하여, 독재가 비교적 덜한 이탈리아에서 주로 나타나는 사고방식이다. 반면 수구적인 일본은 민주주의에 가깝다. 사고방식이 이렇다면 통치자는 민중을 통제하는 와중에도 '심리전'을 감행할 수 있을 것이다. 국내에 열혈추종자나 테러가 없다면 정부는 '심리전'에 기대야 한다. 즉, 정치·군사작전을 프로파간다로 보완해야 한다는 이야기다. 하지만 자유국가에 사는 자유국민이 그런 치욕적인 통제를 감수하리라 생각한다면 큰 오산이다. 목적이 전쟁의 승리라 해도 마찬가지일 것이다. 2차 대전 당시의 심리전이 특이했던 점은 적군이 심리전('심리전' 혹은 총력전 중에서)을 벌이면 미군이 이를 응수해냈다는 데 있다. 이론적으로는 미국이 승전할 도리가 없다는 주장도 제기될 수 있었다.

그러나 우리는 승리했다.

전쟁 전 단계

프로파간다에 민감한 추축국(제2차 세계대전 당시 연합국과 싸웠던 나라들이 형성한 국제 동맹을 가리키는 말로, 독일, 이탈리아, 일본의 세 나라가 중심이었다—옮긴이)은 침략전을 벌이기 위해 자국민을 통제하고 난 후, 점진적인 승리를 성취하기 위해 등을 돌릴 만한 적국의 분열을 조장해야 했다. 추축국은 소련과 화친했고(히틀러는 1941년까지, 일본은 전쟁 종식 일주일 전까지) 대치중인 적은 위협하는 한편, 적의 적에는 안전을 보장했다. 때문에 적잖은 프로파간다가 뒷받침되어야 했다.

전쟁 전 단계에는 '흑색'선전이 대거 가동되었다. 정치계는 청중의 반감과 분노를 자극한 후 프로파간다를 위장하려 했다. 예컨대, 반전단체를 끌어들여 민주국가의 재무장을 억제하는가 하면 민주국가들의 국내 개혁을 막거나, 러시아와 군사문제를 논의하지 못하도록 영향력을 행사하기 위해 군사단체를 개입시키기도 했다. 금융그룹은 정상적인 국제관계라는 환상을 깨지 않기 위해 접촉했으며 문화단체는 해당 국가와의 화친을 지킬 요량으로 매수되었다. 일본은 국내 잡지사에 한동안 보조금을 지급했으나 대개는 군사작전지에 총력을 기울이며 미력이나마 범세계적인 프로파간다에 동참했다.

범세계적인 전쟁 전 프로파간다를 고도의 기술로 끌어올린 장본인은 독일이었다. 독일은 적군의 전력을 무력화시키기 위해 수단을 가리지 않고 분열을 조장했다. 협력자와는 흔쾌히 손을 잡았다. 미국 공산당이 손을 내밀자(1939년 9월과 1941년 6월에는 '제국주의 전쟁an imperialist war'이었다가 러시아가 개입하자 '반파시스트 민주주의 전쟁the democratic anti-fascist war'을 표방했다) 나치는 이를 거부하지 않았다. 독일은 세계평화를 앞당길 '기발한' 계획이 있다는 사람들의 말을 일단 듣고 난 후 나중에 유화정책(appeasement, 상대국의 적극적인 정책에 대해 의도적으로 타협하거나 소극적인 자세로 자국에 유리한 형세를 이끌어가기 위한 외교정책—옮긴이)을 타결할 때 그들을 이용했다. 아울러 가톨릭 신도를 선동하여 공산주의자의 적이 되게 하고, 공산주의자는 민주주의자를 대적하게 하고, 이방인은 유대인을, 백인은 흑인을, 가난한 사람은 부자를, 영국인은 미국인을, 미국인은 영국인을 대적하도록 선동했다. 독일에 대한 적대행위를 지연시키고 적의 전력을 약화시킬 수 있다면 수단을 가리지 않고 편을 갈라놓은 것이다. 나치는 해외에서 독일어를 쓰는 소수민족을 조직하는 데 각별히 신경을 썼으며 나치와 관계가 있다는 사실이 공개되지 않은 사람까지도 적극 매수했다.

공개된 프로파간다에 국한하여 말하자면, 앞선 임무는 파울 괴벨스Paul Josef Göbbels의 악성 첩보기관이 통제하는 독일 민중계몽선전부Ministry for Propaganda and Popular Enlightenment를 통해 자행된 것이다. 좀더 포괄적인 프로그램은 주로 당 채널에서 운영되었으며 홍보 외의 역할도 담당했다. 독일의 학습능력을 두고는 1, 2차 대전이 사뭇 대조를 이루었다. 1차 대전 때만 해도 독일은 정치적인 동기와 전문성과 조직력이 부족했지만 2차 대전 때는 이를 모두 겸비했다.

독일의 업적

독일이 프로파간다를 통해 일군 업적은 크게 셋이다. 첫째, 독일은 정치전 영역에서 '공산주의와 파시즘이 전 세계의 미래를 결정할 것'이라는 믿음을 지구촌의 여론에 심어주었다. 독일과 공산주의 국가들이 공감하자 이 화두는 타당한 듯싶었지만 실은 두 통치체제가 미래를 결정한다거나, 문화 자유국가가 기존의 자유체제를 탈피해야 한다는 가설이 역사적으로나 경제적으로 타당하다는 근거는 없다.

둘째, 독일은 전략적인 영역에서 피해 당사국이 마지막일 거라는 희망을 주었다. 스페인 공화국이 세인의 목전에서 몰락하고 있음에도 전쟁이 더는 벌어지지 않으리라는 장밋빛 전망은 여전했다. 영국은 체코슬로바키아가 무너졌음에도 영속하리라 믿었고, 눈치가 빠른 러시아조차 영국과 프랑스가 전쟁을 벌인 후에도 몰락은 없으리라 낙관했다. 또한 1941년 12월 6일, 미국인 상당수는 자국이 전쟁을 피할 거라 생각했다. 나치의 심산이 하나씩 들어맞은 셈이다.

셋째, 심리전 영역에서는 대놓고 공포를 조장했다. 공산주의가 근절될 수 있다는 우려를 독일인들에게 심어주는가 하면, 피해 예상국의 집권당에는 사기를 떨어뜨리기 위해 기습전쟁을 다룬 영화를 보여주었다. 한 국가가 전쟁준비태세를 갖추었고 다른 국가가 이를 알고 있다 치자. 이때 전쟁을 원치 않는 국가는 계속되는 불안감으로 노이로제에 걸릴 공산이 크다.

(1940년 여름, 필자는 충칭에 있었다. 독일 선전요원인 볼프 솅케는 중국 지도자들에게 독일영화를 상영한 적이 있다. 필자도 보고 싶다고 했지만 요원은 이를 거절하며 "중국인만 볼 수 있다"고 대꾸했다. 하지만 정작 중국인들은 일본 동맹국의 위력에 놀라기는커녕 시큰둥한 반응을 보였다. "영화는 잘 만들었네요. … 하지만 진 왕조 때 우리가 다 써먹었던 겁니다."라며 무시했다고 한다)

영·독의 라디오 전쟁

전쟁이 터지자 영국과 독일은 라디오 방송을 자주 활용했다. 양국은 방송 방침을 크게 바꿀 필요는 없었다. 표준파(Standard-wave, 매우 정확한 주파수의 전파(오차 ±2×10-8이내)로서, 주파수의 표준으로 발사하고 있는 것을 말한다—옮긴이)로도 전파가 유럽 전역에 도달했기 때문이다. 상대국의 주파수는 방해할 수 있었으나 실효가 거의 없었던 터라 경쟁은 자연히 관심 끌기에 집중되었다. 어느 쪽이 더 많은 관심을 끌고, 어느 쪽이 더 믿음을 주었을까? 연합국과 중립국과 적국의 신뢰와 감정과 애국심에 타격을 준 국가는 어디일까?

독일은 계획이 현실을 감안한 것이라는 증거를 보여주었다. 공보부와 선전부는 서로 완벽히 연동되었다. 당시 독일은 영국군의 사기를 떨어뜨리고자 할 때 자국이 유리한 뉴스는 보류했다. 노르웨이와의 전쟁 중에는 영국이 승전한다는 헛소문을 퍼뜨리기도 했다. 영국군의 사기가 하루나 이틀 올라갔다가 육군성으로부터 비보를 들으면 전의가 폭락하리라는 점을 잘 알고 있었기 때문이다. 독일은 신경전을 벌일 심산일 때면 국영 언론이 피해국을 맹비난했고, 이를 접고자 할 때는 입을 닫았다. 즉, 뉴스와 공보 및 프로파간다를 구분할 필요가 없었다는 것이다. 세 기관은 모두 같은 목적을 달성하고 선결과제를 처리하는 데 기여했다.

독일이 활용한 뉴스 프로파간다의 유형은 아래와 같다.

01 육군 최고사령부(혹은 육군본부)의 공식성명(사실에 가까운 편이다. 물론 유리한 소식은 낱낱이 공개하지만 불리한 소식은 대충 보도한다)

02 정부 공식 브리핑. 군사 관련 보도보다는 정치적인 내용이 주류를 이룬다.

03 월드뉴스. 영국 라디오 방송과 (구색 맞추기용) 사건·사고 소식을 일부 전하고, 청취자의 호기심을 자극하는 뉴스(가장 중요하다)를 전하는데, 여기에는 연합국의 대의에 대한 믿음을 저해하는 프로파간다가 숨어있다.

04 특집방송, 신문의 특집기사와 유사하며 하나의 주제나 이슈를 집중 보도한다.

05 저명한 평론가가 공개석상에서 논평한다.

06 독일 정부와는 다른 시각으로 논평하는 척하는 허위논객. 나중에는 독일 라디오 방송에 출연한 것으로 밝혀졌다(영국을 배신한 윌리엄 조이스가 가장 유명하다. 그는 교수형을 당한 이후 '호호경Lord Haw Haw'이란 별칭이 붙었다. 미국인 프레드 칼텐바크Fred Kaltenbach와 더글러스 챈들러Douglas Chandler도 배신에 동참했다. 전쟁이 종식된 후 챈들러는 보스턴에서 종신형을 받았고 칼텐바크는 소련 감옥에서 사망했다).

07 독일과 무관한 듯한 인상을 주는 위장방송국('新영국방송사New British Broadcasting Company'는 얼핏 듣기에는 반독일 어조로 패배를 조장하는 프로파간다를 전파했다. 반면 영국에는 공산주의 강경노선을 지향하며 영국 정부에 대립하는 방송도 있었다).

08 허위정보를 유포하는 독일 공영 라디오 방송(허위 방송 프로그램을 구성하는 것보다는 가상의 해외 소식통을 꾸며 독일 방송에서 이를 인용하는 척하는 편이 더 수월한 경우도 있다).

09 독일 라디오 방송에서 '은밀히 심어둔' 뉴스 소식통을 인용한다(독일 뉴스의 대다수는, 독일의 공영 사실을 숨기거나—미국의 해당 신문사와 마찬가지로—독일에서 귀감을 얻었다는 소식을 임의로 개제한 스웨덴 및 스페인 등의 신문에서 발췌한 것이다. 나치는 이를 두고 '중립국'이나 '적국'의 소식통을 인용한 것이라 밝히기도 했다).

10 BBC(영국 공영 방송사)에서 취재한 소식을 공개적으로 날조한다. 평범한 청취자는 대부분 모르고 지나가더라도 BBC는 이를 적발해냈다.

11 유령 아나운서 및 프로그램. 연합국이 방송을 내보낼 때에 맞춰 연합국의 주파수로 전파하거나 동시에 송출하여 연합국의 방송을 방해한다.

```
AMERICAN SOLDIERS!

Remember those happy days when
you stepped out with your best girl
"going places and doing things"?

No matter

whether you two were enjoying a
nice juicy steak at some tony restau-
rant or watching a thrilling movie
with your favourite stars performing,
or dancing to the lilt of a swing band

you were happy.

WHAT IS LEFT OF ALL THIS?

Nothing! Nothing but days and
nights of the heaviest fighting and
for many of you

NOTHING BUT A PLAIN WOODEN CROSS
IN FOREIGN SOIL!
```

```
FILL IN THIS BLANK AND KEEP IT
USE BLOCK LETTERS.
TO BE TRANSMITTED BY JERRY'S FRONT RADIO:

Name:
Rank:
Serial Number:
Address:                                Street
Town:
Country:

In this panel write a short message of not more
than 15 words which will be transmitted by radio
```

〈사진 15〉 라디오 전단에 인쇄된 항복서식(안치오, 1944) 위 사례에서 보듯 포로에게 투항할 의사가 있을 때는 가족에게 실명을 알리기도 하지만, 대개 포로들은 신원공개를 꺼리고 얼굴을 마스크로 가리려 한다. 라디오 방송과 공식 항복증을 결합한 전단이다.

당국은 공식성명과 정부 브리핑이 가장 중요하다는 사실을 알게 되었다. 독일과 영국은 뉴스의 기점으로 라디오가 제격이라는 것을 깨달았다. 귀에 직접 꽂히는 것보다는 언론(영국)이나 풍문(독일)이 뉴스를 통해 널리 전파되는 것이 더 바람직했다고 판단한 것이다. 영국과 독일은 상대의 여론을 분석하기도 했는데 기술면에서는 영국이 더 우세했다. 라디오 선전요원은 '왜' 선전을 하는지 자문해야 했다. 헛소문이나 시시껄렁한 우스갯소리를 퍼뜨리는 것은 어리석은 짓인 데다 그런 장난이 군사·정치적 대의를 성취하는 데 보탬이 된다는 보장도 없었기 때문이다. 심리전을 지속해 나가려면—영국과 독일 라디오 방송이 깨달았듯이—적이 가진 사고의 틀을 장시간에 걸쳐 신중히 숙고해야 한다. 그러나 사건의 유무에 관계없이 매일 방송을 내보내야 하는 당국이라면 사건을 조작하거나 날조할 수밖에 없으니 적 진영의 청취자에게 신뢰를 잃기 십상이었다.

독일 라디오 방송국은 세인의 관심을 통제한 정황이 있다. 야전에서 주도권을 쥐면 적기다 싶을 때마다 뉴스를 마구 퍼뜨린 것이다. 연합국에서 안보정책이 발동되자 뉴스 독점권이 독일에 넘어간 경우도 더러 있었다. 청취율이 저조해도 독일에 불이익은 없었지만 '불신'만은 나치 공작원이 우려해야 할 변수였다. 때문에 독일은 온건한 어조를 유지했고 불신이 감지되면 그때마다 화제가 될 만한 sensational 소식으로 위기를 모면하려 했다.

얼마 후 독일은 전시 방송의 기본원칙을 습득했다. 군사의 역량을 추월해서는 안 된다는 원칙을 두고 하는 말이다. 예컨대, 독일 대변인이 어느 목표를 어느 시한까지 달성하겠다고 밝혔다 치자. 군대가 이를 완수하지 못하면 영국은 독일의 전력이 약화되고 있다는 증거로 대변인의 발언을 세인에 공개했다. 이후 독일은 군 당국이 합리적으로 확신할 수 있는 임무만 공개하도록 군·방송 연락부를 설치했다(연합군의 프로파간다 분석팀도 이 문제를 감안하여 확인을 위한 첩보 소식통을 하나 더 추가했다).

〈사진 16〉 반역으로의 초대 역시 안치오에서 발견된 독일군의 전단으로 라디오 방송의 투항권고문과 영국인의 반역을 정치적으로 종용하는 글을 엮어놓았다. 당시 영국자유군을 배신한 영국인과 미국인 배신자가 아주 없진 않았지만 대개 이런 선전물은 무용지물이었다. 특히 마지막 단락은 순진해 빠진 속임수인지라 되레 의심을 불러일으켰을 공산이 크다.

한편 영국군은 피점령국의 언어로 뉴스를 보도하는 데 분주했다. 그들은 지하조직의 여론을 파악하기가 매우 어려웠다. 암살을 자행하는 독일 보안대 Sicherheitsdienst의 스파이까지 가세하여 피점령국의 여론은 더더욱 추적하기가 힘들었다. 나치에 대항하는 운동은 국민의 감정이 큰 변수로 작용했다. 따라서 (나치에 빌붙은) 방조자에 대한 프로파간다는 정말 사악한 방조자와, 그릇된 혹은 불가피한 의무감 때문에 자리를 지키고 있는 공직자를 구분해 내야 했다. 따지고 보면 영국도 항상 반공산주의를 선언한 것은 아니었다. 단기적인 목표를 위해서는 유럽대륙의 공산주의자와도 손을 잡았다. 예컨대, 윈스턴 처칠 수상은 北발칸의 후원자로 미하일로비치(Mikhailovich, 유고슬라비아의 왕당파 지하군 사령관—옮긴이)를 브로즈 티토(Broz-Tito, 2차 대전 당시 공산주의 노선의 유격대를 지휘했다—옮긴이)로 교체한 바 있다. 단, 지원 대상을 바꿀 때는 방법과 시기를 반드시 염두에 두고 있어야 한다. 지하조직은 무선 송신기가 매우 부족했고 전시상황에서는 그들을 신뢰할 수 없었으므로 영국은 피점령국 모두에 무선 송신 설비를 제공해야 할 상황에 봉착했다. 무선 통신 전쟁이 정치에 매우 민감한 이유가 여기에 있다. 영국은 자칫 실패할 수 있기 때문에 정확한 사람들에게 정확한 언어로 정확한 시기에 메시지를 전파해야 했다.

당국은 이를 위해 정치전쟁국(the Political Warfare Executive, PWE)을 설립했다. 미국에는 없는 기관으로, 육군성과 해군성, 외무부 및 정보부의 권한을 대행했다. 정치전쟁국은 외부 프로파간다의 정책을 수립·조정하고 작전 집행은 정보부MOI와 BBC 방송에 위임했다. 영국의 라디오 프로파간다는 효과가 매우 탁월했다. 이때 미국 장교와 선전요원들은 영국이 국익만을 위해 전쟁을 운용하고 있다며 볼멘소리를 내곤 했다. 물론 합리적인 주장은 아니었다. 영국은 목표가 분명했고 이를 달성할 시기도 정확히 파악하고 있었으므로 그에 걸맞은 기관을 설치한 것이기 때문이다. 뚜렷한 정책이나 프로파간다의 목표가 없는 미국이 가담한다면 영국이 선두를 지키고 미국은 원하면 동조하도록 종용하는 것이 당연했다. 또한 영국은 미국의 국익이 달린 지역—일본, 중국, 필리핀—을 두고는 각별히 신경을 써서 양보하곤 했다. 단, 전시정보국이 버마에 헨리 월리스Henry Wallace 부통령의 이상적인 독트린을 퍼뜨린다거나, 힌두교도에 산업기구의회·정치활동위원회CIO-PAC를 소개하려 할 때는 협조하지 않았다.

〈사진 17〉 안티방송 전단 적군의 라디오 선전을 무력화시키기 위해 지상에 전단을 뿌릴 때도 있다. 이 전단은 나치가 프랑스에 퍼뜨린 것으로 연합군의 전단서식을 따르고 있다. 기자가 독일 무장친위대the Armed SS를 비난하는 까닭은 25년마다 자행해온 잔혹한 살육을 종식시킴으로써 가치 있는 삶을 원하기 때문이라는 것이다. 연합군 기자는 유대인으로 확인되었다.

영·독의 라디오 전쟁에서 뚜렷한 승자는 나타나지 않았으나 유엔의 승리로 결정권은 영국이 쥐게 되었다. 다수의 견해에 따르면, 전쟁으로는 영국이 미국의 선배로 봄직하다고 한다. 1차 대전의 경험뿐 아니라 전시작전에서 2년을 앞선 공로가 인정되기 때문이다. 그러나 독일과 견주어보면 양국의 업적은 비교하기가 어려워진다. 영국은 피점령국의 분노를 이용하고 정치적 실리도 대거 챙겼지만 약점도 아주 없진 않았다. 독일이 애당초 광신적·혁명적인 철학으로 전쟁을 벌였다면 영국은 지루한 구세계의 철학을 제시했을 뿐이었다.

전쟁 후 독일에서 민간인을 신문해 보니 대다수가 BBC 방송을 들었고, 영국이 선전한 사상 중 상당수가 실제로 독일에 전파되었다는 사실을 알 수 있었다. 영국에서는 나치 프로파간다의 효과를 확인할 만한 증거는 찾기가 거의 불가능했다. 라디오 전쟁만 치렀다면 이러한 시금석이 결정적인 요인이 될 것이다. 그러나 심리전이 전투를 보완한다면, 전투도 프로파간다를 보완하는 법. 영·미군이 유럽 상공에서 대대적인 공습을 감행했다면 양국의 계획과 목적을 두고도 상당한 관심을 불러일으켰을 것이다.

역사를 돌이켜보면 히틀러가 사망하고, 카를 되니츠Karl Doenitz 제독이 플렌스부르크에서 1945년 5월 6~23일까지 집권한 임시정부가 항복을 선언한 후에도 독일은 심리전을 벌였다. 육군 21사단의 정보 통제가 신속히 이루어지지 않았기 때문이다. 이를테면 나치의 지시를 받던 플렌스부르크 라디오는 호소력은 부족했지만 영·미와 소련의 차이점을 최대한 강조했다. 독일 해군 라디오도 한동안 프로파간다를 이어갔다. 독일이 스포츠맨십을 발휘하여 항복했다거나 해군 또한 나치의 만행을 혐오했다거나, 혹은 '유령정부the phantom government'가 서방 연합국에 유용했다는 것이다.

흑색선전

전쟁 전, 나치는 반체제 작전을 주로 구사했다. 독일군은 가능한 곳마다 방조자를 심어두거나, 앞잡이를 확보할 시간이 없다면 현장에서 사상을 신속히 개조하곤 했다. (독일이 패망한 주된 원인 중 하나는 우크라이나와 인근 소비에트 사회주의 공화국에서 자행된 실정을 꼽는다. 러시아 접경지역에는 제5열(fifth columnists, 적과 내통하는 집단—옮긴이)이 없다고 소련은 자신했지만 독일은 조력자가 수천이었다. 나치는 소련 포로로 군대(블라소프Vlassov 장군이 지휘한 러시아 해방군)를 조직했는데 이들은 쓸모도 있었고 고분고분 말도 잘 통했다. 그러나 정치전에서는 독일의 자만이 극에 달했다. 러시아 해방군이 현지 민간인에게 만행을 저질러도 이를 눈감아준 데다 경제도 파탄이 난 터라 주민들은 소련이 내놓는 최악의 카드도 나치보다는 나을 거라 확신했다).

앞서 언급한 반체제 단체는 정치적 수단으로 조성된 것이었다. 이때 프로파간다는 조력자의 활동이 어느 정도까지가 주민의 자발적인 참여로 이루어진 것이며, 독일군의 작전은 어느 정도까지 대행한 것인지 구분하기 어려울 만큼 대대적인 지원이 뒷받침되었다.

2차 대전 후반 러시아 공산당은 나치 독일의 전례를 따라, 길들여진 토착민이 점령지역의 정부를 인수토록 했다. 이를테면, 폴란드에서는 이른바 '루블린위원회Lublin Committee'가 런던의 폴란드 망명정부로부터 정부를 인수했고, 유고슬라비아에서는 영·미 정부의 지원을 받게 된 티토(러시아에서 훈련받은 선전요원)가 미하일로비치 장관에게서 정권을 차지했다. 훗날 미하일로비치는 사형을 당한다. 이때 러시아군은 상당히 많은 독일 공산주의자들을 고국으로 보냈다. 체코슬로바키아에서는 입헌정권의 세력이 강한 탓에 친러시아인들은 새 정부의 불안정한 발판을 전쟁 전prewar 지도부에 허용해야 했다. 전쟁 중에는 프로파간다 소식통이었던 핵심요원들이 전쟁이 종식된 후에는 정권을 장악하는 데 유용한 수단이 된 셈이다. 반면 영국과 미국은 해방을 맞이한 패전민이 정부를 세워야 한다는 신조가 있었지만 해당 민족이 공산주의 집단에 필적할 만큼 물자나 설비를 공급하진 않았다. 이탈리아와 그리스만은 서방 연합국의 우방이 정권을 유지했다. 당시에는 '법률상' 당국authorities의 지위에 가장 가까웠기 때문이다. 스칸디나비아 및 베넬룩스 3국(Low Countries, 벨기에·네덜란드·룩셈부르크로 이루어진 유럽 북서 연안지역 국가들―옮긴이)에서는 서방 연합국의 개입이나 입김 없이도 민족 지도부가 다시 출현했다. 심리전에서 세계정치 영역으로 이행한 것이다.

흑색선전 중에는 효과가 큰 사례도 아주 없진 않지만 대체로 공개선전보다는 평가하기가 어렵다. 흑색선전의 비용대비성과를 측정하는 역사·분석 연구는 아직 실시된 바가 없다.

미군 작전_전시정보국과 미군전략정보국

극동지역에서 전쟁이 발발한 지 꽤 많은 세월이 흐르고 유럽에서 대대적인 전쟁이 벌어진 후에도 미국 정부는 민·군 당국 어디에도 선전기관을 두지 않았다. 하기야 어떤 문제든 가급적이면 원만하게 합의하는 민족이 미국 국민이니 그리 심각한 이슈는 아닐 것이다. 국내 상업 언론과 라디오, 잡지 및 출판사는 대부분 외압 없이 국민의 시각을 표현해 왔다. 전쟁 전뿐 아니라, 미국 정부가 전쟁에 돌입한 후에도 민영 언론 및 출판업계는 계속 가동되어 왔다. 의도는 없었다손 쳐도 프로파간다 효과가 아주 없었던 것은 아니었다. 전시정보국이 아무리 열정을 쏟은들, 취재기자가 지구촌 곳곳에서 활동하고 있는 『리더스 다이제스트Reader's Digest』나 타임Time·라이프Life·포춘Fortune 그룹의 독자층을 추월할 수는 없었을 것이다. 미국 영화도 이미 전 세계에 관객을 확보하고 있었다. 각 업체가 은연중에 쏟아낸 프로파간다는 파울 괴벨스의 수작만큼 정치적인 매력과 후광이 돋보이진 않았지만 어쨌든 정부 차원의 프로파간다는 넘볼 수 없는 장점—흥밋거리와 오락성으로 자발적인 독자를 확보했다는 것. 지갑을 열게 하는 실력이 이를 입증했다—은 있었다.

따라서 미국의 프로파간다 문제는 그리 단순하지가 않았다. 우리가 자유를 영원히 누린다면 굳이 심리전을 벌일 필요가 없겠으나 그렇지 않다면 신문사와 라디오 방송국 및 잡지사에 정부 감찰관을 심어두고 국익에 맞춰 각 업체를 조율하는 일이 그나마 단순해 보이는 심리전이 아닐까 싶다. 이 정도면 단순한 편이다. 하지만 이런 짓은 시도만으로도 '미친 X' 소리를 듣게 될 것이고 정치적 내분을 초래할 뿐 아니라, 사법기관과 헌법이 존재하는 한 극복할 수 없는 법적 걸림돌에도 봉착하게 만들 것이다. 결국 미국이 취할 수 있는 가장 단순한 프로파간다는 공영 언론의 권한과 특권을 시샘하며 질투의 눈으로 상황을 주시해 온 민간 경쟁업체가 출현, 공영 언론에 개입하면서 저지당하고 말았다.

당시 윌리엄 도노반William Donovan 대령(훗날 장군으로 입관)은 루스벨트 대통령의 명령으로 세르비아에 투항이 아닌 투쟁을 설득하기 위해 베오그라드에 갔을 때 정치전의 희열을 만끽했다. 세르비아가 투쟁을 선택함으로써 도노반 대령이 목적을 달성한 것이다. 그는 유능한 인사가 현장에서 작전을 벌일 때 기대할 수 있는 정치전의 성과를 체감하며 본국으로 돌아왔다. 미국의 정치·정보 및 프로파간다 부문은 러독 전쟁으로 더욱 절실해졌고 루스벨트 대통령은 이를 위해 1941년 7월 11일, 도노반 대령을 정보조정관Coordinator of Information으로 임명했다. 당국도 정보조정관의 앞글자를 따 'COI'로 알려졌다.

정보조정국의 주요 임무는 정보를 수집·가공하여 이를 현장에서 활용하는 것이었다. 독일과 일본의 연구기관이라면 수년이 걸릴 일을 몇 주 만에 완수할 수 있도록 다수의 전문가가 연구·분석팀Research and Analysis Branch에 영입되었다. 수집된 자료도 방대했지만 연구가 전쟁에 주안점을 두다 보니 정치·사회·지리·경제 관련 논문이 대거 쏟아졌다. 대개는 '기밀SECRET'로 취급했는데 하다못해 의회도서관에 비치된 책의 사본도 예외는 아니었다. 그러나 방송 부문에는 다른 팀이 진출했다.

라디오 방송은 정보조정국 소속 대외정보처FIS가 처음 담당했다. 진주만 공습이 있기 몇 달 전, 대외정보처는 극작가인 로버트 셔우드Robert Sherwood의 지휘 하에 뉴욕에서 조직되었다. 그는 라디오 방송사에 자료를 제공하며 임무를 개시했다. 그러나 방송 대본은 제대로 점검하지 않았고 정책은 중구난방이었으며 감찰 또한 거의 불가능했다. 마이크 근처에 있던 사람의 열정만 방송에 고스란히 반영되었을 뿐이었다. 이때 도노반 대령은 백악관의 서면 승인 없이 방송에 개입했고 그로부터 미국 기관들은 약 2년간 내분에—갈등은 전후 2년이 훨씬 지난 1943년 여름에 봉합되었다—휩싸이고 말았다. 일일 프로파간다 방침이 통일되지 않은 데다 운영기관의 권한도 분명히 구분되어 있지 않아 갈등이 빚어졌으나 결국 문제는 해결되었다.

라디오 방송은 '전략'과 '대외정책'의 조율이 필요했고 우리는 방안을 고민했다. 미국의 심리전이 해결해야 할 문제는 주로 운용보다 관리에 있다는 점이 중요했다. 설비와 작가, 통번역가 및 통신 기술자는 구하기가 그리 어렵진 않았다. 다만 프로파간다의 관리 조직이나 방식을 둘러싼 합의가 없던 타라 개인의 권한과 개성 문제로 갈등이 비화된 것이다.

군사정보처Military Intelligence Division는 정보조정국이 설립될 무렵 별도의 심리전실을 극비로 창설했다. 심리전실은 첩보와 정책을 두루 담당했지만 운용팀은 두지 않았다. 지휘관으로 내정된 퍼시 블랙Percy Black 중령은 에드윈 거드리Edwin Guthrie 박사를 수석 보좌관으로 임명하며 다소 순조로운 출발을 알렸다. '심히 적막한 ultra-quiet' 심리전실은 일명 '특수연구팀SSG'으로 불렸다. 특수연구팀은 정보조정국과 매우 유동적인 협력관계로 발전했고 활용할 만한 아이디어를 당국에 제시하는 것이 주된 임무였다. 한편 록펠러 사무국the Rockefeller Office은 남미에 독립방송을, 정보통계국the Office of Facts and Figures은 국내 정보를 송출했다. 심리전이 정점에 이르렀을 때 워싱턴에는 최소 9개의 기관이 자리를 잡고 있었다. 심리전과는 모두가 얽혀있었지만 통제를 주고받는 종속관계는 아니었다.

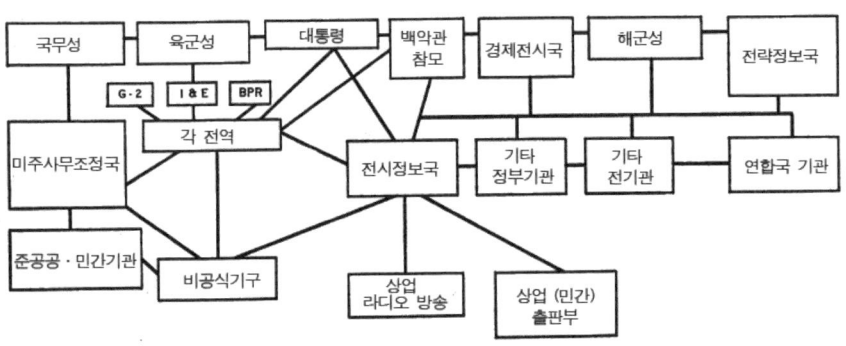

도표 1 출처_필자구성

합동참모본부의 지휘아래 합동심리전위원회Joint Psychological Warfare Committee 가 구성되었으나 효율적인 정책감찰 기능은 이루어지지 못한 채 1년간의 논쟁을 끝으로 해결책이 나왔다. 1942년 6월 13일 대통령이 전시정보국the Office of War Information을 창설한 것이다. 당국은 국내 프로파간다와 해외에서 퍼뜨린 백색선전을 직·간접적으로 통제할 권한을 쥐었다. 단 국무성의 록펠러위원회가 지휘하는 서반구는 제외되었다. 대외정보처는 정보조정국에서 제외되었고 정보조정국은 미군전략정보국(Office of Strategic Services, OSS)이라는 새 이름으로 다시 태어났다. 주된 기능은 아래와 같다.

1 교육관련·비공식 첩보를 지속하고
2 흑색선전을 운용하며(1943년 3월에만 명시적인 권한을 부여)
3 정규군과 협력하여 체제전복작전을 벌인다

전시정보국은 저명한 방송 논객이자, 로즈 장학생 겸 소설가인 엘머 데이비스 Elmer Davis가 지휘를 맡았다. 대외정보처FIS는 의외의 인재풀—사회주의 난민과 광고인, 심리학자, 정신분석학자(면허 취득자뿐 아니라 아마추어도 다양했다), 전문기획인, 연극배우, 독일 교수, 광고기획인, 대학을 갓 졸업한 청년, 석유기업 중역, 유명작가(소설가, 잡지기자, 퓰리처 수상자, 통속소설가, 희극작가, 시인 및 친일작가, 일본대사관 출신 전 공무원)—을 과시한 로버트 셔우드의 통솔 하에 명맥을 이어갔다.

육군성 기구는 美극동사령부 정보참모국의 군사정보처(the Military Intelligence Service, MIS)의 감독 하에 '심리전지부Psychological Warfare Branch'로 명칭을 바꾸고 정보참모국 내에서 나이트(knight, 체스 말, 나이트는 가로 1칸+세로 2칸 혹은 가로 2칸+세로 1칸 이동한다) 같은 행보를 보였으나 기능이나 권한에는 뚜렷한 변화가 없었다. 마치 TO 지도(T와 O의 두 문자를 조립한 형태의 지도로 중세인의 세계에 대한 관념 즉, 기독교적 세계관을 상징적으로 나타낸 지도를 말한다—옮긴이)에서 이동한 것과 다름이 없었달까. 당국은 육군사관생도 출신으로 국제적인 안목과 비즈니스 경험이 있는 오스카 솔버트Oscar Solbert 대령(훗날 준장으로 임관)도 통솔한 적이 있다. 그는 유럽 전역에 두루 파견되었고 일정기간 백악관 보좌관으로 활동하는 등, 국제적인 복무 이력을 과시했으며 육군을 전역할 때는 이스트먼 코닥(Eastman Kodak, 뉴욕 로체스터에 본사와 공장을 가지고 있는 세계 최대의 필름 제조사—옮긴이)에서 고위 관리를 역임하기도 했다. 전시정보국이 자리를 잡자 솔버트 대령의 권한은 마치 아메바처럼 분열했다. 심리전지부의 민간부문 절반은 소수의 장교와 함께 전시정보국에 이관되어 전시정보국은 대외 방송 전문인단의 두뇌집단(brain-trust, 프랭클린 D. 루스벨트의 첫 대통령 선거운동 기간(1932)에 활약했던 선거고문단을 가리키기도 한다—옮긴이)이 되었고, 군사부문 절반은 1943년 12월 31일까지 군사정보처MIS에 남아 있다가 전시정보국이 심리전지부의 민간부문을 폐지하자 군사정보처도 협력 차원에서 군사부문을 철폐했다. 전쟁이 한창임에도 육군성의 공식 심리전 기구가 몇몇 연락장교를 남겨둔 채 사라진 셈이다. 이제 심리전은 참모부 작전처(the Operations Division of the General Staff, OPD)—과로를 성실히 감당해 왔다는 것과 아울러, 군사정보처 및 육군성에서도 관계가 아주 원만하다는 점 때문에 높은 평가를 받은 기관—담당 장교의 책무가 되었다. 전시정보국과 미군전략정보국은 워싱턴이 가담한 숱한 전투 중 하나에 참전하며 대외 프로파간다의 주도권을 차지하려 했다. 워싱턴 DC와 맨해튼 신문은 이에 대한 칼럼을 게재했고 러시아와 리비아 및 태평양에서 벌어진 전쟁도 아울러 언급했다. 마침 미군전략정보국은 영예의 순간을 마주하게 되었다. 대통령의 서명으로 대외 프로파간다 임무가 전략정보국에 이관되고 전시정보국은 뉴욕과 샌프란시스코 방송국을 제외한 나머지가 폐기될 거라는 관측이 나온 것이다. 전시정보국은 우울한 기분에 집단 소화불량을 앓아야 했다. 그러나 이튿날 오보가 수정되자 전시정보국은 의기양양하게 전략정보국의 권한에 '메스'를 댈 계획을 구상했다.

이때 합동참모부 및 연합참모부(Combined Chiefs of Staff, CCS)에 보고할 심리전 관련 기밀 계획의 초안이 마련되고 있었다. 다수의 회의석상에서 면밀히 논의한 후 계획의 기밀수준은 좀더 상향되었다. 계획은 즉시 기밀문서함에 보관되었다. 혹시라도 프로파간다 작가와 방송요원이 계획을 본다면 자칫 그대로 실행해 보안을 위반할 수 있었기 때문이다.

방송은—십 수 가지 언어와 수천 가지 어구로—전 세계 모든 이에게 전파되었다. 대본을 작성한 요원은 연방정부의 정책을 열람하거나 군 당국과 접촉한 적이 (혹시 있었더라고) 거의 없었다(공식 보안당국은 제외). 최상부의 계획은 최하위의 작전과 뚜렷한 연관성이 전혀 없었다.

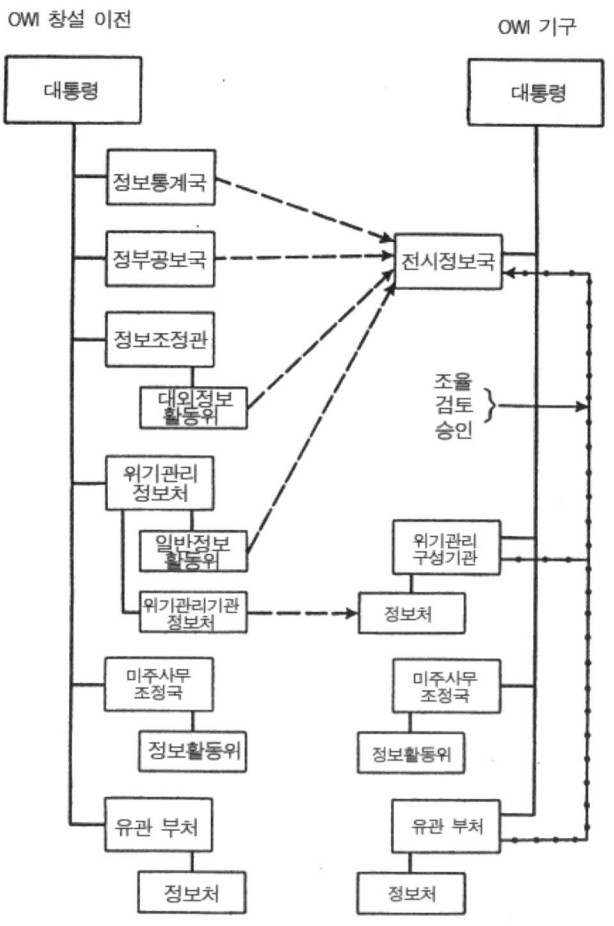

도표 2 출처_예산국, 『전쟁 당시의 미국』 워싱턴, 1947, 225p

〈사진 18〉 反전시전단 일본군이 광둥에서 대규모 전시회를 조직, 기근과 무관심으로 점철된 사람들에게 美공군이 패전했다는 증거로 추락한 폭격기 사진을 공개했다는 소식을 접했다. 이때 우리는 이 전단을 신속히 제작하여 전시회가 진행 중인 도시에 살포했다(중국, 1944년).

    정부 기구들이 확인 차 방송 내용을 요구할 때 뉴욕과 샌프란시스코의 실무기관은 합동참모부와의 사전 논의가 없었다는 데 심기가 불편해졌다. 당시 송출한 내용은 ('실무기관의' 보안규정에 따라) 토씨 하나라도 볼 수 없다고 거절하자 다른 정부 기구들도 난색을 표했다. (육군성부터 전시정보국까지 두루 근무한 경험이 있던 필자는 한때 샌프란시스코의 대일본 방송에 대한 보고서를 해군성으로부터 입수한 적이 있다. 미 잠수함이 태평양에서 이를 감찰해 왔기 때문이다)

해외 곳곳에 대규모 사무국이 설립되었다. 일부는 신속하고 효율적으로 직무를 수행하며 미국의 전시상황을 해외 국민에게 전파한 반면, 일부는 부실한 정부 기관의 취약성으로 헛고생이나 내분에 휘말리기도 했다.

옹색한 영국 관리들은 워싱턴 주변을 다니며 프로파간다 분야에서 견줄 만한 대상을 찾아 나섰다. 하나를 찾으러 나가면 항상 열둘은 눈에 띄었다.

1942년에서 43년까지의 일이다.

1945년이 이르자 전시정보국은 운영이 원활한 대규모 통합조직으로 개편되었다. 일본이 패망하기 3주 전, 마침내 당국은 프로파간다의 권고 및 금지안을 규정한 공식 '지침directives'을 마련했다. 해외 기관은 도시권 단파방송으로 연결되었다. 인력은 기강이 확립되었고 기술은 더 정밀해졌다. 정신과 의사 겸 인류학자인 알렉산더 라이턴Alexander Leighton 소령의 지휘로 세밀한 기법이 일본과 독일인의 사기를 분석하는 데 도입되었다. 비슷한 듯하지만 다른 대유럽 실무는 헤럴드 라스웰Harold Lasswell과 친분이 있는 참모가 담당해 왔으며, 프로파간다 전문가인 레오나드 W. 둡Leonard W. Doob은 주요 명령을 통제·검증하는 관리자로 내정되었다.

군사당국의 관계도 분명해졌다. 美극동사령부 정보참모국G-2을 통해 활동한 육군성은 '선전지부Propaganda Branch'라는 새로운 명칭으로 심리전 기관을 재건했고 후임 사령관으로는 존 B 스탠리 중령과 브루스 버틀스 중령, 다나 W. 존스턴 대령이 임명되었다. 선전지부는 작전은 실시하지 않고 원활한 정책과 소통을 위해 육군성과 전시정보국OWI·전략정보국OSS의 연락망을 구축했다. OWI의 주례 정책회의에서는 합동참모부의 절반을 대표했다(나머지는 동급 기관 출신의 해군 장교가 대표). 심리전을 벌일 때 군사당국이 필요한 조치는 전장을 지휘하는 사령관의 자율권을 존중하여 그들이 각자의 판단 하에 OWI와 OSS의 관계를 규정하고 두 기관을 활용하도록 유도하는 식으로 해결해 왔다. OWI와 OSS는 경쟁적인 발전 단계를 넘어 작전상의 간섭을 피하기 위해 서로가 충분히 협의해 왔다. 아울러 각 당국은 암호보안과 통신 및 기만 작전의 방해요인을 차단하기 위해 육·해군의 감찰을 받았다.

교훈

심리전의 주요 업무는 전투가 벌어지는 현장으로 이관되었다. 어떤 전장에서는 사령관이 자신의 즉각적인 판단 하에 심리전을 결정하면 OWI는 이를 실시하는 기관으로 활용되었고, 어떤 전장에서는 OWI가 거의 독립된 기관과 같았다. 어떤 현장에서는 OWI가 OSS와 공조하는가 하면(유럽) OSS가 독립적으로 활동하는 사례도 있었다(중국·버마·인도). 어떤 경우에는 OSS 없이도 OWI가 작전에 성공하기도 했다(남서태평양지역). 예컨대, 맥아더 장군은 OSS를 전장에 들이지 않았다. (OSS는 특수작전지가 아닌 곳에 두루 개입했다가 해군의 승인을 받은 후에는 사이판 해상에 나타난 적도 있다) 전장에 배치된 OWI와 OSS는 적군이 마음껏 들을 수 있는 지역 표준파방송 프로그램을 마련했다. 또한 전장에서 바로 활용할 수 있는 확성기뿐 아니라 지상·공중전 편대에 전단을 제공하는가 하면, 군대를 따라 이동하며 공보부스에서 주민을 대상으로 미국 라디오 방송에서 약속한 4대 자유(언론·출판·집회·결사)와 세 끼니를 보장받지 못하고 새 신발도 신지 못한 이유를 설명하기도 했다.

OWI와 OSS의 역할은 작전 중에 좀더 분명히 밝혀졌다. 심리전에 대한 군사적 원칙을—작금의 경험을 최대한 살려—전장에서 규정하는 것이 두 기관의 기능이었기 때문이다. 심리전의 역사를 정리해 볼 때 2차 대전에서 체득한 세 가지 요점은—1차 대전 당시에는 발견하지 못했거나, 담당 장교 혹은 지식인의 뇌리에 깊은 인상을 심어주진 못했을 것이다—시사하는 바가 크다.

첫째 요점은 단순명료하다. 오스카 솔버트 대령이 민간인을 대상으로 군사교범을 가르칠 때 느꼈을 법한 불만과도 가까웠다. "심리전은 사령부의 기능"이라는 것. 즉, 사령부가 심리전을 구사하기로 결정하면 성공하겠지만 사령부가 이를 무시하거나 심리전이 사령부와의 협의 없이 독단적으로 감행된다면 전시행동이 간섭을 받거나 심리전이 허사가 되고 만다는 것이다. 고통의 2년을 통해 얻은 교훈이다. 정치전은 백악관과 국무성에 접근하지 않고는 불가능하고 야전작전 또한 사령부의 참모를 거치지 않고는 실시할 수가 없다. 정부 시책이랍시고 정책을 뚝딱 발표해 놓고 이에 대한 책임을 모면할 수 있는 사람은 아무도 없을 것이다. 다른 정책이 조만간 그에게 책임을 물을 것이기 때문이다. 야전에서는 언제, 어디서, 어떻게, 왜 전단을 유포할지 계획이 없는 민간인은 지상과 공중을 막론하고 전단을 작성할 수 없다.

2차 대전에서 얻은 두 번째 교훈은 솔버트 대령과 에드윈 거드리 박사가 주장했다. "만행 프로파간다(atrocity propaganda, 적군이 자행한 범죄를 퍼뜨리는 선전으로, 사실이거나 사실을 날조하는 경우가 있다—옮긴이)는 만행을 낳는다"는 것이다. 알다시피, 전쟁은 참혹하고 수치스럽고 애석한 사건이다. 전쟁은 인간의 육체에도 위해를 가하고 부상을 입히고 이를 훼손한다. 모두가 아는 사실이다. 전쟁을 벌이거나 이를 지켜보는 것이 유쾌하진 않다는 점도 모르는 사람은 없을 것이다.

싸울 가치가 있는 전쟁에는 (전쟁이 이미 벌어졌다는) 명백한 이유가 아닌 다른 명분이 있게 마련이다. 전쟁 중 부대와 국민에게 명분에 대한 입장을 밝히지 못한다면 무능한 장교나 정부 지도자로 전락할 것이다. 만행 프로파간다를 보면 대개는 전쟁에 반발하게 되고 적군 입장에서도 더 많은 만행을 저지르도록 유도한다. 2차 대전 당시에는 정황상 개연성이 높아 보이는 만행을 미연에 방지한다는 특수한 경우를 제외하면 '反만행 규정the anti-atrocity rule'은 해제되지 않았다(루스벨트 대통령이 두리틀 조종사를 총살시킨 일본군의 범죄사실을 늦게나마 발표한 것 등, 한두 가지 굵직한 사례는 제외). 만행 프로파간다는 부대의 애먼 상상력을 자극하여 신경과민이나 심적 부담에 취약하게 만들기 때문에 한 진영에서 자행했다는 만행에 보복할 가능성은 더 높아지게 되어 있다. 또한 적에게 겁을 주어 되레 투항을 가로막고 사령부 입장에서는 부대원을 상대로 최후까지 분전하라는 설득이 더 수월해질 것이다.

세 번째 교훈도 어렵지 않다. "평시에는 대개 심리전 요원을 양성하지 않고, 요원이 필요하면 이를 사전에 훈련시킨다"는 것이다.

심리전에 필요한 자격

심리전을 효과적으로 구사하려면 개인이 네 가지 자질을 겸비해야 한다.

1 정부의 목적과 계획을 정확히 이해하기 위해 美정부의 행정 및 정책에 대한 실무지식을 갖춘다.

2 군대가 당면한 상황과 실제 프로파간다 작전에 맞춰 프로파간다를 조정할 수 있도록 육·해군의 행동절차와 참모작전을 정확히 알고 전쟁의 기술을 충분히 이해한다.

3 정보매체나 관련 매체 중 최소 한 가지(출판, 잡지, 신문, 라디오 방송, 광고 등) 혹은 밀접한 분야(정치적 여론 유도 및 시각·성인교육 등)에 대한 전문적인 지식을 습득한다.

4 지인을 비롯하여 언어와 전통, 역사, 정치 및 관습에 대한 지식을 바탕으로 해당 지역(이탈리아, 일본, 뉴기니, 광둥, 알제리)에 대한 전문가 수준의 이해가 필요하다.

무엇보다도, 완벽한 요원이 될 수 있는 다섯 번째 기술을 꼽으라면 …

5 심리학이나 인류학, 사회학, 역사학, 정치학 혹은 이에 준하는 분야를 전문적으로 꿰고 있어야 한다.

다섯 가지 자격을 모두 갖추었다고 자신 있게 말하는 사람은 거짓말쟁이거나 천재거나, 아니면 거짓말쟁이 천재일 것이다.

완벽한 심리전 요원은 없다.

심리전팀이 5대 자격을 한 데 모은 집합체를 대표하는 경우도 있다. 예컨대, 두서 가지 자질을 갖춘 팀원이 있는가 하면 전부 문외한인 팀원도 있다는 이야기다. 그러나 특수한 임무(군수관리, 암호연구, 통역, 캘리그래피)를 담당하는 요원을 제외한 모든 팀원은 전문성을 몇 가지씩은 겸비하고 있다. 대일본 심리전에 투입되었다가 복귀했더라도 관리·장교·저널리스트·일본학자·정신분석학자에 걸맞은 전문적 기준에는 부합하지 않을지 몰라도 현장에서 이들을 한 명 이상은 만났을 테니 자격의 기본기 정도는 터득할 것이다(최소한 모르는 것이 무엇인지는 파악하고 있을 것이다).

심리전에 참전한 광고인이나 언론인이라면(자격 3) 그가 마주한 적군이나 중립군 혹은 아군에 대한(자격 4) 정보나, 미국의 민간행정절차(자격 1), 육·해군 조직 및 작전(자격 2), 혹은 임무에 따라서는 심리학이나 사회학이나 경제학에 대해서도(자격 5) 뭔가 정보나 요령을 학습하게 된다는 것이다.

심리전에 투입된 군인은 적군을 '민간인' 대하듯 '평범한 사내men'로 간주하고 민간인의 감성을 자극한다. 그러나 민간인의 경기와는 달리 스포츠맨십은 지키지 않으므로 적의 사령부가 기강을 잡게 내버려두진 않을 것이다. 또한 그는 작가와 일러스트레이터, 통역사, 대본작가 및 아나운서 등, 민간부문의 재능을 갖춘 사람과 공조하며, 사령부에서 활약하는 민간인 권위자에게서 정책의 조언을 얻는다. 즉, 보병사단의 대령이 전장에 주둔해 있다면 국무장관이 무슨 말을 하든 신경 쓸 필요가 없다는 것이다. 그러나 심리전에 투입된 장교는 두 달간 군복을 벗은 사람을 본 적이 없더라도 민간인의 삶을 꿰고 있어야 한다.

전쟁을 통틀어 현장에서 부딪치는 가장 큰 문제라면 인력이 아닐까 싶다. 심리전을 재개해야 한다면 인사에 심사숙고해야 필요한 참모나 요원을 기용할 수 있을 것이다. 민·군 기관이 평시에도 심리전 기술을 일부나마 계속 이어간다면 나중에 투입될 정예요원이 배출되리라 본다. 그러나 크릴위원회의 산 경력자가 전시정보국OWI으로 이어진 사례는 거의 없었다. 월터 리프먼은 크릴위원회 및 블랭켄혼과 공조는 했지만 가담하진 않았다. 상하이 출신으로 광고인 겸 작가로 활동했던 칼 크로우Carl Crow는 1차 대전 때는 크릴위원회에서 대중국 임무를, 2차 대전 당시에는 OWI에서 같은 임무를 수행했다. 그는 예외적이긴 하나 선전에 큰 역할을 하진 않았다. 1946년 OWI 중진으로 활동한 인물 중 하나는 민간인으로 신분이 바뀐 직후, 제임스 막James Mock과 세드릭 라슨Cedric Larson이 크릴위원회에 대해 술회한 『전쟁을 이긴 언어Words That Won the War(프린스턴, 1939)』를 읽었다. 그는 열독 후 탄성을 질렀다.

"오 주님, 저들도 우리와 같은 실수를 저질렀군요!"

크릴위원회의 기록은 줄곧 열람할 수 있었는데 이를 까맣게 잊은 것이다.

미국이 실시한 작전의 성과

민간인이 수행한 프로파간다의 성과는 평가하기가 어렵다. 민간인이 대상인 라디오 방송과 전단이 장기적인 효과를 염두에 두고 설계된 것이기 때문이다. 통계를 산출해봐야 허사다. 이런 면에서는 심리전이 전쟁의 종식을 지연시키고 승전을 더 어렵게 하는 경우가 더러 있는 듯싶기도 하다. 그러나 '조건 없는 항복' 원칙과 '독일의 분할'을 제안한 공보와, 야만적인 행각을 척결하겠다며 강조한 일본의 만행 등은 적이 외면하지 못했다. 즉, 다른 방면에서 본 미국의 심리전은 분명 종전을 앞당기고 생명을 살렸을 뿐 아니라, 인력과 물자 및 시간 면에서 전쟁에 기울인 총력을 끌어올렸다는 것이다.

〈사진 19〉 프로파간다 VS 프로파간다 프로파간다가 (이목을 끌기 위해) 프로파간다를 겨냥하는 사례가 더러 있다. 히틀러도 『나의 투쟁』에서 프로파간다를 대비시킨 적이 있는데 원본과 사본으로 보이는 위 전단은 연합군이 서유럽에 있는 독일인에게 유포한 것이다. 주소가 독일군 부대로 된 전단('방어 프로파간다defensive propaganda')을 연합군이 선별하여 'X표'로 삭제한 후 복제·반박한 것이다.

〈사진 20〉 재활용 프로파간다 적군의 그림이나 슬로건을 살짝 바꿔 원래 유포자에게 되갚아주는 사례도 있다. 프랑스를 겨냥한 이 나치 전단은 美공군의 색상과 휘장을 사용하면서도 미군의 폭격을 그대로 표현했다. 다만 연합군의 슬로건인 "해방의 시간이 오리니…"로 시작했다가 암울한 주문을 덧붙였다. "유언장을 써두라, 유언장을."

어떤 작전은 OWI가 전쟁 내내 치른 희생을 단번에 되갚아 주지 않았나 싶다. 일본이 조건을 걸고 항복 의사를 밝힌 때를 두고 하는 말이다. 당시 미국은 조건을 거부했다. 일본이 대응책을 심사숙고할 무렵 B-29기가 일본 전역에 전단을 살포했다. 일본이 공식적으로 항복을 선언하겠다는 내용이었으니, 일본 정부 입장에서는 전쟁을 연장시킨답시고 국민의 광기를 부추기기가 거의 불가능했을 것이다. 일본어로 된 본문은 원거리 사진전송 및 암호전신으로 워싱턴과 하와이에서 점검했고 인쇄는 사이판에서 완료했다. 대형 폭격기가 이륙할 때 전단은 이미 폭탄에 탑재된 상태였다. 미국이 여기까지 오는 데 3년 반이 걸렸다. 전쟁과 평화의 갈림길에서 수많은 사람들이 중차대한 메시지를 동시에 본 사건은 유례를 찾을 수 없을 것이다.

일본은 최선을 다해 싸웠지만 역부족이었다. 결정권은 미국이 쥐었고 우리는 종전을 확신했다.

소련의 심리전

2차 대전 당시 소련은 필요에 따라 공산당 기관을 심리전에 활용했다. 당국은 과거의 경험을 맹신하지 않고 기발한 창의력을 발휘하며 심리전을 구사했고, 장기적인 안목으로 정책을 수립하는가 하면 지대한 영향력을 과시하기도 했다.

소련 정부는 전 세계에서 나치 독일보다 전체주의 성격이 훨씬 더 강할 공산이 큰 정부였다. 미국인들은 이를 '도덕적 패인a moral disadvantage'이라 생각하겠지만 심리전에서는 그 점이 매우 유리하다. 소련인들은 프로파간다에 극도로 민감하지만 당국은 이를 섣불리 동원하지 않았다. 공산주의 혁명이라는 화두는 러시아의 애국심과 교묘히 조화를 이루었다. 군 장교는 엄청난 특혜를 향유했고 모두가 견장을 받았다. 인터내셔널가(Internationale, 프랑스에서 작곡된 국제 사회주의자 노래로 1944년까지 소비에트 연방의 국가로 불림—옮긴이)인 공산주의 혁명가는 소련 찬가에 밀려 폐기되었다. 역사는 다시 기록되었다. 차르(제정 러시아 황제)가 다시 영광을 누렸고 교회는 승전을 위해 기도하라는 주문을 받았다. 소비에트 관리는 사회제도를 프로파간다에 맞춰 조정할 권한이 있었다. 전쟁명까지도 그에 걸맞게 고쳤다. '애국대전the Great Patriotic War'이라고 말이다. 이방인이라면 토를 달지도 모르겠다. "애국이 아닌 전쟁이 있는가?" 하지만 러시아인은 이를 선호했고, 러시아 정권은 소련에서 공산주의를 확립하기 위해 전통주의와 민족주의를 이용했다.

러시아인들은 잔인하면서도 현실적으로 전시 프로파간다를 구사했다. 이를테면 프로이센의 프리드리히 대제를 회상하고, 독일인에게는 동방에서 군대를 동원해선 안 된다는 비스마르크의 경고를 일깨우는가 하면 독일 융커(지주계급)에게는 군대를 궤멸시킨 미개한 나치를 배격하라고 촉구하는 등, 한 번이라도 들어본 프로파간다 트릭은 모조리 활용했다. 아울러 포로는 군대의 자산으로 삼아 프로파간다에 동원시켰으며 나치 참모는 모두 자유독일운동(the Free Germany movement, 2차 대전 당시 아돌프 히틀러의 통치에 반격한 조직—옮긴이)에 가담하도록 회유하기도 했다.

러시아인들은 유독 라디오 방송에서만 非공산주의자들이 혐오할 법한 혁명 투쟁을 운운했다. 청취자 측면에서 생각하면 설명이 가능한 대목이다. 러시아는 해외 공산주의자들에게 알려져선 안 되는 선전이나 그에 대한 논평을 검열, 국내 프로파간다의 일부를 비밀에 부칠 수 있었다. 검열은 전시와 평시 할 것 없이 항상 가동되던 제도인지라 기밀을 유지하는 데 딱히 어려운 점은 없었다. 이때 러시아는 동맹군이 군사관측통을 전방에 파견하는 것을 허용하지 않았기 때문에 최전선에서는 프로파간다를 삼갔다. 효과가 입증된 반나치 프로파간다가 나치로부터 나올 리도 만무했다. 하지만 라디오 프로파간다는 모든 사람이 들을 수 있었으므로 반체제적인 주제를 활용하기에는 독창성이 가장 떨어질 수밖에 없는 수단이었다. 러시아와 독일은 모두 라디오 방송을 통해 흑색선전을 감행했지만 국내에서는 상대의 선전을 엄격히 감시·통제했기 때문에 그런 노력이 무위로 돌아갔을 공산이 크다.

일본의 심리전

일본은 창의적인 심리전을 구사하진 못했다. 단지 美청취자를 대상으로 언론을 신중하게 선용했을 뿐이다. 그들은 미국 도시에 사무국을 둔 평시보다 전시에 훨씬 많은 공식 뉴스를 美언론에 배포했다. 美언론에는 국영 도메이통신(Domei news service)이 영어로 된 모스 무선통신으로 기사를 타전했고, 美신문사에 편집이 완료된 영문뉴스를 내보낸 것이다. 그들은 기자의 실명으로 기사를 송출했는데 일설에 따르면, "동부전시 오전 9시까지 기다려 주시겠습니까. 감사합니다. 도메이통신이었습니다."라며 美언론에 당부한 적도 더러 있었다고 한다. 아시아 청취자를 두고는 일본의 특수부대가 숱한 흑색선전과 체제전복작전을 실시했으나 기본적인 선전술을 주도적으로 활용하진 않았다. 일본의 주된 장점은 '근면'과 '인내력'과 '일류 통신서비스'를 꼽는다.

중국의 심리전

중국 공산군은 어느 모로 보나 전시 프로파간다의 모든 관행을 깼다. 일본 포로를 환대하고 일본군보다 넉넉한 식량을 제공하며 처녀들을 대동하는가 하면 풍족한 선물 공세와 아울러 일본의 자유에 대한 정치적 교화를 도모하기도 했다. 그러고 나면 포로 군인들은 중국 공산군과 함께 최전방으로 다시 돌아와 일본군 보초병을 구슬려 거점에서 이탈하도록 유도했다. 옌안군은 이 같은 프로파간다에 각별히 신경을 썼고 심지어는 일본군 포로를 옌안 시의회 의원으로 '선출'키도 했다. 필자는 옌안 중국 공산당 정책국장을 비롯하여 몇몇 일본인들과 대화를 나눈 적이 있다. 당국이 일본 사병의 문제점을 파악하고 그에 공감하고 있다는 증거는 충분했다. 공산주의자들은 일본군이 포진해 있는 전선에 선물 보따리를—부비트랩이 아니라 답신을 정중히 부탁하는 멋진 선물이었다—투척하는 한편. 이름을 알게 된 일본 전화교환원과는 통신선을 연결하여 정치를 허심탄회하게 논하기도 했다. 다수의 포로가 확보되면 정치 교육을 통해 '유망한 일꾼'을 양성했다. 당국은 포로에게 식량과 오락을 넉넉히 제공하고 난 후 "중국 공산당은 일본군 동지가 오발탄을 쏴주면 일본인 장교와 불필요한 마찰도 피할 수 있을 뿐 아니라 공산군의 부상도 덜 테니 감사하겠노라"는 메시지와 함께 그들을 일본 진영으로 돌려보냈다.

중국 국민정부는 '장개석 총통'의 지휘아래 존엄하고 인간적인 대일본 심리전을 구사했다. 사실, 근대사에서 중국이 나가사키에 폭탄을 투하했다는 '기묘한' 역사를 기억하는 사람은 많지 않을 것이다. 물론 미래의 아시아계 역사학자라면 일본 현지에 첫 폭격을 가한 중국과 마지막 폭격을 감행한 미국의 현격한 차이를 거론하겠지만 말이다. 1937년 중일전쟁 직후, 총통이 폭격기 부대에 일본 공습을 명령하자 규슈 상공에 미제American-built 중국군 폭격기가 출현했다. 656년 전 일본 장수들이 쿠빌라이 칸을 격퇴한 이후로는 첫 침략인 셈이다. 부대는 폭탄이 아니라, 침략전쟁을 비판하며 "일본은 같은 아시아인에게 폭격을 가할 만큼 미개한 족속이지만 중국인은 문화인인지라 똑같이 보복하진 않는다"는 내용의 전단을 살포했다.

총통의 부대는 최전방에서 화친을 위한 프로파간다를 실시하기도 했지만 중공군의 수준에까지 미치진 못했다. 총통 자신은 일본에 대해서는 매우 진보적인(좌파가 아니라 진정한 의미에서의 '진보'를 일컫는다) 정치노선을 지켰다. 그는 복수의 뜻을 밝히지 않고 전쟁이 종식되면 일본인이 스스로 정부를 선택함으로써 일왕 문제를 해결해야 한다고 주장한 최초의 대국 지도자였다. 총통은 정치 참모진에 일본인을 두었으며 전시 내내 충칭 라디오the Chungking radio를 통해 일본 정규방송을 송출하기도 했다.

〈사진 21〉 적의 선전 슬로건을 조롱하다 본래의 의도와는 반대되는 결과를 얻기 위해 후방에서 쓰는 프로파간다를 엉뚱한 장소에서 다시 활용하는 경우도 더러 있다. 위의 나치 전단은 유럽에 파병된 미군들에 유포된 것으로, 미국이 후방에서 사용하던 포스터와 홍보물의 문구를 바꿔 재활용한 것이다.

PART 2
분석·첩보·상황평가

CHAPTER 7 프로파간다 분석
CHAPTER 8 프로파간다 정보
CHAPTER 9 상황평가

CHAPTER 7 프로파간다 분석

여론분석은 사람들이 생각하는 바와 관계가 깊고, 프로파간다 분석은 사람들의 생각을 유도하는 변수와 관계가 깊다. 두 형태의 분석은 민간 사회연구에서 새롭게 각광받고 있는 분야로, 스미스와 라스웰 및 케이시가 열거한 참고문헌과 『퍼블릭 오피니언 쿼털리Public Opinion Quarterly』의 논평을 보면 분석과 관련된 문헌이 다수 존재하고 계속 증가해 왔다는 사실을 알 수 있다. 학술·과학계의 최신 결과를 확인하려면 매년 발간된 동종 신간이나 개정판 서적을 참조하라.

시각교육을 비롯하여 개종과 노동단체, 정치, 혁명운동 및 광고도 프로파간다 분석과 관계가 깊을 때가 종종 있다.

프로파간다는 논리 없이는 분석이 불가능하다. 프로파간다 작전의 각 단계는 지극히 현실적이며 인간의 본성에 근거한 상식이면 모를까, 시대를 초월하는 프로파간다는 존재하지 않는다. 중국인 수십억이 글을 배울 때 읽는 3언시를 보라.

Jên chih ch'u
Hsing pên shan;
Hsing hsiang chin,
Hsi hsiang yüan.

우리글로 옮기면 얼추 이런 뜻이다. "사람이 태어나면 다들 출발은 좋다. 출발은 거의 같지만 여기저기서 습관이 생기면 서로가 달라지게 마련이니 모름지기 사람은 그 후에 봐야 한다." 인간의 공통적인 본성이 모든 프로파간다와 정치의 근간에 깔려있을지는 몰라도 행동을 유도하는 동기는 다양한 환경의 자극에서 찾을 수 있다. 근본적인 프로파간다는 특정 인물의 배경('문화·역사적 환경')을 참조하지 않아도 얼마든 가능하다. 그러나 생사가 달린 극단적인 이슈 중—모든 인간이 같은 반응을 보이리라 추정할 수 있겠으나—특히 투항에 대한 일본인과 미국인의 사상은 근본적으로 다르다. 일본군 입장에서는 '항복하다surrender'와 '의로운 항쟁을 중단하다cease honorable resistance'의 의미는 삶과 죽음만큼이나 차이가 현격하다. 일본인은 명예를 버리면서까지 (구차하게) 목숨을 부지하진 않지만 명예가 실추되지 않으면 과감히 포기하기 때문이다.

프로파간다는 불안정한 대인관계 속에서 사람들이 개인적 성향을 유지하는 데 작용하는 미묘한 사고방식에 방향이 설정되어 있다. 프로파간다는 어머니와 교사, 연인, 불량배, 경찰, 배우, 교회, 친구, 기자의 언어를 번갈아가며 사용해야 한다. 그러나 프로파간다 분석은 프로파간다를 평가하는 과정에서 그것이 목적에 부합하는지를 훨씬 더 분명히 판단해야 할 것이다.

감찰

프로파간다 분석에서 가장 중요한 것은 분석할 자료다. 평시에는 신문이나 잡지 혹은 소책자를 구독하고 신간이 나오면 이를 구입한다. 포스터를 이용한 프로파간다는 손에 넣기가 비교적 어려운 데다 현장을 직접 찾아가야 하는 일도 비일비재하다. 예컨대 데이비드 로David Rowe 박사는 중일전쟁 초, 일본이 멋들어지게 제작한 부역 포스터를 중국 점령지에서 입수했다가 다시 돌려놓은 적이 있다. 포스터는 현장에 있을 때는 입수하기가 어렵지 않지만 이를 되돌려 놓으려면 약 2만 마일(32,000킬로미터)을 가야 했던 것이다.

선전용 인쇄물을 수집하는 경우라면, 단번의 공격으로 승리를 차지하는 것보다는 같은 소식통을 한동안 계속 추적해야 좀더 바람직한 결과를 기대할 수 있다. 선택지는 도표 3을 참조하라. 도표는 평시에 1인이 소규모 지역(혹은 국가)에서 프로파간다를 분석한 것으로 3월에 여러 종류의 샘플을 수집하고 나서 몇 달 간 자료의 추이를 지켜본 것이다. 이럴 경우라면 분석을 실시할 무렵에는 때도 늦거니와, 보고를 받는 사람 입장에서도 주마다 브리핑하는 리포트보다는 관심도도 떨어질 수밖에 없다. 더욱이 분석가가 해당 지역의 사정에 밝지 않으면 일시적인 이슈를 근본적인 것으로 착각할 가능성도 배제할 순 없을 것이다. 예컨대, 3월 3~10일간 구세대 영농인들이 좌익편향의 원인으로 지목되었다면 구세대 영농인과 관련된 이슈가 매우 중대한 것이라는 그릇된 결과를 도출할 수 있다는 이야기다.

 분석가는 스태프를 대거 확보하지 못했거나, 특별한 위기에 직면하지 않았거나 혹은 학술적인 목적을 추진하지 않는다면 수직열에 표시된 대안을 취사선택하는 편이 낫다. 분석가는 지역을 훤히 꿰는 사람들의 조언을 경청하며 언론을 선별해야 한다. 여론이 통제된 곳이라면 정부가 발간하는 공보지와 준독립 신문(혹시 있다면)의 반대여론을 두루 섭렵하는 것이 바람직하다. 아울러 대도시 신문사보다는 지역 신문이 국내 프로파간다를 분석하는 데 유용한 가이드가 될 것이다. 외국인들은 대도시 신문을 읽을지 몰라도 가장 위험하거나 극단적이거나 혹은 편향된 선전구호는 지역 언론에 따로 내보낸다. 선전요원이라면 다 아는 사실이다.

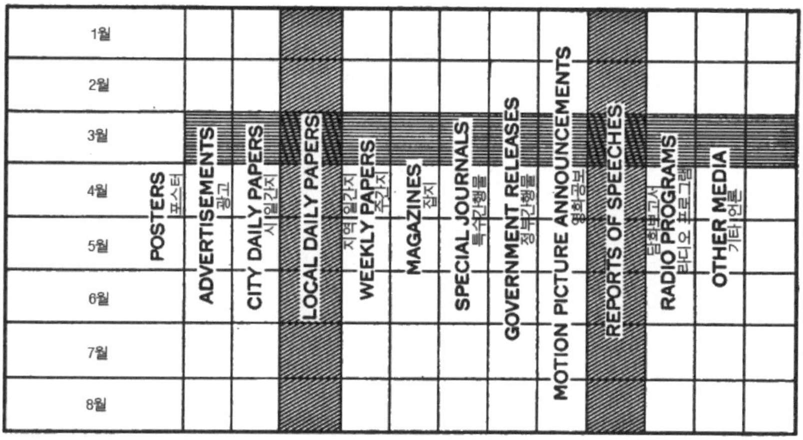

도표 3

분석가는 선별한 한두 지역의 언론과 아울러, 정부 인사들도 청빙해서 그들의 말을 귀담아 들어야 한다. 이때 기본원칙은 분석가 자신이 사전에 업무량을 정하여 다룰 수 있는 자료의 범위를 판단해야 한다는 것이다. 그러려면 업무에 할당할 수 있는 시간이라든가 언어의 숙달 정도, 프로젝트에 대한 관심도 및 혹시 모를 걸림돌이나 개인적인 변수도 감안해야 할 것이다.

원칙을 잊어선 안 된다. '기본 주제를 참조하여 일정 기간 같은 결과물을 지속적으로 분석하면 소식통의 선전 의도는 밝혀지게 되어 있다(전문 분석가가 주제를 정하고 해석을 확증하는 과정이 필요하다는 점도 일러둔다).' 프로파간다가 의도한 결과를 달성하고 있는지 추정하기 위해서는 우선 분석가 자신이 '기니피그(실험대상)' 역할을 하면 된다. 예컨대 분석가는 주제를 어떻게 생각하는가? 달리 생각하는 바가 있다면 무엇이며, 분석가 자신보다 이해력이 다소 떨어지거나, 무비판적이라면 그는 어떻게 생각할까? 분석을 마무리할 때는 자료를 읽는 대상을 찾아 질의응답을 통해 프로파간다의 영향을 파악해야 할 것이다.

간행물

가장 쉽게 입수할 수 있는 프로파간다 소식통은 간행물이 아니다. 특히 전시에는 국제우편환을 통해 적국의 자료를 구독한다는 건 쉽지도 않거니와, 간행물이 도착하려면 시간이 걸리므로 사기morale에 관한 장기적인 기초연구면 또 모를까, 현장 분석에는 보탬이 되지 않을 것이다. 분석 대상인 선전요원이 라디오 방송에서 다량의 사설을 읽어주면 좋지 않을까 싶다. (2차 대전 당시 『라이프Life』와 뉴욕판 『타임스Times』가 시중에 나온 지 몇 시간 만에 도쿄 방송이 각각의 사설을 인용한 적이 있다. 이때 민·군은 적잖이 충격을 받았다! 일본이 뉴욕에서 도쿄로 직접 송출하는 비밀 단파송신기를 확보했다는 가정에 무게가 실렸지만, OWI가 장황한 사설을 더딘 모스 부호로 태평양에서 중국까지 전파했을 수도 있다는 가설은 간과했던 것이다. 전파를 포착한 일본은 이를 다시 자국으로 송출했다)

간행물은 여느 대형 통신사에서든 방송이 되게 마련이다. 예컨대, 유엔조직회의 (유엔의 본부는 뉴욕에 있고 회의는 샌프란시스코에서 개최된다—옮긴이)가 개최되는 동안 실험차원에서 사진전송설비를 가동시키면 샌프란시스코에서도 뉴욕판 『타임스』가 발행된다. 실제로 뉴욕판 『타임스』는 유선 전송장치를 통해 샌프란시스코에 무사히 전송되어 재발행된 바 있다. 뉴욕판과 샌프란시스코판의 시간차는 몇 분에 불과하지만 향후 무선 전송장치가 개발되면 격차는 몇 초까지 단축되어 모든 교전국은 상대국의 주요 신문에 촉각을 곤두세울 것이다.

라디오 방송

현재 프로파간다를 입수할 수 있는 최대 소식통은 라디오 방송이다. 라디오 방송은 접근이 편리하다. 불법이라도 적발될까 우려할 필요가 없다. 1인당 비용을 감안하면 수백만에게 정보를 즉각 전파할 수 있는 가장 저렴한 방법이기도 하다. 또한 감찰에 적합하며 표준(장)파도 놀라우리만치 먼 거리에서 포착될 수 있다.

적군의 라디오 감찰이나 방송에 대한 유일한 방어책은 유선 라디오를—전화회선에 모든 라디오 수신기를 접속하면 방송이 불가하여 적의 도청을 무력화시킬 수 있다—쓰는 것이다. 이처럼 라디오 수신기를 통제하고 무선통신으로도 소식을 접할 수 없는 상황이라면 적에게서 확실히 차단될 수 있을 것이다. (소련군은 보안을 철저히 준수하며 수많은 동유럽 도시로 흩어진 적이 있다. 이때 그들의 첫 과제는 나치가 감시해 왔던 라디오를 한 데 모아두는 것이었다. 덕분에 그들은 영·미 정부의 '추잡한 거짓선동'에도 놀아나지 않고 소련이 통제하는 현지 신문의 영향권 아래서 자유를 확신할 수 있었다)

유선 라디오는 값이 비싸다. 라디오 방송은 틀어막기도 어렵다. 라디오 수신기를 감쪽같이 숨긴 사람은 '걸어 다니는 신문two-legged newspapers'이 되어 도시 곳곳을 다니며 당국이 막으려 했던 뜨끈뜨끈한 기밀정보를 누설할 것이다. 더욱이 그런 뉴스는 희소가치가 있으니 풍문은 곧 걷잡을 수없이 일파만파 확산될 것이다. 이례적으로 극단적인 상황이 아니라면, 강대국들은 라디오 수신을 계속 좌시할 것으로 보인다. 물론 해외의 반체제 프로파간다가 이따금씩 몰래 유입되겠지만 말이다.

따라서 우리 세대에서 전쟁이 다시 발발하고, 전쟁 중 상당 기간 라디오 방송이 지속된다면 3차 대전 초기 단계에서는 라디오가 감찰에 동원될 공산이 크다. 라디오 전파로 병기를 제어하는 등, 예견할 수 없는 변수도 이때 작용할 것이다.

라디오 프로파간다 분석도 간행물을 분석할 때 자료를 선정하는 경우와 같은 원칙을 따른다. 즉, 무작위로 선정하는 것보다는 한 방송국의 한두 프로그램을 추적하는 것이 바람직한 방법이다. 얼핏 동일한 듯한 정보를 전 세계에 재방송하는 것보다는, 자국 청취자를 대상으로 한 표준파방송이 국내 동향을 밝히는 데 더 적합할 것이다. 라디오 방송은 간행물에 비해 장점이 더 많다. 아울러 선전물을 언어권역별로 발행하는 국가는 거의 없으며, 선진 및 중진국 거의 대다수는 국제적인 방송국을 보유하고 있다. 각 프로그램은 서로 다른 언어권역별로 전파되므로 프로파간다 노선이 청취자에 따라 자동으로 구성될 것이다.

감찰에 각별히 신경을 쓰다 보면 한 국가가 우방이나 주변국 혹은 적국에 전파하는 노선을 구분하는 데 필요한 정보를 얻을 수 있다. 노선의 차이가 그럴듯한 역프로파간다가 되는 경우도 비일비재하다. 예컨대, 독일인이 덴마크인에게 "북유럽인은 초인이지만 남들은 다 쓰레기"라 규정하고 일본인에게는 "전 세계의 국가사회주의 사상이 금권민주주의적 인종차별을 초월한다"고 주장하는 것을 들었다면 두 발언을 덴마크인과 일본인에게 도로 전파하면 된다는 것이다.

라디오 방송은 간행물과는 달리 분석가의 편의를 봐줄 리 없다. 적국의 방송을 보존·참고하기 위해 녹취록을 정리하는 일도 고달픈 작업이다. 분석센터의 규모가 크다면, 인근 정부나 교전권역 본부도 규모가 크면 그렇겠지만 감찰은 속기와 언어의 문제로 직결된다. 때문에 감찰요원은 방송을 일일이 받아 적는 속기사가 되어야 한다. 그들은 적국이 한창 방송 중일 때 이를 토씨 하나 빼놓지 않고 기록하거나 녹취록을 작성하고, 편집자는 당일 입수된 정보 중 가장 중요한 것을 추려내어 인쇄해 두거나 유포한다. 주요 자료는 감찰 대상 지역의 프로파간다를 정리해둔 일일 라디오 브리핑 서류함에 보관하고, 나머지는 기밀서류로 구분하거나(적국의 정부가 자국 요원의 발언을 확인하지 않도록) 기록을 보존하거나 혹은 폐기할 것이다.

2차 대전 당시 속기록(혹은 녹취록)은 매우 중요한 역할을 했다. 미국에서는 전시 내내 연방통신위원회FCC 산하 대외방송정보국FBIS이 이를 담당했고, 전쟁 이후에는 연방통신위에서 육군성으로, 육군성에서 중앙정보단CIG으로 이관되었다. 당국의 기록은 전시에는 대개 '접근제한restricted' 경고가 표시되었음에도 기밀로 취급하지 않은 경우가 더러 있었다. 현재 일반인은 열람할 수 없으나 의회도서관 서류함에 보관된 마이크로필름 사본은 열람이 가능하다. 당국은 대외방송정보국의 일일 기록을 통해 적의 방송으로부터 알토란 같은 정보를 입수할 수 있었다. 기록에는 귀가 솔깃한 정보나 정책이 게재될 법한 사설이나 특별기고 등이 포함되어 있다.

1인 감찰

1인이나 극소수의 요원이 감찰을 실시해야 하는 상황이라면 뉴스 방송 하나를 찾아 가급적이면 토씨 하나하나 빠짐없이 적어두는 것이 바람직하다. 그러면 기록을 재차 볼 수 있을 뿐 아니라, 방송이 진행되는 와중에도 중요한 정보와 '사족'을 성급하게 판단하지 않게 된다. 뉴스 프로그램을 선별하고, 하루의 전반적인 분위기를 암시하는 연설과 라디오극, 강연 및 기타 방송을 참조하면 요원 1인은 방송 당 배정된 감찰 임무의 1/8은 완수할 수 있다. 능수능란한 분석이나 그래프를 작성할 여유는 없겠지만 방송에 나타난 전반적인 심리전 동향은 파악할 수 있을 것이다.

영사나 비즈니스맨, 장교, 선교사, 혹은 비전문가가 외딴 곳에 있더라도 방송을 기록할 때는 속기사의 도움을 어느 정도는 받을 수 있는데, 이때 감찰용 라디오는 수신환경에 따라 여럿으로 구분된다. 예컨대, 미육군통신대the US Army Sognal

Corps의 라디오 수신기는 민간 수신기(비교적 큰 휴대용 기기)와 마찬가지로 지역 감찰에 적합하고, 차량용 라디오는 기동성이 있어 간섭을 피할 수 있으며 산꼭대기나 호숫가에서도 표준파방송—도시에 자리 잡은 주택에서 수신되는 것과 차이가 없다—을 수신할 수 있다. 아울러 해외나 국제 수신을 위해서는 단파 수신기도 물론 필요하다.

해외 드라마처럼 발화속도가 아주 빠른 샘플은 추천하지 않는다. 모스 부호로 송신하는 뉴스와, 중앙 방송국에서 해외 사무국이나 지국으로 전파하는 속도가 더딘 뉴스가 가장 바람직하다. 평소 수신되는 프로그램을 선별하여 녹취록을 작성하고 표준분석절차에 따라 뉴스를 검토하면 아주 그럴싸한 단면을 파악할 수 있다.

우한 한커우Hankow(중국)에 있던 남성은 장개석 총통과 중국 공산당이 극동지방에서 프랑스어를 구사하는 청취자와 네덜란드어를 구사하는 청취자에게 주장하는 내용을 알아낼 수 있었고, 브뤼셀(벨기에 수도)에서 슬리퍼를 신고 담뱃대를 물고 있던 사내는 스페인어권에 연결된 일반 러시아 전화선을 감청할 수 있었다. 신문사와 광고회사, 정부, 군사기구, 투기꾼 및 연구소라면 이러한 감찰은 분명 쓸모가 있을 것이다.

프로파간다와 사실을 구분한다?

앞으로도 계속 제기될 문제다. "해외 방송을 어떻게 들어야 하는지는 일단 알겠습니다. 헌데 뉴스나 강연이나 라디오극 할 것 없이 다 듣긴 하겠지만 어디까지가 사실이고 어디까지가 프로파간다인지는 어떻게 알 수 있을까요? 둘을 구분할 수 있습니까?"

답은 간단하다. "수긍이 되면 사실이고, 수긍이 안 되면 프로파간다이다. 전부 프로파간다라 가정해 보라. 분석 보고서는 어떻게 달라질까?"

프로파간다의 정의는(서두에서 언급했다) 이렇다.

프로파간다란 구체적인 목적을 가지고 특정 집단의 정신과 감정 및 행동에 영향을 주기 위해 계획한 모든 형태의 커뮤니케이션을 일컫는다. 공산주의 이론에서 비롯된 명제는 '다른 동기가 없다는 것이 분명하다면' 매스커뮤니케이션은 형태를 막론하고 모두가 선전을 목적으로 가동되는 것이라 본다. 인간은 말을 하고, 말을 즐긴다. 사적인 이야기에는 뚜렷한 목적이 없다. 단지 수다를 즐기기 위해 라디오 방송에 출연해서 '설을 푸는' 사람은 백치밖에는 없을 것이다. 프로파간다란 목적을 위한 발언을 두고 하는 말이다. 진위가 아닌 '목적'이 프로파간다를 규정한다.

어느 국가든 종합뉴스는 1인이 평생 읽을 수 있는 것보다 더 많은 사실을 매일 보도한다. 리포터와 편집인, 작가 및 아나운서는 사실을 취재·선별한다. 그것이 본분이기 때문인데 그렇다면 사실은 왜 선별할까? 이 물음은 프로파간다와 관계가 깊다. '구체적인 목적을 가지고 특정 집단의 정신과 감정 및 행동에 영향을 주기 위해' 사실을 선별했다면 이는 곧 프로파간다가 된다. 가령 한 여자아이가 침대에서 떨어져 목이 부러진 사건을 보도했다 치자. 아이를 둔 청취자들에게 공포감을 조성함으로써 '안전한 가정을 위한 주간 캠페인the Safe Homes Week Campaign'을 장려할 심산이었다면 이는 프로파간다로 봄직하다. 그러나 해당 보도가 지역에서 벌어진 유일한 사망사건이고 방송분량을 채우기 위한 것이었다면 프로파간다는 아닐 것이다. 아울러 앵커가 방송에서 "노스캐롤라이나 그린즈버로에 사는 한 흑인 노동자는 지난주 막노동으로 80센트를 벌었다"고 했다면 같은 보도를 듣고도 해석은 달라질 수 있다.

1 **단순보도**_비하인드 스토리를 다룰 때. 이를테면, 흑인 노동자의 추가 발언이라든가 주급으로 애완용 타란튤라 거미의 옥수수 먹이를 사게 된 경위 등.

2 **반자본주의 프로파간다**_80센트는 미국 기업이 지급하는 임금치고는 턱없이 낮다는 점을 지적할 때.

3 친자본주의 프로파간다_80센트는 리가(라트비아의 수도)에서의 2주치 주급보다 더 많은 것(소비재)을 살 수 있다는 점을 보도할 때.

4 인종차별반대 프로파간다_흑인이라는 이유로 고작 80센트 밖에 못 벌었다는 점을 꼬집을 때.

프로파간다는 해석에 따라 다양하게 구분된다. 각 사례를 보면 인물과 사건, 금액, 장소 및 시간이 사실과 다르진 않다. 어떤 종파라도 사실을 부정하진 않을 테니 (사실이 아닌) 해석이—"누가 이 사건을 누구에게, 무슨 이유로, 언제 전파하느냐?"—사건을 프로파간다로 만드는 것이다.

포드 자동차가 바닐라 맛이나 딸기 맛이 나지 않듯, 해석도 참과 거짓이 있을 리만무하다. 사실truth과 해석interpretation을 둘러싼 문제는 카테고리가 서로 무관하다. 동기는 본디 개인마다 다른 데다 이해할 수도 없지만 해석으로 전가되게 마련이다. 어떤 해석이 귀에 거슬리면 이를 믿는다는 이유로 누군가를 죽이기도 하고 선동으로 그런 해석을 믿지 못하게 만들기도 한다. 그러나 해석이 허위라는 점을 '입증'할 수는 없다. 사건facts과 논리logic는 프로파간다를 구사하는 데 쓸모가 있지만 사건과 논리를 따진들 해석이 '프로파간다인지, 사실인지' 물을 수는 없는 것이다. 탁월한 프로파간다는 거의 모두가—종류를 막론하고—사실이며 사실을 취사선택해서 활용하는 것이 바로 프로파간다이다.

일단 적용하면 언제든 프로파간다를 판별할 수 있는 비밀공식은 없다. 전쟁지역의 상황이 익숙지도 않거니와, 논의주제나 이해당사자 혹은 당면정책에도 문외한인 사람이 어떤 사건을 가리켜 "이 우익의 주장은 프로파간다"라고 했다가 "저 우익의 발언은 프로파간다가 아니라 사실이다"라고 단정할 수는 없다는 것이다. 선동할 의도가 없어도 허위사실을 진술할 때가 있고 사실이라고 해서 다 선전이라는 법은 없기 때문이다. 분석가는 몸소 이해당사자가 되어야 한다. 그는 무엇을 프로파간다로 규정할지 미리 염두에 두어야 하는데, 이는 분석할 영역의 범위를 정하면 해결될 일이다. 단 한 가지 진술에 숨은 동기를 모두 밝혀낼 수 있는 사람은 없다. 설령 시도를 하더라도 (프랑스) 소설가인 마르셀 프루스트Marcel Proust 정도는 되어야 가능할 것이다(그리고 나면 결국에는 제임스 조이스나 거트루드 스타인 혹은 프란츠 카프카가 되었다는 기분마저 들 것이다).

〈사진 22〉 적의 프로파간다 기술을 조롱하다. 적의 프로파간다 내용보다 대중매체가 공격의 대상이 되는 경우도 더러 있다. 위의 독일 측 전단은 세 가지 기술을 구사하며 할리우드 영화에 대한 의구심을 악용하고 있다. 이를테면, 뉴스 기사에서 구색을 갖춘 후 이를 적절히 위조했고, 독일인이라면 사기진작을 위해 제작했다는 걸 뻔히 아는 영화를 두고도 의구심을 증폭시켰으며, 인종에 대한 혐오감마저 확산시켰다는 것이다.

분석가는 메시지가 이동하는 방향에 주목한다. 그는 '프로파간다'를 가리켜 '수신인이 접하는 모든 공보public information'를 토대로 '메시지를 입수하는 사람들의 반응'이라 정의한다. 메시지의 목적을 모른다면 그는 청취자의 특성과 아울러, 메시지가 그들에게 미칠 법한 영향으로 미루어 목적을 유추할 것이다. 청취자를 모른다면 못해도 메시지의 이동경로 정도는 추적할 수 있을 것이다. 메시지는 어떤 언어로 이동했으며, 어디를 출발해서 어디에 도착했는가? 그리고 언제 이동했는가?

141

〈사진 23〉 즉답 전단 2차 대전 당시 프로파간다 전문가들은 적의 선전물을 가끔 되돌려 주고 싶어 했다. 이때 수신인이 아닌 화자의 입장에서 이를 읽으면 풍자의 효과를 기대할 수 있기 때문이다. 예컨대 안치오 해변에서 발견된 나치 전단을 보면 독일인은 미국인을 친구보다는 적으로 생각했을 것이다. 뉴스 보도를 가볍게 언급했다면 금상첨화였으리라(통신대 사진).

스태즘 공식

앞서 언급한 공식은 2차 대전 종식을 몇 개월 앞두고 독일 방송(공개 및 비공개)과 일본 자료를 현장에서 분석할 때 큰 보탬이 되었다. 공식은 아래와 같다.

출처(혹은 소식통, 미디어 포함)Source
타이밍Time
청중Audience

142 심리전이란 무엇인가?

주제Subject

임무Mission

신조어 '스태즘'은 공식을 기억하는 데 도움이 될 것이다.

스태즘 공식은 출처가 알려진 감찰 대상 자료를 분석하는 데 효과가 탁월하다. 우선 주목해야 할 요점은 소식통의 특성이다. 이를 두고는 몇 가지 선택지가 있다. 원출처(원래 누구의 입에서 나왔는가?)와 표면상의 출처(누구의 이름이 거론되었는가?), 1차 인용 출처(누가 먼저 말했다고들 하는가?)와 2차 인용 출처(누가 인용하는 척 하는가?)가 있다. 이를테면 …

"해리가 그러는데, '앨프레드 아내가 스트립쇼걸 출신이었다는 걸 아무에게도 말하지 않았다더라고. 해리 말에 '설마' 하는 척 하긴 했는데 어쨌든 그랬다더라.'"

앨프레드의 아내(익명)에 대한 사실(혹은 명예훼손 발언)의 원출처는 누구며, 표면상 출처가 될 만한 대상은 누구인가? 또한 1차 인용 및 2차 인용 출처는 누구인가? 이 발언을 분석하는 데 필요한 판단력은 다음 진술을 분석할 때와 대동소이하다.

"파리 소식통에 따르면, 미국 교섭위원회의 방문으로 모스크바에서는 엄청난 반향이 일어났다고 합니다. 이에 러시아 정부는 미국의 기조에 따라 독일 노동운동의 통일을 촉구키로 결정했다네요."

출처를 파악하는 것이 매우 중요하다는 사실은 조만간 분명히 깨닫게 될 것이다. 스태즘 공식을 체계적으로 구분해두면 다음과 같은 윤곽이 나타나는데 민·군이나 전·평시, 구어나 시각자료 혹은 간행물 할 것 없이 모든 선전물에 적용된다. 물론 공식이 하나만 있는 것은 아니다. 아래 소개한 틀이 공인된 것이라거나 신묘한 마력이 있는 것은 아니지만 필자에게는 잘 통했다.

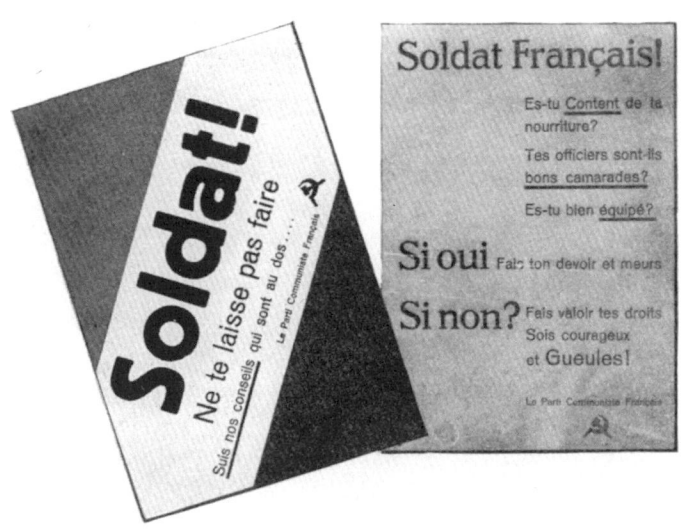

〈사진 24〉 적의 선전물을 재활용한 흑색선전 밝은 빨강과 흰색 및 파란색으로 인쇄된 이 전단은 로레인에 널찍이 자리 잡은 나치 군사선전기업의 인쇄소에서 발견되었다. 시대는 1939~40년, 소련과 나치 독일이 평화로웠던 때로 거슬러 올라간다. 전 세계 공산주의자들이 "제국주의 전쟁"을 반대한 결과다. 위 전단은 프랑스 공산당이 제작한 원본을 복제했거나 혹은 복제하지 않은 것일 수도 있는데 그보다는 독일이 이를 재활용했다는 사실이 더 중요하다. 번잡하게 가공하지 않은 흑색선전물이다.

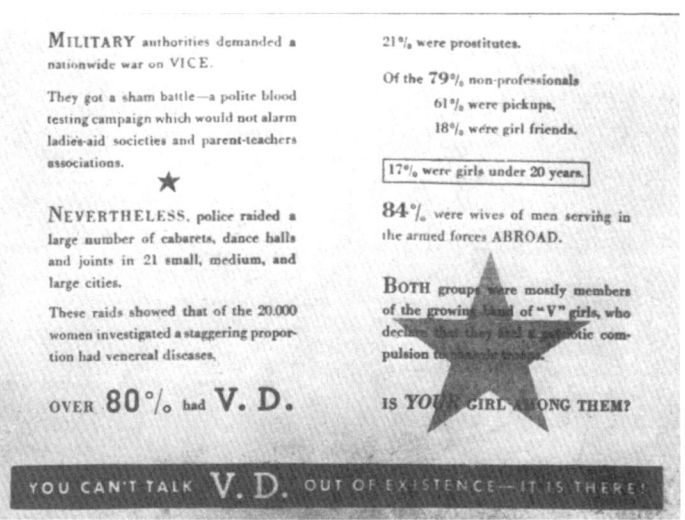

〈사진 25A〉 적의 정보 악용하기 나치는 이 전단을 서부전선에서 유포했다. 원래는 독일 선전부대에서 나왔지만 언뜻 보기에는 미군에서 제작한 것처럼 보인다. 전단을 살펴보면 부대에서 발생한 성병과는 무관하다는 점에 주목해야 한다. 하지만 미군의 사기는 크게 떨어질 것이다.

GUARD AGAINST VENEREAL DISEASES

Lately there has been a great increase in the number of venereal diseases among our officers and men owing to prolific contacts with Filipino women of dubious character.

Due to hard times and stricken conditions brought about by the Japanese occupation of the islands, Filipino women are willing to offer themselves for a small amount of foodstuffs. It is advisable in such cases to take full protective measures by use of condoms, protective medicines, etc.; better still to hold intercourse only with wives, virgins or women of respective character.

Furthermore, in view of the increase in pro-American leanings, many Filipino women are more than willing to offer themselves to American soldiers, and due to the fact that Filipinos have no knowledge of hygiene, disease carriers are rampant and due care must be taken.

U. S. ARMY

〈사진 25B〉 "성병 퇴치 지침" 적의 정보 차단하기 앞선 전단과 비교해 보라. 실제 소식통은 둘 다 적이지만 표면적으로는 美육군의 소행인 것인 듯싶다. 아울러 임무도 모두 성병을 예방하는 것처럼 보이나, 둘째 전단은 사뭇 다르다. 첫째는 미군부대의 사기를 저하시키기 위한 것이었다면 둘째 전단은 일본군이 미군에 반감을 갖도록 선동을 부추기려 했던 필리핀 민간인들에게 유포된 것이었다(레이테 전투 당시. 로버트 클라이먼 제공).

스태즘을 적용한 프로파간다 분해도

1 출처/소식통

(1) 원출처("원래 누구의 입에서 나왔는가?")
  (a) 원출처를 감추지 않았음에도 그와 다를 때의 공개 채널("어떻게 공개되었는가?")
  (b) 정보를 최초로 밝힌 기관명이나 인명
  (c) 전달 채널("누가 우리에게 정보를 제공했는가?"), 정보를 전파한 인물이나 기관―물론 분석가가 정보를 입수한 기관은 생략

(2) 표면상의 출처("실은 아니겠지만 출처인 듯 보이는 인물이나 기관은?")
  (a) 공개 채널("전파했을 성싶은 주체는?")

(3) 1차 인용 및 2차 인용 출처(1차는 "누가 먼저 인용했다고들 하는가?" 2차는 "누가 타인의 정보를 인용하는 척하는가?")

(a) 2차 인용 출처와 1차 인용 출처의 관계(형태는 공인되었거나 공인되지 않은 인용문), 표절일 가능성은 비교적 희박함
(b) 공개된 1차 인용 및 2차 인용 출처가 정보를 수정하는 방식
  (i) 삭제
  (ii) 본문 변경
  (iii) 발신자의 편집기사 내 첨부물
  (iv) 고의적인 날조
  (v) 번역한 결과

2 타이밍

(1) 주제를 밝힌 사건이나 발언이 나온 시간
(2) 전파시간(발행이나 방송 등)
(3) 반복 타이밍
(4) 타이밍이 독특한 이유

3 청중/수신인

(1) 직접 수신하도록 의도한 독자나 청중("잉글랜드에서 북미로, 뉴욕 레스토랑 운영자를 위한 신문")
(2) 정보를 간접적으로 수신하도록 의도한 독자나 청중('잉글랜드에서 북미로 전파하지만 송출인의 의도적인 계획으로 홍콩에서도 수신된다. '뉴욕 레스토랑 운영자를 위한 신문'이지만 실은 내용을 날조해 유럽 동남부에 배포한다)
(3) 의도하지 않은 청중/수신인(『에스콰이어Esquire』를 탐독하는 과달카날 원주민, 『보병저널Infantry Journal』을 읽는 이모, 일본을 규탄하는 미국의 전시연설을 읽는 중국인)
(4) 겉으로는 의도하지 않은 듯한 청중/수신인(파업 중인 근로자에게 난폭한 언어로 파업을 종용하는 반면 업주에게는 노동쟁의 근로자를 배격하는 여론을 조성, 히틀러는 위조된 시온장로 의정서Protocols of the Elders of Zion를 흑색선전에 이용)

4 주제("무엇을 말하고 있는가?")

(1) '일반뉴스straight news'나 '정보' 같이 단순한 주제로 구분된 내용
(2) 새로운 선전기술을 보여주는 개괄적인 내용("고립주의자를 선동하여 우리를 텐진에서 쫓아내려 하고 있다!")
(3) 역프로파간다에 유용할 법한 내용("그리스인은 멍청한 꼭두각시라고들 하니 이를 그들에게 도로 들려줍시다.")
(4) '정보분석intelligence analysis'을 위한 내용의 중요성(사례_일본인들이 상당량의 어획고를 자랑하는 경우가 있는데 실은 어선의 연료가 또 떨어져 실제 어획고는 적었다는 뜻이다. 나치가 선동 혐의로 유대인을 고발한 적 있다. 사실 배급할 식량이 부족해진 나치 정부가 유대인의 배급을 끊어 민중을 달래려 했다는 것이다)

5 임무

(1) 공격당한 국가나 집단 혹은 개인
(2) 전 항목(1)과 동일·유관 임무의 관계
(3) 이 사례에서 활용된 심리적 접근법(집단이나, 리더와 추종자 및 군대를 이간질한다거나, 청중의 사기를 꺾는다거나 혹은 뉴스에 대한 청취자의 신뢰를 무너뜨린다)
(4) 기획자의 프로파간다 계획이나 전략과의 연관성

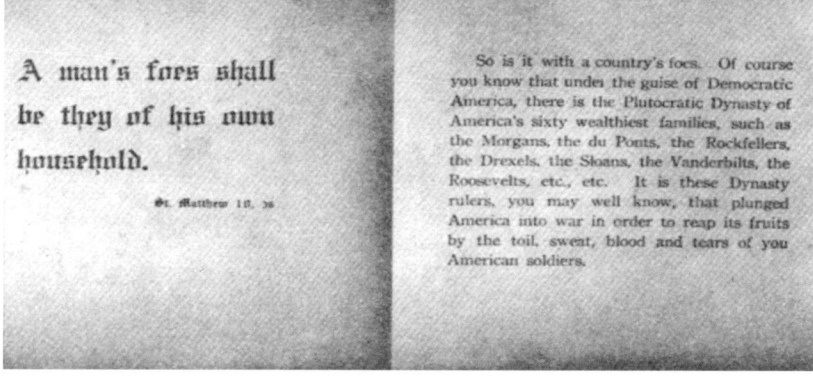

〈사진 26〉 "적은 집안에 있다" 종교를 둘러싼 흑색선전 나중에 알고 보니 선교사였다던 미국인과의 접촉 때문인지, 일본인들은 종교가 미국인에게 미치는 영향력을 지나치게 강조했다. 그들은 종교에 대해 옹색한 호소문을 공개하기도 했는데 이런 전단이 실질적으로 효과가 있었는지는 자못 의심스럽다(필리핀, 1944년~45년).

```
IT IS DANGEROUS TO READ THE          legs. The tremor of the head, especially, is the
           FOLLOWING:                most conspicuous sign of neurosis.

   1. Don't pretend lunacy. Your surgeon will     8. If you practise to quickly roll your eyeballs
detect such deception, and you are sure to be  horizontally without moving your head, it will
tried by court-martial. Or if you succeed in   soon become habitual. This particular movement
passing as a lunatic, you will be invalided home,  of the eyeballs preludes serious neurosis. Even
without any more chance to rejoin your com-    without such a practice, your eyeballs will soon
rades at the front.                            begin to tremor unwittingly if you are constant-
                                               ly worried about it.
   2. Don't spit freely. If you do, you will be
obsessed with the habit of spitting. And re-      9. Don't fall into the habit of glancing side-
member, it is an early symptom of neurosis.    ways at your comrades-in-arms. Your surgeon
                                               dislikes such a habit, as it predicts the approach-
   3. Don't think the reverse of everything you ing menace of neurosis.
chance to hear. Or it will easily become habit-
ual with you and develop into regular symp-       10. Don't eat your own excrement or drink
toms of neurosis.                              your own urine in the presence of others. If
                                               you do, you are sure to be branded as a lunatic,
   4. Don't try to practise sleeping in a fixed however warmly you may protest.
posture. This is also one of the symptoms of
neurosis. It is contagious to your comrades-in-   11. Don't mumble the same words immediately
arms.                                          after you have spoken them. If you practise
                                               it repeatedly, your surgeon's verdict will inevi-
   5. Don't be so nervous as to feel your heart- tably be neurosis.
beat from time to time. Such a symptom al-
ways appears in the early stages of lunacy.       12. Don't try to develop your imaginative pow-
                                               er to the extent that all human faces look like
   6. Don't worry about the color of your urine animals'. Or you are likely to see no more hu-
or excrement. This is also an early symptom    man faces even on your friends.
of lunacy.
                                                  13. Don't imitate an epileptic fit. If you
   7. One week's practise is enough to feign nat- practise it for three days, you will certainly have
urally the tremor of your hands, shoulders and a real one. Then you are on your way to lu-
                                               nacy.
```

〈사진 27〉 "읽으면 큰일난다" 나일론 환자를 둘러싼 흑색선전 흑색선전의 단골 타깃 중 하나는 꾀병환자다. 누군가를 '나일론 환자'로 의심하는 것만으로도 부대의 사기에 타격을 줄 수 있다. 적의 지침을 따르지 않겠지만 부대가 정신신경증 환자를 꾀병으로 의심하는 사태는 벌어질지도 모를 일이다. 2차 대전에 참전한 국가는 거의 모두 이 지침을 발표했다. 사진은 1944~45년까지 필리핀에서 발견된 일본 전단이다(연합국 견본은 기밀이 아직 해제되지 않았다).

스태즘 개요는 상식적인 차원에서 적용해야만 효과가 있다. 각 항목을 정교한 프로젝트로 만들어 나무 틈에서 숲을 보지 못하면 곤란하다. 대개 각 항목은 순서대로 참고·연구용으로 봐도 족하겠으나 전문적인 지원을 받지 못하는 경우라면 적용할 양식을 인쇄해 둘 필요가 있다.

누가 활용할지도 모르는 가운데 프로파간다의 분석 절차를 정한다는 것은, 사무실의 특성과 파일의 종류를 파악하지 못한 와중에 서류정리 지침을 마련하는 것만큼이나 무익한 발상이다. 전쟁 시 작전지역에 주둔해 있는 부하 사령관은 최소한의 파일을 보유해야 하는 반면, 후방 부대나 국가 시설은 방대한 파일을 온전히 확보해 둘 수 있어야 한다. 그러나 다수의 선전물을 기록한 자료는 정리할 표준 지침이 없으면 관리하기가 매우 어려워진다. 단순한 알파벳순 정리도 하다 보면 분명 '무엇을 정리하고 있었는지' 망각하게 되어 있다. 분석 기능이 좀더 원활히 가동되려면 프로파간다의 부차적인 주제보다는 '출처sources'를 기준으로 삼아야 할 것이다.

적의 계획과 상황 식별

프로파간다에는 분석가의 눈에 점차 또렷이 보이는 '거울 이미지mirror image'가 있다. 분석가가 특정 임무를 파악하기 위해 명석한 판단력을 발휘한다면 프로파간다 기획자의 장·단기적 목표가 자신의 파일에 고스란히 기록될 것이다. 단, 적이 구사할 셈법은 선전 목표의 리스트를 완성하기까지 자료가 충분할 때만 가능한 일이다. 프로파간다는 '행동action'처럼 관찰이 가능한 결과를 위해 단행한다. 행동이 작전 당일로부터 한참 후에나 벌어지더라도 말이다. 미국 내 공산당의 프로파간다 중 상당수는 정확하고도 '과학적인scientific' 사고방식—'요원한 혁명의 날Day of Revolution'이 도래할 때만 결정적인 위력을 행사할 것이다—을 주입하는 데 방향이 맞춰져 있다. 사실 공산주의 지도자들은 비공개 회의에서도 혁명의 날이 실현될 해를 예측하지 않는다. 그날을 예견조차 하지 않는 사람도 더러 있을지 모르겠다. 그럼에도 프로파간다가 위력을 발휘하면 '프롤레타리아'는 '강성'해지고 지도자는 '역사적인 사명'을 의식하게 되리라 믿고 있다. 프로파간다가 오늘 전파되었다면 행동도 (아주 요원해 보이더라도) 예상해 볼 수 있는데 이때 행동이 파악되면 다른 프로파간다와의 관계도 추적할 수 있을 것이다.

전시에는 적에 불리한 결과—파업과 패닉, 소비자의 불만과 신문독자 및 청취자의 불신(반체제시위나 소요사태가 벌어질 수도 있다), 부대의 투항, 정치지도부의 분열 등—를 초래하는 행동에 주안점을 두는 반면, 전쟁 전이나 평시에는 전쟁을 배격하는 행동으로—국민이 패배주의에 사로잡히지 않으리라는 전제 하에 전쟁 자체를 반대한다—가닥을 잡을 것이다.

적의 프로파간다 상황평가

프로파간다 분석은 적군의 목표와, 이를 달성하는 데 쓸 만한 심리적 수단을 제시하기도 하지만 적의 선전 상황을 파악하는 데 보탬이 되기도 한다. 적은 달리 도리가 없어 특정 화제는 피하고 형편에 밀려 화제를 돌린다.

예컨대, 독일이 유대인에 배급되는 식량 이야기를 중단했다면(2차 대전) 반유대주의 사상에 중독된 자국민이 며칠 전부터 식량배급을 두고 시위를 벌였을 가능성이 있다. 그렇지 않다면 나치 당국이 유대인에게 배급되는 식량을 끊어 아사 사태를 방조하고 있다거나 그들을 공개적으로 처형하고 있을지도 모른다. 독일이 후속 보도로 보리 흉작을 꺼냈다면 유대인의 아사 사건을 발표하기에 앞서 감상적이고 인간적인 청취자에게 '밑밥'을 깔아두고 있는 것일 수도 있다. 식량을 사재기하고 있다거나, 대거 은닉한 유대인을 둘러싼 파리 부역자의 진술을 게재한다면 유대인 정책에 대해 해명하라는 압박을 받을 공산이 크므로 독일 선전요원은 두 가지 변수에 직면할 것이다. 하나는 유대인에 대한 공격 발표를 준비해야 한다는 것이고, 다른 하나는 유대인의 상황이 독일 내에서도 반나치 감정을 불러일으킬 수도 있다는 생각에(독일어로 된 방송이라면) 여론이 반대할 성싶은 대상(나치)을 방어할 수밖에 없을 것이다. 침묵(배급에 대한 후속 뉴스가 없다)과 국내사건(부진한 보리 작황) 및 해외사건(사재기 의혹을 받고 있는 파리 유대인)을 토대로 사건의 전말을 재구성할 수도 있다. 다른 해석이 나오면 재구성은 막을 내리겠지만 해석의 기준은 마련해줄 것이다.

적의 사기에 대한 정황은 목격자가 밝히기 훨씬 전부터 프로파간다 분석으로 파악할 수 있다. 교회를 겨냥한 공격을 보도하지 않았다는 것은 종교적인 문제가 상당히 민감하다는 증거일 수 있고, 공산주의를 공격하지 못했다는 것은 정부가 공산주의 국가와 외교 협상을 벌일 가능성이 있다는 방증이다. 아이를 언급하면 부모가 부실한 학교와 식량, 의료진의 부재 등에 대해 불평하고 있다는 상황을 내비치는 것일 수도 있다. 한편 사기가 높을 때는 프로파간다에서는 조용한 어조로, 사기가 떨어질 때는 침묵이나 격렬한 어조로 표출된다. 적국의 선전요원이 앞으로 벌일 작전과, 그가 프로파간다의 걸림돌로 생각하는 것을 읽을 수 있다면 많은 도움이 되리라 본다. 이 같은 참고사항은 자신의 프로파간다에도 구현될 것이다. 극단적인 저항과 부진한 국제협력, 전의를 북돋우는 함성 등을 이슈화하는 논조는 배를 곯고 불만이 가득한 국민의 관심을, 현실적인 국내 문제에서 가상적인 해외의 골칫거리로 돌리려는 심산에서 비롯된 것일지도 모른다.

군사첩보의 숨은 소식통_프로파간다 분석

프로파간다 분석('프로파낼propanal')은 카운터프로파간다 작전과 직접적인 관계가 없더라도 군사정보 면에서 부차적으로 많은 도움을 준다. 적은 관심을 끌기 위해 뉴스와 논평, 오피니언 및 엔터테인먼트 등을 방송한다. 이때 해당 프로파간다의 내용과 구성은 유익한 연구 자료가 된다. 예컨대, 잉크 농도가 들쭉날쭉하고 종이의 질이 떨어지는 데다 오타도 적잖이 띈다면 공급물자와 인력이 부족하다는 방증이다. 승전을 과시한다면 자국어 버전의 지명과 지도를 열거해가며 보도할 것이고, 전쟁영웅을 거명할 때는 전투서열(battle of order, 군사부대의 단대호, 지휘구조, 그리고 병력의 배치와 운용 및 장비, 보급방법 등에 관한 정보—옮긴이)을 밝힐 것이다. (열악한) 경제상황에서 희소식을 끄집어낼 심산이라면 부족한 통계를 채울 것이다. 수치가 날조되었다면 분명 어떤 목적이 있어 그럴 공산이 크며 다른 수치도 함께 인용될 것이다.

인간만큼 지혜로운 것은 인간 외에는 없다. 어떤 이는 속임수를 부리려 하고 어떤 이는 이를 밝혀내려 한다. 결정적인 전술 없이 대량으로 살포된 프로파간다를 보면 적의 참모를 비롯하여 자신과 타인에 대한 소견과 자신의 마음가짐, 전투서열, 경제제도 등의 정보가 가득하다. 2차 대전 당시 일본 정부는 내각 및 고위공직자가 교체되는 족족 이를 미국에 '영어로' 전파했다. 정치상황의 단면을 보여준 것이다. 인사정보는 장기간 숨겨봐야 득이 될 리도 없었지만 짐작건대, '조호쿄쿠(Joho Kyoku, 정보국. 1940년 내각정보부를 확충하여 언론·매스컴 통제나 정보선전을 맡았던 내각 직속기관으로 1945년 말에 폐지되었다—옮긴이)'는 정치 관련 정보를 흘려 미국에 도움이 되긴 했지만 이를 취재·입수하기 위해 美언론인과 공직자, 장교 등이 해당 프로파간다를 읽었다는 사실을 위안으로 삼아야 할 거라고 주장한 듯싶다.

뉴스 기고나 정보와 아울러, 전쟁이나 위기에 봉착한 적의 프로파간다는 전략을 파악할 수 있는 단서를 제공한다. 프로파간다는 조정이 없으면 자국에 피해를 줄 수도 있다. 그러나 프로파간다가 조율되는 순간 프로파간다의 일부가 우리 손에 들어오면 무슨 목적으로 조율이 이루어졌는지 유추할 수 있다. 물론 안보의 비중이 높은 사안을 두고는 프로파간다가 보류되기도 한다. 예컨대, 독일은 소련과의 전쟁을 사전에 경고하지 않았고, 소비에트 역시 프로파간다에 이를 드러내지 않았다. 다른 경우라면 조율된 프로파간다에 전의가 드러났을 것이다.

일본 라디오 방송국은 1941~1942년에 걸쳐 국내외 일본인들이 청취하는 방송에서 크리스마스섬Christmas Island에 관심을 보이기 시작했다. 수마트라 밑에 위치한 크리스마스섬이 요충지이자 해군 전략에도 매우 중요한 지점으로 꼽힌 것이다. 결국 일본군은 크리스마스섬을 점령했고 군사적 요충지가 확보되었다는 소식에 자국의 여론은 열광했다. 물론 크리스마스섬은 일본 라디오 방송이 강조한 것만큼이나 중요한 곳은 아니었다. 그보다는 방송이 '일찌감치ahead of time' 이를 보도했다는 사실이 더 중요했다. 일본은 대수롭지 않은 일로 미국에 경고한 셈이다.

패배가 임박했다는 것을 절감한 적은 패전이 예상되는 지역의 중요성을 폄하하거나, 특정 지역에서 부대가 맞닥뜨린 적군의 전력이 감당할 수 없을 만큼 강하다는 점을 국내 청취자에게 털어놓기도 한다. 적이—안보에 민감할 때—평소에 자주 논하던 주제에 대해 돌연 함구하고 있다면 이를 토대로 적의 행동을 예상해 볼 수 있다. 전쟁을 앞두고 뉴욕 언론이 매달 입버릇처럼 이야기하던 '핵분열' 보도가 갑자기 자취를 감춘다면 누가 봐도 이상하지 않겠는가?

진주만 공습을 계획하고 있는 국가라면 미국의 공격을 둘러싼 의혹을 주장하며 전쟁을 준비할 것이다. 반면 전쟁을 벌이기 위해 가장 뻔뻔한 평화 프로파간다를 내세우는 국가도 있다. 당국은 공격당한 희생자에 실질적인 책임이 있다는 것을 청중(과 세인)이 믿으리라 확신할 것이다. 히틀러는 중립을 지키는 노르웨이를 선호한다고 했지만 이를 공격했다. 그러고는 영국으로부터 노르웨이를 지키기 위한 처사였다고 둘러댔다. 모든 전쟁과 당사국에 두루 적용되는 룰은 없다. 독일과 일본도 행동패턴은 서로 달랐다.

이를테면, 독일 최고사령부는 실제로 달성할 수 없는 목표는 과시하려 들지 않았다. 사전경고 없이 공격을 감행하곤 했지만 공격이 불가하다고 믿거나 이를 빤히 아는 상황에서는 공습을 거론하지 않았다는 것이다. 이 같은 행보를 일정표로 정리한 영국과 미국은 독일이 러시아에 진군할 만한 속도를 예측할 수 있었다. 또한 양국은 독일의 호언장담에 대응할 프로파간다를 기획, 나치 독일이 버거워할 만한 목표를 전파함으로써 당국이 감당할 수 없는 과욕을 부려왔다는 것을 유럽인들에게 입증하려 했다.

훗날, 연합국은 나치가 방송을 통해 비밀병기를 거론하자 그들의 습성이 떠올랐다. 마침 프랑스 해안에 설치된 V-1호(제2차 세계 대전 당시 독일이 영국을 공격할 때 사용한 로켓 폭탄—옮긴이) 발사대를 영국군이 폭파하자 독일 방송은 비밀병기에 대한 언급을 일체 중단했다. 영국이 폭파한 발사대가 바로 독일이 과시했던 비밀병기의 일부였다는 근거가 확보된 셈이다. 또한 영국은 연합국의 공격개시일D-Day 선언에 따른 심리적 파장에 대해 독일이 생생한 뉴스로 대응하려 했던 정황도 포착했다. 독일 라디오 방송이 비밀병기 소식을 다시 꺼내자 영국은 독일이 폭파된 발사대를 복구했을 거라 생각했다. 공격개시 당일, 독일은 일본과 중국인의 관심을 끌기 위해 제작된 한 방송에서 "비밀병기가 지금 포문을 열고 있으며 더 많은 무기가 투입될 것"이라고 발표했다. 이튿날 첫 V-1호가 런던을 공격했다.

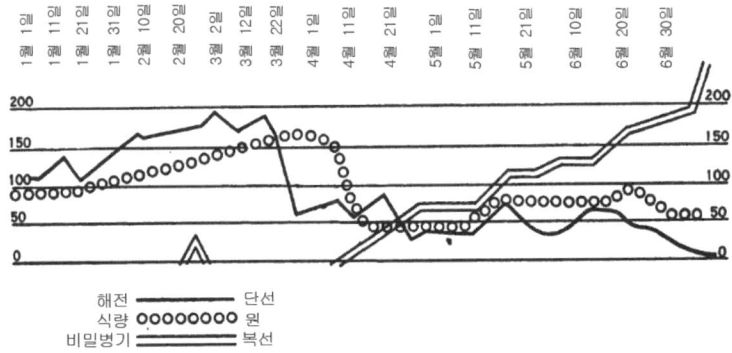

〈도표 4〉

 이러한 유형의 프로파간다를 추적하려면 수치의 추이를 기록한 도표가 필요하다. 〈도표 4〉는 6개월로 한정된 가상의 견본이다. 대충 보면 3월 중순까지는 '식량'과 '해전naval warfare'을 계속 언급하고 있다. 적은 밀항선이 식량을 좀더 공급할 거라 생각하기 때문인 듯싶다. 3월 이후 식량은 눈에 띄게 감소하는 반면 해전은 계속 강조되고 있다. 그러나 5월에는 해전에 희망이 없다는 사실을 인정하면서 해전은 시야에서 거의 사라질 만한 수준까지 떨어진다. 반면 식량은 적군이 소소한 고충을 해명하는 와중에 꾸준히 언급되고 있다. 비밀병기를 선전한 까닭이라면 선전요원이 선풍적인 이슈로 국내 청취자의 사기를 끌어올리려 했기 때문인 것으로 보인다. 비밀병기의 보유 여부는 국가의 특성과 과거의 이력 등을 보면 짐작할 수 있다. 독일과 일본은 둘 다 세상을 뒤흔들 법한 비밀병기를 보유하고 있다고 밝혔다. 독일은 행동으로 보여주었고 일본은 그러지 않았다.

 수치로 된 기록은 주제별 발언의 글자수라든가 특정 기사를 다룬 신문칼럼의 길이(인치) 등과 관련하여 적의 프로파간다를 통계적으로 표현하는 데도 도움이 된다.

백분율형 도표가 굵직한 프로파간다의 추이를 나타낸다면, 청중형 도표(이를테면, 근로자나 반전주의자, 학부모, 소수민족 등을 대상으로 메시지를 전하는 데보낸 시간)는 선전요원이 실제로 접근하려는 그룹을 보여준다. 아군의 프로파간다가 역점을 두고 있는 주제를 표현한 '강조형 도표emphasis chart'는 적이라면 거론하고 싶지 않을 만한 화제를 얼마나 집요하게 강요하는지 일러줄 것이다.

이 같은 통계는 기록을 확보하고 있어야만 활용이 가능하다. 라디오 방송 시간이나, 특정 기간 동안 적이 출력한 인쇄면의 크기를 나타낸 워크시트worksheet와 아울러, 중요하거나 새로운 주제를 조목조목 구분해둔 파일은 프로파간다 분석에 필요한 자료가 될 것이다. 프로파간다 분석은 심리전에 꼭 필요한 기술이다. 프로파간다에서 일반 정보를 걸러내는 프로파간다 분석은 정보요원이 1차 정보를 활용할 수 있도록 처리하는 동시에 심리전을 위한 분석도 실시한다.

적이 과학자나 발사대, 혹은 로켓은 숨길 수 있을지 몰라도 전쟁의 명분(이유)이나 준비대책은 감출 수 없다는 것을 기억해야 한다. 침략할 자격이 없다는 인상을 남겨도 무방한 국가는 없기 때문이다. 프로파간다 분석(프로파날)은 초강력 무기(핵) 시대에 미국이 확보한 가장 합리적인 전쟁 예측 기술 중 하나가 아닐까 싶다. '프로파날' 덕분에 심리전 태세는 위장은 가능할지 몰라도 아주 숨길 수는 없게 되었다.

CHAPTER 8 프로파간다 정보

심리전 요원은 청취자의 두 가지 관심사를 염두에 둔다. 첫째, 전장에 주둔해 있는 적 부대는 자신에게 관심이 있고 둘째, 적의 본토에 사는 민간인은 '그들의' 적—선전요원을 비롯한—에 관심이 있다는 것이다. 이때 요원은 안전과 실리를 챙길 수 있다면 재량껏 프로파간다를 구사할 수 있다. 단, 프로파간다는 단순명료하고 솔직하며 사실에 근거해야 한다는 조건이 따른다. 거만하고 복잡하고 추잡한 언동은 청취자가 등을 돌릴 테니 상황이 순조롭게 돌아가더라도 그런 선전은 삼가야 한다. 선전요원은 자국 군대의 전력이 막강하고 지휘관의 리더십도 탁월하다는 단순한 메시지에서 벗어나지 않는다면 상황이 달라지더라도 안전을 기대할 수 있을 것이다. 자국의 경제·전략·외교 상황의 긍정적인 면을 강조하는 정보는 프로파간다의 진가를 입증하게 마련이다.

관심은 전쟁 내내 사그라지는 법이 없다. 적은 항상 뉴스거리가 된다. 현명한 적은 이를 알고 있기 때문에 항상 뉴스의 중심에 서고자 한다. 자신과 자국의 정치·문화를 폭넓게 이해해야 행여 패배하더라도 좀더 순조로운 평화를 누리고, 승전하더라도 적이 고분고분 투항할 수 있다는 것을 믿기 때문이다. 대수롭지 않은 적은 이슈가 되지 못한다. (예컨대, 2차 대전 당시 미국이 불가리아와 전쟁 중이었다는 사실을 아는 미국인은 거의 없다. 불가리아가 선풍적인 병기를 개발했다면 인지도는 금세 폭증했을 것이다. 그랬더라면 사람들은 불가리아가 헝가리와, 오래전 자취를 감춘 아바리아Avaria처럼 한때는 유럽대륙의 막강한 아시아국가로 명성이 자자했다는 사실을 알게 될 것이다. 또한 불가리아 제국의 엄청난 국력도 널리 전파되었을 테고, 크룸Krum과 시므온Symeon과 사무엘 황제Czar Samuel가 미국 달력에 추가되었을지도 모른다. 그러나 불가리아는 당최 적으로 규정할 수 없을 정도로 미국의 적수가 되지 못했고, 외교적 패착으로 추축국뿐 아니라 연합국과도 두루 전쟁을 치러야 했다. 결국 불가리아는 적대감을 연상시키는 명성을 벗어나고 말았다. 그렇다면 일본은 어떻게 다른가? 수천 명의 미국인이 일본어를 배웠고 일본의 민족성도 국내에 알려진 지 오래다. 30년을 꼬박해도 안 될 교육을 전쟁이 5년 만에 해낸 셈이다) 현명한 선전요원이라면 딱히 감이 떠오르지 않을 때는 인기 있는 음악이나 적군이 배운 초등학교 역사 혹은 국어 교과서를—똑같이 진지하게—들려줘도 문제가 되진 않을 것이다. 되레 성과가 있을지도 모를 일이다.

뉴스도 정보

물론 전시에는 문제를 일으키지 않는다는 점만으로는 부족하다. 실수를 저지르지 않으면 그만이라는 요원은 직무의 반만 수행하면 된다는 발상과 같다. 메시지가 위력을 발휘하려면 적의 단합을 와해시키고 승전에 대한 기대감을 깎아내리며 저항할 의지를 상실하게 만드는 정보를 흘려야 한다. 교향악단의 연주나 관광강의로는 아무리 잘 해봐야 목적을 달성할 수 없을 것이다. 프로파간다의 첫 번째 무기인 뉴스를 활용해야 한다.

선전요원이 신문기자는 아니다. 군대나 정부를 대언하기 때문에 발언에 대한 '공식적인 책임officially responsible'이 따른다. 그는 평시 언론만큼 타이밍이 맞아야 하고 정부 공보처만큼이나 신중을 기해야 한다. 때문에 두 가지 책무 사이에서 갈팡질팡할 때도 있다. 선전요원으로서는 관심을 자극하는 정보를 신속히 적에게 전파해야 하지만, 확인되지 않은 정보나 정부에 문제가 되거나 타격을 입히거나 혹은 정부를 당혹시킬 만한 정보는 누설하지 말아야 한다는 정부의 공식 정책도 지켜야 한다는 것이다. (일종의 제도적 정신분열증은 프로파간다 업무 중 흔히 나타나는 증상이다)

뉴스 소식통은 한둘이 아니다. 육·해군의 작전에 대한 기밀 보고서는 적이 관심을 끌만한 정보를 담고 있다. 그러니 선전요원의 접근을 제한해야 할 이유는 분명해 보인다. 요원은 청취자를 먼저 생각하고 보안은 부차적인 것으로 판단할 수도 있다. 설령 기밀정보를 모른다 해도 이를 파악하고 있는 군사 자문위원의 조언을 듣는다면 보안도 해결되고 정보에 대한 이중잣대—알고 있는 정보와 전파해야 하는 정보—를 두고 고민하지 않아도 될 것이다.

기술이 발달한 국가에서는 상업 언론 및 라디오 방송국이 연일 뉴스를 쏟아내고 있다. 정부가 선발한 아마추어와는 실력도 비교가 되지 않는다. (『타임Time』 매거진만큼 보편적인 주제를 두루 다루고 편집도 깔끔한 데다 냉철하게 기획된 주간 리포트를 발행할 수 있는 워싱턴 정보기관이 과연 몇이나 될까? 필자는 『타임』 매거진의 기사를 살짝 바꿔 재구성한 뒤 이를 '일급비밀'로 분류하고 싶을 때가 간혹 있었다. '내부정보'로 동료가 아연실색하는 모습을 보고 싶어서다) 연방정부에서 제작된 뉴스와 상업 언론에서 제작된 뉴스는 후자의 우월한 전문성 탓에 종종 대조를 이룬다. 기밀이라고 뉴스의 품질이 달라지진 않는다.

프로파간다를 구성할 정보는 좀더 많은 관심을 끌기 위해 적국의 언론사와 경쟁을 벌여야 한다. 따라서 최신기사와 달필과 정확성은 기본이 되어야 한다. 프로파간다에 거짓이나 조롱이나 괴담이나 혹은 농담을 실을 공간이 없듯이 일급신문도 그렇다. 설령 자국의 상업 언론에서 과장보도나 허위사실이 게재되었다손 치더라도 선전요원이라면 적에게는 명예로운 美극동사령부 정보참모국의—'궁극적으로는 분명 안타까운' 소식이지만 뉴스가치가 있고 구미도 당기는 메시지를 전파해야 하는—요원이라는 점을 자각해야 한다. (인간에 내재된 특이한 마력trick이 선전요원에 도움이 되기도 한다. 사람들은 대개 무책임해서 그런지 희소식보다

'비보'를 훨씬 더 흥미롭게 만드는 구석이 있다. 안타까운 소식에 대해서는 퍼뜨리고 싶은 의지가 발동하는데 비보는 사람의 긴장을 자극하여 사태의 심각성을 일깨워주는 반면, 희소식은 긴장을 누그러뜨리고 실망감마저 들게 한다).

뉴스가 솔깃하다는 것은 내용보다는 정확한 사실을 다루고 사견은 철저히 배제함으로써 적에게 주는 신뢰감에서 찾을 수 있을 것이다. (소련의 프로파간다가 전쟁 후에도 비교적 부진한 이유 중 하나는 공산주의자들이 '뉴스'가 담긴 신문을 내놓지 못하는 데 있다. 편집자의 사견이 들어가지 않은 기사는 하나도 없다는 것이다. '개를 문 사나이Man bites dog'가 1면에 게재되려면 개가 스탈린주의자라든가 반동분자여야 가능할 것이다)

〈사진 28〉 향수를 자극하는 흑색선전 참전 중인 군인이라면 누구나 향수병에 걸리게 마련이다. 때문에 프로파간다는 향수를 자극하기 위해 여러 방편으로 안간힘을 쏟다. 사진에서 보듯, 잠을 깬 아내 옆으로 알람을 끄는 남편이 그려진 독일 흑색선전물은 가장 단순한 선전으로 보직하다. 뒷장을 보면 고국에 돌아갈 기회를 두고 암울한 전망이 이어진다. 유럽에 파병된 미군은 승전 후에도 "극동지역의 고약한 밀림전"에 투입될 거란다. 전단의 출처는 미상이다.

일본인들은 미국을 '고분고분obediently' 혐오하는 것이 의무일 때도 미국인이 실제로 거주하는 곳을 가리키는 지도를 볼 수밖에 없었고, 나치는 미국이 동조하는 것이라면 뭐든 경멸하면서도 신종 경폭격기 사진을 살펴보지 않을 수 없었다. 신뢰할 수 있는 팩트가 가진 위력은 보편적으로 통하게 되어 있다. 프로파간다란 꼰대가 지껄이는 훈계로 사실을 왜곡하는 것이 아니라 정확하면서도 흥미로운, 다만 적의 입장에서는 안타까운 사실을 선별하는 것이다.

〈사진 29〉 향수를 자극했지만 실패한 백색선전 사진은 일본의 풍습에 걸맞게 재구성된 것이다. 미국인이 일본의 명절을 잘 알고 있다면 아마 현지인도 전단을 주의 깊게 살펴볼 터, 사진 속 전단은 '향수'와 '항복'을 결합한 것으로 일본군이 투항하면 아내와 자녀를 다시 만날 수 있다는 것을 묘사하고 있다. 하지만 일본인보다는 미국인이 그린 '티'가 나기 때문에 전단을 유포한들 일본군이 향수를 느낄 것 같진 않다.

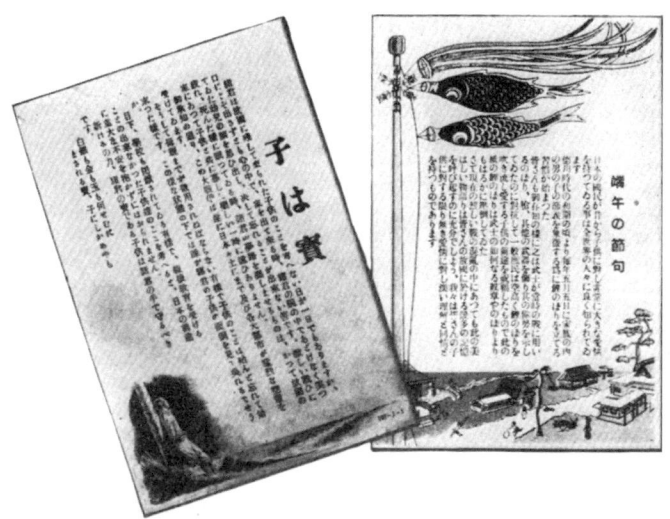

〈사진 30〉 향수를 자극하는 백색선전. 일본은 매년 5월 5일이 되면 소년절Boys' Day이라는 다채로운 풍습을 기념한다. 예컨대, 잉어모양으로 만든 연을 도시와 시골에서 날리는가 하면 수백만 가족들이 어린 아들을 위해 휴양지로 소풍을 떠나기도 한다(일본에 '소녀절'은 없다). 사진 속 전단은 美태평양공군사령부 심리전지부가 5월 5일 유포하기 위해 제작한 것. "새로운 일본이자 귀중한 보화인 자녀를 지켜야 한다"고 호소한다. '향수'와 '애국심' 그리고 '선제적 투항' 전략을 결합했다.

아군 입장에서 자국의 뉴스를 입수하는 것은 예산을 책정하면 될 일이다. 프로파간다 기관은 자막뉴스나 신문, 전보 등을 구독할 수 있는데, 구독료의 액수는 행정관리 차원의 문제다. 야전에서는 통신장교가 방송을 선별하는 과정에서 자국이나 동맹국의 통신사로부터 뉴스를 수시로 도용키도 한다. 통신사가 작전지역에 청구서를 보내는 것도 그렇지만, 장교가 자료의 사본을 '접근제한'으로 규정하는 것 또한 대단히 비애국적인 발상이다. 그러면 정작 자료의 소유주는 사본을 입수할 법적 권리가 없기 때문에 훗날에는 법정까지 갈 수도 있다. (물론 미국인은 그러지 않을 것이다. 비잔틴 사람을 두고 한 말이다)

〈사진 31〉 여보, 섹시하게 말해 봐요
"메리 크리스마스, 해피 뉴이어!"라고

성욕을 자극하는 흑색선전 젊은이 중 특히 사내는 성sex에 오금을 못 쓰게 마련이다. 미인이 목욕하는 사진이라든가 잡지표지, 광고에 실린 세미누드 등, 성을 연상시키는 자극제가 미국에서는 일상이었겠지만 군사작전지에서는 접할 수가 없다. 그러나 적은 프로파간다의 일환으로 '핀업(pin-up, 벽에 걸어 놓고 볼 수 있는, 특히 옷을 거의 벗은 듯한 연예인 등의 사진─옮긴이)' 열풍을 이용한다. 성욕을 자극해 봐야 별 소용이 없다는 현실에 사기가 떨어질 거라 기대한 것이다. 사진 속 일본 전단은 필리핀에서 발견된 것이다(선별된 자료는 의회도서관에 있으나 전문 관계자만 열람할 수 있다).

최신 감각의 필요성

몇몇 백색선전과 모든 흑색선전은 적이 자국에서 읽거나 듣거나 혹은 이야기하는 바와 결이 같아야 한다. 구닥다리 비속어와 '호랑이 담배 피던' 시절의 우스갯소리로 너스레를 떤다거나, 얼마 전 세상을 떠난 위인의 격언을 마치 현존하는 사람의 발언처럼 인용하거나 청취자가 체감·우려하는 전시상황에 어둡다면 라디오 방송은 금세 비호감으로 전락할 것이다. 라디오 방송에서 선전요원은 청취자와 같은 시간대를 살아야 한다. 적국과 자신의 라디오 방송국을 자유자재로 오갈 수는 없으니(정부가 요구하는 것보다 더 용감하거나 찾기가 힘든 사람이라면 또 모를까) 다른 수단을 써서 정보를 분 단위로 업데이트해야 한다. 그러지 않으면 동향을 읽지 못해 자신이 개입하려는 작금의 상황이 아니라 이미 지나간 화제를 이야기하고 말 것이다.

〈사진 32〉 "당신이 떠난 여자는 …"
"샘은 무엇을 원하는지 알고 있다"〈위〉
"당신이 떠난 여자는 …" "직장인 샘은 …"〈아래〉

《사진 33》 "당신이 떠난 여자는 …"
"인간은 다 이렇게 산다"〈위〉
"당신이 떠난 여자는 …" "움찔한 순간"〈아래〉

성욕을 자극하는 회색선전 두 삽화는 유럽에 파병된 미군을 상대로 나치가 유포한 전단을 보여준다. 적의 사기를 꺾으려는 나치는 삽화를 통해 어떻게든 관심을 사로잡아 반유대주의 사상을 악독하고 외설스럽게 포장하기 위해 안간힘을 썼다. 나치 프로파간다의 장단점을 잘 보여주는 대목이다.

성욕을 자극하는 회색선전 앞선 전단을 시작으로 선전을 마무리하는 나치 당국은 전단(사진)을 통해 성욕과 적개심, 좌절감 및 내분을 조장함으로써 미군의 사기를 떨어뜨리려 했다. 이를테면, 두 번째 전단에 언급된 모르드개 에스겔 박사는 실존인물로, 저명한 미국인이자 양심적인 관리로 알려져 있는데 나치가 이를 거론한 까닭은 누가 들어도 유대인 냄새가 나는 이름이었기 때문이다. 미군을 잘 모르는 사람에게는 거짓이 먹혀들 거라 예상했으리라.

한마디로 '최신 감각timeliness'이 중요하다는 것이다.

시중에서 구할 수 있는 최신 간행물을 입수하고 포로와 억류된 민간인의 말에 귀를 기울일 뿐 아니라 방송 중인 프로그램을 주의 깊게 분석하면 가능한 일이다. 나치는 진주만 공습 이후에도 고립주의가 예전과 같은 사상을 공유할 거라 단정하는 실수를 범했다. 미국에서 인터내셔널리즘(internationalism, 독립된 주권 국가들이 서로 협력하여 세계의 평화와 공영을 실현하려는 입장—옮긴이)과 루스벨트에 대한 반감이 고조돼 있었다는 가정은 틀리지 않았으나, 1941년 중엽에서 1942년 중엽에나 통용될 법한 고립주의적인 사상을 고집한 것은 돌이킬 수 없는 오판이었다. 진주만 공습은 그때로 거슬러 올라가나 고립주의와 개입주의의 논쟁은 이미 새로운 국면에 접어든 상황이었다. 나치가 시대착오적인 사상을 계속 이어가자 당의 프로파간다는 마치 여성클럽에 등장한 작년 모자만큼이나 신경에 거슬렸다. 친분을 쌓는다거나 인플루언서가 되기는커녕 되레 무지하고 모자라 보이기까지 했다. 최신 감각이 없었기 때문이다. 대표적인 미국 간행물을 리스본에서 입수하여 주의 깊게 살펴보기만 했더라도 오산은 면했을 것이다.

〈사진 34〉 추집한 흑색선전 2차 대전 당시 가장 황당한 프로파간다 중 하나는 '중국연합진보은행'이 발행한 1달러 지폐를 꼽는다(지금은 희귀한 화폐). 이 은행은 베이핑(Peiping, 베이징의 옛말)에 위치한 일본 괴뢰정권의 은행이었다. 중국 미술가들이 조판한 화폐를 보유하고 있던 일본인들은 이 친일신권이 시내 곳곳에 발행되고 나서야 '고대석학(화폐모델)'이 손으로 무슨 짓을 하고 있었는지 눈치 챘다고 한다. 결국 조폐공은 자취를 감추었고 중국인들은 오랜만에 실소를 터뜨리며 되레 사기가 올랐다는 후문이다. 뜻밖에 터진 뻔뻔하고도 어리석은 프로파간다는 계획된 작전 치고는 드물게 역효과를 내고 말았다.

프로파간다는 신문과도 같다. 최신이거나 시대를 초월해야 한다. 중간은 무용지물이다.

여론분석

첩보 상황이 유리할 때는 스파이가 적국의 시내 중심가를 돌며 여론조사를 실시할 수 있다. 이때 조사가 완료되면 선전요원은 선전을 개시할 때 필요한 이슈를 확보하게 된다. 7월 11일 순교자의 대로(the Boulevard of the Martyrs of the Eleventh of July, 교황 비오 1세를 가리킨다—옮긴이)에 스파이를 파견할 수 없는 형편이라면 프로파간다 분석만 제대로 해도 거의 같은 결과를 기대할 수 있다. 적의 여론은 그들의 프로파간다가 성취하려는 목적을 통해서도 파악할 수 있기 때문이다.

여론분석은 체계가 있어야 도움이 된다. 필자는 최근 도쿄 소재 본부에서 온 사람들을 인터뷰한 적이 있다. 대개는 일본인을 피해 연합국 영토에 왔다는 현명한 판단에 가슴을 쓸어내리는 모습이 역력했다. 생각이 들릴 정도였다고나 할까. '바카야마 헌병대장에게 들켰다면 어찌 되었을지!' 그들은 당장이라도 속내를 털어놓고자 했다. "애당초 도쿄에는 왜 간 겁니까?"라는 물음을 두고는 함구하며 보안을 유지하려 했으나 그 외의 질문에는 적극적으로 입을 열었다. (일부는 그럴만한 '충격적인frightfully' 이유가 있었다. 정말 충격적이었다) 필자는 이러한 정보원을 통해서도 일본인들의 생각을 신속히 파악할 수 있을 거라 생각했다.

필자는 분명 파악하긴 했다. 인터뷰를 진행할 때마다 파악한 건 사실이다. 자국을 탈출한 엔지니어는 일본인의 우울증이 심해 '육류용 칼' 매출이 급증했다 하고 본국에서 자취를 감춘 낙농업자는 그들이 자살을 각오하고 있다는 증언도 했다. 사내와 눈이 맞아 도망한 여성은 행복한 일본인을 본 적이 없다고 토로하는가 하면, 군사학교를 탈영한 병사는 일본인들이 미군의 공습 소식에 매일 밤을 지새운다고도 했다. 마음을 고쳐먹은 정부인사는 일본인이 갈기갈기 찢어졌다고 진술했다. 이들은(인터뷰는 한 사람씩 진행했다) 듣기 좋은 뉴스를 들려준 대가로 '콩고물'이 떨어지진 않을까 싶어 입꼬리가 살짝 올라갔다.

〈사진 35〉 공보지 위의 영국 전단에는 사막에서 강제로 착륙당한 영국 조종사에 대한 지침이 메시지와 함께 담겨있다. 프로파간다의 내용은 전단의 실제 임무와도 관계가 깊다.

답변은 모두 무용지물이었다. 적의 '보편적인in general' 생각을 묻는 질문은 아군이 적국의 교외지역에 주둔해 있지 않은 한 의미가 없기 때문이다. 적의 심산에 대한 정보원의 생각을 묻는 것은 어폐가 있는 물음이다. "독자 여러분은 어떻게 생각하는가?" "여러분은 어떻게 생각한다고 생각하는가?"라는 건 무의미한 질문이 아닐 수 없다. 질문은 구체적인 것이어야 한다. 이를테면, "양복 가격은 어떤가?" "오메이O'May 상원의원과 맥내플스MacNapels 하원의원에 대해 어떻게 생각하는가?" "라퓨타(Laputa, 조너선 스위프트가 쓴 『걸리버 여행기』에 등장하는 허구의 나라—옮긴이)와 싸워야 할 날이 올 거라고 생각하는가?" "시간당 임금에 만족하는가? 왜 그런가?"

혹자의 생각—소견—은 직종과 연결될 때 실현 가능성이 높아진다. 즉, 개인의 의견은 집단 여론의 일부일 때만 실질적인 의미가 있다는 뜻이다. 물론 공통적인 믿음 외에 다른 공통점 없이 결성되는 집단도 있긴 하다. 예컨대, 영성모임에 가보면 은행직원 옆에 환경미화원이 앉아있는 것을 심심치 않게 볼 수 있는 것처럼 말이다. 그러나 대다수는 사람의 '존재are'나(흑인, 프랜시스 베이컨의 후손, 난청인) '일do'이나(전기공, 변호사, 영농인, 우표수집가) 혹은 '소유have'(공장이나 아파트 혹은 월급)가 같을 때 집단을 이루게 된다. 현실적인 관심사로 뭉친 집단은 공통적인 이해관계를 두고 봉착하게 될 각종 문제를 기화로 여론 공동체를 조성하게 된다. 이들은 여론단체일 뿐 아니라 이익단체이기도 하다. 이는 어떤 일을 '집단으로' 진행하는 단체를 두고 하는 말이다. 프로파간다가 선동하고 감성을 자극하고 이간질하고 이용하려는 대상도 이런 집단이다. (한 집단에만 소속된 개인은 거의 없으며 집단은 거의 무한하다)

선전요원은 '단지 집단이 존재한다'는 이유로 그것이 취약성이나 분열의 원인이 되리라는 생각은 버려야 한다. 직원이 고용주와 항상 대립하는 것도 아니고 노인이 젊은이를 사사건건 배격하는 것도 아니거니와 여성이 남성을, 해운노동자가 철도노동자를 혐오하는 것도 아니기 때문이다. 제대로 돌아가는 사회라면 집단은 한정적인 목적을 위해서만 이권을 행사할 것이다. 철도노동자 또한 트럭운전사나 해운노동자, 조종사 혹은 운하관리자를 항상 증오하는 것은 아니다. 보험업계 입장에서는 철도노동자가 보험료와 리스크를 둘러싼 분쟁 탓에 가장 분노할 만한 사람들이겠지만 ….

허술한 선전요원은 전투가 벌어질 때마다(심지어는 교전이 없을 때도) 끼어들려 한다. 이때 프로파간다는 오지랖 넓은 참견꾼이 부부싸움에 간섭하는 작태처럼 비쳐질 공산이 크니 시큰둥한 반응이 돌아올 것이다. "무슨 싸움이요? 화낸 적도 없는데." 효과적인 프로파간다는 외부의 지원을 어느 정도는 받아들여야 할 만큼 심각한 집단이슈만을 선별한다. 외부의 지원이 되데 해당 집단의 파멸을 부추긴다면 백색선전보다는 흑색선전이 바람직할 것이다. 어쨌든 효율적인 정보 운영은 적 집단의 심리를 조작하는 데 충족되어야 할 첫째 조건이다.

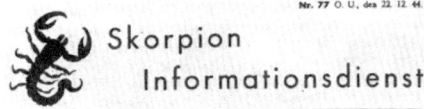

〈사진 36〉 프로파간다 대응지침 서유럽의 독일군 중에는 '스콜피온 Skorpion(암호명)' 부대가 있었다. 전쟁 당시 공격과 방어를 구분하던 美육군과는 달리 스콜피온은 방어와 공격적 프로파간다 기능을 동시에 구사해 왔다. 사진에서 보듯, 간결하고 명료한 정보는 연합국이 (독일을 상대로) 구사할 수 있는 선전물을 선별했다는 점에서 프로파간다 대응책의 실마리를 제시하고 있다. 선전장교들은 이런 자료로 전단이나 강연 혹은 방송을 재구성할 수 있었을 것이다.

여론의 개요

여론분석은 '적국의 여론을 개괄적으로 보여주기도' 한다. 개요는 항공카메라로 찍은 길쭉한 지도사진을 연결하듯 작성하면 된다. 우선 적국의 영토 전체를 찍은 후 굵직한 집단으로 나눠 백분율을 표시하고 특별히 염두에 두고 있는 집단을 선택하라. '가미가제'에 관심이 많은 조력자를 확보했다면 그들을 적국에 보내 1000명에게 같은 것을 묻게 하되 인구의 구성비에 맞도록 도합 1000명을 선택해야 한다. 예컨대, 가톨릭이 32퍼센트를 차지하고 있다면 응답자 1000명 중 가톨릭 신도 320명이 포함되어야 한다. 도시와 시골이 각각 36퍼센트와 61퍼센트를 차지한다면(3퍼센트는 모름) 응답자 중 610명은 시골 출신이어야 할 것이다. 질문은 정확히 같은 형식을 고집할 필요는 없으나 이슈는 같아야 한다. 요원이 복귀하면 여론조사 결과를 확보하게 될 터이나 요원이 없다면 참고도서의 백분율을 적용하고 얼마나 많은 특정 집단이 어떤 불만을 겪고 있을지 추정해 보라.

질의

전쟁포로를 상대로 정보를 수집할 때는 일반적인 각종 군사정보도 그렇지만 의욕을 북돋는 질의도 매우 중요하다. 포로가 신God이나 지도자, 조국 등을 어떻게 생각하는지 물어선 안 된다. 질문은 포로 자신이 흥미를 가질 만한 것이어야 한다. 이를테면, "아내 편지에 아기 기저귀는 충분하다던가?" "우편서비스는 괜찮은가?" "돈은 얼마나 저축했는가? 식사는 입에 맞는가?" "부사관은 어떤가? 처우는 만족스러운가?" "휴가는 충분히 다녀왔는가?" "다른 사람은 돈을 많이 모으고 있는 것 같은가?" 대다수는 민간인 시절에 해오던 일을 군대에서도 계속 잇곤 한다. 목수는 주특기가 보병이더라도 목수일은 계속 할 수 있으므로 그로부터 숙련노동이나 노조원 혹은 도시의 저소득층이 겪고 있는 고충 등의 정보를 얻을 수 있을 것이다.

민간인 여론조사나 프로파간다 분석으로 정리된 개요는 현장에서는 서로 유사한 경우가 더러 있다. 적군 전체를 보여주는 그래프를 그리고, 부대가 인종이나 민족 혹은 특정 노선에 따라 구분된다면 하위 그래프를 작성하라. 각 그래프에는 구성 집단을 기입하라. 여론조사나 질의를 참고하여 불만도의 경중에 따라 고충을 열거하라. 불만을 토로한 문제는 요원의 추정이 아니라 응답자가 실제로 느낀 감정을 토대로 해야 한다. 응답자의 체감이 중요하다는 것이다. 특정 불만을 언급한 횟수를 눈금으로 표시하라. (예컨대, 699명의 포로 중 167명은 사회에서 노조원으로 활동했고 234명은 정부의 노조정책에 불만을 느꼈다고 밝혔다) 횟수의 추이는 곧 프로파간다를 위한 확실한 지침이 될 것이다.

〈사진 37〉 부대에 전하는 통신문 프로파간다 방어지침 '독일군의 국가사회주의 지도부는 부대 발언에 지침이 되는 통신문을 발표했다. '국민에 대한 사상Thoughts About the Volkssturm'과 '각광받는 미국의 자유The Celebrated American Freedoms', 그리고 '작지만 중요한 요청 Small Requests, but Important'이 기록되어 있다. 이 통신문은 1945년 1월에 발행된 것이다.

질적 개요도 가능하다. 각자의 이슈(신발 배급이나 보건시설, 소수민족의 권리, 정부 지도자에 대한 자긍심 등)에 따른 적의 불만을 열거하라.

포로는 …

1 아주 만족스러워 한다
2 불만이 약간 있지만 대체로 만족스러워 하는 편이다
3 불만이 많고 개선의 여지가 희박하다고 생각한다
4 전반적인 상황에 대해 낙심하고 있다
5 이 문제에 대해 당국을 적대시하고 있다

합리적인 판단에 따라 포로나 민간인 억류자의 순위를 정하고, 각 구성 집단이 밝힌 애로사항의 이유를 백분율로 표시하라. (백분율은 문서상으로는 그럴듯해 보이지만 개별적인 항목에 대한 구체적인 비율만큼 딱히 쓸모가 있다고는 보기 어려울 것이다)

좀더 과시하고 싶은 생각이 든다면 모든 항목의 평균을 산출하여 이를 '총의욕지수Gross Index of Total Enemy Morale'로 규정하라. 프로파간다를 아는 사람이라면 속지 않을 테니 이것으로 딱히 할 수 있는 일은 없겠지만 안내데스크 앞에 월별 차트를 걸어두면 방문자는 군사기밀에 접근했다는 점에서 우쭐해 할 수도 있다. (적이 이를 확인하여 상관에 보고한다면 당국의 첩보전문가는 이런 통계를 어떻게 입수했는지 알아내느라 골머리를 앓을 것이다)

구체화하라
효과적인 프로파간다 정보는 다음을 제공한다

01 뉴스
02 뉴스로 발표될 만한 군사정보
03 선전요원이 뉴스를 보도할 때 실수나 오판을 방지할 수 있는 군사정보에 대한 지식
04 적군의 소식
05 분단위로 업데이트되는 적군의 속어나 취미, 유행, 불만 등 대중의 관심을 끌만한 이슈
06 특정 집단 및 전 국민의 상세한 고충이나 불만

07 혹시 모를 집단 간의 갈등에 대한 정보
08 당국에 느끼는 불만의 유형이나 양상
09 유명하거나 그렇지 않은 적의 신분
10 심리전 요원이 특정 인물을 동조함으로써 그가 적의 당국이나 집단에서 이탈할 수 있도록 유도하는 데 필요한 기타 정보

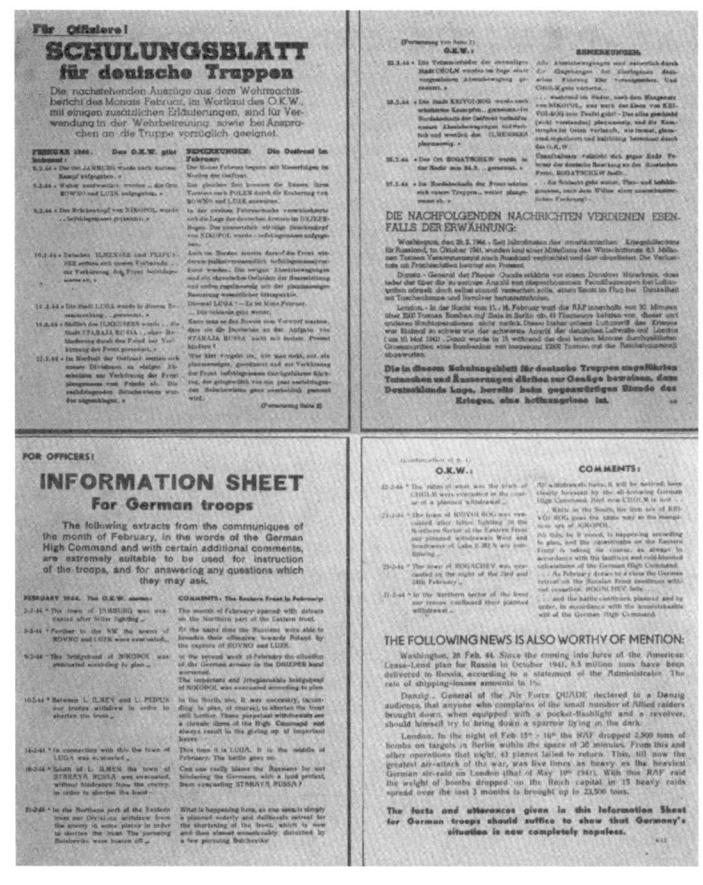

〈사진 38〉 독일군 첩보 흑색 역선전 독일군의 프로파간다 대응매체가 제법 괜찮다는 것을 알게 된 연합군도 이를 활용하여 저 나름의 '프로파간다 대응' 지침을 발표했다(사진은 영어로 옮긴 사본과 원본). '흑색선전'이라고는 했지만 사실 '흑색선전' 답진 않았다. 읽어보면 독일군이 작성했을 거라고 생각하는 독일군은 거의 없었을 테니까.

대개 적의 여론은 조작될 가능성이 없다. 여론은 민간인 및 군인의 일상적인 생각에 부합할 수밖에 없기 때문이다. 이러한 생각은 정치적 윤리 같은 거창한 문제를 고민하지 않는다. 즉, 현실적인 생각을 두고 하는 말이다. 현실적인 생각이란 청취자가 주의 깊게 귀를 기울이고 독자가 하던 일을 중단하고 다시 읽으며 나중에도 둘이 반추하게 할 만큼 흥미를 자극하는 것이어야 한다. 적의 관심을 끄는 것만으로는 부족하다. 적이라면 당신에게 대단한 관심을 갖게 마련이니까. 가끔은 버거울 때도 있을 것이다. 공감을 얻는 관심이 중요하다.

구체적인 공감대가 있어야 가능한 일이다. 뉴스 중에는 당신과 적이 공통적으로 가질 법한 관심사가 있을 것이다. 적이 당면하고 있는 고충을 기화로 공통적인 관심사를 만들어야 한다. 논리에 타당성과 위력이 있다면 적은 관심을 끌게 한 장본인이 적이라는 사실을 까맣게 잊을 것이다. '그래! 이 친구 말이 맞네!' 적에게 이런 반응을 유도해야 한다.

그러나 문제점을 그럴듯하게 이야기하려면 실제로 겪고 있는 고충을 정확히 알고 있어야 한다. 문제를 적의 입장에서 볼 수 있어야만 그와 형편이 같고 그를 지지하며, 상관의 편은 다 잘못하고 있어 어떻게든 벌을 받을 거라는 점을 피력할 수 있을 것이다. 프로파간다는 '구체성specificity'이 토대가 되어야 제대로 작동할 수 있다. 현실적인 고충에 대한 진심어린 공감대가 뒷받침되어야만 설득도 가능한 것이다. 구태의연한 사고방식으로 문제를 제대로 짚어내지도 짐작하지도 못한다면 아예 시작하지 않는 편이 낫다.

CHAPTER 9 상황평가

　물리전에서 모든 상황에 내재한 불안요소는 분명해 보이는 작전으로 감춰진다. 군대의 패닉이나 폭동 혹은 해산 등은 대개 중대한 변수로 보진 않는다. 단, 같은 부대는 반증이 없다면 자질이 동일하고 부대원은 의료기록을 통한 보고가 없다면 심리적으로 동일하게 대처하며 어제 한 일은 내일도 해낼 수 있다는 전제가 따른다. 군사적인 상황이라면 꼭 필요한 전제다. 반면 지형은 상존하는 변수로 꼽힌다. 날씨 같은 변인도 예측 가능한 리스크로 염두에 두지만 그럼에도 노련한 군인이라면, 일이 항상 순조롭게 돌아가는 것은 아니며 예상치 못했거나 해명하지 못했던 변수가 언젠가는 잘 짜인 계획을 복잡하게 만들거나 좌절시킬 수 있다는 점을 의식하고 있을 것이다. 전쟁은 정확성이 형식적인 것 같지만 실은 매우 중요한 대규모 도박판과 같다.

　심리전에서는 이러한 변수가 훨씬 더 뚜렷이 적용된다. 전투를 두고는 몇 가지만 꼽자면 지형과 전투서열, 군수, 추정전력 등의 구체적인 변수를 감안한다. 한 개 사단과 다섯 개 사단의 전력 차이는 이미 알려져 있고, 적이 이런저런 전력을 발휘하는 데 필요한 시간을 계산하면 우리도 이에 대응할 시간을 계산할 공산이 클 것이다. 심지어는 전략 폭격처럼 매우 장기적인 작전에서도 정밀한 '티'를 내려면 경제적인 변수 또한 고려해 봄직하다. 그러나 프로파간다는 이 모두가 불가능하다.

선전요원은 지형을 알 수 없다. 요원이 감찰하는 지형은 적의 심중—사람이 파악할 수 없는 변수—이기 때문이다. 적은 신념이라는 요새가 있어 흔들릴 수 있지만 선전요원은 "이 변수는 끝을 봤으니 다른 변수로 넘어가자"고 말할 순 없다. 승리도 패배도 없거니와 오로지 그럴듯한 성취와 패착이 끝없이 엎치락뒤치락할 뿐이다. 솔직한 요원이라면 자신의 현주소를 모른다고 시인할 것이다. 출발점에서 얼마나 멀리 왔고 목표에는 얼마나 근접했는지 알 수 없는 것이다. 적이 투항했다고 해서 프로파간다의 완벽한 성패를 논할 순 없다. 프로파간다는 국제정세에서 차후 전쟁까지 지루하게 이어지는 흐름이기 때문이다. 심리전은 기획자가 전제를 두어야만 분명해질 수 있다. 물론 냉소적인 트로츠키의 추궁에 독일 총참모부의 전제가 성립하지 않았듯이 현명한 철학자가 이의를 제기한다면 전제는 성립하지 않겠지만, 그럼에도 기획이 목적일 때는 전제가 보탬이 될 수 있다.

분명한 목표

우선이 되는 전제는 이렇다. 목표는 성공한다는 희망을 가져야 성취할 수 있다. 프로파간다 기획자는 입수 가능한 정보를 동원하고 전문가와 상의한다. 아울러 (1) 요원이 유도하려는 사기저하와 불화를 규정하고 (2) 타깃이 될 적(청취자, 독자, 시청자)을 특정하며 (3) 그가 강조하려는 주장의 유형과 (4) 프로파간다를 반영할 매체를 선택해야 한다. 불화나 불안 혹은 투항은 전쟁의 종식을 앞당길 거라는 전제도 있다.

야전에서 선전요원의 목표는 부대의 저항의지를 떨어뜨리는 데 있다. 부대가 한 치의 후퇴 없이 투항할 의지가 전혀 없어 보인다면 장교와 사병 간의 갈등을 조장하거나 탈주를 독려하거나 혹은 다른 전장에서 벌어진 비보를 전파하거나 사기를 저하시키는 전략을 추진할 것이다. 이때 프로파간다는 목표를 겨냥해야 한다. 목표는 포나 폭격기가 타깃을 조준하는 것만큼이나 심리전에서도 매우 중요하다. '애매한 지점이나 딴 곳'을 쏘면 결과를 기대할 수 없듯 적의 마음을 얻지도, 행동을 유도하지도 못하면 프로파간다 역시 성공할 리 없을 것이다. 따라서 부대

전체나 국가의 전면적인 항복을 목표로 삼는다는 것은 가당치 않은 발상이다. 요원은 구체적인 목적을 위해 적의 특정한 고충을 겨냥해야 한다. 전역에서는 부대를 투항시키고 후방에서는 적의 활동에 개입한다는 것은 목표치고는 너무 막연하다.

막연한 목표는 구체적인 것으로 수정해야 한다. 정보기관이 보고한 상황은 심리전의 단초가 될 수 있다. 예컨대, 식량배급 중 23명의 사재기꾼이 적발되어 총살당했다는 언론보도가 적국에서 나왔다면 최초 흑색선전 목표로는 '식량배급에 대한 불신을 조장하여 부패한 식량을 늘리고, 식량배급의 오용을 부추김으로써 식량소비의 효율성을 떨어뜨린다' 정도가 좋을 것이다. 생각해 봄직한 수단은 이렇다. 적국에서 '나왔다는' 전단을 만들어 병참장교에게 라벨이 없는 통조림은 폐기해야 한다는 경고와 아울러, 다른 전단에는 썩은 음식이 일부 원인이 된 질병을 밝히고, '적'의 주장(아군도 나쁘진 않지만 중립국 측 전단을 더 권한다)을 토대로 적국의 정치 지도자들이 식량을 사재기하는 장본인이라는 점을 부각시키며, 라디오 방송으로는 지난 달 부패한 음식(우리 측 의사라면 부패가 건강에는 크게 문제가 되진 않는다고 하겠지만) 때문에 사망한 사람이 무려 783명이나 된다는 흑색선전을 퍼뜨린다. 아울러 모든 국가에서 흔히 나타나는 질병—관절염이나 위궤양, 두통 혹은 황달 등—이 적국에서 발생했다는 점을 지적하며 정부가 자국민에게 배급한 음식을 원인으로 지목한다. 한편, 백색선전의 일환으로 방송은 아침식사로 베이컨 요리를 이틀 걸러 먹고 달걀을 한 번에 네 개 이상을 먹을 수 없는 우리 국가의 고충을 토로하며, 물가가 5.3퍼센트 증가한 사실에 정부의 시름이 크다는 점을 지적한다. 물론 당시 적국의 물가는 45퍼센트 이상 폭증했어도 이를 언급하진 않는다. 목표가 분명해야 선전요원도 할 일이 생긴다. 적의 동맹국이나 위성국가를 상대한다면 적국이 썩은 식량을 상습적으로 해외시장에 무더기로 넘긴 탓에 정작 정부는 작은 동맹국 등에 손을 벌려야 할 처지라는 점을 꼬집는다.

선전이 한동안 제대로 작동했다면 멈추되, 적국에서 식량난으로 골머리를 앓고 있다는 뉴스가 실제로 나오면 프로파간다를 재개하라. 선전의 신뢰도를 끌어올릴 수 있기 때문이다.

프로파간다는 도의적인 일반론만으로는 제 기능을 할 수 없다. 목표는 정확한 뉴스나 정보에 근거하여 설정해야 한다. 작전이 지속되려면 청취자 대다수가 알거나 믿고 있는 사례에 프로파간다가 부합할 수 있도록 사실이 뒷받침되어야 할 것이다.

전쟁 중인 국가치고 문제가 없는 곳은 없으므로 목표는 특정한 적의 고충에 맞게 재단하고, 현실적인 고민과 기존의 의혹을 증폭시켜 내분을 조장하는 데 목표를 두어야 한다. 전혀 없던 사건을 만들어내는 프로파간다는 무용지물이다. 러시아는 히틀러의 만행과 나치 전략의 어리석음을 일깨워주기 위해 망설임 없이 비스마르크(Bismarck, 근대 독일의 정치가. 1862년 독일 제국의 초대 총리로 철혈 정책을 써서 프로이센, 오스트리아, 프랑스 전쟁에서 승리하고 1871년 독일 통일을 완성했다—옮긴이)에 호소했다. 이때 비스마르크가 군대나 동유럽 전쟁을 둘러싼 문제를 방관했다면 러시아는 사람을 잘못 찾은 것이나 진배없다. 일본이 전 남부연합의 분리·독립을 다시 부추기려 했다면 아무런 진전이 없었을 것이다. 애당초 불만이 없었기 때문이다. 하지만 집총자격이 없다는 이유로 백인이 흑인부대를 항만노동인력으로 이용했다는 의혹을 제기했다면 불만을 조장했을지도 모를 일이다. 현실과 동떨어진 목표는 무의미할 뿐이다.

프로파간다 맨

혹자에 따르면, 심리전이 벌어지는 지형—적의 개인적인 생각—은 신만이 알고 있다고 한다. 그러나 근접한 지형을 찾는 방법은 있다. 가상의 청취자나 독자를 설정하고 '그의' 시각에서 상황을 유추하면 된다.

가상인물은 프로파간다를 접하는 사람의 유형에 맞춰야 한다. 예컨대, 중국을 꼽는다면 통계와 일치하는 중국인(1.3에이커—5,260제곱미터—나 되는 농장에서 생업을 잇고 도시에는 매년 5.8번 오가며 자녀는 3.6명을 두고 신문은 전혀 읽지 않는다)을 선택하는 건 의미가 없다. 설정된 인물은 '프로파간다를 듣거나 볼 만한reachable' 사람으로, 대·소도시나 마을에 살고 소득은 동네 평균보다 2.1배 높으며 롱코트는 1.7개를 입으며 한 가지 신문을 6.8명과 나누어 본다면 얼추 맞을 것이다. 아군과 적군의 프로파간다를 두루 접할 수 있는 일반인을 선택하라. 그를 '프로파간다 맨Propaganda Man'이라 부른다.

전쟁 전, 프로파간다 맨의 일상을 구현해 보자. 정보는 현지 전문가를 통해 입수한다. 프로파간다 맨이 선호한 것은 무엇인가? 그는 어떤 편견을 가지고 있었는가? 어떤 풍문을 듣고 전파했는가? 그의 심기를 건드렸던 말은 무엇인가? 마음을 동하게 했던 애국 구호는 무엇인가? 전쟁 전에는 국가를 어떻게 생각했는가? 당신과 당신의 국민을 싫어한 이유는 무엇인가? 미국에 대한 오해는 무엇인가? (미국인은 모두 술을 마시면서 스포츠카를 탔는가? 아내는 모두 금발머리 미인이었는가? 총격사건이 수시로 벌어졌는가?) 미국 문화 중 바람직했던 것은 무엇인가? 음식과 신발, 자동차, 개인의 자유 등인가? 지금은 어떻게 생각하는가?

적의 선전이 프로파간다 맨을 대상으로 감행하려 했던 행태도 추가한다. 즉, 목표로 선택된 특정인 입장에서 적의 국내 프로파간다를 평가하라는 것이다. 적이 필요한 것과 감추고 있는 약점이 밝혀질 것이다. 지도자들은 '현재' 무엇을 하고 있는가? 프로파간다 맨의 정시 출근을 종용하고 있는가? 공휴일을 흔쾌히 반납하도록 유도하고 있진 않은가? 아군이 이기면 그들이 프로파간다 맨을 죽일 거라는 두려움을 심어주고 있는가? 도시에 연기가 자욱해질 거라는 우려를 불식시키려 하고 있는가? 특정 대피소가 든든하다는 점을 일깨워주고 있는가? 대피소가 안전하다는 점을 구태여 반복하는 이유는 무엇인가? 프로파간다 맨은 대피소가 부실하다며 맞받아치고 있는가? 그는 타깃이 된 도시에서 피신하고 싶은가? 경찰은 피난허가증을 공정하고 신속하게 발급해준 점에 대해 칭찬을 듣고 있는가? 불법 피난민은 쓰레기나 배신자 혹은 겁쟁이 취급을 당하고 있는가?

이번에는 프로파간다 맨을 추적할 차례다. 그는 당신의 친구고, 당신도 그의 친구다. 이때 유일한 적은 지도자뿐이다(적 진영의 장군이나 황제 혹은 자본주의자들 혹은 그냥 '아무개they'). 프로파간다 맨이 당신에게서 소식을 입수하는 경로는 무엇인가? 전단인가? 단파방송인가?—그렇다면 애당초 적에게 귀를 기울이고 있는 이유는 무엇인가?—표준파인가? 확성기 방송인가? 소문인가? 재차 말할 만큼 관심이 있는 정보를 그에게 흘려라. 그가 매달 우려하고 있는 문제를 리스트에 조목조목 적어두라. 적과 당신이 프로파간다를 통해 그에게 하려는 일도 목록에 기록해두라. 세 가지 목록은 타당한가? 숨 쉬고 생각하며 살아가는 사람이자, 선입견과 의지박약과 명예와 탐욕과 음란 등의 동기를 가진 사람에게 적용되는가? 당신의 목록이 프로파간다 맨의 실생활에 부합하고 적의 프로파간다에는 타격을 준다면, 매달 누적되는 혼란과 우울감과 투항의지에 심리적으로 영향을 준다면 지형은 유리해질 것이다. 지형은 이미 프로파간다 맨의 머리에 있기 때문이다.

인간의 생각을 그린 지도는 없으나, 관찰력이 매우 예리하더라도 간과했을 법한 단서를 사회학과 심리학이 제공하는 사례는 더러 있다. 이를테면, 2차 대전 당시 영국의 인류학자인 제프리 고러Geoffrey Gorer는 일본에 장기 거주하던 전문가의 철저한 연구 덕분에 일본인의 성격에 대한 분석결과를 발표할 수 있었다. 고러는 생후 40개월 쯤 된 일본인 아이의 체험기를 기초자료로 삼았다. 아이는 배변훈련을 어떻게 했는가? 젖은 어떻게 뗐고 가정 내 훈육은 어떻게 이루어졌는가? 아이는 무엇을 어떻게 배웠는가? 고러에 따르면, 일본인 가정은 애당초 아이를 의구심과 반항심으로 길렀다고 한다. 아이는 자신이 인간의 서열 중에서 어느 위치에 있게 된다는 것을 알게 되는데, 이를테면 합당한 상벌이 즉시 따르는 위협 속에서 윗사람은 항상 존경해야 하는 반면, 아랫사람은 처벌이 거의 면제되므로 무시해도 되는 서열을 두고 하는 말이다. 또한 일본인에게는 애석하리만치 비열하고 옹졸한 개인주의적 사고방식이 있는데 미국인이나 중국인은 그 정도를 알 수 없으며, 성인이 되면 유아기 때 형성된 성격이 필연적으로 드러나 오만하고 소심하고 과감하지만 한편으로는 정중하면서도 외국인을 우려하여 그들에게 만행을 저지른다는 것이다.

아울러 일본인은 사람이나 국가 혹은 기관을 여성(평화롭다거나 즐거움을 누린다거나 갑질이나 폭력의 대상이 된다)이나 남성(포악하거나 역공을 강하거나 상위에 분류된다)으로 구분하기도 했다. 페리 제독의 미국은 남성이요, 코델 헐(Cordell

Hull, 미국의 정치가. 대통령 F. D. 루스벨트 밑에서 국무장관이 되어 호혜통상조약의 체결, 뉴딜정책 추진에 기여했다—옮긴이)의 미국은 여성일 듯싶다. 이러한 연구결과를 프로파간다에 적용하고 보니, 선교사와 군인, 외교관, 사업가 및 언론인이 다양한 관점에서 일관성 없이 밝힌 일본인들과는 달리, 하나의 대상을 영·미 작전에 활용할 수 있었다. 이때 일본 프로파간다 맨(일본에는 간 적이 없으므로 멀리서나마 그를 분석했다. 고러가 머문 지역 중 일본에서 가장 가까운 곳은 인도차이나였다)은 신빙성이 높았다. 고러의 분석결과를 탐독하고 난 후 일본의 선전영화를 비롯하여 일본 정부 요원이 (직감과 본능으로) 프로파간다 맨에게 선전하는 모습을 보니 납득하기 어려울 정도로 어색했다.

동기전가

사실과 거리가 먼 변수 중 하나로 '동기motive'를 꼽는다. 동기는 자신의 삶 속에서도 파악하기가 쉽지 않다. 증명도 (아주 불가능한 것은 아니지만) 어려운 건 마찬가지다. 동기는 전가되는 경우가 비일비재하다. 때문에 해석은 어렵지가 않다. '동기가 허위임을 밝힌다는 것falsification'은 거의 불가능하다. 아무리 그럴싸하게 동기를 왜곡하더라도 정황에는 맞아떨어질 수 있기 때문이다. 그래서 동기는 심리전의 탁월한 양념이다. (프로파간다의 베테랑인 공산주의자들은 그들과 대립되는 동기를 싸잡아 반진보주의요 반자유주의며 탐욕이라는 것을 암시하는 원칙을 세웠다. 동기가 뭔지 모르는 사람도 예외는 아니었다. 공산주의의 동기는 항상 순수했다. '학문'에 따르면—카를 마르크스의 장황한 역사론에 따르면—저들은 '객관성으로나' '역사적으로 옳다고' 했기 때문이다. 이런 원칙은 부실한 학문이나 선전무기로는 단연 최고였다)

전쟁이 발발하면 동기왜곡 작전은 수월해진다. 당사국의 지도자나 국민은 이때 도의적인 희열을 느낀다. 얼핏 보면, 정치인은 존경받는 리더가 되고 고위급 간부는 전략가가 되며 평범한 사람은 영웅과 순국선열 및 승부사가 된다. 심리학자도 가르쳐주지 않을 고도의 동기전략은 덜 당혹스럽고 비판도 덜 받을 만한 '좌표'

를 사람과 사건에 찍는 것이다. 특히 유럽과 아메리카 대륙인들 사이에서는 전쟁이 벌어지면 남성은 모름지기 용맹하고 이타적이어야 하고 여성은 자상하고 순결하면서도 매력이 있어야 하며 고위 관리는 희생정신이 투철해야 한다는 등의 설이 나돌았다. 실제 당사국의 경우는 정반대였을지도 모르겠지만 말이다. 전쟁이 가져올 공허함futility이란 문화인 중에는 모르는 사람이 없기 때문에 전쟁이 나면 사람들은 어떻게든 기를 쓰고 보상을 얻으려 하는 것이다. 그래서 착각을 조장한다.

전쟁이나 인류를 비난한다는 뜻으로 받아들일 필요는 없다. 세상은 인류가 스스로 세운 전시 기준에 대체로 부응하며 살면 좀더 바람직한 곳이 된다. 전시에 기준이 존재한다는 것은, 전시에는 자살률이 급격히 하락하지만 전쟁이 종식된 후에는 자살과 살인 및 비행이 증가한다는 사실로 입증되고, 역할의 변화가 대개 허상이라는 것은, 전쟁 중 국가의 발전으로 사회적 변화가 지속된 나라는 없다는 사실로 입증된다. 국가가 실제로 발전했다면 발전의 진위는 가려지겠으나 그것이 오랫동안 지속되는 경우는 거의 없으며 전 인구를 똑같이 만족시켜 주지도 않을 것이다.

선전요원이 활약하기에 가장 좋은 상황은 다음과 같다. 적국의 모든 사람은 좀더 고상하고 이타적인 사람인 양, 일도 열심히 하는 사람처럼 보이고자 안간힘을 쓰고 있다. 그들은 평시보다 높은 윤리와 성과의 기준을 적용하는데 이를테면, 사업가는 돈을 너무 밝히지 말아야 하고 정치인은 종일 분주하게 뛰어다녀야 하며 공직자들은 협력을, 가정주부는 저축을 하며 아이들은 쓰레기를 뒤져야 한다. 물론 몇 퍼센트는 이에 해당되지 않는다. 소수민족은 정서적으로 소외감을 느끼기도 하지만 기질적인 차이로 어떤 이는 회의론자가 되고 어떤 이는 믿음을 이어갈 것이다. 전쟁 시, 이기적인 동기의 원인을 다른 곳에 두기만 해도 소문을 퍼뜨린다거나 부풀린 인간성에서 거품을 빼다거나 혹은 몽상에서 깰 수 있는 기반은 이미 마련된 것이나 진배없다.

그릇된 동기는 군인 리더보다는 민간인 리더에게 씌우는 것이 더 쉽다. 현대전에서는 기강이 의식으로 굳어진 탓에 군인은 다소 베일에 감춰져 있다. 평시에는 알려진 바가 없어 시시껄렁한 풍문이나 저급한 인기에 노출되지 않고 신분도 드러나

지 않는다. 하지만 민간인 지도자에게는 이런 보호수단이 없다. 대중의 눈에 띄려는 사람은 인기를 끌려고 노력하지만 한편으로는 이를 피하는 척 연기도 한다. 국가를 섬기면 자신에게도 득이 된다. 아무런 소득도 없이 국가를 이끈다는 것은 어불성설이다. 리더의 역할만으로도 희열을 느끼게 해주니 말이다. 물론 인지도가 높다고 꼭 좋은 것만은 아니다. 명성은 즐길 가치가 없어지면 금단증상이 나타날 테니 말이다. 한때 명성이 자자했던 사람은 아무리 싫증이 나더라도 인지도가 떨어지는 것을 좋아할 리 없다. 자신은 국가가 지겨울지언정 국가가 자신을 지겨워하는 건 참지 못할 것이다. 전시에는 구관이 남은 상황에서 신세대 리더가 계속 부임해 들어오니 명성과 베일은 어느 때보다 급속도로 바뀐다. 국가의 성향과 정치적 환경은 변화무쌍하다. 대인관계의 갈등으로 긴장은 고조된다.

이때 선전요원이 개입한다.

우선 그는 인간적인 동기를 리더에게 돌릴 것이다. 이때 선전요원은 한스 크리스티안 안데르센Hans Christian Andersen 동화에 등장하는 꼬마처럼 개입할 것이다. "엄마, 임금님이 알몸으로 돌아다녀!" 아이는 모두가 아는 사실을 말했을 뿐이다. 예컨대, "이 사람은 돈을 너무 밝힌다"거나 "허접한 선수"라거나 "옛 친구를 배신했다"거나 혹은 "보복을 위해 이기적으로 권력을 잡았다"는 식으로 말이다. 선전요원은 단지 '맞는 말'을 했을 뿐이다.

프로파간다의 다음 단계는 전쟁이 부여한 비장하고 대담하며 역사에 길이 남을 역할에는 그들이 부응하지 못하는 근거를 제시하는 것이다. 전세가 어느 한쪽으로 확실히 기울어지지 않은 상황이라면 그리 어려운 일도 아니다. 전쟁의 승패는 지도자를 영웅으로 만드는 데 일조한다. 예컨대, 처칠과 맥아더는 각각 덩케르크Dunkirk와 바탄Bataan에서 패배를 당했을 때 가장 큰 귀감이 되었다.

마지막 수법은 리더의 신뢰를 훼손하는 것이다. 국내정치가 위태로우면 일부 지도자들은 자발적으로 투항한다. 노르웨이의 크비슬링과 중국의 왕망, 프랑스의 도리오와 라발, 소련의 블라소프, 필리핀 출신인 로렐은 자국에서도 어느 정도 지위가 있었으나 생포나 회유를 당하거나 혹은 조바심이 난 까닭에 원수의 지원을 받으며 직위를 잇기로 결심했다. 그럴 때라면 선전요원은 아량이 넓은 척 연기해도 된다. 평화와 화해, 상대를 인정해주는 의연한 태도의 가치를 믿는 것처럼 부역자를 긍정적인 말씨로 묘사하고, 원수의 지도자를 공격하는 발언에 대해서도 완곡하게 누그러뜨리는 것이다. 또한 전쟁이 종식되지 않는 이유를 두고는 상대 진영의 사사로운 무지와 복수심과 탐욕과 몰이성 때문이라는 입장을 견지한다. 그는 정치인들—부역자와 애국자—이 '그들끼리 해결하도록' 내버려둘 것이다. 서로 연합하는 통치체제를 조성하도록 말이다.

반면 중상모략도 효과가 있다. 적이 유리한 쪽으로 전세가 기울면 주민들은 무사안일에 빠져 험담을 늘어놓게 되고 지도부의 몇몇 리더 또한 다른 리더의 명성이나 지위를 기탄없이 박탈하려 할지도 모른다. 아군 입장에서는 전세가 불리한데 가당치도 않고 어리석어 보이는 영웅의 면모를 과시한다면 대개는 좀 모자란 사람처럼 보일 것이다. 전세가 꺾여 패배를 맞이하는 첫 주에는 리더의 위상이 높아질지도 모르나 패전을 둘러싼 불명예는 삽시간에 번질 것이다. 이때 선전요원이 탁월한 기자reporter가 된다면 패전국의 리더는 프로파간다에 쓸 소재를 그에게 제공할 것이다.

프로파간다의 상황을 판단할 때 리더가 공격에 취약한가 여부는 매우 중요한 변수가 된다. 물론 공격도 적절히 대처하면 상황을 유리하게 끌고 갈 수 있다. 미국 독립혁명 당시 조지 워싱턴의 자질과 됨됨이는 매우 중요한 자산이었다. 그는 부유했기 때문에 밑바닥 사회의 혁명이라는 비난을 받지 않았고, 노예를 두고 있어 사회질서를 어지럽힌다는 비판에서 벗어날 수 있었으며, 베테랑 군인인지라 아마추어 군인이라는 공격을 받지도 않았다. 게다가 인내력이 강하고 반듯한 성품에 겸손한 미덕까지 겸비하여, 피의 제국을 건설한다거나 졸렬한 아첨꾼이라거나 혹은 권력에 취한 미치광이라는 비하발언은 들은 적이 없다. 대륙회의를 두고는 영국 프로파간다도 이런 기조에서 크게 벗어나지 않았다. 그러나 미국인들은 조지 3세와 내각을 가리켜 시골뜨기와 꼰대와 특출한 얼간이가 다수 포진해 있다고 혹평했다.

서면 상황평가

앞서 암시한 바와 같이, 심리전의 지형이 선전을 접하는 청취자(혹은 독자) 개인의 생각과 감정으로 이루어져 있고, 심리전의 임무가 전혀 알 수 없는 결과(감지할 수 없는 감정의 변화)에서 완벽한 성과(조직의 투항 등)를 이뤄내는 것이라면, 적군의 전력이 심리전의 의욕과는 사실상 무관하다면, 의사결정이 수단과 주제를 선택하는 것일 뿐이라면(이 모두가 적용된다면) '상황평가'는 군사적 프로파간다와는 거의 관계가 없다.

사실이 그렇다. 『야전교범(Field Manual, 군사교육 및 작전에 관한 지시, 첩보 및 원칙과 참고자료가 기술되어 있는 교리문헌—옮긴이) 101-5(부록 I)』에 제시된 개요를 적용하는 것은 군사문헌의 서투른 모방에 지나지 않는다.

심리전 시설을 보유한 부대의 '상황'은 심리전 부대의 '전력'과는 비교적 관계가 없는 편이다. 부대원의 사기가 높거나 낮다고 해서 라디오 대본작가와 전단 구성 작가의 결과물에 영향을 주는 것은 아니다.

전투 작전에서 병력은 서로 '부딪치게meet' 마련이나, 심리전에서는 만나지 않는다. 전투 작전에서 적대관계인 두 부대가 '동일한' 영역을 얼마 동안이든 점유하고도 폭도의 아수라장이 되지 않는다는 것은 불가능한 일이다. 반면 심리전에서는 두 작전이 같은 매체를 통해 펼쳐지는가 하면, 같은 음악과 같은 종류의 뉴스 기사를 활용할 수도 있다.

또한 전적으로 방어만을 위한 부대나 전적으로 공격만을 위한 부대와 함께 작전을 실시하는 현대군은 없다. (중국의 만리장성은 방어계획의 모범으로 유명하지만 한편으로는 2100년 동안 공격용 기지를 보호해 오기도 했다) 그러나 심리전의 경우, 샌프란시스코에서 송출되는 일본어 단파방송은 태평양에 주둔한 미군에 이렇다 할 영향을 주지 못했다. 방송을 이해할 수 있는 사람은 일본어를 아는 美극동사령부 정보참모국 및 해군정보국 장교뿐인지라 그들의 반응은 별 문제가 되지 않았다.

전투부대의 공격작전은 적을 발견하고 접촉하여 적을 사살하거나 투항을 유도하는 것이라면 전투부대의 방어작전은 이와 반대로, 마주친 적에 대항하기 위한 계획을 세우는 것이다.

심리전에서는 작전요원과 적이 마주칠 일이 없다. 청취자가 라디오를 통해 반격할 수도 없거니와 전단을 살포한 폭격기 쪽으로 전단을 되던질 수도 없다. 미군 폭격기가 독일의 라디오 방송국을 폭파했을 때 독일 측 공군 사령관이 선전물을 살포하려 했기 때문이 아니라, 미군이 독일의 통신망을 모두 와해시키고자 했기 때문에 그런 것이다. 물론 적이 대응할 기회를 모두 차단할 정도로 라디오 송신기와 인쇄소를 이 잡듯 찾아내기란 거의 불가능하다. 물리적인 의미에서 심리전에 대한 방어책은 둘뿐이다. 각각 궁여지책이긴 하지만 어느 것도 효과를 기대할 순 없었다. 2차 대전 당시 미국은 어떤 경우에도 동요하지 않았다.

첫째 물리적 방어책은 전파를 방해하고 전단 살포용 폭격기를 요격하는 것이다. 전파방해는 적의 송수신 장비가 부실하지 않은 한 효과는 없다. (독일이 BBC 방송을 방해하려 했듯이 일본도 사이판에서 미군의 전파를 방해하려 했다. 수신은 어찌어찌 방해했지만 전파를 모두 차단한 것은 아니었다)

둘째 방어책은 수신시설을 파괴하는 것이다. 점령지역을 쓸어버리고 사용 중인 송신기를 거의 모두 격리시키는 것도 불가능한 일은 아니다. 적이 유포한 전단을 소지하다가 적발되면 군인이든 민간인이든 군법에 회부되어 처벌된다는 명령도 가능할 것이다. 이 같은 조치는 비밀경찰을 둔 독재자나, 철인 같은 사병으로 구성된, 프러시아 수준의 군기를 과시하는 군대라면 유용하겠지만 미군을 상대할 때는 효과가 없을 것이다.

프로파간다와 프로파간다는 서로 만날 일이 없다. 전투병력은 서로 '부딪치지만' 심리전 병력은 서로가 반대 방향으로 지나갈 뿐이다.

미군의 관행 상 적군의 프로파간다에 대응했던 병력은 부대 정보와 교육—사기 진작이나 특수임무—을 담당한 관계자로, 대독일·일본 프로파간다에는 관심이 없었다. 2차 대전에 참전한 독일과 러시아군에서는 미국이나 영국, 프랑스 혹은 일본과는 달리, 직함이 다양한 '정치지도원(political officers, 부대의 정치교육(이념)과 조직을 담당하는 감독관으로 군대의 민간인을 통제한다—옮긴이)'을 부대에 배속시켰다. 그들은 적에게 유포되는 프로파간다(공격)와 부대의 사상교육(방어)을 모두 담당했다. 두 기능은 서로 무관하여 각각 구분되었다.

여기서도 전투 작전과 프로파간다 작전의 유사성은 무너진다. 다음과 같이 병력이 단순히 병치되는 일은 거의 벌어지지 않는다.

적군의 선전요원 ●————▶ 청취자/독자 ◀————● 아군의 선전요원
　　　　　　　　　　　　　　(부대)

좀더 흔한 사례는 각 진영의 선전요원이, 후퇴하거나 옆길로 새거나 수많은 사상자를 내거나 정치적으로 불만이 있는 부대를 공격하는 상황이다. 부대나 적의 사기를 저하시킬 수 있는 변수 중 아군의 프로파간다는 효과가 낮은 편이며, 이를 나타낸 결과는 다소 복잡하다.

적군의 선전요원 ●————▶ 노출되었거나 사기가 저하된 부대

물자공급이 원활하고 정보에 정통한 부대 ◀————● 아군의 선전요원

아사 직전이나 사상자가 많은 부대라면 격려 연설만으로는 선전에 대한 저항력을 끌어올릴 순 없을 것이다. 뿔뿔이 흩어진 부대가 미국위문협회(USO, 미군과 그 가족들에게 사회·복지·오락적 측면의 서비스를 제공하기 위해 만든 비영리 개인 사회봉사기관—옮긴이)의 혜택을 누릴 리도 없다.

프로파간다에 대한 취약성은 흔히 대상(청취자/독자)의 객관적인 상황에 따라 좌우된다. 객관적 상황이 낙관적이거나 중립적이라면 프로파간다는 높은 사기를 보강할 수는 있으나 적의 프로파간다를 정면에서 마주치진 않을 것이다. 마주쳐서도 안 된다.

프로파간다 상황을 시각적으로 나타낸 도표는 다음과 같다.

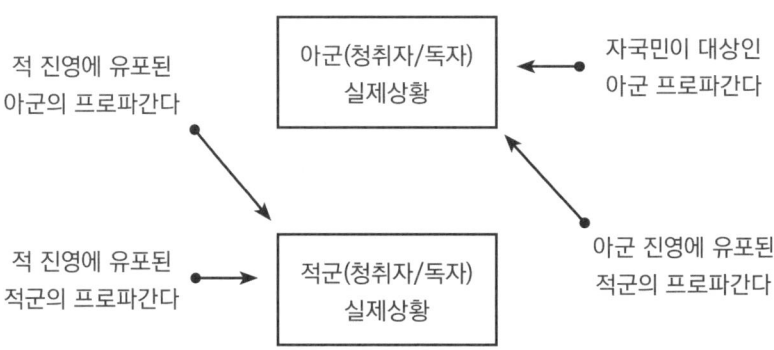

사례를 보면 선전요원 자신이 대상(청취자/독자)의 일원이다. 프로파간다는 기존 채널 밖으로 새어나오고, 모든 국가의 프로파간다는 청취자의 일상적인 고민—먹거리와 건강, 시시각각 달라지는 업무, 대인관계 등—보다 우위에 있어야 한다. 극심한 위기 상황이 아니라면 청취자는 프로파간다에 미미한 관심만 가질 뿐이다. 독재정권이라면 뉴스와 전시동향과 교회의 발표가 '당 노선'에 따라 변질되므로 프로파간다의 범위는 확대될 수 있으나, 전체주의—파시스트와 공산주의—국가(수도)를 방문한 사람들은 현지인 대다수가 공식 사상에 과도하게 노출되어 무관심과 불신과 회의론으로 냉담해진 인심을 성토할 것이다.

따라서 서면 상황평가는 특수한 심리전 상황이 '아니라' 실제적인 방안measures을 감안하여 작성한다. 이를 요점별로 정리하면 아래와 같다.

1 대상(청취자/독자)의 정의
  a. 수단이 되는 매체
  b. 예상 관심도(관심을 끄는 수단 포함)
  c. 관련 특징(프로파간다 정보보고서에 따른)

2 심리적 목표
  a. 적의 관심
  b. 현재 목표(전략적인 상황이라면 견해나 입장, 전술은 행동)
  c. 궁극적인 목표(전략적인 상황에서만 적용가능)

3 방침의 한계
  a. 국내 방침의 한계
  b. 불리한 상황이 초래할 한계
  c. 보안에서 비롯된 한계

4 매체
  a. 활용 매체의 종류와 품질

5 프로파간다 맨
  a. 전형적인 청취자(독자)의 구체적인 평가

6 우위변수
  a. 프로파간다와는 무관한 청취자의 고민
  b. 지속되는 적국의 사상주입
  c. 자신과 청취자가 접하는 뉴스의 효과
  d. 적국이 벌인 프로파간다의 우월한 효과

7 종합(군사)상황평가와의 관계
  a. 타이밍 관계
    1. 비상대책
    2. 비상금지조치

b. 심리전이 작전계획에 미치는 영향
      1. 심리적 조언이 가능한 전투 작전
      2. 프로파간다에 이용당할 가능성이 있는 전투 작전
      3. 적군의 프로파간다에 기회가 될 작전

   c. 심리전과의 상관관계
      1. 공보 프로그램 기획
      2. 정보·교육 계획
      3. 의료 계획 및 보고
      4. 대전복 기능

앞선 보고서는 관련 사실을 하나의 문건에 모았다는 점에서 쓸모가 있다고 봄 직하나 전술적인 상황이라면 평가 담당자가 작성을 마치기도 전에 상황이 달라져 더는 적용되지 않았을 것이고, 전략적인 상황이었다면 아주 복잡다단하지 않고는—작전 측면에서—현실적으로 구체성을 띠긴 어려울 듯싶다. 평가서를 쓸 역량이 된다면 다른 보고서도 작성하겠지만, 현대군의 관행에 따르면 심리전에 실제적으로 영향을 주는 변수를 수집하여 정교한 문건을 마련할 바에는 차라리 연락 담당관을 통해 관례대로 프로파간다를 기획·감독·평가하는 편이 더 낫다고 한다.

미국 심리전 시설의—특히 전역theaters에 소재한—상황평가는 (프로파간다 분석을 통해 직접 도출한) 적군이 실시한 국내 프로파간다의 개요와, 대상(청취자/독자)에 대해 국무성과 해당 연방기관 대표단이 내놓은 소견과 심리전 작전기획·정보위원회의 논의가 담겨있다. 가장 중요한 정보는 프로파간다와는 관계가 없는 사람—적의 민간·군사인력 부족을 예견할 수 있는 표적정보원이나, 적이 겪고 있을 고충을 밝히는 경제전 담당자—에게서 나왔다.

선택의 문제

전투상황 평가는 의학의 진단과 예후(prognosis, 병의 경과 및 결말을 미리 아는 것—옮긴이)에 해당된다. 이는 체계적인 진단처럼 상황을 제시하고 당면문제 및 일반적인 범위 내의 관련 사실을 정연하게 밝히기 때문이다. 계획은 전투상황 평가를 근거로 세우며 부정적인 상황의 제약을 받으므로 의사의 예후—선택의 여지는 있을지 몰라도 독창적인 대응책의 기회가 되진 않는다—와 흡사하다. 심리전 상황은 전술적인 비상사태를 제외하면(포위당했을 때 적에 투항 의사를 밝힌다거나, 특정 지점에서 침략전 프로파간다를 감행할 때) 대개 변수가 많다.

따라서 심리적 측면의 평가는 프로파간다와 프로파간다를 '대조versus' 분석한 결과를 제시해서는 안 된다. 그러면 양측 선전요원 간의 무의미한 결투로 전락할 것이다. 평가가 선택지를 제시하면서도 상황이 이런 선택지를 규정한 것이라는 인상을 주어서도 안 된다. 분야를 막론하고 전문가가 일반인을 속이거나 혼란을 일으키는 경우는 비일비재하다. 심리전 장교는 실제상황에 정확히 들어맞는 선택지—그와 스태프(독창적인 기자)에게 열린 대안—를 제시해야 한다. 정책이슈는 "예"나 "아니오"로 답할 수 있는 것이나 프로파간다는 대부분 그렇지가 않다. 선전요원의 임무는 관심을 자극할 대상을 만들고 어떤 사고방식을 유인함으로써 궁극적으로는 행동을 유도하는 것이다. 이는 끊임없는 공격이요, 인류의 상상력만큼이나 변화무쌍하다.

심리전을 치르는 선전요원은 항시 선택의 기로에 서있다. 선택의 폭은 고정된 지형이나 적군의 전력이나, 혹은 구체적인 필요물자 따위로 한정된 만큼 협소하지 않고 생각만큼이나 넓다. 최후를 며칠 앞두고 정신질환자로 전락할 뻔한 아돌프 히틀러 자신도 이를 깨달았다. 그는 부하들에게 끝까지 버티라고 주문했다. 당시 독일은 프로파간다를 통해 '불가피한' 미국·소련의 충돌을 부추김으로써 독일을 구해낼 심산이었을 것이다. 히틀러는 미국이든 소련이든 개의치 않고 한 편을 선택하겠다고 밝혔다. 과거에는 대담하고 예리한 면모를 보였으나 선전의 달인이라던 그마저도 프로파간다의 경우의 수에 속고 말았다. 부하장교와는 달리, 그는 심리전에서는 '예기치 못한 변수' 중 파장이 큰 변수가 생긴다는 점을 알고 있었고 그것이 막판까지 자신의 목적으로 방향을 틀기를 바랐다. 결과는 죽음으로 이어졌지만 틀린 가정은 아니었다.

연합작전

여러 국가가 편을 갈라 싸울 때 평가는 더 복잡해진다.

특정한 유형의 사례를 들자면, 적군의 프로파간다 역량에 대한 평가는 일반 군사작전의 일부로 연합작전—이를테면, 외부 동맹군이 현지에 파견된 동맹군의 전복을 우려한 상황—에서 볼 수 있다. 1940년 영국과 프랑스, 1944년 미국과 화중 Central China, 1945년 제3제국(Third Reich, 1933년 1월부터 1945년 5월까지 독일 나치 정권의 공식 명칭—옮긴이)과 발칸국가의 사례를 두고 하는 말이다. 이때 적군의 프로파간다 평가는 전반적인 군사력 평가에 큰 비중을 차지하고, 프로파간다 분석은 효율적인 행동과 정확한 타이밍에 대한 단서를 제공할 것이다. 외부 동맹군이라면 가만히 앉아 최선의 결과를 기다릴 형편은 못된다. 현지 동맹이 적에 투항하면 흑색선전을 감행하여 그들을 다시 와해시킬 준비를 해야 한다. 독일은 루마니아와 불가리아 및 세르비아에서는 실패했지만 이탈리아에서는 파시스트인 이탈리아 사회공화국the Italian Social Republic을 창건, 북이탈리아 중 적잖은 영토를 다시 전쟁의 포화 속으로 몰아넣었다. 중국의 친공산주의 연합은 일본이 장개석을 심각하게 전복시키면 미국이 예방책의 일환으로 옌안을 보강해주길 바랐다. 하지만 장개석 총통이 꿋꿋이 버틴 결과 옌안을 둘러싼 책략은 일부 미국인과 국민당에 불쾌한 기억으로 남게 되었다. 이러한 상황의 유형은 한 가지 변수만으로는 평가가 제대로 이루어질 수 없을 정도로 정치와 경제, 프로파간다 및 전쟁이 뒤섞여 있다.

아군의 역량 평가

아군의 역량을 평가할 때 측정 가능한 공간과 시간이라는 변수는 계획을 미래에 투영시키는 데 필요한 지침이 된다. 이런 계획도 가능하다. "1830시간, 디데이+8에 스미스포스Smithforce는 테널리타운Tenallytown에 도착할 것이다." 즉, 개시 후 8

일이 지나면 결과가 나타날 거라는 뜻이다. 심리전은 용어가 다르더라도 얼추 비슷하게 평가할 수 있다.

당연한 이야기지만, 정신이 멀쩡한 야전사령관이라면 심리전에만 의존하여 군사작전의 결과를 기대하진 않을 것이다. 그러나 계획된 행운―수달간의 노력 끝에 얻어낸 행운―은 고려해 봄직하다. 심리전이 침투작전과 함께 구사한다면(2차 대전에서 나타난 결과로 보건대) 사령관은 게릴라나 민병대로부터 통신선을 보호하는 데 최대한의 병력보다는 최소한을 투입시켜도 무방하다고 판단할 때가 있을 수도 있다. 나치가 식량과 선전영화와, 아기들에게 줄 벙어리장갑을 가지고 소비에트의 소작농을 추적했더라면 수많은 게릴라가 그들에게 총구를 겨누진 않았을 것이다.

심리전은 약진으로 적군의 공포심을 끌어올릴 때 활용되기도 한다. 한때 일본군은 중국에서 현지의 지원부대를 패닉으로 해체시킨 적도 있었다. 중국어를 구사하는 사복부대(일부는 공중에서 낙하했을 것이다)의 행진에 겁을 먹은 것이다. 나치군이 아브빌Abbeville까지 진출할 당시 영국과 프랑스는 심리전에 밀려 전선을 조성하지 못했고 결국에는 덩케르크에서 영국이 포위를 당하고 만다.

심리전은 전세가 역전될 가망이 없는 적이 고립되었을 때 그들의 입지를 급속도로 좁히기도 한다. 심리전 요원은 지도를 그린 전단과 투항을 촉구하는 전단을 살포하고 확성기와 방송까지 총동원하면 그만이다. 부대가 즉각 항복하진 않겠지만, 슈퍼맨이 아닌 이상 심리적인 압박이 없을 때처럼 전투를 치를 리는 없다. 태평양전쟁 당시 심리전팀은 일본군 소탕작전을 수월하고도 신속히 완료하는 데 보탬이 되었을 것이다.

앞선 사례는 전술적인 평가에 해당된다. 전략 프로파간다는 평가 대상이 아니다. 프로파간다를 동원하지 않았을 경우보다는 가능성에 무게를 좀더 실을 뿐이다. 미국이 일본 전역에 투항을 촉구하는 전단을 살포하지 않았다면 일본 정부는 투항하지 않았을 성싶다. 독일이 1940년 전쟁 전, 프랑스의 전력을 폭격으로 약화시키지 않았다면 프랑스를 무력화시키기까지 수일 혹은 수달이 지연되었을 것이고, 그렇게 되면 자칫 프랑스가 몰락하더라도 프랑스연합제국에 맞서야 했을지도 모를 일이다. 전략 프로파간다 작전은 계획으로 성공을 보장할 순 없다. 심리전이 군사행동의 결과에 상당한 원인이 된다는 발상은 무모한 낙관론에 불과할 것이다. 소련군도 프로파간다에 민감한 공산주의자들이었지만 심리전에 모든 책임을 전가한 적은 없는 것 같다. 러시아군 역시 확성기나 전단 살포용 박격포를 활용한답시고 포병대를 자국에 남겨둔 것은 아니었으리라. 그들은 전쟁전 프로파간다를 훌륭하고도 섬뜩하게 구사했고 프로파간다를 전술적으로 활용하여 적을 대거 생포한 데다, 심리전을 두고는 통합과 점령을 위해 어느 유엔 회원국보다 더 극단적으로 정치전을 펼치기도 했다. 그러나 다른 국가와 마찬가지로, 결과야 어떻든—즉각적이고도 널리 확산되는 결과든 뜻밖의 횡재든—전략 프로파간다도 병행했을 것이다.

전술적인 심리전은 한계가 아주 없진 않지만, 적군이나 아군의 일부 전술 역량으로도 평가가 가능하다. 전략 프로파간다는 적절히 도입되면 당국의 전세에 긍정적인 영향을 준다는 합리적인 기대감을 주지만 한 지역에 국한되지 않은 일반적인 상황에서만 계획·평가할 수 있다. 전술적인 심리전은 최초 기획자조차도 결과에 놀랄 때가 더러 있는데 이러한 결과는 사전 계획으로 얻을 수 있는 것은 아니다. 그럼에도 작전은 시도할 가치가 있다. 가능성도 무한한 데다 전쟁에 소요되는 총비용에 비해 훨씬 저렴하기 때문이다.

PART 3
설계와 작전

CHAPTER 10 심리전 조직
CHAPTER 11 계획과 설계
CHAPTER 12 민간인 회유작전
CHAPTER 13 부대 회유작전

CHAPTER 10 심리전 조직

　업무량이 많으면 조직도 규모가 커야 한다. 아이젠하워 장군이 지휘할 당시 지중해 및 유럽의 작전지역에 살포된 전단은 80'억' 장이나 된다. 전 세계를 통틀어 남녀노소 할 것 없이 한 사람 당 넉 장씩 받은 셈인데, 숫자는 어마어마하지만 미국과 동맹국과 적국이 전역에 뿌린 전단을 모두 합한 것은 아니다. B-29 폭격기가 일본 상공에서 살포한 수백 톤의 전단도 제외한 숫자다. 미국 신문도 연합국과 적 부대에 다량으로 편집·인쇄·배포되었다. 예컨대, 『낙하산 뉴스Parachute News』는 남서태평양지역에서 200만부씩 인쇄되었고, 신문이 배포된 적이 없던 버마 북부지방과 티베트 접경지역에서는 제14공군부대가 일본어 신문인 『지세이Jisei』를 비롯하여 문맹인을 위한 그림전단을 살포하기도 했다.

　미국은 적을 겨냥하여 전단과 만평, 팸플릿, 신문, 포스터, 도서 및 잡지 등을 인쇄했다. 흑색선전의 일환으로 온갖 날조가 횡행한 탓에 美연방수사국FBI은 약 1000년이나 구슬땀을 흘려야 했다. 영화(상업, 독립, 유성·무성, 슬라이드 할 것 없이)가 전 세계에 확산되었고 라디오 방송(단파와 표준파를 막론하고)도 거의 모든 언어와 암호로 송출되었으며 확성기와 기념품, 사탕과 성냥, 나일론 스타킹, 입 속에 감출 수 있을 만큼 작은 권총과 실, 소금, 음반 및 아기사진도 지구촌 곳곳에서 쏟아졌다. 알다시피 대다수는 쓰레기장 신세가 되었다. 전쟁의 성과를 놓고 보자면 숱한 전쟁 폐기물 중 이들은 거의 애교에 가까웠다.

〈사진 39〉 전단을 제작하는 인쇄기 사진 속 인쇄기는 미국인이 전시에 널리 써오던 데이비슨 인쇄기Davidson presses인데, 레이테 작전 당시 활약했던 심리전 부대도 보인다. 인쇄기 밖으로 쏟아져 나오는 전단은 '3자작전three-way operations'을—일본군은 필리핀에 투항하고, 필리핀군은 투항하는 일본군을 사살하지 않으며 미군도 필리핀 포로를 수용한다는 작전—유도하기 위해 필리핀 게릴라 및 일본 부대에 유포할 예정이었다.

    심리전에 대한 선택권이 있는 미국 야전사령관은 모두 이를 구사했다. 전쟁을 치른 주요 정부는 특정 인사(일부는 훗날 건국의 아버지가 됨)와 아울러 심리전을 벌였다. (이를테면, 달라이 라마의 신성한 정부는 금기구역인 라사(Lhasa, 중국 티베트 자치구의 중심 도시로 라마교의 성도—옮긴이)에서 루스벨트 대통령에게 증정할 우표를 인쇄할 때 다소 간소한 책략을 구사한 바 있다. 내몽골은 외몽골이 선전을 퍼뜨렸고 룩셈부르크대공국Grand Duchy of Luxembourg은 나치 독일을 상대로 방송을 전파했다) 심리전은 전쟁의 성격character까지는 아니더라도 기조tone를 바꿀 만큼 급증했다. 아이젠하워 장군은 유럽 작전 막바지에 이르렀을 때 심리전이 막강한 병기로 발전했다고 술회한 바 있다.

    심리전 조직은 작전만큼이나 많은 문제점을 낳았다. 육군과 해군, 외교, 언론, 예능, 공보, 경찰권, 첩보, 상업, 교육 및 체제전복작전을 모두 포괄했기 때문이다.

거의 모든 국가가 이 같은 신규 권한과 처리절차를 정부의 틀에 맞추는 데 안간힘을 썼고 서로 다른 해결책을 내놓았다. 예컨대, 영국과 일본은 기관을 대거 통합했으나 미국과 나치 및 러시아는 경쟁기관의 숫자로 난항을 겪어야 했다. 프랑스는 과잉 부처가 전쟁 내내 부담으로 작용했으며 중국은 규정을 따른다면서도 별 고민 없이 즉석에서 일을 처리했다. 또한 국민당은 중국 정부를, 공산주의 게릴라 당국은 공산당을 위해 정보기관 역할을 수행했다.

〈사진 40〉 전단 제작_롤링 전단 살포용 폭탄 중 탄두가 둥근 것을 쓰면 전단도 포장재에 맞도록 둥글게 말아야 한다. 폭탄 하나 당 4만 장이 들어가고 미첼 폭격기는 이런 폭탄 17개를 탑재할 수 있다(사진_제9공군 전투부대 제공).

제대(echelon, 연대와 비교했을 때 사단은 상급 제대, 대대는 하급제대—옮긴이)에서 밑으로 내려갈수록 전 세계 부대는 표준화된 심리전 조직에 더 가까워진다. 당국은 코호트(cohort, 특정 경험(특히 연령)을 공유하는 사람들의 집단을 말한다—옮긴이)나 부족이 아닌 부대 regiments를 조직하기 위해 심리전 기관을 구성했다. 적군의 경험을 모방하고 기술 수준을 향상시키고 연합군이 지원을 승인하고 군사훈련을 국제적인 수준까지 끌어올릴 수 있다면 현대전은 자국을 표준화하는 self-standardizing 과정이 될 것이다.

심리전 부대는 인쇄 및 라디오 방송 전담반을 두어야 했고, 이를 위해서는 정보·분석실을 설치해야 했다. 그런 데다 자료도 배포해야 하니 담당요원과 연락원도 필요했다. 흑색선전조직은 백색선전에 비해 차이점이 많았음에도, 한때 일본군의 전복작전부대(흑색선전조직)의 정체를 밝힌 미군은 일본의 조직이 그들과 매우 흡사하다는 사실에 놀라움을 감추지 못했다.

〈사진 41〉 전단유포_신관부착 전단은 펼쳐져야 한다. 종이뭉치가 그대로 떨어지면 머리통에 맞지 않는 한 효과는 거의 없기 때문이다. 전단은 골고루 흩어져야 효과를 기대할 수 있다. 2차 대전 당시에는 다양한 기기를 활용했는데 그중 체감신관barometric fuze(사진)의 효과가 탁월했다. 다른 기기로는 셀프타이밍 패키지self-timing packages를 비롯하여 공중에서 포장이 벗겨지는 슬립스트링slip-strings과, 원하는 속도로 전단을 뿌릴 수 있는 벨리탱크(belly-tank, 동체 밑 보조탱크—옮긴이)가 있다.

국내 프로파간다 조직

국가 차원에서 심리전 기관은 정부 부처에 속한다. 추축국이나 유엔 회원국 어디를 보더라도 초국가적인 심리전 기관을 창설한 곳은 없었다. 국제기구에 가장 가까운 기관이라면 연합참모본부CCS 당국이 지휘하는 영·미조정기관과, 2차 대전 후반 러시아 점령국이 놀라우리만치 모스크바와 한 목소리를 내게 만든 미지의 세력을 꼽는다. 각 정부와 정보기능의 위치를 설명한 정치학 연구교재를 제작하지 않고는 각 기관의 역할을 구체적으로 밝힐 수는 없을 것이다. 정치적 성향이 대체로 같은 정부들 사이에서도 급조된 전시기관은 달랐고, 같은 정부 내에서도 1차 대전 당시의 역할이 2차 대전까지 이어진 사례는 없었다. 미국의 심리전을 기술한 문헌을 보면 복잡다단한 조직으로도 단순한 업무가 가능했던 경위를 제법 잘 보여준다. 일본 기관(야전작전과 통제에는 취약했지만 서류상으로는 매우 훌륭한 편이었다)은 대조 차원에서 개괄적으로 밝혀도 좋을 것이다.

〈사진 42〉 전단유포_포장. 폭탄 대신 상자가 사용된 경우도 더러 있었다. 상자가 육면체인지라 포장에 속도가 붙었다. 직사각형인 상자는 인쇄소를 나오면 바로 쓸 수 있었기 때문이다. 신관은 박스가 아니라 포장지에 부착했다.

〈사진 43〉 전단유포_적재 박스는 폭탄투하실에 맞도록 제작되었다. 박스는 조절레버로 하나씩 개봉되고(사진 왼쪽) 각 상자에 담긴 전단은 조종사가 또 다른 타깃을 정할 수 있도록 차례대로 살포해야 한다.

〈사진 44〉 전단유포_군용기 이착륙장에서 본 폭탄 둥글게 말린 전단이 담긴 폭탄(사진 40)은 폭격기에 탑재된다. 사진의 배경은 잉글랜드의 한 이착륙장. 장교와 사병들은 유포작전을 영국식 속어로 "니켈링nickelling(니켈도금)"이라 불렀다.

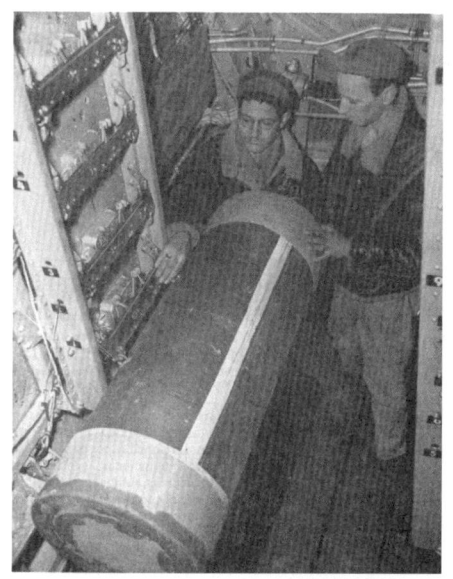

〈사진 45〉 전단유포_폭탄적재 폭탄은 사진에서 보이는 것처럼 적재되었다. 폭탄은 투하되고 나면 조그만 장약이 터지면서 공중분해된다. 정상적인 비행환경에서는 전단이 흩어지거나 사라져 버리기 때문에 그림이나 사진으로는 실제 폭탄이 터지는 순간을 정확히 담아낼 수가 없다. 물론 육군영화는 공식기록을 위해 폭발과정을 보존하고 있다.

〈사진 46〉 전단유포_최종효과 포로를 수색해 보면 전단의 효과를 정확히 알 수 있다. 투항을 종용하는 전단이 암시장에서처럼 가치가 폭등한 경우도 더러 있었다. 적 장교들은 연합군 전단을 소지하지 못하도록 이를 금했다. 삐라를 주머니에 소지하거나 옷에 감추었다는 것은 투항할 의사가 절반 이상은 있다는 방증이라는 점을 잘 알고 있었기 때문이다. 사진을 보면 독일군 포로가 미군에게 전단을 건네고 있다.

〈사진 47〉 포섭선전_무비밴 작전지역에서 우호적이거나 중립 혹은 적대적인 민간인을 포섭하는 것은 대단히 중요한 역할이다. 북아프리카 작전 당시 영화를 상영하는 차량은 현지인에게 뉴스영상이나 다큐멘터리 영화를 보여주었는데 이탈리아를 비롯하여 프랑스와 네덜란드, 벨기에, 독일 및 오스트리아 등에서도 비슷한 차량이 동원되었다.

미국의 심리전 기구

미군은 美극동사령부 정보참모국G-2 소속의 심리전지부를 창설했음에도 심리전을 전담하는 당국과 지도부를 확립하진 못했다. 실제적인 방침과 성격이 규정되면 대개는 해결될 문제였다. 루스벨트 대통령이 이끈 차기 정부는 행정적인 활력이 출중한 나머지 '헌법에 규정된constitutional' 기성 기관의 입지를 신생 라이벌 기관에 내주었다. 과감한 실험가 대신, 순수 행정가와 전통주의자가 백악관에 자리를 잡았더라면 심리전 기관은 단연 국무·육·해군성 조정위원회SWNCC의 창설로 이어졌을 것이다.

이론적인 관점에서만 본다면, 보안도 허술하고 절차와 인력도 급조한 연방기구를 신설할 바에는 국내정책기구(백악관과 의회)와 외교정책기구(국무성) 및 전략 선전기구(국무·육·해군성)를 단일행정기구로 통합하는 편이 훨씬 더 나을 수도 있다. 그러나 국무·육·해군성은 전쟁 초부터 업무량은 많은 반면 인력은 부족했고, 고위급 인사 중 다수는 심리전을 의심하는 눈치였으며 프로파간다는 졸렬하고 성과도 없다는 오명을 면치 못했다. 즉, 기성 기관은 초대 통제기구 설립 기회를 놓아준 셈이다.

〈사진 48〉 포섭선전_포스터 프랑스 군중이 보는 앞에서 미군이 나치 포스터 위에 미군 포스터를 덧붙이고 있다(몰리는 사람들의 규모는 대개 이렇지만 이런 군중이 수천이라면 도시를 빼곡히 채울 것이다). 사진 속 포스터 유포 작전은 연합국 파견군 최고사령부 소속 심리전 전담반에서 실시한 것이다(사진_전시정보국/심리전 전담반 제공).

경험을 더듬어 볼 때, 신생 기관 대신 기존 기구나 기관을 활용하면 안정과 기강과 의욕은 오르고 신규 정책기구—프로파간다처럼 적잖은 논란이 예상되는—에서 흔히 나타나는 조직적인 마찰은 감소한다. 예컨대, 도표 상의 심리전 기구는 (명칭을 막론하고) 국내 안보라는 목적을 위해서라면 국무·육·해군성이나 위기관리국the Office of Emergency Management 중 어디에 소속된들 문제가 되진 않았을 것이다. 다만 중대한 문제라면 외교정책을 규정하는 업무는 국무성 인력을, 군대 본연의 업무는 군무원을, 해군의 업무는 해군을 기용해야 하고, 간부그룹이 확실히 자리를 잡은 후에 인력을 모집해야 한다는 것이다. 기성 기관(어떤 기관이든)이 심리전을 지원했다면 내부의 권력다툼 및 공방과 조직재편성뿐 아니라, 다른 연방기구—전시정보국과 자매기구의 모습을 빼닮은—와의 충돌 속도를 완화시켰을지도 모를 일이다.

〈사진 49〉 포섭선전_사진전 발행 신문이 부족할 땐 사진 전시회가 민간인들의 관심을 끈다. 후진국 사람들은 미국인이 찍은 사진을 보기 위해 종종 차례를 기다리기도 했다. 사진의 배경인 프랑스 셰르부르에서도 행인들은 사진전에 깊은 관심을 보였다.

심리전의 실제 지휘체계는 도표 1에 나타나 있다(도표는 공식 기관이 아니라 필자가 관찰과 경험을 근거로 작성했다). 심리전 정보의 원천 기관을 소개한 것이다. 국무성과 육군 및 해군성의 관계는 안정적인 편이었으나 신속한 일처리를 위해 절차를 건너뛰는 사례가 비일비재했다. 예컨대, 정치전 실험의 일환으로 설치한 자카리어스 선전 방송Zacharias broadcasts은 송출 전에는 정보가 국무성에 들어가지 않았고, 미군전략정보국OSS과 타 기관의 관계는 일관성도 없는 데다 특수하지만 비정상적인 보안으로 베일에 싸여 있었다. 한편 전시정보국은 자치적으로 활동하면서 이따금씩 국무·육·해군성의 자문을 받았으며, 대통령은 자신의 공식적인 재량으로 매우 중요한 심리전 작전을 보좌관에 귀띔도 하지 않고('조건 없는 항복' 원칙 등) 마음 내키는 대로 개시하곤 했다. 백악관 인사는 몇 가지 경로(채널)를 통해 업무를 처리했으나 항상 그런 것도 아니었다. 또한 인플레이션을 조언하던 하버드大 교수는 아시아 대륙에서 벌이고 있는 심리전에 가담하는가 하면 재무성 장관은 나치 방송이 자국에 전파하는 내용을 두고 '자신'의 대응방안을 공개적으로 밝히기도 했다. 전쟁 당시 전시정보국 내에서는 해외작전과 국내작전이 구분되었으며, 방송담당과 기획담당뿐 아니라 전초부대와 여타 부대가 별도로 가동되었다.

그래도 일은 잘 돌아갔다!

전시정보국의 구조 덕분에 성공한 것은 아니었다(도표 5, 6 참조). 어떤 행정 원칙도 이러한 정부의 혼란을 능가한 적은 없었다. 앞서 열거한 당사자들이—긴밀한 관계는 아니었지만 최선을 다하려는 의지로 서로의 업무에 유념하면서—모두 결국에는 성과를 냈다는 사실 때문이었다. 그들의 공통분모는 대통령의 권한이나 민주당의 원칙이 아니었고, 무심코 염두에 두었다가 무심코 외면당한 당국도 아니었다. 공통분모는 미국 문화 자체였다. 미국이 심각하게 분열된 국가였다면 이렇게나 부실한 구조는 대번 붕괴되었을 것이나, 미국에는 너른 합의가 있고 협동정신과 선의가 있었다. 독일이나 러시아 혹은 일본 관리라면 연방조직의 미로에서 정신줄을 놓았을 것이다. 반면, 중국 관리는 아마 적응에는 무리가 없었겠지만 직함과 경칭은 살짝 다듬었을 듯하다.

미국과 적국의 정부기구는 이런 면에서 차이가 있었다. 미국의 조직도T/O는 필요할 때는 활용하지만 형편에 따라(신뢰나 법에 저촉되지 않는다면) 간소화하기도 했다. 발언은 전파되고 자료는 공유되었으며 조율은 상상이 가능한 도표에서는 볼 수 없는 방식으로 이루어지기도 했다. 이는 장단점이 아니라 미국의 행동방식으로 봄직하다.

이러한 특성 탓에 사후 연구가 상당히 비현실적인 결과를 나타내기도 한다. 즉, 공식 기록과 도표에는 정부의 작전 기조를 반영하는 정보가 많지 않다는 것이다. 혹시 모를 차후 전쟁에 대해 조사·기획할 요량으로 2차 대전의 조직을 연구한 결과는 개인의 구체적인 경험을 밝히지 않으면 무용지물에 불과할 것이다. 공식적인 개요도 의미가 없거니와, 실제로 가동된 통제·작전 기관이 밝혀지지 않으면 개요는 허위일 공산이 크다. (월버그는 자신의 책에서 직무에 대한 엘머 데이비스의 견해는 비중 있게 생각하진 않는다고 솔직히 밝혔지만, 데이비스의 부하로 알려진 셔우드가 데이비스나 연방정부 부처와는 거의 무관하게 대외작전을 운용했다는 점은 언급하지 않았다. 셔우드는 데이비스보다 백악관에 더 가까웠기 때문에 대외작전이 독립적으로 운용된다는 주요 사안은 기록에서 배제된 것이다) 작전이 순조롭게 가동된 경위를 다룬 사례는—순조롭게 가동된 듯 보이는 것과는 다른 이야기다—곱절로 전파될 소지가 있으나 냉정하고 신중한 견해를 찾는 가장 바람직한 요령은 관련자가 쓴 자서전이나 비망록이 나올 때까지 기다리는 것이다.

몇 가지 의구심을 염두에 두고 전시정보국OWI의 (내부)조직에 주목해 보자. 국내작전지부the Domestic Operations Branch는 구두로도 해체가 가능했다. 이는 하원의원 중 상당수가 당국을 의심하고 있다는 방증이었다. 국내작전지부는 전쟁을 지원하는 내부 공보미디어를 격려·지지하는 역할을 했으나, 미국 정부의 정보관련 부처(국무성을 비롯하여 농무성과 재무성 및 육군성 등)를 대체하지 못한 탓에 결국에는 민간부문의 뉴스 및 정보기관에 대한 정부의 보충기관 중에서도 전시용 보충기관으로 전락했다. 이로써 국내외 프로파간다의 면밀한 조율은 불가능해졌고, 국내 프로파간다가 적군에게 도청을 당하더라도 전쟁의 수단으로 활용될 수 있다는 기대는 망상이 되었다.

한편 해외작전지부에는 두 가지의 기본 임무가 있었다. 당국은 미국 내에서 정부가 소유하거나 정부가 임대한 국제 단파방송을 운용·통제하는 기관이었다. 해외에서는 육·해군 전역기구와 전시정보국 아웃포스트(OWI Outpost, 전초기지)의 후방 제대였다. 아웃포스트는 특정 목적을 위해서는 OWI의 지휘를 받았으나 어떤 경우에는 해외에 파견된 美재외공관장(대사나 공사 혹은 관리)이나 현지 관할 미군사령관이 이를 지휘했다(예컨대, OWI 델리지국은 인도주재 美고등판무관실뿐 아니라, 사령관, 미육군, 중국·버마·인도 전역의 후방제대본부the Rear Echelon Headquarters도 지휘했고, 인쇄물자와 인력 및 간행물 보급은 OWI 뉴욕지국이, 뉴스 송출은 OWI 샌프란시스코지국이 지휘했으며 인사관리 등 일반적인 정책은 OWI 워싱턴지국의 지휘를 받았다).

국제 라디오 방송에 대해 말하자면, OWI가 워싱턴에서 기획·통제 관련 정보를 제작하여 뉴욕과 샌프란시스코에 전달하면 두 도시의 라디오 방송기관은 이를 전 세계에 전파했다. 이때 워싱턴 통제기구의 명확한 성격은 전쟁이 3년 차에 접어드는 내내 도마 위에 올랐고 집행enforcement도 난감한 문젯거리가 되었으며 기획과 수행 사이의 조율 또한 미결된 문제가 더러 있었다. OWI는 1945년 봄과 여름에 걸쳐 1, 2, 3구역Area의 담당관을 각 지국에 배정함으로써 문제를 대부분 해결했다. 대인관계가 원만해도(이를테면, OWI 샌프란시스코지국장인 오웬 래티모어Owen Lattimore와 워싱턴 극동지국장인 조지 테일러George Taylor 및 중국 아웃포스트 담당관인 F. M. 피셔F. M. Fisher는 모두 중국'통experts'이었다) 조율은 다소 어려웠지만 심기가 크게 불편할 정도는 아니었다.

공급적인 측면에서는 여타 기구가 수집한 정보는 정보계의 '시어스로벅(Sears Roebuck, 미국과 라틴아메리카의 여러 나라에 소매점과 통신판매망을 두고 있는 세계 최대의 잡화 소매상—옮긴이)'을 운영한 아웃포스트 서비스국으로 전달된다. 미국 정보에 대한 해외의 수요는 예측할 수 없었다. OWI가 수요를 신속히 파악하면 아웃포스트발 정보는 고품질로 해외 청취자에게 도달되었다.

국내 심리전 기구 중에는 CIAA와 OSS도 있다. CIAA는 미주사무조정국Coordinator of Inter-American Affairs[미주사무국의 전신]으로 남미와 캐리비언 지역을 대상으로 프로파간다를 벌였고, 전략정보국인 OSS는 합동참모본부에 첩보 및 정책정보를 제공하는 동시에 전역 담당자의 지휘 하에 해외에서 활동하는 부대의 본부 역할도 감당했다. 미국발 흑색선전 작전은 일반 대중에는 보도되지 않았다.

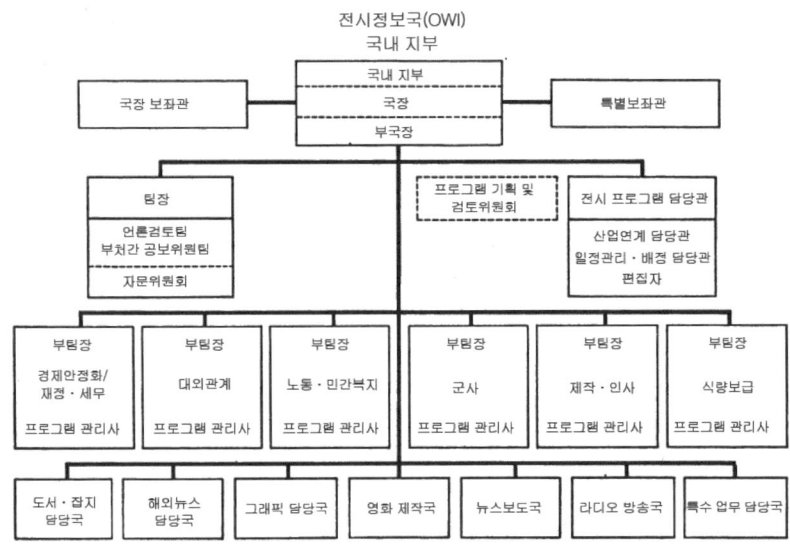

도표 5 전시정보국 행정조직도, E. P. 릴리 박사 제공

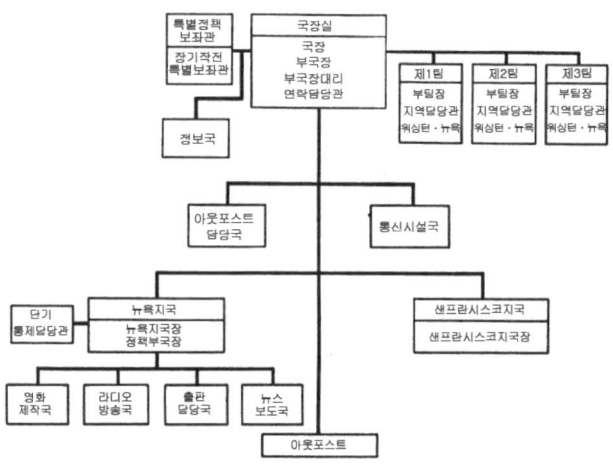

도표 6 전시정보국 행정조직도, E. P. 릴리 박사 제공

국가 차원의 정책집행과 작전활동은 앞서 언급한 두 가지—국제 단파방송 및 공급원—외에 중요한 기능은 없었다. 전역이나 아웃포스트에서는 워싱턴의 정책수립자가 비밀회의에서 결정한 사안을 알지 못한 채 결정적인 선택이 이루어지는 경우가 절반은 되었다. (필자가 중국에 있을 때 OWI 중국주재 아웃포스트는 주간 선전지침의 암호를 해독했으나, 해당 지침은 이미 쓸모가 없을 때 전달된 것이었다) 전역에 주둔한 기관들은 마음대로(원하면 언제든) 심리전을 구사할 수 있었다. 유럽 작전지역European Theater of Operations(ETO)과 워싱턴은 면밀한 정치·군사적 조율이 가능했기 때문이다. 반면 워싱턴과 여타 지역에서는 불가능했다.

심리전 통제·기획에 가담한 육군성은 도표 7에 도식화했다(1945년 이후의 상황). 참모기구로 정보참모국에 배속된—작전기관으로서 군사정보처MIS가 아닌—선전지부는 육군성의 심리전을 실시하는 데 투입되었다. 선전지부장은 해군 동료와 아울러 OWI 회의에서 합동참모부를 대표했고, 전역에 전달되는 심리전 관련 문제에 대한 공식 메시지를 관리했으나 직무 자체는 두서 가지 역할에 한정됐다(이 역할 때문에 필자는 새벽 4시 30분에 일어나 밤새 입수된 적의 프로파간다를 섭렵해야 했다. 테헤란에서 태어나 콜롬비아에서 교육받은 에드워드 K. 메러트Edward K. Merat 때문에 당국에 합류한 나는 다행히 나치 방송이 중단되는 모습을 목격하고 나서야 '아침형 업무early-bird business'를 페르시아(이란인) 동료에게 인계할 수 있었다). 선전지부는 참모급에서 타당성이 인정될 때마다 프로파간다 분석(프로파날)도 연구했다. 부부장(공군)은 얼마 못 가 폐지된 공군 선전기구의 산증인으로, 공군 참모부에 접근하여 공군이 소관일 법한 문제를 관리했다.

전쟁이 종식되자 법률적인 종전은 아니었음에도 OSS와 OWI는 자취를 감추었다. 1945년 9월 20일에 공포, 10일 후에 발효되는 행정명령으로 OSS는 해체되었고 연구 부처는 재조합되어 국무성에 편입되었다. 해당 부처는 중앙정보단CIG 신설에 필요한 정보를 취합하는 데 일조한 것으로 보인다. 작전 부서는 육군성으로 이관되었다. 모르긴 몰라도, 이때 실의에 빠진 대령의 책상을 보면 (첩보원답게) 폭발 및 메시지 전송 기능에 투명 문신을 새길 수 있는 만년필이 늘어져 있고 식용

211

메모지에, 수류탄 기능이 탑재된 전화기에, 스쿠터로 변신하는 타자기가 자리를 잡고 있을지도 모른다. 재미있는 상상이지만 흑색선전의 날은 이미 종언을 고했다. 쓸모가 없어졌으니 OSS를 비롯한 모든 기관은 애물단지로 전락하고 만 것이다.

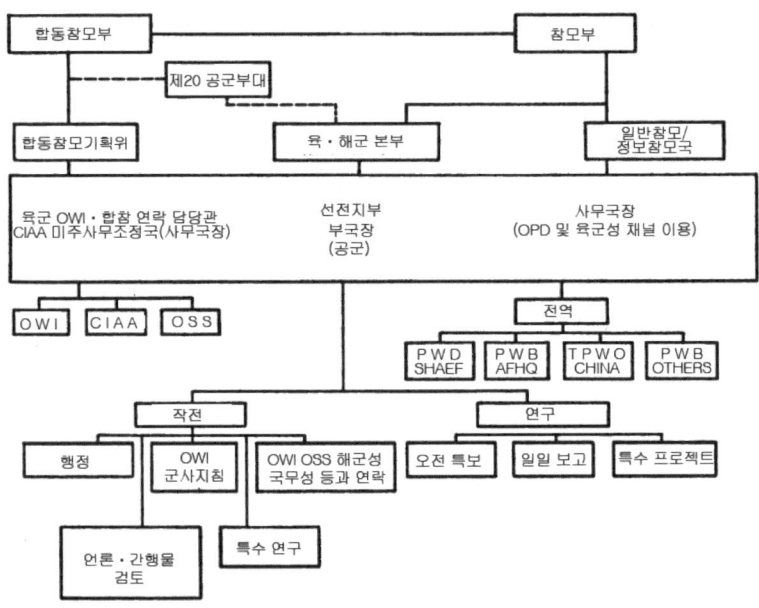

도표 7 출처: 극동사령부 정보참모국, 선전지부에 소속된 존 스탠리 대령에 보고한 도표

OWI의 행정상 수명은 좀더 길었다. 당국은 작전 부서인 임시국제정보실(Interim International Information Service, IIIS)이라는 이름으로 국무성에 이관되었고, 윌리엄 벤턴 William Benton 신임 국무차관이 지원을 담당했다. 1946년 1월 1일에는 OIC라는 약칭으로(국제정보문화사무국Office of International Information and Cultural Affairs) 기

존의 국무성 부서 및 미주사무국OIAA의 잔류 부처와 통합되었다. 당국은 한정된 예산으로 국제방송을 송출했고 잔존해온 아웃포스트—당시에는 해외 외교·영사관과 통합 절차를 밟고 있었다—를 지원하는가 하면, 군사정부 정보프로그램the Military Government information programs을 한국과 일본, 독일, 오스트리아 및 베네치아줄리아(Venezia Giulia, 현재의 이탈리아, 슬로베니아, 크로아티아에 걸쳐 있는 역사적 지역—옮긴이) 현지에 전파하는 역할을 했다. 1945년 8월 31일, OWI이 독립기구으로서의 자격이 상실되자 예산국the Bureau of the Budget은 국내업무 중 일부를 인수했다.

조호쿄쿠

도표 8에서 개괄적으로 밝힌 바와 같이, 미국과 일본의 정보국(조호쿄쿠)을 비교해 보면 통합된 체제와 이질적인 체제의 차이를 한눈에 알 수 있을 것이다. 일본은 긴밀히 조직된 체제를 통해 육해군의 공보를 비롯하여 정부의 간행업무와, 도서출판, 잡지, 언론, 라디오 및 영화 일체의 통제권과 프로파간다 정보 및 전반적인 심리전 활동을 모두 결합했다. 일본의 심리전 체제에서 업무가 진행되는 과정을 도표로 보면 복잡다단할지는 모르나 사실 미국의 처리과정보다는 훨씬 덜한 편이다.

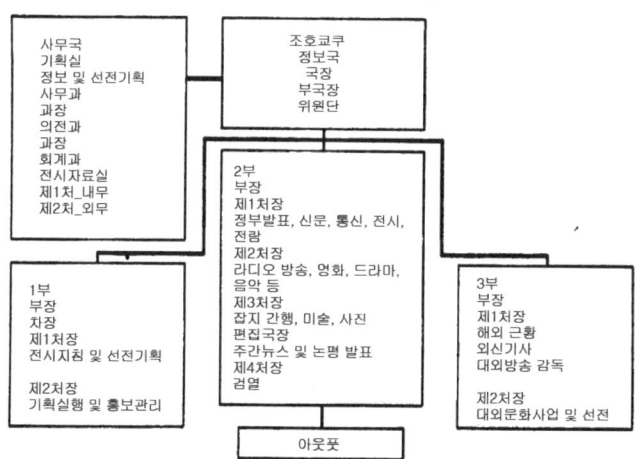

도표 8 출처: 극동사령부 정보참모국, 선전지부에서 대일전승기념일 전에 작성한 도표

도표에 나타나지 않은 심리전의 일면은 일본의 정치전—2차 대전 당시 전쟁 당사국이 가장 공을 들였다—체제다. 일본인들은 단순명료한 진리를 일찌감치 깨달았기 때문이다. '정치전은 밑바닥 경제와 정부를 만족스런 체제로 바꾸진 못하지만, 그럭저럭 사는 지역을 번영과 자유라는 환상을 가진 곳으로 바꿀 수는 있다'는 것. 경제적인 난국을 앞둔 형편에서 승부를 보려면 정치전은 민첩하고 단순하면서도 집요해야 하고 공포분위기도 조성할 줄 알아야 한다. 일본은 1940년에서 42년 사이 극동지역 식민지로 진출하여(인도차이나, 말라야, 인도네시아, 필리핀, 중국·버마 및 소수 인도인이 정착한 지역 일부) 아래와 같은 '독립' 정부를 조직했다.

만주국 제국정부

내몽골 연합자치정부

왕징웨이 정부(이전 괴뢰정권을 대체)

말라이(일본군 통제하에 있으나 독립을 약속했다)

필리핀 공화국

베트남 제국(베트남 공화국)

아디파디 버마 독재정부

인도네시아 공화국

아자드 힌드(자유인도 망명정부)와 아자드 힌드 파우즈(영국군이 지배하는 인도군에 맞서 전장에 대규모 병력을 투입, 인도의 군사력을 무력화하는 데 일조했던 인도민족군)

독립 캄보디아 왕국(무력한 왕에게 프랑스인을 돌아오게 할 필요가 없다고 말해 독립되었다.)

이처럼 일본이 뒤를 봐주는 정부들은 독자적인 국기뿐 아니라 현지 관할구역을 감시하는 데 필요한 부대를 충분히 확보함으로써 독립한 시늉을 내기 위해 안간힘을 썼다. 1944년 몇몇 정부는 도쿄에서 국제회담까지 개최하며 유색인종국가를 해방시키고 거창한 결의안을 채택한 데 대해 일본에 감사의 뜻을 밝히기도 했다. (회담에 참가한 샴(태국) 대사는 "윗칫 윗칫 와타칸 각하the Honorable Witchit Witchit Watakan"라는 경칭으로 융숭한 대접을 받았다!)

정치전의 화려한 행사 뒤에 가려진 경제·사회적 현실은 참담했다. 일본 당국은 재정지원이 담뱃가게 쿠폰보다 훨씬 더 열악했음에도 무분별하게 화폐를 찍어냈다. 결국 非일본계 기업이 모두 파산하자 뜨내기 정치인들이 이를 헐값에 사들였다. 백인계 기업은 소유권이 즉각 박탈되었다. 이때 일본 당국은 통신시설을 차단하고 공포심을 일파만파 퍼뜨렸으며 물가를 올리는가 하면 병원의 폐업을 유도하고 교육의 질까지 저하시켰다. 물론 대다수 꼭두각시들의 헌신은 마다하지 않았다. 영국 식민지 시절에는 잘 살았는가 여부가 수백만의 버마인에게는 중요하지 않았다. 영국은 국기뿐 아니라 공사나 대사 파견도 허용하지 않았고, 박격포를 장착한 배는 '해군을 조직했다는' 이유로 강에 떠우지 못하도록 금하기도 했다. 버마인에게는 법질서라든가 민주주의나 안보 혹은 교육이나 보건이 아니라 정치적 행사가 더 중요했던 것이다.

극동지방을 통틀어 보면 동일한 사건이 반복되었을 성 싶기도 하다. 어쩌면 로스롭 스토다드(Lothrop Stoddard, 1883년 6월 29일~1950년 5월 1일, 미국의 백인 우월주의자로 역사학을 전공한 언론인이자 정치학자였다—옮긴이)가 쓴 『백인의 지배를 막는 유색인의 물결The Rising Tide of Color』을 연상시키는 섬뜩한 상황이 재연되었을지도 모를 일이다. 그러나 국민당 및 공산당 지도부의 소요와 동남아시아 전역에서 벌인 게릴라 작전, 미국 잠수함 및 제14공군부대의 대함작전이 초래할 경제적 여파는 이를 역행하는 변수로 꼽혔다. 일본이 선박을 잃어 대동아공영권the Greater East Asia Co-prosperity Sphere의 생계수준이 급격히 떨어지고 나니 광적인 애국자조차도 불리한 상황을 깨닫는 지경에 이르고 만 것이다.

일본 당국은 점거한 모든 방송국을 가동시켰고, 변절자—부끄럽지만, 미국인도 있었고 러시아인과 영국인, 호주 및 프랑스인도 있었다—는 출신을 가리지 않고 포섭했다. (일본은 괌 전역을 점령했음에도 현지인은 한 명도 기용하지 않았다—차모로족(Chamorro, 서태평양 미크로네시아 마리아나 제도의 원주민—옮긴이)이 미국에 대한 의리를 지켰다는 것과 현지에 오랫동안 자리 잡았던 美해군의 인지도를 입증하는 대목이다)

일본의 심리전은 실제 전쟁에서 일이 틀어진 탓에 고배를 마셔야 했다. 과도하리만치 고분고분한 부대를 광란의 전장으로 내몰기 위해서는 당국이 '해방시킨다던' 민족을 되레 위험한 적으로 취급해야 했다. 아울러 그들은 연간 100퍼센트 수익률에도 만족할 만큼 '센스'가 없었음에도 인플레이션과 부실관리 및 과잉착취로 식민지의 경제체제를 무너뜨리고 말았다. 일본의 허술한 식민통치정책 때문에 부역자도 초조함을 감추지 못했고 전쟁이 종식되기 얼마 전에는 숱한 부역자들이 다시 유엔 측으로 넘어갔다.

전역서 벌인 심리전

일본은 긴밀히 조직된 최고의 심리전 참모조직을 본국에 두고 있었다. 1급 야전요원도 다수 확보했는데 이중에서 둘째가라면 서러워할 실존 호걸로 K. 도히하라 겐지 소장을 꼽는다. 그와 저녁을 같이한 사람은 이튿날 아침 심한 숙취로 잠이 깨고 나면 양심을 판 대역죄인이 되어 있다더라. 그러나 체계가 유연한 상급조직과, 프로파간다 실무요원이 활동하는 하급조직 사이의 소통과 보급 및 통제 채널은 부실했다. 특히 켐페이타이Kempeitai(군사·정치 헌병대) 조직이 소통의 걸림돌이 되었다. 결국 프로파간다 실무진은 패전 속도를 늦춘다는 전략을 파악하지 못해 프로파간다 체제가 몰락하는 길을 선택하고 말았다. 카운터프로파간다가 아닌 통제로 가닥을 잡아 불가피한 결과를 초래한 것이다.

반면 미국의 심리전 조직에는 PWB(심리전지부Psychological Warfare Branch)라는 전역작전부대가 있다. 연합국 파견군 최고사령부SHAEF에서는 PWD(심리전부)요, 중국 전역에서는 TPWO(전역 심리전 담당처)라 불렀다. 물론 최고의 권한은 작전을 실시해야 할 전역사령관에 있었기 때문에 프로파간다 실수로 정치적인 문제가 발생하면 부하가 아니라 전역사령관이 책임을 졌다. 중앙태평양(지휘관인 니미츠 제독은 선전부장으로 한 육군 대령을 선임했다)을 제외한 모든 전역은 장성의 지휘를 받았다. 심리전 담당관과 사령관 간의 원활한 소통은 대다수 전역에서 정치고문이 담당했고, 특히 남서태평양과 연합국 최고사령부 본부(일본)에서는 맥아더 장군이 군비서실을 설치하여 담당 장교에게 프로파간다의 동향을 직접 보고 받았다.

현지 사정의 영향을 받는 전역기구들은 유사한 문제에 봉착했다. 후방제대로서 전투 프로파간다를 지원하는 동시에 라디오 방송이나 전단을 제작하는 등, 실무 작전기관의 역할도 감당해야 했던 것이다. 여기에 다른 분야까지 통합되자 뉴스나 전단 같은 소소한 업무와 아울러 전시 및 영상도 추가되었다. 아니나 다를까, 통신시설은 이를 감당하지 못했다. 군사시설이라면 수십만 단어로 된 정치 뉴스나 지침 등을 전파하는 데는 무리가 있을 리 만무했으나 심리전 기구는 육군에서 차용하거나 국내 OWI에서 입수하거나, 혹은 현지에서 구매한 자재로 통신시설을 급조해야 했다.

대다수의 전역기구를 보면 수장은 군인이고 참모는 군인과 민간인이 일부 섞여 있었다. 아이젠하워 장군이 지휘하던 PWD에는 美육군과 OWI 및 OSS와 아울러, 영국과 프랑스 및 여타 연합국 인사도 포함되어 있었다. 맥아더 장군이 지휘할 때는 OWI가 군대의 엄격한 통제 하에 투입되었다. 반면 스틸웰 장군 당시에는 그런 전역기구가 없었기 때문에 정보참모국(G-2)이나 정치고문 혹은 사령관 자신이 프로파간다 문제를 처리했다. 웨더마이어Wedemeyer 장군 때는 전역 장교가 하나 있었고, 술탄Sultan 장군이 지휘할 때는 OWI가 독립적으로 운영되었으며 아웃포스트가 전역을 지원했다. 클레이 장군 당시에는 美군사통제국OMGUS 소속 정보통제국Information Control Service이 군사통제의 주요 역할을 담당했다. 맥아더 장군이 재조직한 심리전지부PWB—민간정보·교육부(Civil Information and Education Section, CIES)는 미국 기구뿐 아니라, 미 사령부 및 연락부에 복종하는 조호쿄쿠의 일부 조직과 인력을 기용했다—도 대동소이했다. 다른 전역 또한 각각 형편에 걸맞게 기구를 두었다.

〈사진 50〉 포섭선전_문신門神 '문신door gods' 배포는 포섭선전 중 매우 이례적인 것으로 꼽힌다. 중국 만신전의 여러 신을 전시한 포스터로 작지만 근사해 보인다. 농가는 설마다 새로운 문신을 세워두곤 했는데 전쟁 당시에는 그럴 만한 형편이 못 되었다. 이때 F. M. 피셔와 리처드 와츠 2세, 그레이엄 펙 및 제임스 스튜어트가 운영하던 전시정보국 중국지부는 미군 조종사를 보여주는 문신을 제작, 현지 농민들이 미국 휘장에 익숙해지도록 유도하며 연합국의 상호협력에 대한 명분을 전파했다.

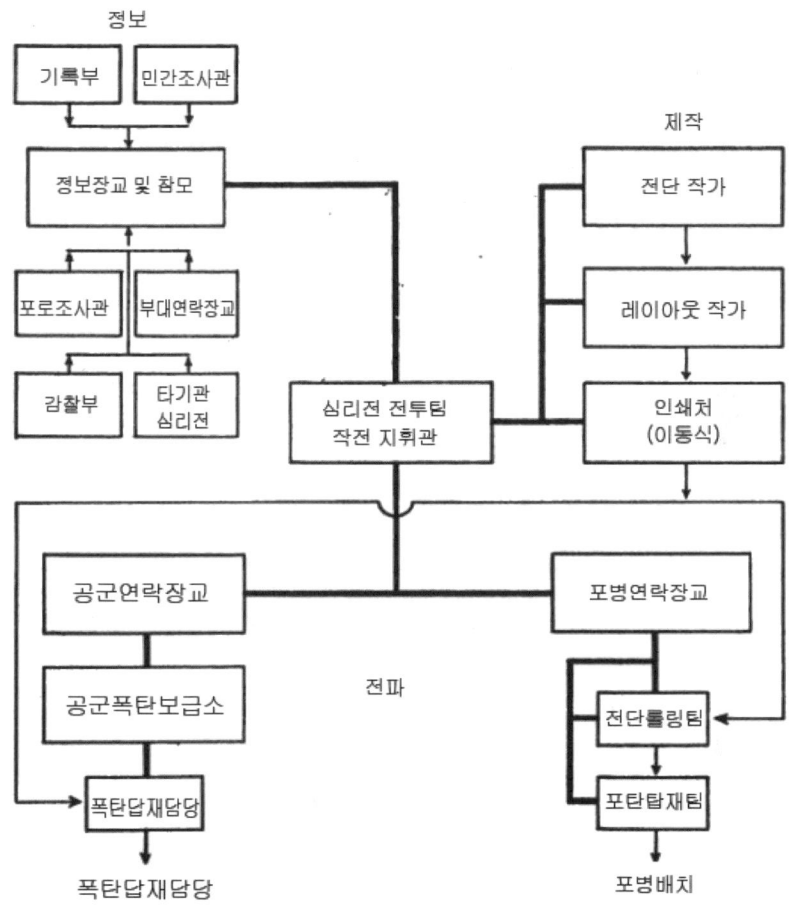

도표 9 출처: 2d 이동식 라디오 방송중대의 역사

전역기구의 공통점은 아래와 같다.

(1) 육군·국무성 및 OWI(OSS도 가끔 포함)의 연락이나 통제
(2) 전역사령관에 대한 책임
(3) 전략 방송을 직접 운용
(4) 전략 전단이나 전술 전단을 마련
(5) 현지인이나 원주민 혹은 연합국 인력 투입

전역참모부를 들여다보면 인력과 보급품의 통제·이동을 위한 심리전 기구가 상당부분 자리를 잡고 있었다. 전역의 작전참모국(G-3)과 군수참모국(G-4)은 다른 업무와 아울러 PWB을 지원했다. OWI와 민간인들은 제복을 입었으며 직무에 걸맞은 계급을 받았다. 때로는 군 병력에 비해 숫자가 지나치게 많았다. 육군 G-2는 단연 PWB의 정보기관과 공조했으나 일부 전역에서는 심리전의 책임기관으로 활동했다. 이를테면, 국내에서 G-2 부참모장이 육군성 총참모장 역할을 하는 것과 같다. 인사참모국(G-1)은 부대의 심리전과 국내 안보에는 관여하지 않고 대부분 독립적으로 활동했다.

심리전에 자금을 조달할 책임에 대해서는 확립된 규정이 없었다. 국무성은 예산에서 이를 대부분 제외했고 육군성과 OWI에 지급의무를 전가했다. 때문에 미군 내 사회주의자들 사이에서는 독특한 신자본주의(neo-capitalism, 자본주의 체제를 개혁하지 않고 이를 수정하여 모순을 완화하려는 사상이나 정책—옮긴이)가 제기되기도 했다. 두 당국은 재무성이 결국 모든 운영비를 지급했다는 명백한 사실은 언급하지 않은 채, 마치 사유재산인 양 부동산에 집착했다.

야전작전

야전작전은 지중해 및 유럽 작전지에서 고도로 발달했다. 전투선전부대는 창설 당시 '풀옵션' 이동식 라디오 방송국과 고성능 인쇄기를 구비했고, 훗날 SHAEF(

연합국 파견군 최고사령부)의 지휘 하에서는 좀더 발전하여 육군수준의 조직으로 확대되었다. 즉, 전역기구의 '축소복사판'으로 발전하게 된 것이다(도표 9 참조).

전술 전단은 전투선전부대와 함께 진가를 발휘했다. 정보를 신속히 활용할 수 있었기 때문이다. 적이 불리할 때는 지도가 대량 살포되었다. 심리전에서는 적군이 사령관의 실명이나 부대명으로 거론될라치면 전투서열이 매우 중요했다. 기밀정보도 가세하여, 부실한 식량이나 열악한 보급상황, 허술한 사령부 혹은 적의 학대 사실은 선전의 일환으로 즉각 전파되었다.

방송은 효과가 가장 낮은 전술이었다. 적이 휴대용 라디오를 가지고 다니진 않았기 때문이다. 그러나 해방된 사람들에게 지침을 전달하거나, 연합군이나 민간인에게 필요한 정보를 전파할 수 있어 통합작전에서는 매우 유용했다.

두고두고 문제가 되던 골칫거리는 전단 살포용 항공기였다. 전단 제작자는 모든 전역에서 전단을 멋들어지게 만들고 이를 단단히 묶어 이착륙장으로 보내곤 했다. 일단 보내기만 하면 공군은 아무리 업무가 많고 사전에 교육 받은 일이 없더라도 전단을 당연하듯 집어 들고는 투하기계를 개발해서 전단을 기내에 탑재하고 언어가 통하는 사람들에게 정확한 시간과 장소에 살포하리라 기대하는 마음으로 말이다. 물론 조종사 입장에서는 민간인이 격납고나 창고에 발명품을 쌓아두는 것만큼이나 허무맹랑한 심산이었다. 전략 전단은 공식적인 경로와 정규 작전을 통한 체계적인 계획이 수립되어야 하는 반면, 전술 전단은 어느 사례를 보든 꼼꼼히 작업할 여유가 없었으므로 심리전 연락장교(육군 장교나, 이착륙장에 익숙한 기술관리자급 민간인)가 부대와 접촉하여 살포장비 설치를 돕고 실제로 투입될 조종사나 폭격수에게 전단을 설명하는 등, 긴밀한 협력을 얻어내는 수밖에는 없었다. 이러한 방침이 거의 모든 전역에서 통한 덕분에 전단폭탄과 배포기 및 살포용 기기가 폭넓게 개발된 것이다.

포병도 매우 중요한 역할을 담당했다. 최전선에서는 준전투 작전시 군용기를 잃을 위험이 없었으므로 폭격기보다 대포를 투입하는 편이 더 바람직했다. 방대한 범위에 살포되는 전단폭탄은 출현 이후 거의 모든 무기에 장착할 수 있도록 제작되었다. 전단은 우호적인 민간인이 대상인 기밀작전에서 살포되었고 여기에 무기와 의약품 및 생필품이 추가되곤 했다.

앞선 신규 기능은 군대의 조직을 바꾸어 놓았다. 전혀 새로운 부대가 직무에 걸맞도록 제대에 추가되었고, 후방지역의 임무와 전략 프로파간다에는 항상 민간인 지원단이 대거 투입되었다. 전선에 최적화된 인력 중 일부는 군대에 합류하고 싶어 하지 않거나, 군대가 가담을 원치 않는 민간인이었기 때문이다. 이 같은 심리전 조직의 운영비는 성과를 가장 보수적으로 측정한다손 치더라도 믿기 어려우리만치 저렴했다. 군대는 앞으로도 국내외를 막론하고 민간인 지원을 간과할 수는 없을 것이다. 심리전이 전투를 대체한 곳은 없지만 전투의 효율성은 어디서든 끌어올렸다.

CHAPTER 11 계획과 설계

대다수의 군사계획은 하향식 일처리가 가능한 데다, 전략적인 목표를 규정하고 나면 작전에 필요한 제반사항을 사전에 처리할 수 있다. 하지만 심리전은 그렇지가 않다. 물론 목적을 규정하거나, 그러는 과정에서 프로파간다 기관에 필요한 사항을 밝힐 수는 있다. 즉, 계획에 간행물이나 방송이 필요하다면 데이비슨 프레스Davidson Press나 핼리크래프터 라디오Hallicrafter radio에 요청하여 이를 활용하면 된다는 것이다. 그러나 계획은 목표를 규정할 수 없으므로 이를 달성할 시한을 설정할 수도 없거니와, 일정이 고정된 프로그램에서 서로에게 목표를 전파하거나 심리전의 승패를 구분하는 조건을 확정할 수도 없다.

심리전에서의 승리란, 심리전이 지원하는 전쟁이 승리해야만 성립한다. 심리전에서의 패배도 논객이나 적군의 선전요원이 입이 닳도록 주장한들 실전에서 패배가 사실로 인정되어야만 입증될 수 있는 것이다. 심리전 계획은 항상 군사적전을 지원하는 비상계획의 성격을 띤다. 군사적전에 좌우되므로 군사작전이 아닌 사실을 두고는 계획을 확인할 수 없다.

아쉽게도, 계획을 기록할 때 이런 조건을 항상 감안하는 것은 아니다.

요원은 정보(자료)와 가이드가 필요하다

외국 부대를 지원하는 미군 관계자는 그들이 실제로 필요한 물자가 무엇인지 확인하지 않으면 군수물자를 계획할 수 없다. 무엇을, 얼마나 먹는가? 얼마나 많은 양을 얼마동안 휴대할 수 있는가? 몇 톤이 얼마나 자주 전달되어야 하는가? 이런 문제는, 국가는 말할 것도 없고 부대의 계획을 수립하기에 앞서 개인의 필요부터 확인해야 한다.

심리전에서도 계획은 이를 통제할 수 있도록 개인차원의 작전에서 출발해야 실현 가능성을 기대할 수 있다. 우선 전기통신이든 인쇄든, 선전 자료를 제작하거나 전파하는 요원부터 규정하라. 요원은 대부분 비밀리에 활동하진 않지만 전쟁에 관한 일급비밀 전략을 완수하는 데는 매우 중요한 역할을 한다. 계획을 작성할 때 실전(일급비밀) 전략을 실시하는 데 유용하면서도, 지휘체계의 밑바닥에 있는 비전문인 각자의 필요까지 충족시킬 수 있는 묘책은 무엇일까? 그런 계획은 없다는 것이 정답이다. 계획은 형편에 따라 달라지기 때문이다.

요원에게는 단순한 기초자료가 필요하다. 그가 프로듀서—창의적인 작가나 미술가, 가수, 프로그램 개발자, 혹은 대본을 작성하는 뉴스 아나운서—라면 독창적인 아이디어를 가진 사람일 공산이 크다. 하지만 개인의 창의성은 수도꼭지처럼 틀고 잠글 수 있는 대상이 아니다. 기용된 작가가 계급이 낮고 군기가 바짝 들었더라도 작가로서의 약점은 항상 내재해 있게 마련인 것이다. (어느 미국계 일본인이 참 안쓰러웠던 적이 있다. 정말 못 봐줄 만큼 어설프게 작성한 개요를 그들에게 던져주고는 한다는 소리가 "이걸 신박한 자료로 만들어주게! 글발은 키우고 사족은 다 빼주게! 단, 개요에서 한 끗이라도 벗어나선 안 되네!" 교포 2세들은 눈을 치켜떴고 결국에는 예상대로 상관의 핀잔을 들어야 했다)

업무 처리 요령을 매일 들어야 하는 사람은 요원이 아니다. 심리전에서는 허술한 단편소설가나 라디오 논객 지망생이 설 자리는 없다. 전문적인 역량을 갖추어야 하고 전문가가 겪는 것 이상의 고초를 겪기도 한다. 따라서 요원은 기술적인 지침보다는 포괄적인 가이드가 필요하다.

그는 밝힐 수 있는 정보와 누설해선 안 되는 정보를 구분해서 들어야 한다. 난해하거나 암호로 된 지침을 두고는 언제든 그 이유를 들어야 하고, 적에게 전파하려는 정보에 익숙해질 수 있도록 지원도 받아야 한다. 여기에 기밀정보는 없다. 조만간 적의 귀에도 들어갈 테니 말이다. 요원에게 전달되는 지침은 …

(1) 군더더기가 없고 이해하기 쉬워야 한다.

(2) **실현할 수 있어야 한다**(사족처럼 들리지만 2차 대전 때는 꼭 그렇지도 않았다. 이런 저런 기관을 공격하라는 명령을 듣긴 했으나 정작 목표를 밝히지 않은 적도 더러 있었다!).

(3) **계획·준비되어야 한다**(OWI의 자료는 종전을 몇 개월 앞두고서야 가닥이 잡혔다. 결국 수십만 개의 어구로 된 프로파간다 명령은 엄밀히는 유효했지만 색인도 없었고 주간형식으로만 정리되어 있었다).

(4) **타이밍이 구체적으로 명시되어야 한다**(일반 지침은 작전 초에 발표해선 안 되며, 수정이 필요할 때는 수정된 조항을 대신 기록하되 기존 조항을 옆에 두어서는 안 된다. 각 항목에는 시한을 정해두고 시한이 경과하면 효력은 상실된다).

(5) **명령형이어야 한다**(지침은 '하라do'나 '하지 말라don't'식으로 기술하라. 개인적인 자문은 비공식 경로로 전달하는 편이 더 낫다).

(6) **보안사항이 아니거나 기밀등급이 낮아야 한다**(지침은 요원이 의당 열람할 수 있어야 한다. 유력한 요원—베테랑 기자나 탁월한 전단 제작자 등—이 다소 의심스런 시민이나 외국인 혹은 자원한 적일 수도 있지만, 지침을 모르는 요원이 이를 따를 수는 없지 않겠는가? 상관이 암기 차원에서 지침을 말해줄 수는 있으나 문건은 건넬 수 없다는 주장은 어처구니없는 콩트에 지나지 않는다).

원칙은 단순하지만 지키기가 늘 쉬운 것은 아니다. 다음은 불량 지침 사례 중 하나다.

> **기밀사항**
>
> 성바난나무축제(Banyan Tree, 하와이에 전파된 기독교 선교를 기념하여 심은 나무—옮긴이)를 적절히 이용하면 종교에 관한 지침은 바꾸지 않고도 임시대통령을 비난·조롱할 수 있을 것이다. 대통령의 생애를 감성적으로 창작하라. 독재정권을 강화하려면 대통령의 종교적 발언은 삼가야 한다.
>
> **주의** 종교는 언급하지 말라. 상스런 인신공격은 삼가라. 대통령의 자전적 정보에 대한 자료는 일급비밀이므로 누설해선 안 된다.

과장일지는 모르겠지만 실제로 발표된 지침 중 최악의 사례임은 틀림없다. 다수의 지침이 아주 허접하진 않더라도 그에 가깝긴 했다. 내용은 동일하나 좀더 수긍할만한 지침은 다음과 같다.

> **접근제한해제**
>
> (축제 다음 주, 9월 24일 만료) 지침을 고집하면 바난나무축제는 다루기 어려워진다. 신성모독이라는 금기사항을 위반하지 않고 축제를 언급할 수단을 제시할 수 있다면 이를 독려하라. 감찰 및 외교 소식통에 따르면, 임시대통령은 축제를 이용하여 자신의 입지를 굳힐 계획이라고 한다. 그가 공격 받을 틈이 있다면 공격하라.

실전 요원에게는 자료도 필요하다. 대본작가는 적의 일상회화를 담은 본문이 필요하다. 최신 속어와 구어를 섭렵해야 하기 때문이다. 한편 미술가는 전쟁 당시 적국의 도시를 찍은 사진을 입수해야 한다. 전단에 게재할 사진이 크리놀린

(crinoline, 스커트를 부풀게 하기 위한 페티코트—옮긴이)이나 T형 모델(Model T, 헨리 포드가 설계해 1908년에 처음 판매한 자동차—옮긴이)처럼 구닥다리로 보이면 곤란하기 때문이다. 자국에 대한 정보—안내서와 사전, 역사, 그들이 모를 만한 분야의 교과서 등—도 가급적 많이 구비해야 한다. 미국인이라도 외국인에게 미국을 설명할라치면 의외로 말문이 막힐 때가 많은데, 그제야 그는 조국에 대해 아는 바가 별로 없었다는 사실을 비로소 깨닫게 될 것이다. 적에 대한 최신 정보도 중요하지만 자신에 대한 정보도 필요하다.

라디오 선전의 경우, 대본작가와 방송인이 청취자에 대한 최신 자료를 입수하지 못할 때는 적국의 선전물을 읽는다. 그러다 보면 각 진영의 방송인은 마음에도 없는 혼잣말을 주고받게 된다. 지난 방송 때 상대가 자신의 술수에 말려들었는지 확인할 요량으로 그를 주시하는 것이다.

한때 OWI 요원들은 라디오 도쿄Radio Tokyo에 겁을 주었다는 사실에 희열을 느끼곤 했다. 하지만 그들은 "아무것도 아닌 일에 호들갑을 떨었다"는 점을 처음으로 시인했다. 겁을 먹은 사람이 일본 청취자가 아니라 방송인이었기 때문이다. 물론 적에 대한 최신 정보가 부족할 때는 적국의 선전요원을 참고하기도 한다. 아군의 선전이 적의 의견에 동요를 일으켜 적의 프로파간다가 달라진 것과, 단순히 화를 내거나 건방진 말대꾸로 어조가 달라진 것은 차이가 상당히 크다. 이를 파악하는 것은 요원이 아니라 프로파널(프로파간다 분석)의 몫이다.

전쟁전 계획

전쟁전 계획은 실제 군사작전이라는 맥락이 없어 계획을 사실적으로 구현한다거나 시급하게 다루지 않는다는 점에서 일반 계획과는 다르다. 모든 계획이 그렇듯, 전쟁전 계획 또한 가용시설과 군사행동의 기본 과정 및 공격 프로파간다의 허용범위를 상세히 열거해야 한다. 계획은 구상해둔 상황에 적용할 때와 같이 프로파간다의 범위를 정확히 규정해야 한다. 계획 당사자뿐 아니라, 전쟁전 계획을 이와 관련된 군사·경제·정치적 계획에 맞추려는 당국에도 해당되는 말이다.

〈사진 51〉 기본형 전단_개전 심리전에서 벌어질 수 있는 거의 모든 실수가 담긴 전단이다. 우선 미국과 일본이 전쟁을 벌인 이유를 밝히기 위해 제작한 것이지만 진주만 습격을 받은 지 수개월이 지나도 전쟁은 벌어지지 않았다. 표제와 필체를 보면 공식문서가 분명하지만 메시지는 역사해설에 불과하다. 그리고 앞선 실수를 만회한 결정적인 실수는 살포할 준비가 전혀 안 되었다는 것!

전쟁전 계획의 유용한 기능 중 하나는 프로파간다를 정기적으로 훈련할 수 있다는 것이다. 정보 및 첩보기관은 직무를 너무 기술적으로 보는 탓에 정부 전체의 구조 내에서 조율이 필요하다는 점을 간과하곤 한다. 공보처는 신문에서 정보를 입수하고 라디오 방송처는 청취자의 관심을 계속 유도하는 한편, 교육 관리는 자료가 교육용으로 적합한지 고민할 것이다. 각 기관의 대변인들은 서로의 관계가 밀접한데도(해운, 항공운수, 통화조절, 사회복지) 포괄적인 국가정책의 필요성은 감안하지 않고 특정 상황을 거론하는 경우가 허다하다. 티토를 두고 최후통첩이 발표되었을 당시 얼마나 많은 조언이 빗발쳤던가? 유고슬라비아 당국은 미국의 정치·심리적 압박을 무릅쓰고 불가피한 결과에 대비했으나, 미국 관리와 민간 논객은 온갖 권고와 제안을 뒤죽박죽 쏟아냈다. 연방 관리가 민간인 못지않은 절제력의 현주소를 보여준 것이다. 국제사회에 위기가 닥치면 미국이 적극 나서서 전쟁전 계획을 수립해야겠지만 정보 분야에서 긴밀히 공조하는 민간인과 정부 인사들은 그 단계에 이르기 전부터 위기사태가 실제 벌어졌을 때 어떻게 서로 협력할 수 있을지 고민했어야 했다.

심리전 계획

심리전의 일반적인 계획은 (어느 시점이나 해당 지역에 대한) 전쟁의 목표를 제시한다. 실제상황을 감안하여 모든 계획이 순조롭게 돌아갈 때 심리전이 달성할 수 있는 최대 목표를 밝히는가 하면 (전투 작전과는 달리) '제로0'에 수렴할 수 있는 최소 효과를 나타내기도 한다.

일반 계획은 작전기관을 통제할 상황을 거론하기도 하는데, 이때는 작전기관에 조율이 필요한 지점과 그렇지 않은 지점을 추정하는 것이 중요한 비중을 차지한다. 매우 중대하여 기밀전략을 밝혀야 하는 계획이라면 절차의 개요를 폭넓게 제시하여 '해야 할 것'과 '금해야 할 것'에 대한 선택 책임을 전문가에게 맡겨야 할 것이다. 이때 계획은 해석의 역할이 어디에 있는가를 두고 기관이나 인력이 서로 의심할 여지를 남겨두어선 안 된다. 공식적인 합의가 선전요원의 해석 때문에 무산되는 경우도 비일비재하다. 계획상 합의된 바에 대해 선전요원이 자신의 소견을 덧붙이려 하기 때문이다. 작전용어로 계획을 정의해야 할 때는 역할에 대한 규정이 더는 필요치 않을 정도로 선전기관의 조직에 흠이 없는 경우가 아니라면 하위정의인 sub-definer의 위치는 분명히 밝혀야 할 것이다.

프로파간다 계획에서 정치·군사적 목표를 통합하는 것은 어렵지만 매우 야심찬 일이다. '동아라코시아인(Eastern Arachosian people, 아라코시아는 아케메네스 제국과 셀레우코스 제국, 마우리아와 파르티아의 속주로 아프가니스탄 남동부와 파키스탄 중북부에 걸쳐 있다—옮긴이)이 폭동을 일으켜 그들만의 친연합정부를 수립할 때까지 민족주의 및 독립정신을 일깨워준다'는 일반적인 프로파간다의 범위를 넘은 목표다. 재정과 외교, 준군사 및 비밀조직뿐 아니라 작전기관까지 총동원해도 될까 말까 한 일이기 때문이다. '동아라코시아의 자치주의 정서에 공감대를 형성함으로써 점령국에 대한 간섭을 조장한다'는 목표의 개연성이 훨씬 더 높을 것이다. 군사적 목표는 선전요원들이 프로파간다만으로도 이루어낼 수 있다고들 주장하지만 다른 수단의 지원 없이 목표를 달성했다는 사례는 알려진 바가 없다. "…을 이긴다"거나 "…을 투항시킨다"거나 혹은 "…을 파괴한다"는 목표는 실전 프로파간다 계획에는 어울리지 않는다. 위용을 부각시키거나 오해를 불러일으킬 여지가 있기 때문이다. 그보다는 "패배를 앞당길 파벌주의를 조장한다"거나 "좀더 수월하게 투항을 유도할 수 있도록 전쟁피로감을 끌어올린다"거나 "…을 파괴하도록 선동한다"는 목표가 더 합리적일 것이다. 어감은 약해 보일지 모르지만 무관심한 외인마저 의심을 사거나 등을 돌리게 만드는 것은 바로 허풍을 떠는 선전이다.

정치·군사적 목표는 기대를 떠나서는 성립할 수가 없다. 성공하는 심리전 목표—바람직한 소견의 형태를 띤다—는 매우 구체적으로 명시해야 한다. 예컨대, 적의 투항이 목표라면 보복과 관련된 주제가 프로파간다에 들어갈 여지를 두어선 안 된다. 공포심 때문에 투항을 꺼릴 테니까. 사령관의 허술한 판단력을 근거로 신뢰를 떨어뜨릴 요량이라면 다른 장군의 탁월한 판단력을 비교하는 것도 쏠쏠한 '양념'이 된다. 심리전의 목표는 적 진영의 청취자(프로파간다 맨)가 얼마나 신뢰·확신하느냐를 기준으로 틀이 마련되어야 한다. 프로파간다 맨은 대중없이 반신반의하며 은밀하게 듣기 때문에 목표가 자주 바뀌면 프로파간다는 실패할 것이다. 심리적인 목표는 프로파간다의 일관성 있는 패턴이 지속될 때만 성공한다. 목표는 분명해야 하고 반복성과 지속성이 뒷받침되어야 한다. 반면 정치·군사적 목표는 기획자가 '거룩한 염원pious wish'으로 봄직한 것은 뭐든 가능하다. 여기에는 기획 당시의 대상이나 지역에 대한 정치·군사적 목표가 최신 동향에 맞게 수정되어 있어야 할 것이다. 이는 심리전이 닿지 않는 영역이다.

국가와 참모수준의 계획은 동일한 방식으로 수립되어야 한다. 계획이 타당하다면 실전에서 프로파간다를 구사하는 모든 정부기관에 두루 전달될 것이다. 예컨대, 일본인과 만찬을 같이한 필리핀인의 즉결처형을 각료가 공개적으로 요구하고 있는 상황이라면 일본괴뢰공화국에 소속된 필리핀 관리들의 협조를 설득하고(꼭 두각시 직책을 달고 있는 필리핀 관리나 지도자를 회유하는 어조로) 필리핀 주민을 독려한다는 계획은 채택해봐야 소용이 없을 것이다. 중국 서부에서 활동하는 '공산주의' 게릴라가 "우리는 모두 추축국에 반대하오! 용사들이 함께 싸우면 이데올로기는 문제가 되지 않소!"라고 주장한다면—미국이 국내에서 필사적으로 반공운동을 벌이고 있다는 사실도 게릴라가 알고 있다면—그들과의 협력은 실리가 없다고 봐야 한다. 공산주의자를 자처하면서 이데올로기가 중요하지 않다는 것은 예수회 수도자에게 "신부님, 미신은 건너뜁시다. 종교에서 미신은 거론하지 말고 그냥 본론으로 들어갑시다get down to business!"라고 주문하는 것과 같다. 어떤 이에게는 이데올로기가 '본론business'이니까. 광범위한 프로파간다 계획은 채택 시 검토 담당관의 판단이 반영되어야 한다. 청취자 집단의 솔직한 의견이 단절된 상황에서 계획을 세울 바에는 차라리 그만두는 편이 낫다.

프로파간다 계획은 정기적인 홍보를 비롯하여, 진행 중이거나 계획 중인 작전 및 기본정책에 대한 발표내용이 계획과 대립하거나 이를 무력화시키지 않기 위해서는 프로파간다와 무관한 기관에도 전달되어야 한다. 수개월에 걸친 프로파간다 활동이 정부 부처는 같으나 선전과는 관계가 없는 기관의 무분별한tactless 발언으로 실효를 거두지 못한 사례가 적지 않았다. 당국이 계획을 전파하면—계획이 장황하지 않고 극비도 아니어야 한다는 뜻—이런 실수는 얼마든 방지할 수가 있다. 공식 및 정책입안 관련 발언을 모두 사전에 검토·허가하는 절차라면 대변인 사이의 공개적인 충돌을 예방하는 가장 확실한 안전가이드가 될 것이다. 2차 대전 당시 이 제도는 성공적으로 적용되었으나 예외가 너무 부각된 탓에 거의 묻힐 뻔했다.

전략 및 통합계획

구체적인 군사작전에 대한 선행 심리전 계획을 실시하려면 고정된 기관과 인사가 작전을 발표하고, 필수장비를 갖춘 심리전 요원이 진군하는 부대와 함께 이동해야 한다. 그러면 계획은 좀더 명확해지고, 내용에 대한 심리·정치적 규정을 요구하지 않는 계획의 일부는 표준군용서식으로 기록될 수 있을 것이다.

현명한 통합계획은 국내산 정보미디어와 점령지의 오락시설을 회복하는 데 우선순위를 둔다. 라디오 시설과 신문용지, 잉크, 종이 및 기타 물자가 부족해진다는 예상이 뻔하다면 통합시설 재개가 진행되고 있다는 점을 분명히 밝혀야 한다. 선전요원이라면 현지인이 무능하고 신뢰하기도 어렵다는 점을 상관에게 보고할지는 모르겠으나, 맥아더 장군이 일본에서 겪은 바에 따르면, 통합 프로파간다를 점령국의 민간인만큼 효과적으로 수행하는 군인은 없다고 한다. 단 민간인은 …

(1) 허용되는 발언과 금지된 발언을 알 수 있도록 표현의 자유가 합리적으로 제한된다.

(2) 프로젝트에 대해 당국이 가부를 결정함으로써 과도한 지연 없이 작전을 수행할 수 있도록 보안 및 정책 취급 허가를 위한 연락기관을 둔다.

(3) 물자 및 인력의 부족을 충당하는 데 아군의 전문적인 지원을 받는다.

(4) 통제관은 자체 출판 및 방송을 허용하는 1단계와, 철저한 감독과 기술지원으로 지역민이 면허를 받고 일할 수 있도록 하는 2단계와, 군사통제의 일반적인 검열제도 내에서 자유를 허용하는 3단계에 대한 계획을 세울 수 있다. 독일 내 미국 점령지에 자리 잡은 美DISCC(지역정보서비스통제사령부)는 1945년과 46년에 1단계에서 2단계로 도약하는 데 탁월한 역할을 했다.

비상계획

정부 부처와 기관의 수장들은 종종 벌어지는 작전이나 위기사태가 전쟁의 성격을 바꾸어 놓는다는 사실을 알고 있다. 북아프리카 상륙작전을 비롯하여 이탈리아의 항복과 원폭투하 디데이D-day, 미군 및 러시아군의 독일 합류, 히틀러의 죽음 등을 두고 하는 말이다. 이 같은 돌발사태에 대비하려면 정부의 대응을 밝힌 계획을 준비해 두는 것이 바람직하다. 그런 계획은 비상사태가 공식적으로 파악된다는 첫마디가 발표되는 즉시 수립·전파되어야 한다. 막판의 변동사항(등급을 하향시키든 공개되든)을 규정하고 요원을 선별해야 하기 때문이다. 단, 극비리에 결정된 비상사태—이를테면 히로시마 원폭—까지 그렇게 취급하는 건 적절치 않을 것이다.

재차 일러두건대, 계획은 명료하고 단순하며 적용이 가능한 지침으로 전환될 때만이 효과를 기대할 수 있다. 계획이 기밀로 묻히거나, 정작 계획을 완수할 수 있는 사람이 이에 대한 정보를 파악할 수 없다면 이는 아쉬운 자멸행위에 불과할 것이다.

CHAPTER 12 민간인 회유작전

거두절미하고, 심리전은 민간인을 두고도 부대 못지않게 큰 효과를 발휘했다. 사실, 헤이그·제네바 협정(Geneva Convention, 전쟁피해자 보호를 위해 1864~1949년 제네바에서 체결된 국제조약—옮긴이)에서 현대전에 걸맞게 격상된 규범을 적용하자면 심리전은 민간인과 비전투원noncombatant을 겨냥할 수 있는 몇 안 되는 공인 병기 중 하나로 꼽힌다. 2차 대전 때는 군인과 민간인의 경계가 대부분 모호해졌고 민간인이 공중전의 수직전선으로 내몰리면서 심리전이 성과를 거두었다. 심리전은 전세를 유리하게 전개시키는 데 유용한 수단이 된 것이다. 반면 민간인이 프로파간다에 관심을 두느냐 여부는 단순한 철학이나 애착심이 아니라 생사가 달린 문제였다. 폭격을 당한 후, 공습을 경고하는 전단을 보고도 자신과 아이들은 괜찮겠거니 안심한다면 정신이 온전한 사람은 아닐 것이다.

단파방송

단파방송은 장거리 심리전에서 고된 사역자와 같다. 직접적인 통신수단보다는 전파원을 표준과 중계방송국에 연결시키는 수단으로 더 쓸모가 많다. 자유국가라고 해서 단파방송기기가 많은 것은 아니다. 기술적인 관점에서 보면 수신환경도 열악한 편이다. 특히 오락 프로그램은 전파가 어렵다. 단파방송 청취자라면 생생한 뉴스를 들을 때는 잡음을 크게 신경 쓰지 않지만 드라마(연속극)나 음악을 들을 때는 소음을 참지 못하는 경우가 비일비재하기 때문이다. 전시에 청취자가 단파방송 수신기를 사용한다는 것은 반애국적이거나 위험천만한 일을 알고도 자행한 것과 진배없다.

고급 표준파 선전 방송국은 단파방송 덕분에 본국에서 미리 제작한 정보를 전파할 수 있다. 물론 대규모 인력이 투입되어야 가능한 일이다. 뉴스는 규모가 크고 최신 정보에 민감하며 잘 조직된 방송국을 통해 전파된다. 프로그램은 현역 전문가가 제작한다. 수많은 성우가 연기하고 녹음과 검토 작업이 끝나면 필요할 때마다 표준파 방송국으로 중계된다. 라디오 사이판 방송국에 파견된 미국인들은 곧장 일본으로 방송을 내보낸다. 일본에서 일하는 인력으로는 도저히 송출할 수 없는 프로그램도 전파가 가능했다. 사이판 인력은 대부분 통신기술자로, 하와이나 샌프란시스코에서 송출된 단파방송을 포착하여 이를 표준파로 적국에 전파했다. 일본인은 수백만이 사이판의 표준파방송을 들었지만 그전에 단파방송을 청취했던 사람은 고작해야 수십이나 수백 명에 그쳤다.

본토 시설을 활용하면 수많은 프로그램의 사전 제작이 가능하다. 보안이 강화될 때나 확실치 않은 상황에서는 같은 시간대에 송출할 프로그램을 네다섯 개 정도 제작해야 한다. 와이어 레코더나 디스크 레코드로 최종 프로그램이 전달되면 검토와 선별, 검열 및 승인 절차를 거치게 되지만, 머나먼 작전지에서 분주하게 돌아가는 방송국에서는 그렇지 않을 것이다.

단파방송은 프로그램을 중계방송에 전파하는 수단으로 유용하지만 다른 장점도 있다. 적 진영의 감찰단과 정보기관이 이를 청취할 수 있다는 것이다. 아울러 정치·경제적으로 권력과 부와 영향력을 가진 인사들도 단파방송을 들을 것이다. 조직의 거물들은 서민이 헤아릴 수 없어 경외심마저 느낄 법한 한계를 초월하는 요령을 알고 있다. 때문에 단파방송국 관계자는 상대 정부와 정부를 구성하는 집단과 정부 안팎에서 활동하는 지도자급 인사들에게 말을 걸기도 했다. 조호쿄쿠(일본 정보국)와 가이무쇼(Gaimusho, 외무성)는 샌프란시스코 방송의 일일 브리핑 자료를 등사하고 있었으므로, 우리는 샌프란시스코에서 미국 측이 발언한 내용을 일본의 유력인사들이 들을 거라고 생각했다. 엘리스 자카리어스 美해군 제독은 일본어를 구사했고 전쟁 전부터 일본 지도자 대다수와 면식이 있었다. 마침 일본 정부가 방송을 감찰하고 있다는 사실이 알려지자 그는 확신을 가지고 일본 지도자들에게 기탄없이 말을 걸었다. 훗날 일본인들이 고백한 바에 따르면, 제독의 방송이 항복을 결정하는 데 어느 정도는 일조했다고 한다.

표준파

방송은 적이 갖고 있거나 사용하고 있는 수신기의 대역폭 내에 들어와야 가장 높은 효율성을 기대할 수 있다. 즉, 해당 프로그램이 전파되기 위해서는 송신기관이 상대 영토에 가까이 있어야 한다는 것이다. 1941년에서 44년까지 미국과 일본이 그랬듯이, 이는 상당히 어려운 일이었다. 그렇다고 해서 국민당이든 공산당이든, 산둥성 게릴라를 방송요원에 가담시킨 미국인은 여태 없었다. 대양에 인접한 덕에 안전한 환경에서 방송하는 한, 상황이 기묘하게 맞아떨어져 한 달에 두서 번이라도 일본에 전파되기만을 바랄 뿐이었다. 그러나 영국과 독일은 환경이 아주 달랐다. 두 국가는 적국의 영토 전역까지 전파할 수 있었다.

수백만이 라디오 수신기를 갖고 있는 적에게 단거리 표준파방송을 전파한다면 전략적인 방송이 효과적이다. 고정 청취자층을 만들고 전의와 여론에 영향을 주며 거의 모든 국민에게 소문을 퍼뜨릴 기회가 생길 수 있다. 물론 속임수를 쓰거나, 평시처럼 오락이나 광고방송으로 돌아가려는 유혹은 항상 따라붙게 되어 있다. 선전요원은 적이 자신의 발언을 듣고 있다는 것뿐 아니라, 다채로운 프로그램으로 청취자를 자극하지 못하면 그들이 흥미를 잃는다는 사실을 알고 있기 때문이다.

흑색선전은 표준파방송에서 탄생했다. 한 영국인은 '구스타프 지그프리드 아인스(Gustav Siegfried Eins)' 방송국을 통해 반영국, 반히틀러 방송을 전파했다. 외설적인 발언에, 거칠지만 그럴싸한 가십, 숭고한 독일군의 걸림돌이 된 연합군과 나치 쓰레기를 상대로 맹비난을 일삼은 것이다. 그의 화술은 탁월했다. 미국의 프로파간다 분석가조차도 그를 짓궂은 독일 국방군Wehrmacht 총참모부의 대변인인줄 알 정도였다. 독일은 '레닌 올드 가드Lenin Old Guard' 방송국에서 프롤레타리아 선전 방송을 전파했다. 그들은 미치광이 파시스트 말종인 히틀러를 언급할 때마다 입에 거품을 물었고, 돌연 분노를 표출하기도 했다. 공산당은 용감무쌍한 지도자가 필요한데 그들이 죄다 스탈린에게 암살되었기 때문이란다. 한편 에드Ed와 조Joe는 브레멘(Bremen, 독일 북서부에 위치한 베저강 양안에 걸쳐 건설된 도시로 독일 북부의 문화 경제의 중심지—옮긴이)을 떠나 미국 중서부를 서둘러 다니는 척하며 운을 뗐다. 트레일러(주거용 카라반)와 은폐한 송신기로 경찰을 한 발짝씩 따돌리며 미국인들에게 "얼빠진 루스벨트와 그가 벌인 유대인 전쟁"에 대한 내막을 밝혔으나, 둘의 허술한 말발에 속는 사람은 거의 없었다. 흑색선전은 요원에게 재미를 주지만 집단의 사기를 저하시키기 위해 제작된 오락에 한정되는 경우가 비일비재하다. 흑색선전의 중요성이 크게 부각되는 때는 따로 있다. 심각한 패닉으로 국가의 혼란과 무질서를 가중시키는 결정적인 촉매가 될 때를 두고 하는 말이다.

표준파 방송은 뉴스로 시작해서 뉴스로 끝이 난다. 뉴스는 정형화된 화술을 구사한다. 뉴스는 사실을 보도해야 하는데 실은 선별적인 사실이다. 새로운 소식을 계속해서 짜내는 것보다는 근간이 되는 주제를 반복하는 것이 훨씬 더 중요하다. 프로파간다 담당자는 날이면 날마다 자신의 프로그램만 고민한다. 그 외에 하는 일은 없다. 프로그램에 익숙해지다 보니 어느새 따분함을 느끼기도 한다. 이때 그는 가상의 프로파간다 맨을 떠올린다. 방송을 계속 듣다가 싫증을 느끼는데 이해 못할 바는 아니다. 중간에 들리는 잡음과 프로그램 사이의 긴 공백, 일기예보와 소음과 경찰 캠페인이 더는 귀에 들어오지 않는다.

평시에 광고를 방송할 때도 매우 절제된 간소함과 반복이 필요했다. 반복은 전시가 훨씬 더 중요하다. 반복은 두 가지 기능을 한다. 이를테면, 전에 들었던 청취자에게 주제를 다시 떠오리게 하고 방송 때마다 청취자층을 넓힌다는 것이다. 청취율이 떨어지는 시점이 언젠가는 오겠지만 감소한 청취율을 부정적으로만 볼 것은 아니다. 방송이 닿기가 가장 어려운 사람은 단순하면서도 설득력 있는 프로그램을 전파하는 것이 매우 중요하다. 아울러 반복적인 전파는 주변뿐 아니라 핵심 청취자의 반응까지도 확실히 끌어올릴 수 있다. 선전요원에게는 따분한 방송이라도 이를 1000번째 반복했다면 '프로파간다 맨' 입장에서는 방송에 익숙해졌을지도 모를 일이다. 한때 필자는 선전 방송을 듣던 익명의 청취자와 대화를 나눈 적이 있다. 나는 그들이 울분을 토하는 줄 알았다. 우스갯소리나 기묘한 사건이나 혹은 정치연설 따위를 듣고는 있지만 정작 그들은 깔끔하게 정리된 전쟁소식이 가장 궁금했다고 한다.

우편 프로파간다

2차 대전 당시의 프로파간다는 1차 대전 때 투입된 만큼의 우편물을 활용할 순 없었다. 우편은 꾸준한 이용이 매우 어렵다. 스칸디나비아를 거쳐 독일에 이르는 경로는 봉쇄되었고, 예외인 스웨덴은 다소 위험하지만 항공기로만 닿을 수 있었다. 이베리아는 척박한 근거지였다. 독일의 방첩활동은 무자비하고 야만스럽기까지 때문에 오히려 카이저 빌헬름의 독일이 소박해 보일 정도였다. 또한 일본은 무엇이든 소비에트의 검열을 통과해야만 입성할 수 있는데, 그 후에도 당국의 복잡한 관행과 마주해야 한다. 때문에 우편물을 통한 프로파간다는 크게 발전하지 못했다.

이때 포르투갈과 스페인, 스위스 및 중국 언론이 가세하면서 성과가 나타나기 시작했다. 적국의 관리와 민간인이 이를 읽고 있다는 사실이 알려지자 사설을 통해 영향력을 행사하려는 작전이 가능해진 것이다.

그러나 우편 프로파간다 작전은 대개 미국을 상대로 벌여왔다. 예컨대, 나치는 전쟁전 계획·작전의 일환으로 미국 우편—무료송달서명이 하원의원 이름으로 된 적도 종종 있었다—을 통해 선전물을 다량 발송했고, 일본은 진주만 공습 당시 뉴욕과 워싱턴 및 여러 미국 도시에 포진된 공보처를 전속력으로 가동시켰다. 그들은 미국 지인들에게 자금을 대주는가 하면 일본에 우호적인 글에 대해서는 저작권을 대량으로 매입하기도 했다(작가들은 일본의 돈을 받은 첩보원이라는 정체를 밝힐 필요 없이 일본식 '문화교육' 정보지를 독자에게 제공했다). 정보지는 문화에 충실했고 짜임새도 훌륭했다. 일본 시조와 종교와 벚꽃을 이야기하면서 전쟁 프로파간다는 모조리 뺀, 단정한 소책자는 미국인의 뇌리에서 일본의 친절하고 예스러운 풍모를 되살렸다. 정보지 중 일부는 일본에서 미국으로 송달되었다.

우편 프로파간다는 우정제도의 자유에 따라 결정되므로 독재정권을 상대하는 미국보다는 미국을 상대하는 독재정권에서 활용할 가능성이 더 컸다.

전단

전단의 유형은 부대에 전파되는 전단을 다룬 13장에서 자세히 살펴볼까 한다. 전단은 부대를 겨냥한 것뿐 아니라 민간인 버전도 있는데, 특히 민간인용 공개 프로파간다 전단에는 다음이 포함된다.

(1) 수신인의 당국발(망명정부나 지하조직 혹은 괴뢰정부) 통신수단

(2) 공중 투하용 축소판 신문. 평시 기사가 주된 비중을 차지한다.

(3) 아이들이 좋아할 만한 자료. 아동은 전단을 부지런히 모으는 데다 사방팔방 유포해도 성인에 비해 점령국이나 경찰의 보복을 덜 받는다. (성인용 전단도 잘 만들면 아동용 못지않게 아이들의 관심을 끌 수 있다. 컬러인쇄로 실물처럼 보이는 삽화와 공중전 그림, 무기의 기능을 묘사한 도안 등을 넣되 대상을 밝히지 않으면 십대에게도 전파될 것이다)

(4) 기증품—민간인에게 살포한 비누와 소금, 바늘, 성냥, 초콜릿 등. (공여자의 부와 자비를 보여주는 대목이다. 그러나 적은 이런 프로파간다에 대응하여 옻이 오른 비누와 역한 냄새가 나는 소금, 세균에 오염된 듯한 바늘과 초콜릿 수류탄 등을 기증한 답시고 살포한다. 보도에 따르면, 독일은 미군이 이탈리아와 프랑스에 살포한 기증품

에 이러한 만행으로 화답했다고 한다. 그러자 선물을 기피하거나 방치하는 사례가 늘고 프로파간다가 되레 혼란을 가중시킨 탓에 양측은 당분간 이를 중단하기로 했다)

(5) 여성에 대한 배려. (통계를 보면 어느 국가든 여성은 50퍼센트 안팎이다. 남성이 전투 작전에 투입되면 국내 여성의 비율은 증가하게 마련이므로, 전시에는 60~70퍼센트 정도를 차지할 것이다. 여성은 사회·경제적 고충을 체감하는 속도가 남성보다 훨씬 빠르다. 가사와 육아의 책임이 대부분 여성에게 편중되어 있기 때문이다. 그러므로 인도적인 의사를 표시하고 극악무도한 전쟁은 반대하며 민간인을 위기에서 건지려는 의지를 보여준다면 여성들은 적 집단에 침투하여 프로파간다를 전파하는 역할을 감당할 것이다)

팸플릿

공중투하 장비가 대량 구비된 곳에서는 팸플릿이 전단을 대체할 수 있다. 팸플릿은 글이나 그림을 게재할 공간이 많아 적의 주장을 조목조목 심층적으로 반박할 수 있다는 이점이 있다. 논증을 지속적으로 피력하면 적군의 국내 프로파간다 기관과 대등한 입장에서 겨룰 수 있다. 특히 팸플릿은 공식적인 주장이나 잘못된 통계를 고집하는 적의 논증에 반론을 제기하거나 요점을 하나하나씩 짚어가며 반증하는 데 제격이다.

<사진 6>의 팸플릿은 탁월한 사례로 꼽힌다. 적군의 프로파간다를 전방위로 반박하는 메시지로 단순하진 않지만 교육수준이 가장 낮은 사람도 읽을 수 있다. 팸플릿은 지상이든 공중이든 일단 유포되면 멀리까지 확산될 공산이 크다.

팸플릿은 전단과는 달리, 은닉하기 어려울 때가 가끔 있다. 행여 경계가 삼엄한 곳이라면 위장해서 전파할 수밖에 없다. 예컨대, OWI 요원인 데니스 맥어보이Dennis McEvoy와 돈 브라운Don Brown은 기발한 팸플릿을 제작하여 일본에 살포한 적이 있다. 첫 문구는 이렇게 시작했다. "적이 나타났다! 경고한다! 이건 미국 정부가 발행한 원수의 책자이니 발견한 사람은 인근 경찰서에 즉시 제출하라! 적이

나타났다!" 팸플릿은 일본의 전황이 불리하다는 사실을 개괄적으로 설명했고 '수신인은 일본 경찰과 간부' 앞으로 되어 있었다. 표지를 보면 팸플릿은 소지하거나 폐기하지 말고 지휘계통을 통해 상관에 전달하라는 주문도 덧붙였다. 프로파간다 견본으로 쓰라는 취지에서 말이다. (해당 경찰이 팸플릿을 입수했을 때 이를 어떻게 처리했는지는 밝혀지지 않았다)

일본 흑색선전 전단 중에는 단행본 크기로, 익숙한 25센트짜리 문고판 도서처럼 제작된 것도 있다. 뉴욕 기준 날짜라든가 저작권 표시 및 인쇄조합까지도 날조한 이 책은 루스벨트의 전쟁을 반대한다는 입장을 서술했다. 일본이 포로에게서 확보한 책이라며 배포한 것인데 이는 미국 내에서도 2차 대전을 반대하는 목소리가 존재한다는 점을 일본과 아시아 동맹국에 역설하려는 의도로 풀이된다.

2차 대전 당시에는 거의 모든 전쟁 당사국에서 '꾀병 가이드북malingerer's handbooks'을 발행했다. 첫마디는 의료시스템이 부실하다는 전제로 출발한다. 그래서 각자가 몸을 사려야 하는데 이때 유일한 대안이 바로 꾀병이라는 것이다. 연예잡지나 약품이 딸린 '설명서instructions', 혹은 이런저런 목적으로 간행된 (적국의) 공식 가이드북으로 위장한 전단은 결핵 환자나 심장병 환자로 보이는 요령을 구체적으로 밝히고 있다.

전복작전

식민지에서 적에게 우호적인 민간인을 겨냥한 프로파간다는 현지 애국자와 협력하면—정치가 개입해서 협력을 방해하지 않는다면—효과적으로 도모할 수 있다. 이러한 작전을 완수하려면 프로파간다(공개)와 반체제조직 및 정보 요원의 긴밀한 협력이 가장 중요하다. 2차 대전 때는 모든 전선에서 이런 작전이 눈에 띄었다. 일본은 말라야와 버마를 점령하고, 1944년 대륙철도작전(the Chinese Railway Campaigns, 1943년 12월 7일 일본제국 중국방면군은 '대륙철도 종관작전 지도대강'을 제정함으로써 중국의 철도 수송망을 확보, 중국군 주력을 타격한다는 계획을 입안했고 히로히토는 1944년 1월 24일 작전을 승인했다—옮긴이)을 벌일 때 이 프로파간다를 과감히 활용했다. 미국은 일본 편에 선 원주민을 꼭두각시로 간주했으나 일본은 그들을 애국지사로 추앙하며 마음껏 이용했다.

대담한 흑색선전은 적을 당황하게 만든다. 예컨대, 정밀한 위조지폐 수백 톤을 살포하면 재정기관을 혼란에 빠뜨릴 공산이 크다. 평소 위조지폐범들은 부실한 자재로 은밀히 조그마한 가게에서 작업했지만, 정부요원도 배우면 '고급' 위조지폐를 얼마든 제작해 낼 수 있다. 미국은 위폐 작전으로 공격을 당할 가능성이 높다. 미화는 전 세계에서 신뢰도가 높고 너도나도 쌓아두고 있는 화폐이기 때문이다. 몇몇 정부는 미화 20달러와 50달러 지폐를 숱하게 위조했다는 의혹을 사고 있다. 적에게 배급카드를 주고, 확인차원에서 위조 작업을 마무리하는 요령을 일러두는 건 수위가 좀 낮은 공격 작전에 속한다. 나치는 특히 위조 공격의 대상이 되곤 했다. 부기가 아주 정교했기 때문에 각 시민이 보유해야 할 서류가 상당히 많았다. 이 중 어느 하나라도 날조되면 독일 관리는 정신이 혼미해졌을 것이다.

감시가 지나치게 삼엄한 국가에서 흑색선전의 일환으로 복제된 신분증을 다량 유포한다면 수많은 시민은 쌍수를 들고 환영하겠지만 적 당국은 무익하나마 서둘러 경계를 강화할 것이다. 타당한 흑색선전이 다 그렇듯, 이 작전의 근본적인 의도도 당국을 교란시키고 민심을 얻는 데 있다(조직적인 대규모 혁명집단이 기회를 호시탐탐 노리며 종전을 준비하고 있다는 풍문이 떠돌면 금상첨화일 것이다).

백색선전이 본토를 와해시켜 무장한 적에 타격을 준다는 뜻에서 소이탄 공격(incendiary bombing, 사람이나 시가지·밀림·군사시설 등을 불태우기 위한 탄환류—옮긴이)에 비유된다면 흑색선전은 레이더를 무력화시키는 포일tinfoil에 해당된다. 흑색선전은 보안에 직격탄을 날린다. 보안이 공격당하면 적은 분주해지게 마련이므로 지상에 파견된 요원이 외롭고도 위험한 작전에 성공할 가능성은 더 높아질 것이다.

영화

연합국이나 중립국뿐 아니라, 본국 관할지역에서도 대중영화가 주요 선전수단으로 활용되기도 한다. 시각과 청각을 조합한 선전인 만큼 단연 관심이 집중될 것이기 때문이다. 미국은 1, 2차 대전에서 영화를 두루 이용했다.

조달은 정부에서 작품을 직접 제작하거나 민간 대행업체 하청으로 해결했다. 선전영화는 대개 군사력을 과시하고 배급사의 미덕을 강조한다.

공식적으로 배급된 영화는 오락영화에 묻히기 일쑤였다. 전쟁 당시 공식영화의 보급률은 비공식영화와 비등했다. 금융·통상 규제와 검열이 영화 확산의 걸림돌이 되었다. 공식영화가 중단되었다면 민간영화가 종종 상영되었을 것이다. 평시 선전영화는 민간영화와 치열한 경쟁을 벌여왔다. 미국인의 인생을 조명한 민간영화만큼 막강한 영향력을 발휘한 선전영화는 거의 없었다. 타히티섬 사람과 간쑤성 사람, 인도인과 포르투갈인 중 누구에게 묻든, 면상이 강직해 보이는 장정이 댐을 건설하고 닭 사육법을 가르치는 미국보다는 로럴과 하디(Laurel and Hardy, 무성영화 말기에서 유성영화 초기에 걸쳐 활약한 미국 희극영화의 명콤비—옮긴이)의 미국을 이구동성으로 선호할 것이다.

영화가 적국에 보급되거나 민간인에게 은밀히 상영된 사례는 거의 없다. 따라서 주요 작전지의 심리전에 영화가 직접적으로 기여한 정도는 미미한 수준에 그쳤다. 텔레비전 방송이라면 관심도 끌고 송출도 가능하지 않았을까 싶다.

CHAPTER 13 부대 회유작전

2차 대전 당시 미군이 부대를 상대로 심리전을 구사한 사례를 살펴보면, 작전이 얼마간 실시된 후 긍정적인 결과가 감지된 적이 있다. <사진 46>은 선전 프로그램의 절정을 보여준다. 투항 의사를 밝히고 있는 독일군은 연합군 전단을 소지하고 있다. 프랑스 해방운동 후반에는 포로 중 90퍼센트가 연합군의 전단을 목격했거나 소지했다고 밝혔고, '파시에샤인(Passierschein, 통행증)(<사진 4> 참조)'은 얼마나 유명했던지 독일인에게는 지폐만큼이나 익숙했다고 한다. 적이 하나씩 투항할 때마다 아군이 목숨을 걸고 사살하거나 쫓아내야 할 사람이 하나씩 줄어든 셈이므로, 투항한 적군이 폭증했다는 것은 결정적인 성과가 아닐 수 없었다.

적군의 심리적 반응은 둘로 구분되며 그들의 머릿속에서 찾아야 한다. 첫째는 투항과 같이 적 진영에는 '과hurt'가 되고 아군에는 '공help'이 되는 명백한 행위를 할 입장이 아닐 경우인데 그럼에도 사기나 전력은 저하시킬 수 있다. 이를 MO(사기저하 작전morale operations)라 한다. 둘째 반응은 명백한 행위(투항, 탈영, 항명)로 이는 선전 타이밍이 절묘하게 맞아떨어질 때만 유도할 수 있다.

부대 회유작전은 객관적인 전황을 근거로 삼아야 한다. 고충과 고민은 현실 인지력realism을 끌어올리지만, 프로파간다가 실제상황을 반영하지 않는다면 순진한 군인도 웬만해서는 설득이 어렵다. 프로파간다는 모두 사실에 근거해야 한다. 특히 부대를 화유할 선전이라면 사실은 말할 것도 없거니와 부대원의 심경을 헤아리는 예리한 감성까지 보여주어야 한다. 프로파간다는 처절한 패배를 당하고 있는 국가는 거의 취급하지 않는다. 승전한 부대가 목전의 승리를 확신해 마음이 들떠있기 때문이다.

부대 화유 프로파간다는 적군이 기꺼이 '생포를 당한다'는—자신이 스스로 항복하는 것이 아니라—데 목표를 두어야 한다. 다시 말하자면 이런 개념이다. 그가 덫에 걸렸다고 치자. 정말 덫에 '걸려야' 그는 순순히 포기할 거라는 뜻이다. 프로파간다가 군인의 충성심과 정면으로 충돌해서는 안 된다. 이성적인 판단으로 충성의 의무에서 벗어날 수 있도록 기회를 주어야 한다("살아야 충성도 할 수 있으니 투항하십시오!"). 따라서 실전 부대를 상대로 타당한 프로파간다를 구사하는 데 필요한 절차는 다음과 같다.

첫째, 자신의 편이 패배하거나 후퇴하면 투항해야 한다는 말로 슬며시 떠본다. ("[아무개] 부대는 이미 수많은 병력이 투항했으니 당신도 항복해야 할 겁니다")

둘째, 무슨 수를 써도 소용이 없거나 시간낭비라는 점을 믿게 만든다.

셋째, 조만간 절망적인 상황에 봉착하리라는 점을 일깨워준다.

넷째, 차후에 벌어질 악재는 곧 '절망적인hopeless' 상황이라는 점을 암시한다.

다섯째, 투항하는 방법을 구체적으로 설명한다.

〈사진 52〉 기본형 전단_부대 사기진작용 전단의 목표로는 (1) 사기진작과 (2) 소식통보 및 (3) 실행을 꼽는다. 사기진작용 전단은 소식을 전달하거나 구체적인 행동을 촉구하지 않는다. 행동을 위한 준비작업인 셈이다. 앞선 삽화 중 다수가 이에 해당된다. 사진은 물자와 병력이 부족하다는 사실에 주눅이 든 부대의 사기를 진작시키기 위해 자유인도군이 제작한 전단이다(싱가포르, 1944년경).

미국 문헌을 토대로, 흑색선전 영역에 속하는 사기저하 작전은 여전히 미지의 세계다. 독일이 프랑스군을 상대로 벌인 흑색선전에 이런 계략이 있었다. 예컨대, 고향에서 보낸 편지에 "아내가 바람을 피우고 있다"거나 "성병에 걸렸다"는 소식을 적어 프랑스 군인들에게 유포하는가 하면, 마지노선(Maginot Line, 제1차 대전 후, 프랑스가 대독일 방어선으로 국경에 구축한 요새선—옮긴이)에서 대치 중인 프랑스 군대를 향해 부대명이나 사병의 이름을 불러대거나, 파리 시가에서 입겠다는 여성에게 상복을 거저주거나, 야전 통신선을 차단하고 애매하거나 엉뚱한 명령을 내렸다는 것이다.

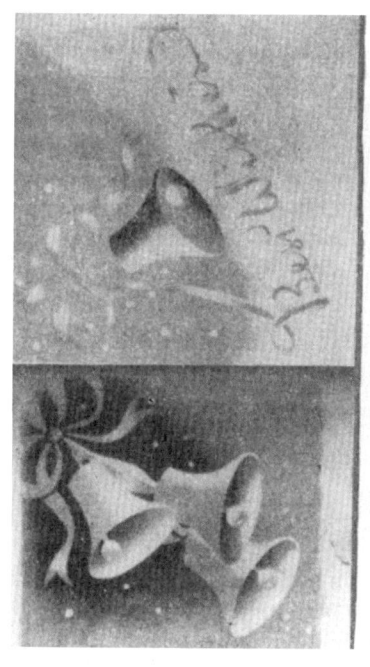

〈사진 53〉 사기진작용 전단 비교 예수의 탄생을 그린 크리스마스 카드는 맥아더 장군이 이끄는 심리전 전담요원들이 필리핀에 살포한 것이고, 종을 그린 크리스마스 카드는 일본군이 美육군을 겨냥해 제작한 것이다. 첫 번째는 필리핀인을 격려했지만 둘째는 패배의식을 심어주는 메시지로 미군의 사기를 꺾으려는 의도가 엿보인다.

백색선전의 일환으로 실시한 사기저하/진작 작전에는 다음과 같은 아이디어가 담겨 있었다.

휴가가 없어 사기가 저하되었다는 일본 부대에 애가哀歌를 쓴 전단을 보낸다(중국).

굶주리고 있는 부대에 형형색색 먹음직한 음식을 그린 전단을 살포한다(북버마).

무능한 일본 군인을 그려 보낸다. 중대장은 술과 진미와 여자를 끼고 희희낙락 살지만 군인은 결국 화장되고 만다(남서태평양).

독일 총사령부의 나치 군인이 기고만장해서 독일군의 전통을 어지럽히고 유능한 장교를 퇴출시키는 스토리를 그린다(소비에트·독일 전선).

병력을 투입하겠다는 의지를 과시한 독일장교에 "데르 슈테바(Der Sterber, 대충 옮기면 '영감탱이야, 나가 뒈져라')"라는 별명을 붙인다(영미·소비에트 라디오).

이미 상실된 명분을 위해 죽고 있다는 메시지를 독일 부대에 전한다(이탈리아).

전쟁을 벗어나게 되어 정말 기뻤다는 포로의 발언을 독일인에게 다시 들려준다(프랑스).

아투Attu(섬)와 키스카Kiska(섬)를 점령한 일본인에게 전한다. 가을이면 안개꽃잎(꽃말은 죽음)이 떨어지듯fall 그들도 가을에 몰락할fall 거라고(북태평양).

일본 천황은 평화를 원했지만 군국주의자들이 신성한 일본제국을 전쟁으로 몰아갔다는 메시지를 일본 본토와 부대에 퍼뜨린다(알루트족을 겨냥한 『신사원의 아침은 평화롭도다Peaceful is Morning in the Shrine Garden』 전단은 일본 전역에 살포되었다).

미국이 상륙하면 일본의 식민제국을 둘로 나눌 거라는 정보를 중국인에게 흘리고 난 뒤, 일본인이 눈치 챌 수 있는 중국어를 짤막하게 써서 일본 부대에 살포한다(중국).

라디오 육성을 통해 가상의 요원이 적국에서 세웠다는 혁혁한 공로를 축하한다(모든 전역).

'사기저하/진작 전단' 카테고리는 즉각적인 군사행동 촉구나 뉴스 전파를 제외한 모든 전단을 아우른다.

뉴스 전단

<사진 1>과 <사진 7>, <사진 59>, <사진 60> 및 <사진 65>는 뉴스 전단이다. 프로파간다의 목적은 분명하다. 적이 봐도 빤할 터인데, 오로지 사실만 이야기하고 적에게 실제상황만을 알려주고 있다는 점에서 매우 훌륭하다.

〈사진 54〉 "사과 사세요!" "형씨, 한 푼만 주시오!"
부대의 사기진작용 전단_회색선전 이탈리아 전선에서 발견된 이 전단은 1932년 당시 미군이 겪고 있던 문제―대다수가 학교를 졸업하지 못한 상태였다―를 연상시킨다. 어느 정도 나이가 든 장정이라면 전단에 실린 호소가 먹혔을 성싶기도 하다. 그림과 필체를 보면 누가 봐도 독일 작품이지만 말이다. 회색선전에 해당되는 전단이다.

〈사진 55〉 중국 공산당의 민간인 사기진작용 전단_당국은 막연한 어구로 경제활동을 종용하며 농민의 사기를 진작시키려 하고 있다. 사진 속 그림은 노동의 영웅이 되어 금의환향하는 아버지를 맞이하는 농가를 그리고 있다(1944년 9월, 예난 접경지방정부 정치부).

〈사진 56〉 일반적인 사기진작(혹은 저하)용 전단_일맥상통 미군과 일본군 전단의 사건과 지도의 배경이 같다(적군의 생명줄을 끊는다는 것). 각 전단을 살펴보면 뉴스기사로 봄직한 사건이지만 목적은 적군의 사기는 떨어뜨리고 아군의 사기는 끌어올리는 데 있을 것이다.

〈사진 57〉 불행한 일본군의 자루 사진 속의 사기저하용 전단은 남태평양 및 남서태평양에 주둔한 일본군에게 유포되었다. 괄목할 만한 성과도 없었지만 딱히 손해도 없었다. 저명한 일본 미술가가 그린 이 팸플릿은 모든 것을 손에 쥔 장교가 사병에게 준 것이라고는 유골함과 위패뿐이었다는 안타까운 사연을 이야기하고 있다.

전술적인 방어 심리전

따라서 사기진작(혹은 저하) 작전은 즉각적인 반격보다는 반응을 유도하는 데 목적이 있다. 대상이 여럿 얽혀있든 개인에 한정되든, 각각의 타당한 목표는 몇 가지가 있다. 가장 흔한 목표는 물리적인 투항 행위와, 자신의 편을 위해 더는 해줄 일이 없다는 도의적인 행위에 앞서 적군의 마음을 다지는 데 있다. 투항 시 소극적인 태도가 요구된다면 사기저하용 전단이 제격이다. 전단에는 "차분히 기다리면서 대충 싸우는 척하다가 손을 들라 할 때 들면 그만"이라는 메시지가 담겨 있을 것이다. 사기진작 및 저하 작전의 또 다른 목적은 부대를 이간질하고 적의 사기를 전반적으로 떨어뜨리며 부대나 지휘관 혹은 사령관을 좌절시키는 데 있다.

사기저하 작전은 대상이 체감하고 있는, 현실적이고도 구체적인 욕구를 겨냥해야 한다. 식량이 넉넉한 부대가 훗날의 굶주림을 두려워할 리 없고, 훌륭한 지휘관이 통솔하는 부대가 항명할 리 없으며, 우편 서비스를 이용하는 부대가 향수병에 걸릴 리도 만무하다. 그러나 조직에 약점이 있다면 작전의 목표를 정확히 설정할 수 있을 것이다. 예컨대, 패배를 목전에 둔 상황이라면 책임자인 지휘관이든 사병이든 고심이 깊게 마련이다. 바로 이때부터 분열이 일기 시작하고 소문이 여느 때보다 무성해진다. 때문에 사기를 저하시키는 프로파간다 작전이 강력한 타격을 가할 수 있는 것이다. (1944년~45년 당시, 연합군이 독일군을 상대로 벌인 심리전은 지휘관과 독일군 무리가 타깃이었다. 지휘관을 겨냥한 작전에 대해서는 상식적인 전제를 두었다. 독일군이 대거 투항하려면 그럴 권한이 있는 독일군의 마음을 흔들어야 확실한 성과를 기대할 수 있다는 것)

한 가지 흥미로운 사실이 더 밝혀졌다. 독일군의 사기는 계급과 반비례한다는 것. 2차 대전 말년, 본토가 무차별 폭격을 받았음에도 서부전선에 주둔해 있던 독일 부대의 사기는—독일의 전략적인 입지와 사기가 직결되었다면 더했겠지만—약간 흔들린 축에 속했다. 반면 장성과 참모들의 전의는 가련할 정도로 떨어졌다. 지난 해 여름, 장성들이 쿠데타를 일으킬 당시 독일 최고사령부의 사례는 맛보기에 지나지 않았다.

How many tears must be shed at leaving house and home. Is no mercy to be shown to us human beings?

The last fortnight has been a nerve-shattering trial for us, and however we steel our hills we can't stave off anything. All I know is that the Führer needs men – men like you, Paul, for example. Men who are ready to live, and also to die, for their ideas. What's going on here is so contemptible and cowardly that I'm seething with rage! You can't imagine how the women are quaking with fear for their menfolk in the Party – not to speak of the men themselves! What sort of people are they? Can you tell me? – Party members who, once they have been put to a little bit of 'testing,' go off and destroy their uniforms, badges and all documents? The fact that the pictures of the Führer are the first things to be destroyed is just one additional sad fact. Things have come to such a pass that one can't think ill of the soldiers at the front, who've been in the war for five years, if they wish for a speedy end to it.

Until now I respected any man who defended his ideas and views, but a man who at this time simply clings to his little bit of life and at once becomes a turncoat – he's a scoundrel.

I wish merciful fate would put an end to this life. It will never be anything but fighting. And what for? Our future is so uncertain. Nothing anywhere is worth striving for.

Love and kisses,

Eternally yours

Rita

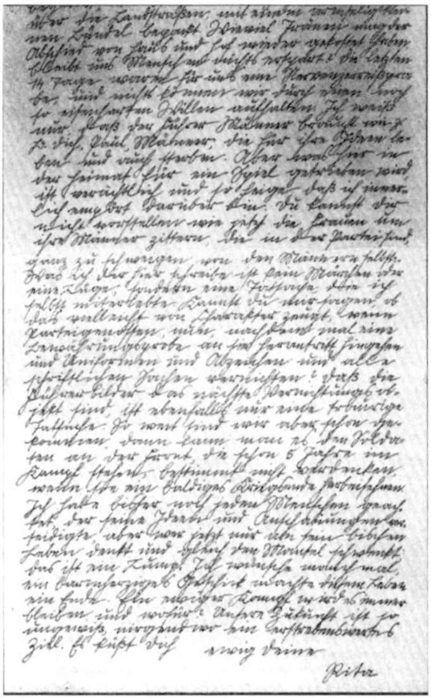

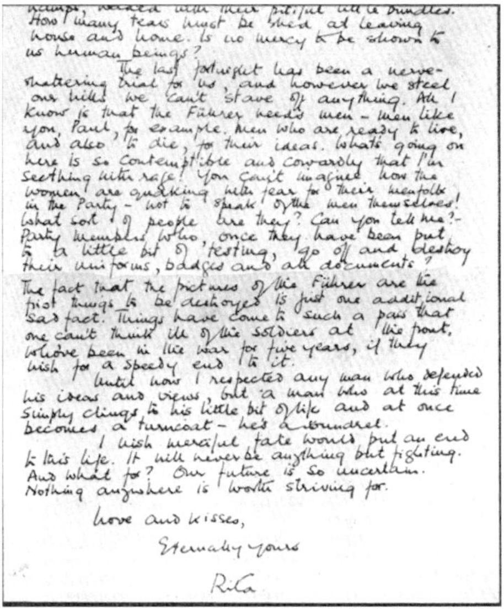

〈사진 58〉 민간인의 편지 회색 혹은 흑색선전에서 사기를 떨어뜨리기 위해 당국은 흔히 편지의 영인본*을 쓴다. 사진의 왼쪽 편지는 독일어로 된 원문이고 오른쪽은 영어로 옮긴 모본인데, 이는 (늘 그렇듯) 결재와 기록 및 정보를 위해 만들어둔다(유럽, 연합국, 1944~45). * 영인본_원본 사진을 원판으로 하여 과학적 방법으로 복제한 책을 가리키며 경인본(景印本)이라고도 한다

Luftpost

TOTALER ZUSAMMENBRUCH

VOR LEIPZIG

SCHLAGZEILEN DER WOCHE

ÜBER DIE TRAISEN

JEDER TAG EIN SEDAN

落下傘ニュース

マ元帥以下聯合軍

廿八日に本土進駐

正式調印は進駐直後

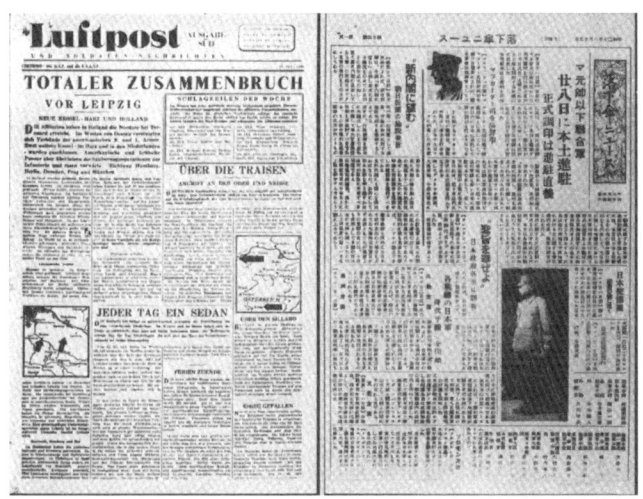

〈사진 59〉 기본형_신문 신문은 거의 모든 전쟁 당사국이 제작했다. 사진 속의 『루프트포스트(독일판 연합국 파견군 최고사령부)』와 『낙하산(라카산_일본판 태평양공군사령부)』 뉴스는 각각 적국의 사립신문을 모방했는데 때로는 수백만 부를 발행한 경우도 있었다.

이 같은 이례적인 상황은 국가사회주의 프로파간다가 부대에 작동하고 있었다는 사실에서 비롯된 것이다. 정치장교(political officer, 사회주의 국가의 군대에서, 정치교육을 위해 각 부대에 파견하는 요원—옮긴이)는 연설을 담당했고, 부대는 그에게서 격려를 받고 전쟁에 대한 정보를 들었으며(정보라고는 하지만 왜곡투성이였다) 특권과 안위를—실현된 적은 거의 없었다—약속받았다. 아울러 미온적인 태도라거나 약골과는 거리가 먼 프로이센 전통에 따라 독일군의 기강은 매우 탄탄했다. 사병들은 전쟁 전후로 히틀러의 줄기찬 프로파간다를 통해 학습된 사상을 패배한 날까지 이어갔다.

〈사진 60〉 기본형_속보전단 속보는 신문이나 전단에 실릴 때보다 현장에서 생생히 전달될 때 더 큰 선전효과를 기대할 수 있다. 위 사진은 독일군을 겨냥한 속보전단이다. 한쪽 면에는 뉴스기사가 게재되며 한창 이슈가 될 때 유포된다. 다른 면에는 선전구호가 적혀있다. "당을 위해 죽을지 자신을 위해 살지, 스스로 선택하라!"

일반 사병과는 달리, 장교에게는 연합군의 유리한 입지를 파악할 수 있는 전문적인 식견이 있었다. 그들은 국제·대륙 전략(continental strategy, 육지국의 유력한 국략國略의 일환으로 육상의 전쟁수단을 활용하여 적에게 제압을 가한다는 개념—옮긴이)'뿐 아니라 서부전선의 즉각적인 전략과 경제적인 변수 등을 고려해 볼 때 전황이 정말 좋지 않다는 사실을 파악했다. 그러나 지휘관 계급은 애당초 사상이 다소 불순했다. 다수의 지휘관은 나치를 경멸했다. 단지 '소떼(cattle, 일반인)'를 국방군 후방 전선에 투입시킬 수단으로 나치즘을 환영했을 뿐이다(프로파간다에 관여한 장교들은 정부의 프로파간다를 비롯한 모든 선전을 비판했고 이를 동료에게 털어놓기도 했다).

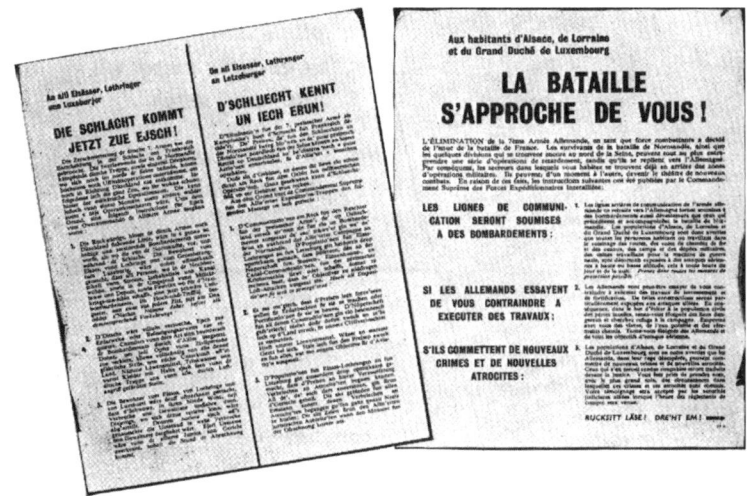

〈사진 61〉 기본형_민간인 보호조치 바람직한 보호조치는 전단 형태로 명확한 지침을 전달해야 가능할 것이다. 사진 속 전단은 알자스와 로레인 및 룩셈부르크 주민들에게 독일 통신선을 멀리하고 독일 기업에는 취업하지 말며 그들이 자행할지 모를 만행에 촉각을 곤두세우라고 주문한다.

독일군은 연합군의 심리전을 방어했다. 심지어는 전쟁할 자격이 없을 때도 싸움을 이어갔다. 당시 부대 지휘관은 전투를 중단하고 버틸 때라고 판단했다. 귓속말로라도 "패전"을 시인한 고위 관리에게 친위부대와 게슈타포가 죽음을 각오했기 때문이다.

독일군이 방어에 성공한 요인은 둘을 꼽는다.

⑴ 식량과 보급, 통신 및 무기 상태가 양호했다.
⑵ 방어 심리전의 일환으로 사기를 진작시키는 데 협력했다.

중무장한 병력이 가득한 사단 전체에서 강직하고 민첩한 어느 사병은 수백 마일 떨어진 화물차량이 텅텅 비었다는 이유로 절망을 예견할 순 없었다. 독일 공군이 비교적 잠잠했다는 점도 눈치 챘을 테고, 우편이나 말을 이용해야 한다는 점도 못마땅했겠지만 그럼에도 부대는 무탈히 돌아가고 있었기 때문에 패배가 눈앞에 다가왔다는 사실을 설득하기란 쉽지 않았다. 1차 대전에서 항복할 당시 독일군의 형편은 자신이 생각했던 것보다 훨씬 더 '좋았다.' 그러나 2차 대전 때는 실제 형편보다 더 나을 거라 '생각했다.' 독일군이 '몸짱'은 아니었을지언정 장개석 총통이 서후난성에서 일본군을 저지할 때 투입된 약골 군인이나, 바탄Bataan에서 절망과 고열과 일본군에—셋이 한꺼번에 몰려왔다—맞서야 했던 미군에 비교할 정도는 아니었다.

독일군은 비교적 양호한 상황과 아울러(독일이 최후미까지 전략적으로 열악했다는 사실을 은폐하고 속인 결과) 방어 심리전 요원인 사기진작 담당관의 직무도 한몫했다.

어떤 부대(서부보다는 동부전선에 더 많았다)에는 PK—Propagandakompanie(선전중대)—도 활동했다. 조직은 매우 독특했다. 전투선전중대의 역할과—인쇄, 방송, 포로 심문 등—사기진작 기능이 결합되었기 때문이다. 선전중대의 기능은 적을 상대할 때뿐 아니라 독일군의 지원할 때도 투입되었다. 연합군의 프로파간다 정보를 놓치지 않고 있었으므로 즉각 대응선전으로 받아쳤고 연합군의 선전을 사전에 차단한 경우도 더러 있었다.

독일군과 소련군의—러시아 기사와 소설에서 알려진 바에 따르면—방어 심리전은 적을 경멸하고 뉴스 기관을 불신하며 그들의 정치적 목적을 우려하며 적군의 사상을 모조리 혐오하는 사상을 부대마다 주입하는 데 혈안이 되어 있었다. 선전 담당관과 체제전복 대응요원과 공보인력 및 정보교육 장교가 한 직책에 속해 있거나 사실상 동일 인물이었다. 여러 기능을 결합하고 보니 선전에 유동적으로 대처할 수 있었다.

엄밀히 말하자면, 프로파간다에 대응한다는 것이 꼭 카운터프로파간다를 가리키는 것은 아니었다. '연합군'의 프로파간다에 대응하는 것이 아니라 '독일군'의 사기를 북돋는 데 목적을 두었기 때문이다. 레크리에이션 시설이나 육국신문 혹은 위문협회 등에 맡기지 않고 내부 스파이를 투입하여 독일의 상황과 통합 정보작전을 긍정적으로 발표하는 것이 독일군의 사기진작 방식이다. 독일식 전술 방어 심리전은 크게 성공을 거두지도 않았지만 딱히 실패했다고도 볼 순 없었다. 심리전 덕분에 독일군이 버틸 수 있었기 때문이다. 이는 나치의 마지막 전쟁에도 일익을 담당했다.

〈사진 62〉 기본형_인력모집 민간노동은 군사작전에도 매우 중대한 변수가 된다. 전단은 노동자들에게 일을 종용하거나 파업을 촉구한다. 사진 속 전단은 버마인과 샨족 및 카친스족에게 유포된 것으로, 높은 임금과 보너스뿐 아니라 어떻게든 애국하는 길을 약속하며 누구라도 귀가 솔깃할 조건을 제시하고 있다. 연합국을 위해 소매를 걷어붙이라는 이야기다!

미군은 2차 대전 때 방어 심리전을 도입하지 않았다. 부대의 사상교육은 매우 허술했다. 미군의 의욕이 남달랐던 이유는 전문가가 사기를 '높여준' 것이 아니라, 애당초 출발이 좋은—형편이 절망에 근접한 적이 없다—젊은이 세대를 신Providence과 국민이 길렀고 그들의 기세를 계속 끌어올려주었기 때문이다.

향후 미군과 영국군은 자유사회가 허락하는 한도 내에서 장병들이 작전 과정에서 사상교육을 받을 수 있는 장치 마련에 고심해야 한다. 미국위문협회와 적십자, 공보처, 국내 정보교육처, 야전 사기진작 담당관, 육군 라디오 방송, 전시정보국 OWI 미국 언론 및 해외 국방신문은 '마지막까지' 서로 무관하게 독립적으로 활동해 왔다. 혹시라도 차기에 전쟁이 벌어져 쌍방에서 섬뜩한 폭격을 감행한다면 사기는 다소 흔들릴지도 모른다. 이때 계획이 현명하다면 '국가의 방침'을 해명하고 반복하며 (필요시) 집행할 수 있도록 단일 지휘계통으로—필요하면 소대까지 확대—공보와 군사 프로파간다 및 사기진작이 일사불란하게 이루어져야 할 것이다.

이러한 방어 심리전은 전문가다운 감각으로 구사한다면 적이 충격적인 흑색선전을 벌이거나 정치적인 분열을 초래하거나 혹은 뉴스를 날조한다 해도 동요되지 않을 것이다. 물론 부대의 사기가 떨어지는 속도는 늦출 수 있지만 부대의 상황이 악화된 탓에 저하된 사기는 바꿀 수 없다. 방어 심리전으로 부실한 리더십을 만회할 수는 없다. 부실한 리더십은 무엇으로도 채울 수가 없다.

방어 심리전은 심층적으로 살펴보면 자기모순적인 측면도 있다. 앞서 지적한 바와 같이, 탁월한 심리전은 상대의 심리전만 겨냥하는 것은 아니다. 방어 심리전은 타깃(독자나 청취자)의 정신, 즉, 바람직한 행동을 유도하기 위해 믿음이나 의구심 따위를 '불러일으키는creating' 쪽으로 방향을 잡기도 한다는 것이다. 주의를 끌고 이를 계속 고정시키는 것은 심리전의 주된 임무 중 하나이므로, 적의 술수에 관심이 꽂힌 심리전은 출발부터 패배한 것이나 진배없다. 1939년 4월 15일, 루스벨트 대통령이 히틀러 총통에게 직접 보낸 이례적인 메시지는 인상적인 사례 중 하나로 꼽힌다. 루스벨트는 자신이 거명한 31개국을 침략하지 않겠다는 약속을 히틀러에게서 받아내려 했다. 메시지는 방어적인 어조로 독일 국제라디오를 통해 히틀러가 답변할 기회를 주었고, 독일 의회는 이를 무시하며 코웃음을 쳤다. 루스벨트 대통령의 메시지는 정중했고 온당했으며 인간적이었으므로 그와 뜻을 같이한 사람들에게는 큰 귀감이 되었다. 하지만 메시지를 수신한 독일인의 태도는 전혀 달라지지 않았다. 그가 날카롭고 난폭하게, 협박조로 열변을 토했다면 메시지는 당시 독일인뿐 아니라 히틀러의 뇌리까지도 관통했을 것이다. 결국 이성적인 훈계는 통하지 않았다. '독일인'의 정서적 반응을 불러일으키는 쪽으로 방향을 잡지 못했던 것이다.

끝으로, 방어 심리전에는 반드시 대전복countersubversion과 방첩이 포함되어야 한다는 점도 일러두고 싶다. "러시아에서는 자본주의 말썽꾼과 공작원이 오랫동안 버틸 수가 없다." 비상위원회(Cheka, 구소련의 반혁명운동 비밀조사기관, 훗날 GPU로 개편됨—옮긴이)가 의기양양하게 장담했다. 체제전복을 무력화시키는 경찰인력이 1억 명 이상이기 때문이란다. 주민을 세뇌시키고 협박까지 일삼은 까닭에 일탈이 의심되는 사람이 눈에 띄면 그가 누구든 즉각 신고하게 되어 있다는 것이다. 그러나 대전복기관이 주민과의 공조를 유도하려면 우선 유능해야 하고 존경을 받아야 하며 의사를 똑바로 전달할 줄도 알아야 한다. 심리전은 프로파간다에 대한 의식을 일깨우고, 국가의 방침을 부정하는 견해나 사상에 대해 국민이 스스로 비판할 수 있는 환경을 조성할 때만 적의 작전을 상대로 자국을 방어할 수 있다. 공식 전술이 어설프거나 반론을 무조건 싸잡아 비난한다면 시민들은 『올리버 트위스트Oliver Twist』에 등장하는 범블Bumble 말마따나 "법이 당나귀인가, 이렇게 멍청하니 …"라며 성토할 것이다.

소부대 사령관의 역할

소부대 사령관은 심리전팀이 배속된 부대를 지휘하지 않으면 심리전에서 적극적인 역할을 감당할 일이 없다. 심리전은 반드시 전문가가 투입되어야 한다. 소부대 사령관이 의도는 좋더라도 발상이 변변치 않은 상황에서 심리전 작전에 섣불리 개입했다가는 되레 모든 전선의 프로파간다가 역풍을 맞을지도 모른다.

부대에 심리전팀이 배속된다면 이원적인 통제가 필요할 터인데, 이럴 때는 균형감각을 발휘할 수 있어야 한다. 사령관에게는 절대적인 명령권도 있지만 부대에 부속된 팀을 이동시키고 보호하며 운용해야 할 책임도 있는 것이다. 그는 심리전 상급부대에서 하달된 프로파간다 지침에 개입하려 해서는 안 된다. 선전요원은 최근 뉴스와 전투서열 정보가 절실히 필요하기 때문에 자체 통신시설을 확보하되 일상적인 작전통신은 일반 국방채널을 우회하는 것이 바람직하다. 그러지 않으면 심리전팀에는 중요할지 몰라도 전 부대에는 무의미한 정보가 대거 유입되어 부대 통신시설이 과부하에 걸릴 것이다. 적군의 오만가지 뉴스 브리핑을 암호화하고 이를 해독하는 우를 범해선 안 된다. 반면, 명령과 행정적인 메시지는 일반 국방채널로 수신해야 한다. 북버마에서 '메릴의 습격자들(Merrill's Marauders, 제2차 대전 중 프랭크 메릴 준장의 지휘 하에 있던 미군을 가리킨다. 중국·버마·인도에서의 교묘한 정글 전투로 유명하다—옮긴이)'이 일본군을 상대로 벌인 갤러헤드Galahad 작전에서 이러한 이원적 통신채널은 개발되기까지 상당한 시간이 소요되었다.

소부대 사령관이 전문훈련을 받고 장비를 갖춘 심리전팀을 확보하지 않았다면 공격적인 심리전을 기대해서는 안 될 것이다. 급조한 물질로 화학전을 감행할 수 없듯이 말이다. 이럴 때는 연락팀의 지원을 받는 것이 사령관의 책무다.

야전 연락팀

2차 대전 당시 육군에서 창안한 직책 중에는 '심리전 연락관'이 있다. 이들은 정규교육을 이수한 위관급 장교거나, OWI 혹은 OSS에서 특별임무를 맡은 민간 군무원이었다. 연락관은 자신이 지원할 사령관들—필요하면 하위 지휘제대까지도—을 잘 알고 있어야 하며, 파견을 명한 심리전팀의 인력과 직무수행절차와 설비도 철저히 꿰고 있어야 한다. 연락관의 지위는, 제품과 회사는 말할 것도 없고 판매관리자와 고객도 두루 파악하고 있어야 하는 세일즈맨의 지위에 빗대기도 한다. 연락관은 소부대 사령관에게 심리전의 기능을 설명할 수 있어야 하고 심리전 관련 자료를 요구할 때 우선순위와 차선순위를 구분할 줄도 알아야 한다.

예컨대, 우수 연락관은 연대나 대대에서 요청이 들어올 때가 있다. 사령관이 전술적인 상황에서 살포할 전단을 요구한다면 어떤 전단이 필요한지, 혹시라도 특수한 전단을 제작한다면 얼마나 지연되며, 전단의 수량은 어느 정도가 적당한지 설명할 수 있어야 한다. 그리고 본부에 와서는 사령관의 경우를 전단 인쇄팀이나 연설팀에 보고하여 선전요원이 사령관의 문제를 파악할 수 있도록 도와야 할 것이다.

연락체계

연락체계는 어느 사례를 보든 심리전 부대가 좌우한다. 연락장교 네트워크가 복잡다단한 부대도 있지만 사실상 전무한 곳도 있었다. 1943년~44년까지 중국에서는 가장 가벼운 전술에 해당되는 전단 요청이 모두 야전 전방제대 본부로 전달되었다. 정치적으로 민감한 상황이었을 뿐 아니라 중국어도 매우 어려웠고 인쇄시설도 열악한 데다 인력도 거의 없었기 때문에 별도의 지휘채널을 두는 것이 별 의미가 없었다. 반면 1944년~45년 당시 프랑스와 벨기에에서는 심리전 부대가 육군에 대거 설치되었고 연락관도 널리 분포되어 연대나 대대 사령관이 연락관에게 직통으로 요청할 수 있었다.

라디오 방송지원

흔하진 않지만, 특정부대에 방송이 지원되는 사례도 있었다. 미군 표준파 방송국이 로리앙(Lorient, 프랑스 서부 브르타뉴 지방 모르비앙 주에 있는 해안도시—옮긴이) 인근에 위치할 당시, 나치가 점령한 이 프랑스 항구는 미군이 포위한 상황이었다. 미군이 구사한 작전은 『2d 이동식 라디오 방송중대의 역사 History of the 2d mobile Broadcasting Company』에 고스란히 기록되어 있다.

포병대와 전단 및 방송 프로파간다가 첫 조율을 시도한 날 …. 시내에 자리 잡은 [나치] 부대의 위치와 핵심 인사들의 이름은 이미 파악된 상황. 포병대는 정보를 토대로 '게임'을 준비했다. 어느 날, 때가 되자 포병대원은 나치 부대를 일일이

거명하며 건물 밖으로 나오라고 촉구했다. 5분이 지나면 메시지를 받을 것이라는 말도 덧붙였다. 정확히 5분 뒤 투항을 종용하는 전단이 살포되었다. 미군의 재간은 절망에 빠진 독일군에게 말보다 더 큰 충격파를 일으켰다.

작전이 통하려면 적군과의 긴밀한 접촉은 물론이거니와, 적군이 표준파 방송 수신기를 보유하고 있다는 사실도 파악하고 있었을 것이다.

공중지원

공중·지상전 연락팀에서 활용될 수 있는 일반 통신채널은 소부대에는 매우 중요한 지원채널 중 하나다. 부대가 전단을 제작하거나(심리전팀을 보유하고 있을 때), 협력 공군부대에 살포를 주문한다거나, 혹은 상급 심리전 본부에 전단 제작뿐 아니라 지정된 시간에 살포토록 하는 일정 계획도 직통으로 요청할 수 있기 때문이다.

전단살포 병기

항공기는 전단을 유포하는 데 매우 유용한 병기 중 하나다. 중국·버마·인도 전역에서는 추격기에 장착되는 전단 살포용 벨리탱크(동체 밑 보조탱크)가 개발하기도 했다. 벨리탱크가 전단살포용 장비로 전용된 것이다. 여기에 속도 조절 장치를 탑재하면 마치 기관총을 연사하듯 적 부대나 시설이 전단세례를 받을 것이다. 물론 흔한 경우는 아니다. 정글에는 일본군 다수가 뿔뿔이 흩어져 있기 때문에 전단을 마냥 허비할 수는 없기 때문이다. 전단폭탄이나 전단상자는 대부분 전단을 살포하는 데 적용되는 공군의 표준 방식을 따랐다.

전단을 유포하는 데 활용된 지상 병기는 다음과 같다.

용도가 변경된 화학탄(이를테면 발연탄)

거의 모든 포탄(특히 곡사포는 효과가 입증되었다)

전단 살포용 유탄

기폭장치와 함께 소량의 폭약이 설치된 전단꾸러미는 수류탄과 비슷한 요령으로 투척하기 위해 포장되었다.

박격포는 유럽과 아시아 전선에서 주로 활용되던 병기로 독일군은 특수 선전용 박격포를 개발하기도 했다. 특히 발연탄은 장전이 수월했다.

전단폭탄을 발사하는 책임은 화기를 소지한 부대에 있다. 심리전팀은 부대방호가 아니면 화기가 지급되지 않는다. 제5군의 사례로 전단폭탄이 살포되는 과정을 보라.

육군 전투선전팀이 계획을 세우고 허가를 얻고 전단을 인쇄·포장한다.

팀은 제5군 포병장교의 허가를 받는다. 담당 장교는 전단사용 명령에 동의한다.

팀의 연락장교는 해당 사단과 하급제대에 명령을 전파한다. 명령서에는 탄약고에서 전단을 불출할 시간이 지정되어 있다.

팀은 입수한 빈 포탄에 전단을 채운다.

육군 명령서에 따르면, 한 사단에 150개의 전단폭탄이 배당된다고 한다.

팀은 포탄이 투하되는 순서와 시한을 명시한다.

군단이나 사단은 구체적인 타깃을 설정한다. 사정거리 안에 있는 적군의 집결지가 보편적인 타깃으로 꼽힌다.

소부대에서는 선전부대가 포병대와 직접 교신할 때가 더러 있다(전단폭탄을 적시에 발포할 책임은 단연 포병대에 있다). 부대가 전단을 요청할 때 발포할 병기를 이미 확보해 둔 상황이라면 공급처가 미리 포탄에 실은 전단을 제공하면 된다. 하지만 포탄에 전단을 채우는 작업은 아무래도 살포용 항공기를 대기시키는 속도보다 더 빠를 수는 없다. 그러니 항공기로 전단을 살포할 뿐 아니라 공급처에서 이를 수송도 해주는 '일사천리all in one' 작전을 염두에 둔다면 공군 및 지상군의 긴밀한 협조로 신속한 대규모 전단폭격을 기대할 수 있을 것이다. 요청하고 준비하고 수송하고 발포하는 수순을 밟는 것과는 차원이 다른 이야기다.

미래의 비상계획

허무맹랑한 경험을 제시하려는 것은 아니지만 상상속의 미래를 거론하지 않으면 미군이 겪지 못한 상황을 논할 수는 없을 것이다. 나치와 일본의 경험이 우리와 같을 리는 없다. 그들은 독재와 과격한 사상이 지배한 탓에 미육군과는 근본이 다르기 때문이다. 가령, 적군이 공중에서 살포한 생화학무기에 부하가 감염되었다면 소부대 사령관은 어떻게 대응해야 할까? 즉각 투항하지 않으면 빈혈이나 암을 유발하거나 자칫 생명을 잃을 수도 있는 방사능에 노출될 것이라는 협박을 받는다면 어떻게 대처해야 할까? 물자 보급이 모두 끊긴 상황에서 오염지역이나 위험지역에서 작전 중일 때 부하가 적군의 흑색선전에 넘어간다면? 대체병력이 전무하거나 부대가 미국 정부나 국민에게서 버림받았다고 생각한다면(직감이나 적의 행태로 미루어) 사령관은 어떻게 처신해야 할까?

작전지에서 부하들이 권리를 주장한다면 사령관은 어떻게 대처해야 할까? 식량과 교대근무 등에 대한 불만은 정당하다고 생각하지만, 적이 부하 중 일부를 매수하여 꼭두각시나 배신자로 만들었다는 사실을 눈치 챘다면 어떻게 처신해야 할까? 부하들이 핵공격에 대비할 방공호를 주문하는 전단을 보고는 사령관에게 이를 요구한다고 치자. 모든 사병을 배신자로 취급해야 할까? 정치적 반역과 체제전복과 혁명이라는 공포와 마주한다면? 미군 장교는 조지 워싱턴이 총사령관에 부임한 이후 그런 문제를 겪어본 적이 없다. 전쟁을 치를 때마다 우리는 이길 수 있다는 확신을 가지고 싸워왔다. 미래의 전쟁에서는 그런 확신을 장담하지 못할 수도 있다. 미국이 훼손되고 부대가 대거 살상을 당하고 가옥이 폭발하거나 핵공격으로 방사능이 노출된다면 심리전을 둘러싼 새로운 문제가 제기될 것이다. 현존하는 미국인이 그런 문제를 겪어야 했던 적은 없었지만 앞으로도 그럴 거라는 장담은 어려울 듯싶다. 심리적 공격 앞에서 부대를 단결시켜야 한다는 뜻밖의 임무는 소부대 사령관의 패기와 정의와 지성이 감당해야 할 몫일지도 모른다.

투항전단

투항전단은 심리전에서 보병대와 같다. 투항전단이 진입하면 수년간의 방송 프로파간다를 비롯하여, 후방의 사기저하작전과 뉴스·정보를 통한 부대타격작전, 공군과 육군 및 해군이 공격을 마침내 종식시키기 때문이다.

전황이 유리하다거나 미처 예상치 못하고 있던 적에게 투항전단을 급작스레 살포하는 건 효과가 없을 공산이 크다. 일본은 남서태평양에 주둔해 있던 미군에게 이렇다 할 언질도 없이 항복을 종용하는 전단을 유포한 적이 있다. 더욱이 미군의 상황이 호전되어가고 있는 데다, 부대원이 탈영을 이유로 투항을 결심할 것 같진 않을 때도 전단이 살포된 것이다.

투항전단을 제작하려면 인쇄시설을 전술적으로 활용해야 한다. 이는 고속인쇄기를 구비하고 육·공군과 교신하며 적군의 동태와 상황 및 전투서열에 대한 최신 정보를 갖춘 전투선전부대의 임무다. 전단은 적군의 정보를 파악하고 신분을 확인했으므로 더는 기밀을 유지할 수 없는 데다 사령관도 신뢰할 수 없다는 점을 꼬집어야 한다. 적이 투항하려면 형편을 감안하여 가장 단순하고 이해하기 쉬운 명령서를 배포해야 하는데, 미군이 일본군의 항복을 설득할 땐 걸림돌이 더러 있었다. 그들이 훈도시(褌, 일본의 성인 남성이 입는 전통 속옷을 일컫는다—옮긴이)에 수류탄을 감췄을지 모른다는 의심을 사고 있었기 때문이다. 일본군 다수가 처음에는 연합군에 투항했지만 자신의 평화적인 의도를 밝히진 못했다. 결국 항복과 전쟁의 기로에서 결단을 앞두고 있었을지 모를 일본인들은 강력히 저지되었다.

〈사진 63〉 행동형_공군구조작전 중국 극장에서 발견된 이 전단은 제14공군부대의 업무를 지원하기 위해 제작된 것이다. 민간인이 수행할 작전에는 부상한 조종사를 돕고 미군이 낙하산을 타고 착지할 때 그들을 연합군으로 파악하며, 교량 및 기타 목표물을 피하는 것 등이 포함되어 있다.

미군은 식별용 줄무늬가 그려진 흰 전단(사진 69)을 일본군이 소지하고 있으면 발포를 멈추라는 지침을 받았다. 일본인에게는 이처럼 단순명료한 요령이 항복에 큰 도움이 되었다.

〈사진 64〉 선제작전신문 심리 작전은 상황이 유리할 때 엄청난 효과를 기대할 수 있다. 상황을 유리하게 만들 수 있는 주요 전략 중 하나는 적군이 투항 의사를 갖도록 여세를 몰아가는 것이다. 예컨대 신문을 통해 전쟁포로의 안위에 방점을 찍거나, 백기를 든 사람이 숱하게 많다는 점을 강조하면 실제로 항복하려는 사람이 나타날 수도 있다. 사진 속 신문은 시중에 유통되는 신문과 별반 다르지 않지만 기사는 투항하는 적의 수효가 많다는 점을 강조하고 있다.

투항전단의 소재는 아래와 같이 다양하다.

서명을 검게 지운 편지. 전쟁포로가 보낸 것인데 쾌적한 환경에서 편안하고 안락하게 지내고 있으며 식량도 넉넉하다는 내용이다.

보안절차나 전쟁 규정에 의거하여 얼굴을 지운 사진. 포로는 전쟁을 벗어난 삶을 만끽하고 있다.

군인의 숭고한 임무는 조국(또는 황제)에 대한 것일진대, 무분별한 전쟁에서 일개의 장군을 위해 죽는다면 국가가 재건과 발전에 필요한 전후 시민의 존재를 부정할 것이라는 **정치적 주장**

〈사진 65〉 대놓고 적군 들으라는 명령
적군의 전세가 불리해지면 직접적인 명령을 전단에 담아 투항을 종용키도 한다. 사령관에 대한 충성도가 높아 적군의 사기가 충천해 있다거나 돌발변수가 발동한다면 불발이 되고 말겠지만 대개는 사령관의 의지가 꺾이거나 리더십이 약화되게 마련이다.

투항한 포로에게 제공되는 **먹거리** 목록(사진 13, 배경은 1차 대전).

수용소의 환경에 대한 발표문. 제네바 협정(Geneva convention, 전쟁 피해자 보호를 위해 1864~1949년 제네바에서 체결된 국제조약—옮긴이)의 규정을 재확인.

포로가 되면 고향까지 **우편 서비스**가 허용된다는 약속.

분노유발 모티프. 고국에 있는 인간쓰레기와 악덕업자를 보여주며 고향에 돌아가면 '호구sucker'가 될 거라는 발언으로 투항을 유도한다.

여성의 나체 사진. 비자발적 독신주의자involuntary celibate에게 성욕을 자극하면 과도한 스트레스로 투항할 거라는 심산으로 제작한 것. (일본인의 아이디어였는데 효과는 없었다. 부대에 포르노 사진이 없는 건 아니었지만 그들은 이를 유포한 일본인을 '괴상한 애송이queer little people'라 불렀다. 삽화를 넣기는 좀 곤란한 유형. 의회도서관에 가면 기밀 파일에 사본이 있다)

> ALLIIERTES OBERKOMMANDO
> (Supreme Headquarters, Allied Expeditionary Force)
>
> # BEFEHL
>
> ## AN DIE VERSPRENGTEN DEUTSCHEN TRUPPENTEILE
>
> Das schnelle Vordringen der Alliierten hat es mit sich gebracht, dass zahlreiche deutsche Einheiten versprengt und aufgelöst worden sind und daher von zuständiger deutscher Seite keine Befehle mehr erhalten können.
>
> **Um nutzlose Opfer an Menschenleben zu vermeiden, ergeht daher folgender Befehl:**
>
> 1.) Deutsche Soldaten, die abgeschnitten oder versprengt wurden, sowie Einheiten, die vom deutschen Kommando keine Befehle mehr erhalten, haben sich beim nächstliegenden alliierten Truppenteil zu melden.
>
> 2.) Bis dahin ist der Einheitsführer bezw. rangälteste Unteroffizier für die Disziplin seiner Mannschaft verantwortlich. Die umstehenden Verhaltungsmassregeln für versprengte Einheiten treten mit sofortiger Wirksamkeit in Kraft.
>
> DWIGHT D. EISENHOWER
> Oberbefehlshaber der Alliierten Streitkräfte

〈사진 66〉 기본형_비상명령. 향후 벌어질지 모를 상황을 통제하기 위해 미리 제작하는 전단도 있다. 예컨대, '흩어진 독일 부대에 전하는 명령'은 고립된 모든 독일 잔당을 대상으로 인근 연합군에 투항할 것을 종용하고 있다.

    탁월한 투항전단은 언어의 장벽을 기회로 만든다. 모든 전단은 선전요원의 언어로 "투항하겠습니다(I surrender, 아이 서렌더)"라는 의사 표시 요령을 가르친다. 이를테면, "Ei sörrender(아이 서렌더)"는 독일군에게 익숙한 표기인데 독일인이 영어를 쉽게 발음할 수 있도록 독일어 철자로 음역한 것이다. 항복은 단순히 충성의 대상을 바꾸는 것이 아니다. 특히 보병에게는 위험천만 작전일 것이다. 고의로 투항하려면 담력이 필요하겠지만 항복하는 과정에서 분노한 지휘관이나 동료 사병에게 총살을 당할 수도 있고 투항의지가 완강한 상황에서 같은 편이 전쟁에서 이기면 반역 혐의로 군사재판에 회부될 수도 있다. 공격적인 적을 만나면 총격을 당하거나 적에게 투항 의사를 제대로 전달하지 못할 수도 있다. 때문에 투항전단은 기회가 오면 적이 잡을 수 있도록 흔한 종잇장으로 절차를 간소화했다. 전단 중에서 성과가 가장 높은 것은(의식적인 선택에 무의식적으로 대비하는 것과 관계가 깊다) 전쟁포로의 처우를 구체적으로 기술한 전단이다. 아울러 투항전단은 항복 허가증으로 쓸 수도 있다. 사실, 전단이 필요해서 소지한 적군은 군대를 일부 무력화시킨 것이나 진배없다.

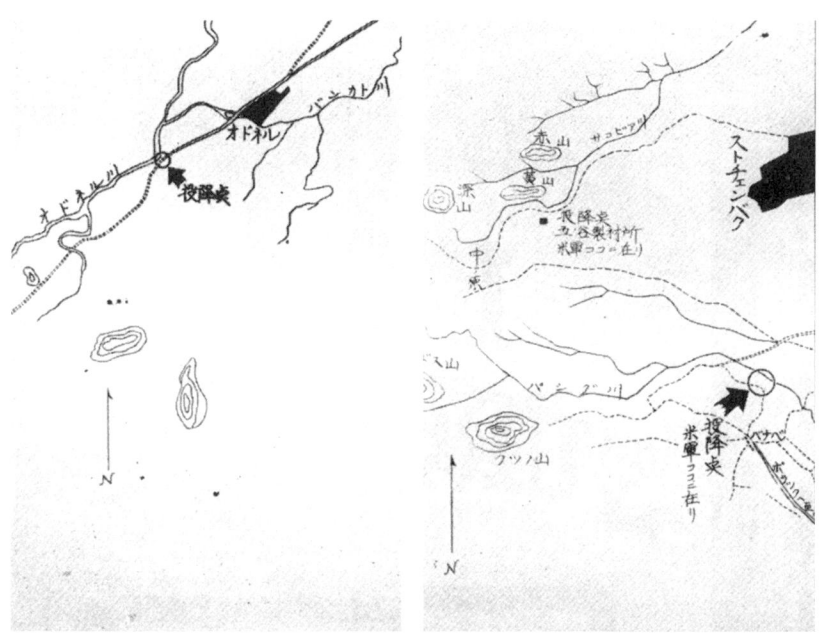

〈사진 67〉 전술적 항복 유도전단 적군이 투항의 당위성을 이해하지 못할 때가 더러 있는데, 지도를 보내 상황파악을 돕는다면 설득력을 높일 수 있다. 물론 이것이 허위로 판명되면 신빙성을 잃겠지만 말이다. 사진 속 전단은 필리핀에 주둔한 일본군이 항복 이후 벌일지 모를 최후의 전투를 방지하기 위해 제작된 것이다. 유사한 지도들이 일찍부터 전술적인 목적으로 활용되어 왔다.

기타 행동전단

2차 대전 때는 모든 전선에서 투항할 기회가 많았으나 차기 전쟁에서는 물리적인 여건 탓에 항복이 여의치 않았다. 투항을 결심하더라도 근방에 연합군이 없었기 때문이다. 그래서 2차 대전 당시 가끔 사용했던 전단—투항이 아니라 부대의 행동을 촉구한 것으로 '탈영'이 가장 흔했다—이 활용되었다. 이를테면, 적군이 위험지역에 집결할 예정이라는 사실을 알고 있다거나, 전단이 뿌려진 지점에 중화기 공격이나 공습이 집중될 개연성이 매우 높을 때 이 전단을 살포한 것이다. (거짓으로 허풍을 떨면 대개는 실패하고 차후의 작전마저 의심을 사게 되지만, 작전이 일단 성공하면 적군들 사이에서는 신뢰가 쌓일 것이다) 장거리 무기를 쓴다면 공격에 앞서 전단으로 부대를 흔들 수 있다. 현장을 떠나 안전한 곳으로 대피하라고 경고하면 적을 교란시키는 데 일조할 것이다. 필자는 V-1이나 V-2 폭탄을 투하할 때 독일군이 전단을 활용한 것은 본 적이 없지만 〈사진 3〉은 B-29 폭격기의 공격이 지정된 도시에서 민간인과 부대에 모두 살포되었다.

행동을 촉구하는 흑색선전은 적 부대에 꾀병 부리는 요령을 일러주는가 하면, 소수민족이나 위성국가(나치군에 입대한 폴란드인) 출신으로 알려진 부대에는 인종 및 정치 관련 주장을 제기했다. 훗날 전쟁이 막바지에 이르면 저항을 중단하고 집단 투항의 기회를 도모하라는 취지였다.

확성기 부대

인간의 육성을 증폭시킨 장치는 2차 대전 때 서서히 발전했다. 북아프리카와 이탈리아 상륙지, 안치오 및 노르망디 작전에 급조된 부대가 자리를 잡았다. 그들은 이따금씩 '귀하신valuable' 포로를 거론했지만 유효거리가 200야드(180미터)를 넘지 못해 효율성에 많은 제약이 따랐다. 이때 해군은 태평양 해상에서 확성기를 장착한 항공기를 시험하고 있었다. 그들은 매우 높은 고도에서 지상에 있는 일본 부대에 말을 걸었다.

결정적인 성과는 탱크에 확성기를 장착하면서 얻게 되었다. 유효거리가 2마일(3.2킬로미터)로 확대되면서 전투 작전에서 중요한 역할을 담당하게 된 것이다. 1945년 4월, 제19부대가 운용한 확성기 탱크는 작전 당시 하루 평균 20여 번 방송했다. 공격을 감행하기 전 짤막한 메시지를 적군에 전달했다. 그러고는 포로가 투항할 수 있도록 여유를 갖고 공격을 보류했다가 재개했고, 좀더 많은 포로를 수용하기 위해 잠시 쉬었다가 막판까지 공격을 강행하는 수순을 밟았다. 이러한 전술은 특히 도로가 폐색된 지점에서 적군이 양측에 있을 때 큰 성과를 거두었다. 예컨대, 토이토부르크 숲the Teutoburger Wald에서는 한 소대 전체가 화유로 투항했고, 힐데스하임Hildesheim에서는 250명이 함께 진영을 넘어왔다. 독일 접경지대에서는 훨씬 더 많은 독일인이 항복 의사를 밝혔으나 워낙 전세가 미군 쪽으로 기울어진 터라 흰 바탕에 검은 글자를 새긴 휘장만 봐도—고대 중국의 황실군이 폭도를 상대할 때 전술 커뮤니케이션의 일환으로 들고 다닌 것처럼—비슷하게 대응했을 성싶긴 하다.

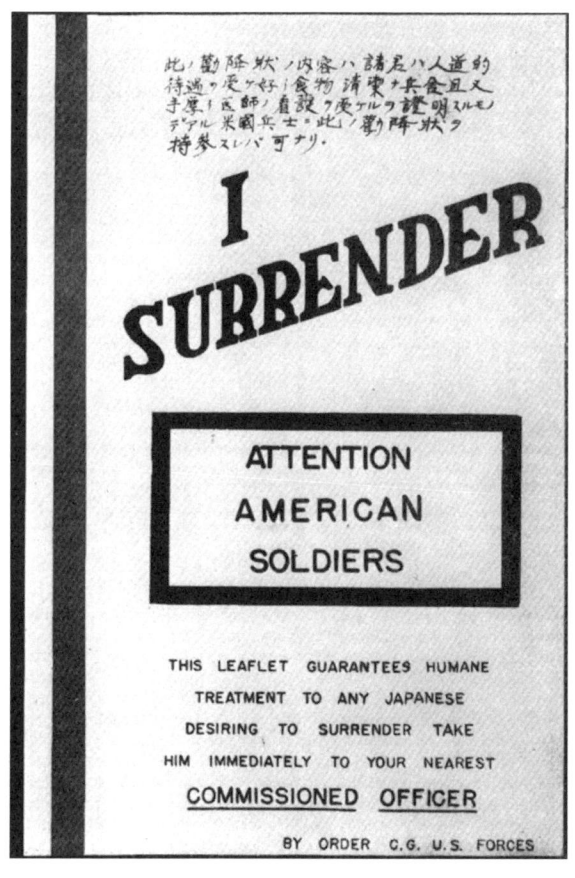

〈사진 68〉 기본형_투항전단
사진 속 투항전단은 일본군이 항복을 바란다는 인상을 주기 때문에 그들 입장에서 반길 전단은 아니었다. 치욕스럽기도 하고 전의도 떨어뜨리는 것이니 그런 굴욕을 감내할 일본군은 거의 없었을 것이다. 문구만 제외하면 모양새는 괜찮은 편이다. 큼지막한 매거진 표지만하고 빨간색과 파란색 세로줄이 있어 눈에 확 띈다.

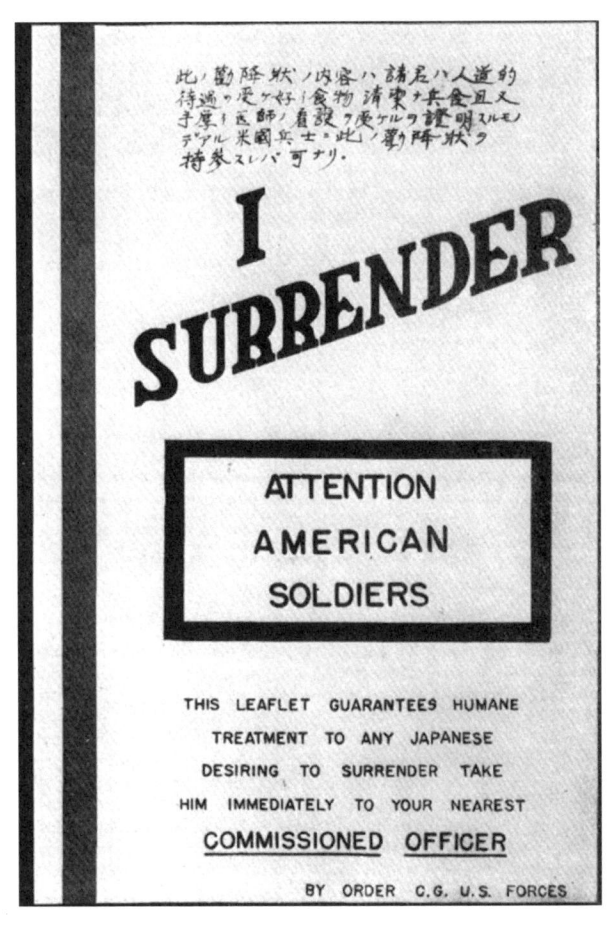

〈사진 69〉 개량한 투항전단 일본군의 항복을 받아낸 새로운 전단. 문구를 그럴싸하게 고쳤다. 혐오스런 '항복'이라는 말은 빼고 "더는 저항하지 않겠다I Cease Resistance"로 바꾼 것이다. 아울러 방아쇠를 당길지 모를 미군을 상대로 자신이 수류탄을 들고 있지 않다는 점을 입증할 전단 소지 요령도 밝히고 있다. 뒷면을 보면 미군 수용소 생활에 만족해하는 일본군 포로의 모습이 담겨있다. 그러나 일본인은 분명하지만 신원은 모호하게 처리했다. 독일군에게 썼던 항복증(사진 4)과 비교해 보라.

오키나와에서는 확성기가 획기적인 기술로 탱크에 연결되었다. 당시 미군 탱크부대 장교와 병력은 일본어를 몰랐다. 일본군은 설치류처럼 참호에 숨어 있다가 상황이 불리해지면 더 잔인하게 싸우고 자폭도 불사할 기세였다. 미군이 동굴 어귀에 포탄을 쏘고 불도저로 참호를 밀어 일본군을 생매장시킨다손 치더라도 긴 땅굴을 통해 다른 곳으로 올라오면 미군에 더 큰 피해를 초래할 수 있었다. 이때 미군과 일본군이 서로 소통하지 못했더라면 수백 개의 요새를 일소하는 과정에서 미군이 대거 희생되었을지도 모른다. 미군 탱크에는 확성기가 장착되어 있었고, 같은 부대에 소속된 탱크가 서로 교신하거나 사령관이 탑승한 탱크가 본부에 메시지를 전파하는 데―둘을 동시에 적용할 수는 없었다―필요한 무선통신 설비도 갖추었다.

스피치 특별강좌에서 영어식 억양을 쏙 뺀 미국계 일본인이 본부에서 대기 중이다.

탱크부대가 계곡에 진입하자 미군 사령관이 적의 동정을 살핀다. 그러고는 무선전화로 본부와 교신한다.

"전방에 비탈이 보인다. 특별한 움직임은 없다. 다만 구덩이가 대여섯 되는데 일본군이 어디에 숨어있는지 확인이 필요하다. 산을 올라가 보니 능선에 나무 두 그루가 있고 원주민의 묘지가 좌편에 위치해 있다."

본부에서 미국계 일본인이 답변한다. "묘지와 나무 중 어디에 집합시킵니까?"

"묘지 앞이다. 그 길로 하산시킬 거니까. 통역하라."

"예, 알겠습니다."

탱크부대 사령관이 무선전화를 중계장치로 돌리자 확성기가 탑재된 탱크가 무선전화와 직결된 확성기 부대로 자동 연결된다. 또렷한 일본어 육성이 신의 음성처럼 전 계곡 사방팔방에서 동시에 울려 퍼진다.

"알린다! 일본 부대에 알린다! 나는 미군 탱크부대 사령관으로서 계곡에서 저항하는 모든 세력을 일망타진할 것이다. 우리에게는 화염방사기가 있으니 대피호나 동굴을 불바다로 만들 것이다! 다시 알린다! 화염방사기로 불사르고 동굴 어귀는 총격으로 폐쇄시킬 것이다. 일본군은 누구도 탈출할 수 없다. 일본군은 저항을 중단하라. 일본군은 저항을 중단하라! 일본군은 원주민 묘지 앞에 모이되 미군 포로는 좌측에, 일본군은 우측에 서라!"

사령관은 확성기가 울리는 내내 전방을 주시하고 있다. 일본군이 하나둘씩 적은 무리를 이루어 해당 장소로 나오기 시작한다. 이때 사령관이 다시 끼어든다.

"일본군이 능선에서 버티고 있는 것 같은데, 그래 보시지. 1, 2분이 지나도 투항하지 않으면 내가 끝까지 추적해서 정상에 이르자마자 처단할 테니 …"

"알겠습니다, 사령관님! 어느 능선입니까?"

"아직은 알 수 없다."

확성기에서 경고가 다시 이어진다. "주목하라! 능선에 남은 일본군은 들어라! 무사시 대령이 지휘하던 일본군은 어젯밤 투항해서 지금은 호의호식하고 있다! 너희도 투항하면 같은 대접을 받을 것이다. 조만간 내가 산에 오를 것인데 …"

일본군 몇 명이 시야에 들어왔다. 모래언덕을 기는 개미를 보는 듯했다. 그들은 투항지점으로 내려가기 시작했다.

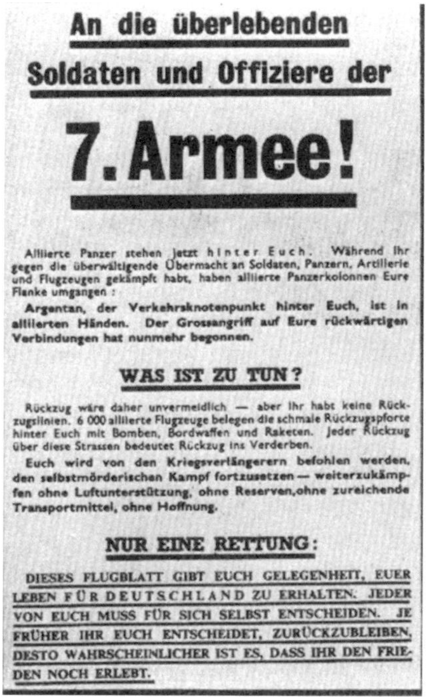

An die überlebenden Soldaten und Offiziere der

7. Armee!

Alliierte Panzer stehen jetzt hinter Euch. Während Ihr gegen die überwältigende Übermacht an Soldaten, Panzern, Artillerie und Flugzeugen gekämpft habt, haben alliierte Panzerkolonnen Eure Flanke umgangen :

Argentan, der Verkehrsknotenpunkt hinter Euch, ist in alliierten Händen. Der Grossangriff auf Eure rückwärtigen Verbindungen hat nunmehr begonnen.

WAS IST ZU TUN?

Rückzug wäre daher unvermeidlich — aber Ihr habt keine Rückzugslinien. 6 000 alliierte Flugzeuge belegen die schmale Rückzugspforte hinter Euch mit Bomben, Bordwaffen und Raketen. Jeder Rückzug über diese Strassen bedeutet Rückzug ins Verderben.

Euch wird von den Kriegsverlängerern befohlen werden, den selbstmörderischen Kampf fortzusetzen — weiterzukämpfen ohne Luftunterstützung, ohne Reserven, ohne zureichende Transportmittel, ohne Hoffnung.

NUR EINE RETTUNG:

DIESES FLUGBLATT GIBT EUCH GELEGENHEIT, EUER LEBEN FÜR DEUTSCHLAND ZU ERHALTEN. JEDER VON EUCH MUSS FÜR SICH SELBST ENTSCHEIDEN. JE FRÜHER IHR EUCH ENTSCHEIDET, ZURÜCKZUBLEIBEN, DESTO WAHRSCHEINLICHER IST ES, DASS IHR DEN FRIEDEN NOCH ERLEBT.

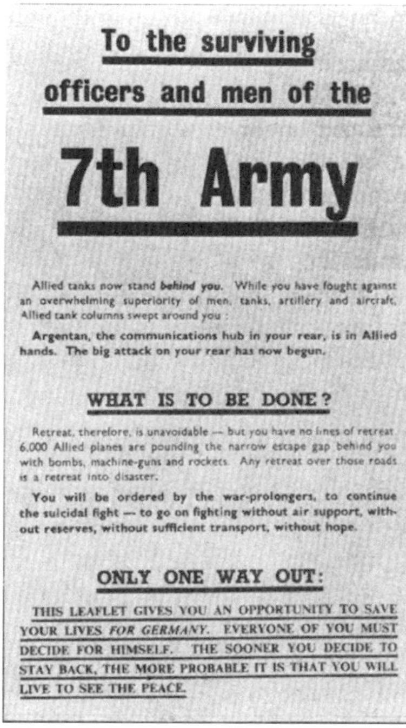

To the surviving officers and men of the

7th Army

Allied tanks now stand ***behind you.*** While you have fought against an overwhelming superiority of men, tanks, artillery and aircraft, Allied tank columns swept around you :

Argentan, the communications hub in your rear, is in Allied hands. The big attack on your rear has now begun.

WHAT IS TO BE DONE?

Retreat, therefore, is unavoidable — but you have no lines of retreat. 6,000 Allied planes are pounding the narrow escape gap behind you with bombs, machine-guns and rockets. Any retreat over those roads is a retreat into disaster.

You will be ordered by the war-prolongers, to continue the suicidal fight — to go on fighting without air support, without reserves, without sufficient transport, without hope.

ONLY ONE WAY OUT:

THIS LEAFLET GIVES YOU AN OPPORTUNITY TO SAVE YOUR LIVES *FOR GERMANY*. EVERYONE OF YOU MUST DECIDE FOR HIMSELF. THE SOONER YOU DECIDE TO STAY BACK, THE MORE PROBABLE IT IS THAT YOU WILL LIVE TO SEE THE PEACE.

〈사진 70〉 종전 사진 속 전단은 항복조건을 일본인들에게 유포했던 대형 전단처럼 전쟁 종식에 일조했다. 한 쪽에는 독일 국방군의 패전 소식을 실었고 다른 면에는 얄타회담에서 결정된 독일의 미래를 다루었다.

PART 4
2차 대전 이후

Psycholog

CHAPTER 14 냉전과 7건의 교전
CHAPTER 15 전략적 국제정보작전
CHAPTER 16 연구·개발·미래

부록
6·25전쟁과 심리전
감사의 글

CHAPTER 14 냉전과 7건의 교전

1945년 이후는 미국인들의 예상보다 훨씬 더 혼란스러웠다. 파시즘과 일본 군국주의에 대한 승리가 심리적으로나 역사적으로 종지부를 찍었음에도 승전국간의 갈등이 낳은 불신과 상처는 19세기 엘리트가 이해했던 '평화의 시대'보다는 현대판 '30년 전쟁(the Thirty years' War, 1618~1648년 독일을 무대로 신교와 구교 간에 벌어진 종교전쟁—옮긴이)'을 초래하고 말았다.

수많은 정치·군사적 사건과 아울러, 심리전 또한 서양인이 정서로나 지성으로 해결하기가 매우 까다로웠던 '전쟁도 평화도 없는no war and no peace' 시대를 떠안게 되었다. 처칠이 풍자한 "철의 장막"과 월터 리프먼의 신조어인 "냉전"은 전 세계 문명인의 스피치에 단골로 등장해 왔다. 물론 둘로 설명이 되는 점도 많았지만 그만큼 모호해지는 점도 많았다. 그러니 작금의 역사적 시대는 강대국의 영향력이 중단된 후라야 정확히 기록되지 않을까 싶다. 그때가 온다면 진지한 '철학인 reflective men'은 20세기 중반에 벌어진 사건을 규정할 수 있을 것이다.

인지와 지연

20세기 중반에 걸친 혼전의 여론 및 심리적 측면에서 눈에 띄는 변수 중 하나는 사건이 벌어진 '시간time'과, 그로부터 정책담당자가 저 나름대로 사건을 최종적으로 파악하기까지 '지연delay'되는 시간, 미래를 지향하는 정책문건에서 사건을 '인지recognition'하는 시간이 서로 뚜렷하게 대조된다는 것이다. 따라서 최근 군사 (軍史, military history)의 정치·전략적 특징은 주요 도회지 인구의 삶이 휘말린 기괴한 실수극(a comedy of errors, 셰익스피어의 초기 희극 제목이기도 하다(1594)—옮긴이)—진지하지 않았다면 우스꽝스런 실수극이었을 것—으로 봄직하다.

1945년 일본군 점령지로부터 인도차이나를 해방시킨 사건은 예상된 '1946년의 세계' 기준에는 당연하고도 넉넉히 부합했겠지만 안타깝게도 예상은 실현되지 않아 절망과 유혈사태 및 기만과 아울러 1940년대 말에는 전쟁이 벌어지고 말았다. 결국에는 1954년이 되어서야 자유세계가 공산주의에 맞서 투쟁했다는 점을 일부나마 인식할 수 있게 되었다.

정책과 선전에 대한 새로운 해석

논객들은 글로써 프로파간다와 심리전, 심리적 전략 및 작전에 대해 갑론을박했다. 수많은 사례를 보면 두 가지 논조—둘 다 일리는 있다—를 역설했는데, 한편은 유엔에서 구성된 의회를 통해 의사를 결정하는 기존의 자유·주권 국가가 전통적인 권력외교의 '현실realities'을 현재와 미래의 지침으로 삼을 수 있고 또 삼아야 하는 반면, 절망과 테러리즘과 만성적인 이념전쟁이라는 광기는 피해야 한다는 입장이고, 다른 한편은 이념전쟁은 현재 벌어지고 있으며 이를 부인하는 자는 고의든 고의가 아니든 공산주의를 동조하는 자거나 이에 타협하는 자요, 그들의 '현실'은 시대에 뒤떨어진 것이므로 미국은 결국 공산주의 체제나 입헌 민주국가 중 하나를 선택하기 위해 전멸이나 죽임을 당할지 모를 십자군 전쟁을 치러야 한다는 입장이다.

논객이 간과한 점은 전쟁이 너무 급작스레 발생한 탓에 '전쟁 이후 한참이 지나고 나면' 수소폭탄이 개발되거나 스탈린이 사망하거나 혹은 이스라엘이 건국되는 등의 최신 정보를 공산주의자나 반공산주의자 중 누구도 확실히 파악하지 못할 수 있다는 개연성이었다. 전쟁은 과거의 모든 문명세계를 통틀어 상당수의 여론이 주요 가설에 합의한 바와 무관하지 않았다. 앞서 언급했다시피, 옛 전쟁의 반동세력도 (항상은 아니지만) 대부분 전쟁의 경위는 알고 있었으나, 작금의 체제는 영성과 심리는 물론이거니와 논리적으로나 과학적으로도 일관성이 없고 상당히 역설적인지라 장기적인 목표를 규정하는 것은 거의 불가능에 가까워졌다. 이를테면, 평화를 확립한다거나 공격에 대응하기 위해 국제적인 연합체제를 결성한다거나 국민의 주권을 주장한다거나 자유기업경제를 보호한다거나 혹은 자결권이 없는 민족에게 이를 보장한다는 등의 단일 목표는 '강조하는 순간' 이를 뒷받침하는 목표와는 충돌할 수 있기 때문이다.

공산주의 및 반공산주의식 심리전

두 체제에는 각각 장점이 있다. 특히 공산주의는 미국에서 장점이 크게 부각된 터라 미국인들은 공산주의 세력을 과장하는 편이다. 때문에 공산주의 집단의 정치적 성격이라든가 심각한 경제적 약점은 지나치기 십상이다. 공산주의자들은 매우 극단적인 당 노선으로 반감을 억누른다. 상황이 여의치 않을 때는 국제정세의 추이에 따라 노선을 돌연 바꾸면 그만이다. 또한 공산주의자들은 젊은이가 세계의 미래를 지배하는 주인이라는 신념을 내세워 그들을 선동한다. 이 같은 신념이 성과를 거두지 못한다거나, 전 세계의 젊은이가 "약속은 많이 하되 이행은 거의 하지 않는다"는 이유로 그들에게서 등을 돌린다면 상당한 리스크를 안게 될 것이다. 물질적 기반으로 작동한다는 공산주의는 프로파간다의 가치가 상당한—왜곡된 것이긴 하지만—심리적·영적 가치를 제공한다. 이를테면, 자신을 희생하고 개인적 차원보다 원대한 대의명분을 위해 헌신한다는, 이른바 '무언가를 위해 죽을 수 있는' 기회를 주고 역사를 분명히 일깨워준다는 것이다. 그러나 심리적 피로뿐 아니라 엘리트 간부나 민중의 빈정거리는 사고방식도 아울러 감수해야 한다.

미국 정부가 해외 현장에서 벌이고 있는 전략적 정보작전을 다룬 15장에서는 자유세계의 심리적 장점을 좀더 이야기할 참이다. 전후 시대의 전략·군사적 맥락에 비추어 볼 때 자유세계는 절제와 완화와 융통성이라는 장점을 가지고 있다. 지성인을 비롯한 미국인들이 꼽은 자유세계의 주된 장점이라면 다양한 시각에 대한 (공식적으로뿐 아니라) 실제적인 포용과 통제 속에서 국민의 우려를 경감시키는 것이라기보다는 법적 권리와 민주적 정치 프로세스를 꼽는다.

자유세계는 공산주의만큼 승리에 연연하진 않기 때문에 사기가 크게 떨어지지 않고도 패배를 인정할 여유가 있다. 게다가 유토피아식 미래를 약속한 적이 없으므로 사기가 폭락한다거나 자유세계를 지지하는 인재들의 실망감이 확산되지 않고도 1950년대의 현실뿐 아니라 60년대나 70년대에 어떤 사태가 벌어지든 현실을 감내할 수 있을 것이다. 냉전 상황에서 자유세계는 승리가 아닌 싸움에 전념하는 반면, 공산주의자들은 지구촌에서 공산주의가 승리하리라는, 현실적이긴 하지만 개연성은 요원한 약속을 성취하기 위해 안간힘을 쓰고 있다. 따라서 미국 시민들은 소련이 살아남든지, 아주 해체되어 민주주의 러시아로 대체되리라 예상할 것이다. 소련의 상대국도 집단과 계층을 떠나 냉전에서 이탈할 수는 없으리라.

핵폭탄과 수소폭탄 등 신무기가 사용될 수 있다는 사실로 제기된 불확실한 미래는—전 주지사인 애들레이 스티븐슨Adlai Stevenson은 암울한 심경으로 "차후 전쟁은 문명을 송두리째 종식시킬 것"이라 주장했다—우리 모두에게 다가오고 있다. (3차 대전이 문명을 종식시키거나 어떻게든 문명을 이기거나 문명에 패하거나 혹은 비긴다면 미국은 국방성을 해체하여 짧은 여생이나마 마음껏 즐기는 편이 나을 거라고 답변해 줄 듯싶다)

냉전

어찌 보면 냉전은 새로운 개념은 아니다. 냉전은 과거의 윤리·정치적 토대를 가진 문명이 최후까지 생존하기 위해 서로 충돌했던 문명간의 전쟁과는 닮았으나, 문명이 동일하고 이를 보전하는 데 이해가 걸려 있는 국가의 전쟁과는 사뭇 다르다. 1950년대의 미국은 1861년에서 65년까지의 남북전쟁이나 1775~81년의 美독립전쟁보다는 1618년부터 1648년까지 계속된 구교와 신교의 종교전쟁과 훨씬 더 흡사하다. 다른 시각에서 보면 미국은 아즈텍과 코르테즈Cortez 전쟁이나, 고대 안남에서 벌어진 중국인과 짬인(Chams, 베트남 남부와 캄보디아에 흩어져 사는 인도네시아계의 소수 민족. 농업, 목축에 종사하며 힌두교와 이슬람교를 믿는다—옮긴이)의 전쟁으로 시간을 되돌린 것이나 진배없다. 리프먼이 말한 '냉전'은 단순해 보이지만 미국인이 지금껏 알고 있던 어느 전쟁보다 훨씬 깊고 크며 고약한 싸움이다. 냉전에 견줄 만한 사례라면 개척지에서 정착민과 원주민이 벌였던 전쟁을 꼽겠다. 물론 인디언과의 전쟁에서 그들은 아메리카 대륙에서 백인 및 기독교 문명을 쓸어버릴 거라는 기괴한 두려움을 남기진 않았다.

냉전의 본질

따라서 냉전은 과거로 거슬러 올라가면 시작점(몇 가지만 예를 들면 1848년과 1917년 및 1943년)을 찾을 수 있고, 非공산주의 국가와 공산주의 국가가 벌이고 있는 전쟁을 일컫는다. 현재 결과를 장담할 수 있는 사람은 없다. 아주 무모한 낙관론자라면 각 체제의 장점은 발전하고 공통적인 변수는 유엔의 영향권 내에서 평화수호 국제시스템을 뒷받침하는 동력으로 강조·강화되는 세상을 상상할지도 모르겠다. 냉전은 전면전보다 규모가 크다. 세계대전과 혹시 모를 전면전의 전·중·후 활동을 모두 포괄하기 때문이다. 공산주의 국가는 사보타주(sabotage, 적이 사용하는 것을 막거나 항의하기 위해 장비나 운송시설이나 기계 등을 고의로 파괴하는 것—옮긴이)와 혁명, 공모 및 극성 조직을 활용하는 반면, 반공산주의 국가는 준군사적 병기를 서서히 개발하여 전쟁에 투입할 것이다. 냉전만큼이나 고약하고 불확실한 전쟁은 여태 없었다. 전쟁이 벌어지면 국가는 어떻게든 전투와 승전에 만전을 기하게 마련이다. 이때 '결단decision'이라는 최고의 가치가 작동하는데 냉전은 그렇지가 않다. 즉, 전쟁의 실체를 모르거나, 전세가 유리하더라도 무슨 실리를 얻을지 모르는 상황에서 싸워야 한다는 것이다.

냉전의 기원

돌이켜 보면, 1848년 이후 공산주의 체제는 비공산주의 체제와 전쟁을 벌여왔다는 점과 아울러, 1917년 이후에는 소비에트가 다른 모든 정부와 전쟁을 벌일 상황이었다는 점, 1941년에서 1945년까지 민주주의 소비에트 연합이 다른 파시스트 정권과 대립해 왔다는 일설은 거짓이며 속임수였다는 점, 그래서 비공산주의와 공산주의가 서로 연합체를 구성하려는 시도는 착각이거나 허풍이거나 혹은 거짓이라는 주장은 얼마든 나올 법 했다. 사실, 1950년대였다면 그랬겠지만 1940년대에는 모든 것이 불투명했다.

얄타 회담은 참담한 실수인 동시에 행운이었다는 주장도 틀린 말은 아닐 것이다. 서방 강대국이 얄타에서 소련과 우호적으로 대화하지 않았다면 서양인들은 양심이 걸린 문제를 두고는 지나칠 정도로 예민했기 때문에 자신과 후손에 감당할 수 없는 죄책감을 안겨주었을지도 모른다. 이를테면, 대를 이어 싸움을 벌이면서도 마음 한켠에는 '우리가 왜 소비에트 러시아와의 전쟁을 피하기 위해 각고의 노력을 다하지 않았을까?' 싶을 것이다.

테헤란·얄타 협정은 거의 막바지에 소련이 위반했지만 혹자는 서방세계가 실험적으로 유화정책을 실시했다는 점에 대해 현명한 처사였다고 주장한다. 훗날 갈등이 빚어지더라도 더는 양심의 가책을 느끼지 않아도 되었기 때문이다. 앞으로는 미국이 공산주의와 화해하려 하지 않았다거나, 공산주의 국가가 권력정치계에 행사할 타당한 몫을 제시하지 않았다거나, 혹은 반파시스트 전쟁 중 공산주의 국가를 위협했다는 주장은 설득력을 잃게 될 것이다. 미국은 좋든 싫든, 공산주의와 우호관계를 맺기 위해 '열심히' 노력했지만 실패했을 뿐이다.

그렇다면 왜 우호관계를 맺지 못했을까?

패인은 자유국가보다는 공산국가에 더 몰려 있지 않을까 싶다. 진보좌파나 독설가라면 이런저런 관점에서 미국과 영국의 입장에 트집을 잡을 수도 있겠지만 공산주의자들은 거의 모든 사례에서 서양 강대국을 상대로 경솔히 대응해 왔다. 예컨대, 티토는 모스크바와 합의한 상황에서도 1941년 이전부터 존재해온 입헌 유고슬라비아 정부와 교회에 대한 입장이 확고했고, 루블린(Lublin, 폴란드 동남부의 도시로 루벨스키에주의 주도—옮긴이) 임시정부는 루스벨트가 버젓이 살아있는 와중에도 런던에 망명한 폴란드 임시정부를 야비하게 배신했다. 미국의 무력이나, 세계를 정복하겠다는 마키아벨리식 야심을 우려해서 공산국가들이 이렇게 대응한 것인지는 그리 중요한 문제가 아니다. 공산국가가 전 세계 곳곳에서 반공산국가와 대립각을 세웠다는, 논란의 여지가 거의 없는 사실이 중요한 것이다.

(『심리전이란 무엇인가?』는 1946년에 집필이 완료되었고 1948년에 초판이 발행되었다. 개정판은 8년 후인 1954년에 완성될 예정이다. 초판과 개정판을 언뜻 보면 필자는 공산주의를 의심하긴 했지만 공산주의 세계가 비공산주의 세계를 공격할 때 느끼는 분노와 심각성을 비롯하여, 자유세계가 인정할 수밖에 없는 책임과 전략적 논란은 예상치 못했다는 점을 알 수 있을 것이다)

냉전과 실전

1948년 대담하고 유능한 앨버트 C. 웨더마이어 중장이 참모부장으로 활동할 당시 美육군의 참모급 심리전 기구는 시간제 컨설턴트인 필자와 파일을 관리할 속기사 외에, 작전 및 훈련 중인 대령이 보고서 업무를 담당했다. 1953년에는 인력이 수백 명 정도 증가했다. 부대가 각자의 책무를 수용하자 1953년 당시 육군 심리전 기관은 하나인데 반해, 정부 부처는 최소 다섯이 분리되어 다섯 개의 직급이 심리전 문제에 직접 관여하게 되었다.

1차 대전 때의 크릴위원회라든가 2차 대전 당시의 OWI도 예상치 못했던 임무 분담이 냉전 시대의 워싱턴에서 제기된 것이다. 군대는 실전에 관계된 프로파간다 활동에 대해서는 권한이 부여되지만 여타 선전활동은 대부분 민간 영역이 담당했다. 아울러 민간 부문 중 최고위급 영역의 방향은 국가안전보장회의의 영향력을 통한 준군사조직을 가리켰다.

달리 말하자면, 최고위급에서 내린 국가의 대외정책 결정은 대부분 전략적인 숙의로 이루어져 왔으며, 윌리엄 매킨리(William McKinley, 미국 제25대 대통령—옮긴이)와 워렌 G. 하딩(Warren G. Harding, 미국 제29대 대통령—옮긴이)이 집권할 당시와는 달리 내각이 아닌 국가안전보장회의에서 의결되었다는 것이다. 의사결정이 전략적인 성격을 띠긴 했지만 이를 프로파간다로 완성하는 주체는 군대가 아니라 국무성과 경제 지원 프로그램이었다. 군 당국의 임무는 전투 현장과 직결된 프로파간다로 엄격히 제한되어 있었다. 미국 지도부는 1947년부터 다루어온 상황을 1953년에 파악하기 시작했고, 윌리엄 잭슨 위원회the William Jackson Committee는 늦은 감은 있지만 지도부의 입장을 정확히 인식한 바에 비추어, 프로파간다 정책은 자립적인 것이라기보다는 세계정세나 뉴스에 영향력을 행사하는 미국 정부의 의사결정 중 매우 중대한 부분으로 간주해야 한다고 권했다.

〈사진 71〉 중국 공식서한 한국에서 발견된 이 항복증은 미국 정보부가 다른 문화권의 소재—이를테면, 옛 양식을 취하고 있는 전통적인 중국관리의 서한—를 활용했다는 사실을 보여준다.

냉전과 국내 전선

편집자나 교수, 장교와 관리, 대외정세와 관계된 전문가들은 미국인들이 당대의 냉전을 대수롭지 않게 생각한다고 하소연한다. 반론은 이렇다.

미국이 대전을 치르고 있다는 것이 사실이라면, 전쟁이 종식될 기미가 보이지 않는다는 것도 사실이고, 전쟁이 대량살상무기로 두려움을 부추기고 목숨을 앗아가고 우리를 평생 괴롭힌다는 것도 사실이라 치자. 그렇다면 대다수 미국인들은 어떻게 대응해야 할까? 평소와 다름없는 마음가짐으로 정신건강을 지키고 책임의식은 살짝 미루어 앞으로 벌어질 더 큰 환난을 위해 체력과 정신력을 비축해 두는 편이 낫겠는가, 아니면 당장 겁을 내고 긴장하고 책임의식을 가지고 피로를 감내하며 가깝게는 불확실한 현재에서 멀게는 악독하고 험난한 미래를 비롯하여, 15년이나 20년 혹은 30년 뒤에 닥칠지 모를 3차 대전에 대비하는 것이 낫겠는가?

안타깝고도 심각하게 들릴 수도 있겠지만, 현직 참모장교라면 걱정거리는 지도부에 맡기라고 주장할지도 모르겠다. 환난의 때가 오면 강인해져야 하니까. 예컨대, 민간방어 영역에서 공격에는 수십억 달러를 투입하면서 정작 미국인의 생명을 구하는 데는 예산을 거의 쓰지 않는다면 이보다 더 불합리한 일은 없을 것이다. 하지만 고쳐 생각해 보면 그렇게 불합리하진 않을 수도 있다. 핵분열·융합 무기의 기술이 신속히 발달하고 유도미사일과 기타 이동식 병기의 발전 속도도 매우 빠른 데다 양상 또한 예측할 수 없기 때문에 1960년이 오면 1955년형 민간방어 시스템은 든든한 허상a fool's paradise에 지나지 않을지도 모르기 때문이다. 사실이 그렇다면 최대한 불편 없이 살고, 병력은 적정 수준을 유지하며, 최선의 미래를 기대하며, 될 수 있는 한 미래에 죽은 사람이 그들의 망자를 장사하게 하는 편이(마태복음 8:22—옮긴이) 더 나을 것이다.

승패의 대안

일반 전쟁과는 달리, 냉전에서 군의 역할은 적과 싸우는 것이 아니라 적을 저지하는 것이고, 정부의 목적은 수용(양측이 만족할 만한 타협이라는 의미)에 있다.

정말 그렇다면 미국은 심리전이 지향하려는 입장과 당국의 전략적 사고방식을 진지하게 재검토해야 할 것이다.

승리와 패배의 대안은 경쟁국이 생존하는 양상으로 판가름한다. 이때는 경쟁관계인 각 문명국의 전반적인 안정이 무엇보다 중요하다. 미국인은 번영과 자유, 헌법 및 민주주의 가치를 확보해야 하고 두말할 나위 없이, 운명이 허락한다면 신에 대한 믿음을 지킬 뿐 아니라 종교적 신앙을 통해 공산주의자에게는 허용되지 않는 영적인 힘을 충전할 수 있어야 한다. 물론 '개연성을 정복한다the conquest of probability'는 점도 중요하지만 자주 회자되진 않는다.

전쟁은 이길 '성싶다'거나 패배할지 '모른다'는 사람보다는 승전을 확신하는 사람이 이기는 경우가 훨씬 많다. 예컨대, 코르테즈와 마오쩌둥은 미국인이 정신 나간 사람으로 취급할 정도로 확신이 지나쳤다고 한다. 반면 서방 강대국과 이를 구성하는 국민들은 안전에 대한 열망이 개인과 국가에 만연해 있는 탓에 생존에 필요한 '안전역the margin of safety'을 기이하리만치 과장했다.

서양 문명국 중 상당수가 미래를 지향하지 않는다는 점이 한 가지 원인으로 꼽힌다. 2055년(집필 시기를 감안한다면 '100년 뒤'로 봄직하다—옮긴이)이 되면 세상은 어떻게 바뀌어야 하고, 어떻게 바뀔 것이며, 어떻게 바뀔 수밖에 없다는 등의 명쾌하거나 기대에 찬 전망이 젊은 미국인이나 노인들에게는 없다는 것이다. 공산국가는 보편적이진 않지만 공산주의가 마침내 승리한다고 확신하는 사람들이 최정예 공산주의 집단을 구성하는 사례가 적지 않다. 그들은 공산주의가 이길 수 있다면 굳이 옳을 필요는 없으며 공산주의 체제는 "객관적·과학적으로(무슨 뜻인지는 잘 몰라도)" 성공이 거의 확실시되었다고 굳게 믿는다. 이처럼 공산주의가 성공주의에서 벗어날 리 없다면 공산주의자들의 책임은 감당할 만큼 가벼워진다. 어차피 성공할 결과이니 속도를 앞당기느냐 늦추느냐의 책임은 무겁게 지겠지만 신God이나 카를 마르크스의 역할까지는 기대하지 않으니 이렇게 역설하는 것이다. "최선을 다해 자신의 책임을 감당한다면, 아니 반드시 감당해야만 세상은 소원대로 되고 열망하는 세상은 마침내 이루어질 것이다."

공산주의에 편승하는 사람들은 유럽보다는 아시아에 더 많을 듯하다. 공정하다거나 정당해서도 아니고 세력이 강해서도 아니다. 그저 '가능성이 있어likely'보이기 때문이다. 인생을 살다 보면 개인은 경과된 시간과 노화를 거스를 수 없고 가족이나 자신의 죽음도 돌이킬 수 없거니와 잡을 수 있는 기회지만 일단 놓치면 이를 무를 수 없다는 것을 알게 된다. 때문에 모든 사람들은 국적을 막론하고 각자의 삶 속에서 공적을 남기려 한다. 이는 다른 종에게서는 찾아볼 수 없는 인간의 특성이다. 인간은 실현 가능한 미래를 예측하고 과거와 현재의 절충안을 끊임없이 찾으며 오늘을 살아간다. 잦은 사례는 아니지만 역사를 돌이켜 보면 '벌어질 수밖에 없는 사건'은 영적 감흥처럼 돌연 찾아오는 듯하고, 사람들은 몇 년이나 수십 년간 귀감이 되고 몹시도 훌륭하고 손에 닿을 듯한 명분에는 벌떼 같이 몰려든다. 그러나 역사의 대부분을 보면 '벌어질 가능성이 있는 사건'은 미래에 대한 가이드를 진지하게 제시하고 사람들은 그 기준에 맞춰 살겠노라 각오한다.

확률 싸움에서 서방 강국의 심리전은 목소리는 높았지만 약했고 불확실한 반면, 공산주의 사상의 역설은 정글에서 들리는 북소리처럼 단조로우면서도 최면을 일으키는 듯했다. 공산주의자들은 좋든 싫든, 자신이 생각한 미래로 길을 터왔고 미국을 비롯한 다른 국가들은 그러지 못했다.

반공산주의의 승리를 가늠하는 주된 요인—소비에트 체제가 확실히 최종적으로 몰락한다는 타당하고도 냉철한 예측—이 정작 반공산주의 진영에는 없었다.

그러나 공산주의자들은 비이성적으로, 도발적으로, 거짓으로 열변을 토하고 악을 쓰며 더 나은 세상—최정예 집단이 불가피한 세상이라 간주한—을 건설하겠답시고 허위사실을 퍼뜨렸다. 한국전쟁 당시 공산주의자들에게 잡힌 유엔군 포로는 공산주의 프로파간다 세례를 끊임없이 받았다고 한다. 역사 앞에 놓인 자신의 책임뿐 아니라, 평화와 인류에 이바지할 기회를 주야장천 역설했다는 것이다. 이렇게 숭고한 가치가 공산주의에서 출발했기 때문이다.

냉전의 끝

냉전은 생존한 사람이 아주 보이지 않는 날이 오지 않는 한 종식되지 않을지도 모른다는 앞선 가정이 사실이라면 심리전(훗날에는 어떻게 불릴지 모르겠지만)의 역할은 몇 년 더 기다려야 제대로 평가하지 않을까 싶다. 미국인들은 '창시자 한계the limitation of the originators'라는 변수를 자주 간과해왔다. 프로파간다는 해외 국민이나 군대에 영향력을 행사하려면 선전 당국의 전략적 역량이나 정치적 의도를 앞지를 수도 없고 앞질러서도 안 된다.

미국 선전 방송은 죽기까지 싸우겠다는 투혼을 밝히고 있는데 국내 언론매체는 공산주의자의 수용을 긍정적으로 논의하고 있다면 프로파간다는 무용지물이 되고 말 것이다. 비슷한 예로, 공식 프로파간다는 미국이 프랑스 국민에 호감을 갖고 그들을 존중한다는 메시지를 전할 예정이었으나, 프랑스 언론에 따르면, 미국인들은 비공식석상에서 "프랑스는 지칠 대로 지쳐 있고 인도차이나에서의 명분은 잃었으며 경제는 더는 성장하지 않을 것이며 정치적 목표는 어리석다는 취지로 험담하더라"고 한다면 프로파간다는 현실성이 매우 떨어질 것이다. 1950~54년 한국전쟁이 발발하고 나토(NATO, 북대서양조약기구)와 유럽방위공동체(European Defense Community, EDC)가 두각을 나타낼 무렵, 미국발 선전요원들은 자국의 여론이 공감할 수 있는 한계를 크게 넘곤 했다. 해외 여론에 미치는 영향력이 거품처럼 꺼질 수 있다는 점을 굳이 말할 필요가 있을까?

어디까지나 상상이지만 냉전은 승리나 패배, 혹은 수용이나 화해로 종식될 문제는 아니라고 본다. 기존의 것과는 사뭇 다른 새로운 양상의 싸움이 확전되어야 종언을 고할 것이다. 유럽에서 벌어진 프로테스탄트(신교)와 가톨릭(구교)의 전쟁은 프랑스와 독일, 스페인 및 여타 국가들의 전쟁이 더 부각되었을 때 비로소 자취를 감추었다. 이는 가능하다면 정신과 전문의나 사회학자가 답변해야 할 문제다. 전쟁을 야기하는 다툼의 의미가 그저 '다른' 다툼으로 대체할 수 있을까? 긴장이 없는 문명은 상상은 할 수 있다. 하지만 대다수 현대문화의 특성을 감안한다면 '상상' 이상은 힘들 것이다.

현실적인 개연성을 전제로 냉전이 종식되려면 다음과 같은 조건을 충족해야 할 것이다.

(1) 공산주의 체제나 비공산주의 체제가 전멸될 때까지 전면전을 벌이거나

(2) 기존의 전쟁이 묻힐 정도로 세간의 이목이 집중될 만한 전쟁이 벌어질 때까지 냉전 분위기가 지연되거나

(3) 프랭클린 D. 루스벨트의 "원대한 계획Grand Design" 노선에 따라, 공산주의와 반공산주의 체제가 지금은 상상하기 어려운 과정을 거쳐 서로 화해하거나

(4) 핵융합·분열 무기의 여파로 주요 문명국이 붕괴하거나

(5) 전쟁이 아닌 다른 변수로 반공산주의 세계가 서서히 잠식되는 동안 공산주의가 지속적으로 번영하여 승기를 잡는다거나, 전면전 없이 공산주의 세계가 잠식되는 동안 입헌·자유주의가 승리할 가능성이 증가해야 한다.

위의 다섯 가지 중 세상이 의당 예측해야 할 선택지를 밝히겠다는 사람은 대담하면서도 어리석으나, 최소 한 가지도 예상하지 못할 뿐 아니라, 자신의 진영이 규정하고 인식하고 환영하고 성취할 수 있는 양상으로 '승기'를 잡으려 하지 않는다면 그는 참모장교나 군 지휘관 혹은 정부 관리답지 않게 우둔한 사람일 것이다.

7건의 소규모 전쟁

앞서 냉전을 폭넓은 시각으로 살펴본 까닭은 2차 대전 이후 벌어진 7건의 소규모 전쟁에서 상충되는 면과 결단력의 부재와 불확실성을 이해하는 데 보탬이 되기 때문이다. 7건의 전쟁은 중국을 제외하면(중국은 차제에 논하기로 한다) 3중 패턴으로 떨어진다. 첫 번째 패턴은 이렇다. 7건 중 다섯—한국, 인도차이나, 필리핀(필리핀 공산주의자들은 미국을 숙적으로 간주했다), 말라야 및 인도차이

나——은 아시아인이 서양 열강과 충돌한 전쟁이었다. 한국과 인도차이나 전쟁은 결국 공산주의가 통제하게 되었고, 인도네시아 전쟁은 민족주의의 승리로 막을 내렸다. 필리핀에서 벌어진 전쟁은 토박이인 입헌정부와 공산주의 과격파 간의 소소한 교전으로 변질되었다. 나머지 전쟁은 아시아 땅에서 유럽 민족주의가 표출된 동시에 이스라엘이라는 국가가 창건되었다. 세 번째 카테고리는 아시아의 민족주의 국가 사이에서 벌어진 전쟁으로, 유럽 식민주의나 공산주의가 크게 개입하지 않았다는 점에서 특수한 사례로 꼽힌다.

특히 한국과 인도차이나, 필리핀, 말라야, 인도네시아에서 벌어진 5건의 전쟁에 주목해야 한다. 이스라엘의 싸움은 본격적인 전쟁으로 치달을 듯싶지만 인도·파키스탄은 양국 사이의 전면전으로 비화되진 않을 듯싶다. 전쟁을 묶어서 보면 같은 변수가 다양하게 나타난다.

각 전쟁은 동아시아에서 단명한 일본 군사제국이 몰락하자 이에 대응한 결과였고, 자본주의 세계와의 경제적 연합에 (일부) 저항한 결과였다. 각 전쟁에는 방점과 방향은 달라도 아시아 민족주의의 자취가 남아 있었다. 인도네시아를 제외하면, 각 전쟁은 결국 공산주의와 반공산주의가 전 세계에 조성한 전선의 일부가 되었다. 7건의 전쟁은 심리전에 관련된 내용을 두고도 차근차근 살펴볼 필요가 있다.

중국의 사례

앞서 언급한 전쟁 중에는 공산당과 국민당의 내전만큼(1949년 공산당의 승리로 막을 내렸다) 잔혹하고도 참담한 사례는 없었다. 당시 중국의 상황은 너무 복잡해서 한 단락으로 정리하기는 어려울 듯싶다. 전쟁 면면에 작용한 정치·경제 및 프로파간다라는 변수가 아직 완벽히 규명된 것도 아니다.

예컨대, 국민당이 패전한 주요 원인 중 하나는 일본 관리자와 기술자뿐 아니라, 만주와 북중국에서 어느 정도는 법질서를 지켜오던 일본군이 중국에서 철수했다는 점을 꼽는다. 국무성에서 이른바 '진보주의자'로 통하던 존 스튜어트John Stewart와 알거 히스Alger Hiss가 철수를 제안했고 보수주의자로서 일본인을 배에 태워 내보낸 웨더마이어 장군과 그들을 수용한 맥아더 장군이 이를 열렬히 동조했다. 국민당이 근대 자본주의 중국을 관리하도록 수습인력이 확보될 때까지 일본인을 미국이나 유엔 인력으로 대체하자는 미국인(우익과 좌익을 떠나)은 없었다. 일본이 철수하자 국민당과 연합군은 (국민당이 운영하겠다던) 정치·경제시스템을 붕괴시켰고 이때 패배를 앞둔 국민당은 충격에 빠졌다.

〈사진 72〉 위협패턴 한국어로 쓴 전단은 美공군 작전이 적의 지상군을 위협하고 있다는 점을 부각시키고 있다. 결국 적군은 무덤을 파고 있다는 이야기.

293

중국의 정치상황을 보면, 매우 중차대한 시기(1947년~49년까지)에 공산주의자들이 미국에서 구사한 비밀 프로파간다로 장 총통이 지원을 받을 수 없게 되었다는 점은 간과할 수 없는 사실이다. 물론 과대평가도 금물이지만 내전의 결과를 판가름할 결정적인 변수였다고 단정해서도 안 될 것이다.

인도네시아·네덜란드 전쟁에 나타난 심리전

권력을 유지하던 인도네시아는 1945~46년 네덜란드가 현지에 상륙할 때 신속하고도 탁월한 프로파간다를 구사했다. 그들은 미국과 영국, 호주, 및 해외 동조국을 포섭할 필요성을 절실히 느껴 해외에 프로파간다 사무국을 개설, 자국의 사정을 알리는 데 만전을 기했다. 인도네시아의 전투 프로파간다가 네덜란드 부대의 사기를 저하시켰다는 기록은 없지만 지원을 유도하기 위해 글로벌 전략을 활용했다는 것은 '신의 한 수'였다. 네덜란드 함선은 호주 항만인력의 거부로 정박과 병력 승선이 불가했고 미국 언론과 여론은 대체로 인도네시아에 힘을 실어주었다. 당국이 내건 정치적 슬로건('인도네시아 편에 선 미국')은 독립을 쟁취하자마자 내리긴 했지만 미국의 환심을 사는 데 중요한 역할을 했을 것이다.

〈사진 73〉 공산당의 프로파간다 벽에 쓴 메시지는 수년 동안 중국 도처에 널려 있었다. 때문에 혹자는 중국인을 가리켜 "벽에 몹쓸 짓을 했다"고 비난키도 했다. 해묵은 중국식 프로파간다는 영어권 사람도 눈살을 찌푸렸다.

인도네시아와의 전쟁에서 네덜란드 군과 전략 프로파간다는 전쟁의 목표가 모호했고 네덜란드가 이겨 봐야 그저 식민 자본주의의 승리에 불과할 거라는 의구심, 그리고 유엔과 미국 감시자들이 집요하게 간섭하리라는 점 때문에 미래가 불확실했다. 네덜란드는 인도네시아가 일본제국의 지원으로 국가가 존립했다는 주장을 관철시키지 못했다. 결국에는 우선 군사력이 감당할 수 없고, 국제 여론을 절충해야 하는 데다 국내 수지의 균형도 맞추어야 했기 때문에 네덜란드는 철수를 결정했다.

후크와 상대한 필리핀 전쟁

반면 필리핀 공화국은 후크단Huks——루손섬 중심부에 집결한 공산주의 인민군으로, 아일랜드 공화국과 블랙 앤 탄스Black-and-Tans의 전쟁을 방불케 할 정도로 치열하고 잔혹한 전쟁을 벌였다——의 공세로 절체절명의 군사적 위기에 봉착했다. 1950년 무렵 필리핀 정부는 진퇴양난에 빠졌다. 개연성이 아주 높진 않았지만, 정부가 계속 쇠퇴하면 공산주의 쿠데타 세력이 마닐라를 함락시킬지도 모를 일이었다.

형국이 이런 가운데 국방부 장관인 라몬 막사이사이Ramón Magsaysay는 도발적이고도 대담한 게릴라 대항 작전을 실시했다. 토지가 없는 빈민들이 부자를 상대로 전쟁을 벌이고 있다는 공산주의자들의 주장에 부응하기 위해 그는 투항한 후크단원을 새로운 정착촌에 수용하고 이를 실증지역으로 삼기 위해 현장을 자주 방문했다. 정부를 도우려는 민간인에 대해서는 공산주의자나 가족으로부터 보복을 당하지 않도록 정부군과의 소통법을 비밀리에 전파했다. 이때 라몬은 심리전 사무국을 설치하고 호세 크리스톨José Crisol 소령에게 지휘권을 맡겼다. 당국은 여느 부대 못지않게 전단과 등사판, 확성기, 경비행기 등 야전·본부 장비를 총동원하여 전술 심리전을 구사하고 있었다. 작전을 둘러싼 독트린과 절차는 대부분 미국식이었으나 정보의 내용은 필리핀 방식을 따랐다. 가톨릭 교리와 필리핀 주민의 애국심, 말라야 토착주의nativism 및 소작농의 상식common sense은 필리핀군의 선전을 강조하기 위해 활용된 변수였다. 그로부터 3년이 지나는 동안 위기가 아주 사그라졌다고 볼 수는 없겠으나 후크단의 전력은 크게 약화되었다.

인도차이나와 정치전

프랑스군은 인도차이나에서 공산주의가 장악한 독립 운동 단체 베트민과 싸웠다. 그들은 전심을 다해 용맹하게 뛰어난 기량을 과시하며 전쟁에 임했지만 국내 정책은 무능하고 변덕스러웠고 원주민 엘리트와는 심리적으로 가까워질 수 없는 관계였을 뿐 아니라 안보는 모든 미국인이 믿을 수 없을 정도로 심각했다. (최근 어느 베트남 사람이 필자에게 직접 들려준 이야기가 있다. 공산주의 베트민 군인들은 프랑스군을 상대로 힘닿는 데까지 싸우다가 프랑스 영토에 들어와서는 허기도 때우고 가족도 만나고 편히 휴식을 취한다고 한다. 그러고는 다시 전장에 가서 더 많은 프랑스 보초를 죽이거나 경비대를 폭파시키거나 혹은 프랑스 전초기지를 습격한다는 것이다)

미국은 프랑스의 대인도차이나 정책을 두고 비난할 입장이 못 되었다. 미국의 전략적인 결단과 병참 작전 탓에 인도차이나가 먼저는 일본의 지배를 받았고 나중에는 남부는 영국이, 북부는 중국 국민당이 각각 지배하게 되었기 때문이다. 영국은 현지 상황을 크게 신경 쓰지 않았다. 반면 인도차이나 북부의 일부 국민당원들은 현지 독립주의에 조금이나마 공감했으나 트럭에 실을 수 있는 것은 뭐든 약탈하려는 데 혈안이 되어 있었다. 불운한 해방이 도래한 이후, 미국은 인도차이나에 병력을 투입하여 프랑스를 지원했지만 이미 미국의 언론과 지도층은 프랑스의 식민주의에 반감을 내비쳤고, 프랑스에 맞선 베트민 반군에 대해서는 대놓고는 못하더라도 강력히 지지했다. 프랑스군이 절망에 빠질 만큼 상황을 엉망으로 만드는 데 일조한 미국은 프랑스가 불안과 의구심을 안고 철군하는 모습을 지켜봤다. (미국이 프랑스를 지원했다는 사실이 간접적으로 작용했다고 봄직하다) 미국은 4년에 걸쳐 프랑스 편에 서기로 결정했지만 4년 후에도 프랑스 편을 크게 지지하진 않았다.

그건 프랑스도 마찬가지였다.

'프랑스 편'이란 구시대의 프랑스 식민주의와 프랑스 연합에 속한 아시아 3개국의 회원국 자격과 반공산주의가 얽히고설켜 규정할 수 없는 개념이다. 프랑스는 미국이 반복한 실수를 저지르기도 했다. 미국 정부의 허가로 중공군인 왕시우취안Wang Hsiu-ch'üan 장군을 뉴욕에 초청해 미국을 헐뜯는가 하면 중국 공산주의자들과 협상했다가 싸웠다가 다시 협상과 전쟁을 반복한 것이다. 결국 프랑스는 공산주의자들과의 전면전으로 승부를 보기로 결정하면서 지방정부를 세웠지만 공산주의의 위협에 항전할 권한도, 특권도 없어 프랑스가 망신을 준 격이었다.

프랑스가 이처럼 해괴한 정치적 환경에서 아시아의 반공산주의 전선을 지켜야 했던 원인은 프랑스에 있다. 인도차이나 전쟁은 분통이 터지고 맥이 빠지는 싸움이었다. 종종 절망을 겪기도 했다. 미국은 프랑스가 인도차이나를 재점령할 당시 그곳을 공산 '독립주의자들'에게 모조리 넘겨주지 않았다는 이유로 프랑스를 비난했고 나중에는 같은 '공산 독립주의자들'을—예전에는 추켜세웠던—일소하지 않았다는 이유로 책망했다. 마침내 디엔비엔푸(Dien Bien Phu, 베트남 북서부에 위치한 디엔비엔성의 성도. 행정구역상으로는 베트남 디엔비엔성의 성도—옮긴이)와 제네바 회담은 판문점Panmunjom이 낳은 불가피한 결과였다. 미국이 '평화'를 이룩할 때 프랑스는 악한 '평화'를 이루어 내야 했다.

미국은 6·25전쟁이 유엔전으로 인식될 수 있도록 능수능란하게 심리적 영향력을 행사했다. 반면 인도차이나 전쟁은 같은 적—베이징이 서명하고 모스크바가 보증한 아시아계 공산주의자들—과 싸웠지만 유엔전으로 알려지진 않았다.

의외라 생각할지 모르겠지만, 프랑스는 1950년 미국이 안남어 전단 제작에 필요한 인쇄시설을 제공하기 전까지만 해도 심리전을 거의 도외시했다. 1952년 무렵에는 심리전을 구사하기 위해 참모장교를 배치하고 심리전 노하우를 습득할 요량으로 동아시아의 반공산주의 세력과 연대하기도 했다. 그리하여 전술 심리전은 1950년에서 52년에 이르기까지 괄목할 만한 발전을 거듭했다. 프랑스군이 차지한 전략 심리전의 입지에 대해서는 앞서 언급한 "확률 싸움"을 되새겨야 한다. 프랑스인과 미국인과 안남인이 프랑스의 패배를 거의 확신하고 사석이나 공식석상에서 이를 밝힌다면 베트남과 캄보디아와 라오스가 프랑스의 보호를 받는 반공산주의 국가가 되리라는 주장을 인도차이나인에게 설득하긴 어려울 것이다.

말라야와 말라야민족해방군MRLA

말라야민족해방군(Malayan Races Liberation Army, MRLA)이란 말라야 정글에서 활동하는 중국 공산주의 게릴라군을 지칭한다. 말라야(별도의 직할 식민지인 싱가포르섬은 제외)는 전후 말레이 술탄국 연방으로 이루어져 있다. 영국은 말라야의 자치를 비롯하여, 자국의 통치가 결국에는 막을 내릴 것이고 국민은 진보할 거라는 이야기를 자주 했다. 따지고 보면 영국의 주장은 말라야에 사는 중국인들이 영국의 통치 하에서 '목숨'과 '목적'과 '명예'를 뺀 나머지는 전부 누릴 수 있다는 근본적인 사실을 제외하면 모두, 아니 거의 모두가 사실이었다.

인간의 기초 용어로 '목숨과 목적과 명예'는 무엇일까?

이는 무언가에 소속될 권리이자 역사의 일부가 될 권리요, 자신만의 세계를 움직일 권리이며 타인보다 우월한 인간이 될 권리이자 자만하고, 자부하고, 헌신할 권리를 두고 하는 말이다.

영국은 소수의 말라야인과 인도인이 가세한 중국 공산주의 게릴라와 전쟁을 수년간 벌이면서 중국계 준장이나 소장을 단 한 명도 본 적이 없다. 또한 반공산주의 세계에서 공산주의 테러에 희생되었다거나, 치열한 전투에서 승전한 영웅으로 인류에 기여했다는 중국계 말라야인도 들어본 바는 없었다.

필자도 직접 목도했지만, 말라야에 사는 중국인은 지구상에 있는 여느 중국인보다 더 유복한 것 같다. 오늘날 말라야 중국인 공동체는 자본주의 아래서 어느 정도 보건과 부와 교육을 일궈냈다. 이는 공산주의 중국이 앞으로 100년간 존속·번영해도 놀랄 만한 사건이다.

이러한 사실이야말로 아시아를 둘러싼 공산주의식 선전―수많은 서양 정치인과 지식인 및 언론인이 인정한 선전―이를테면, 공산주의와 반공산주의의 전쟁은 생활수준을 위한 것이며, '어느 편이 최고의 생계를 보장하느냐'를 판가름하는 전쟁이라는 주장이 거짓이라는 방증 아니겠는가?

말라야의 친공산주의 입장에서 볼 때, 종교가 없고 현실성과 무종교주의로 알려진 중국인은 고생길을 마다하지 않고, 의료환경이 열악하고 연금이 없어도 군대에서 복무하고, 정글에서는 가까스로 죽음을 모면하고, 생명과 재산(영국이라면 보장을 받을 터인데)을 잃을 기회를 얻기 위해 투쟁하고 있는 셈이다. 공산주의 시각에서는 명예와 명분이 있는, 우리와는 다른 삶이란다.

반면 영국은 분명 발전하고 있다. 싱가포르와 말라야의 영국 정부는 여러 방면에서 미국의 일부 지방정부보다 의식이 깨어 있다. 하지만 그들은 무슨 이유에서인지 현지에 사는 중국인이나 말라야인에 속한 것 같진 않아 보인다. 국민을 위한 정부지만 (현지 주민들이 판단하기에는) 국민이 '소유한' 정부는 아닌 것이다.

1950년대 중반에 멀쩡한 영국군 장교와 공무원이라면 기이한 아시아 민족주의를 표방하는 종말론적 과격파로 전향해야 한다는 것이 과연 타당한 요구일까? 영국은 자국의 노동혁명으로 심신이 지쳐있는 와중에 말라야에서 혁명을 이루어낼 수 있을까? 영웅정신과 로맨스와, 고대 류큐 왕국Ryukyu(오키나와)으로 재편되었을지 모를 전통으로부터 아무것도, 정말 아무것도 이루어 낸 것이 없는 미국인들이 자신도 손을 대지 않는 일을 하지 않았다는 이유로 영국을 비난할 수 있을까?

공산주의의 마법은 강하지만 나쁘다. 북한에서는 터무니없이 짧은 시간에 장교를 배출했고, 미국이 신사를 양성할 때 공산주의는 과격파를 양산했다. 게다가 부산 방어선에서는 절체절명의 위기 속에서 미군을 패배 직전까지 몰아붙이기도 했다. 중국에서는 어땠는가? 국민당 편에서 싸울 때는 절망했던 수많은 군인들이 공산당의 훈련을 받고 나서는 필사적인 돌격대가 되었다. 한편 공산주의가 조직하기 전까지만 해도 프랑스군에게 이렇다 할 타격을 주지 못했던 안남인들은 마르크스와 레닌, 마오쩌둥 및 호치민 등의 자서전을 읽고 나서는 표범처럼 싸웠다.

그 때문에 공산주의자들이 말라야에서 계속 활동할 수 있었을까? 독창성이 없다는 이유로 영국군을 비난한 사람은 여태 없었다. 사막 돌격대와 해안 특공대 및 공수부대뿐 아니라 유쾌하고 기상천외하고 대담한 병기를 개발한 군대가 상상력 부족으로 비판을 받을 리는 없을 것이다.

영국은 말라야에서는 전략·전술적으로, 야전과 도시에서는 방송과 인쇄물로 심리전을 구사했다. 칼튼 그린Carleton Greene은 동남아시아주재 영국 경찰청장인 말콤 맥도널드Malcolm MacDonald 본부의 심리전을 감독하고 있을 때 저명한 공산주의자들에게 보낼 편지를 쓰고 이를 정글에 뿌릴 계획을 세웠다. 영국은 백색선전과 흑색선전뿐 아니라 회색선전도 펼쳤는데 자색선전이 있었다면 분명 그것도 시도했을 성싶다. 알렉스 조시Alex Josey가 그럴 뻔한 적이 있다. 공산주의 새의 왼쪽 날개(좌익)를 부러뜨리기 위해 말레이 방송에서 사회주의자의 연설을 전파한 것이다. 당시 현지에서 파종하던 농민은 충격에 빠졌다고 한다.

1952년에 암살된 헨리 거니Sir Henry Gurney 연방고등판무관은 비정규전의 베테랑이었다. 예루살렘에서 시온주의 테러리스트와 맞장을 뜰 만큼 두려움이 없는 사람이었다. 공산주의를 상대하는 그의 요령은 '절망스러우리만치hopelessly 건전했다.' 공산주의자들은 인생을 허비한 잘못을 정당화할 요량으로 젊은 중국인들에게 과격하고 비장한 대의와 광기를 부추기고 있었다. 헨리 경의 답은 품위와 선행, 안보, 번영, 권위 및 법률이 정한 자유였다. 자극glamor과 공포, 감흥과 로맨스—영국 편에 합류할 기회를 제외한 모든 것—를 제외한 모든 덕목을 제시한 것이다.

어떤 영국 편인가?

공산주의와 마찬가지로, 미래를 가꾸고 차세대 문명을 건설하고 역사를 중재하는 사람이라면 환영하는 영국 편을 일컫는다.

공산주의자들은 미국과 영국 및 다른 서구 열강에 비해서도 높은 점수를 불러왔지만 우리는 아직 후한 점수를 준 적이 없다. 높은 점수란 손을 잡고 소속될 기회와, 법률뿐 아니라 실제로도 평등할 기회, 그리고 무엇보다도 공동의 목표를 성취하기 위해 비장한 각오로 노력할 기회를 가리킨다.

가담할 권리

서방세계는 아시아권의 냉전에서 참패했다. 공산주의 진영은 가세할 수 있었지만 서방세계는 그럴 수 없었기 때문이다. 인도에 아메리카당(America Party, 1914년에 창당된 소수정당—옮긴이)은 없어도 공산당은 있다. 소련 점령지역이나 소련의 발이 닿지 않은 지역에서 온 군인을 환영하는 반공군은 없으며 반공 투쟁을 지휘하는 사령부도 없다. 미국은 한국이나 남·북한에 대해 막대한 지원을 약속했고 영국과 콜롬비아 및 에티오피아 등도 도움의 손길을 내밀고는 있다. 하지만 '도움을 받을' 의지는 얼마나 있을까? 평범한 아시아인을 우리 편에 들일 수 있는 방법이 있을까?

물론 이 문제의 정점은 정치와 관계가 깊다. 개혁과 모험을 회피하는 미국의 여론을 감안하여 해결해야 하기 때문이다. 시야를 좀더 낮추어 보면 미래의 군인 문제로 귀결된다. 미군이나 유엔군, 혹은 다른 반공 세력은 존엄과 명예가 걸린 상황에서 어떻게 원주민 지도자와 동조자를 포섭할 수 있을까? 우리는 어떻게 동맹국을 경애하고, 우리가 우호를 다질 동맹국을 찾을 수 있을까? 해답을 찾기 전까지 아시아의 정신적·조직적 우위는 공산주의자들이 차지할 것이다. 우리가 더 나은 이상을 가지고 있을지는 몰라도 위험하거나 숭고하거나 혹은 살신성인 정신으로 자신의 삶을 빛내기로 작정한 사람이(수치심과 빈곤과 단조로운 삶을 해소하기 위해 무언가를 어디서든 어떻게든 필사적으로 이루겠다고 고집하는 사람) 우리와 함께 할 방법을 배울 수 없다면 그들은 필경 다른 편에 서게 될 것이다.

아시아 국가의 경제적 복지수준이 미미하게나마 개선되거나 상당히 향상된다면 공산주의 세력은 크게 증대될 공산이 크다고 본다. 사람들은 아주 가난하거나 몸이 아프더라도 원인을 우려하지 않는 데다, 조금이나마 먹고 살 만해지면—우리 기준에서는 그들이 경멸을 당했고 가난했으며, 우리 기준에서는 무지했다는 점을 알게 될 만큼 형편이 넉넉해지면—심리적 광기 단계에 접어들 것이기 때문이다.

프로파간다 테크닉

중국 내전이나 앞서 열거한 7건의 전쟁에서도 2차 대전 때 구사했던 선전술이 크게 개선된 적은 없었다. 사실 6·25전쟁 당시에는 2년이 지나서야 노르망디 수준까지 끌어올릴 수 있었다. 1945년에서 50년까지 정말 놀라울 정도로 많은 선전술이 소실되고 말았다. 필자는 1951년 3월, 한강을 따라 중공군 '아래서under' 비행한 적이 있다. 방송용 항공기로 중국 지상군에 메시지를 전파하려면 계곡 바닥에까지 바짝 붙어서 비행해야 했다. 프로펠러 소음이 컸기 때문이다. 결국에는 전단 살포용 최신장비도 쓰지 못하고 젊은 장교들과 함께 일일이 손으로 전단을 투척했다. 유럽과 버마에서 사용된 전단폭탄과 살포기를 쓰지 못해 자못 아쉬웠다. 무사히 대구에 복귀했을 때는 따끈한 소식을 추가로 전달했지만 딱히 새로운 내용은 아니었다.

〈사진 74〉 한국모델_분열조장 프로파간다 전단에는 공산주의를 위해 죽는 아시아인을 문제 삼으려는 의도가 배어 있다.

6·25전쟁 당시 미국이 전략 심리전에 스스로 제한을 둔 점도 악재로 작용했다. 미국은 직업군인이 승전으로 볼 만한 쾌거를 원치 않았다. 한국 전체가 유엔군의 지원으로 해방되어야 하느냐는 문제는 미국에서도 여론이 분분했다. 그러나 정책 결정 단계에서는—주체는 단연 동맹국일 것이다—만주와 중국에 있는 보급소와

중공군 사령부와는 화친을 맺되 한국에 주둔해 있는 전진부대와는 싸워야 한다는 대략적인 합의가 있었다. 미국은 패배를 인정하지도 않고 결정적인 승전을 도모하지도 않을 심산이었다. 승리가 위기를 초래할 수도 있었기 때문이다.

이러한 맥락에서 꼭 짚어두어야 할 점이 있다. 맥아더 장군은 한국전쟁이 발발하자마자 즉각 운용할 수 있는 유일한 심리전 기구를 최초로 확보했었다는 것이다. J. 우달 그린J. Woodall Greene 대령은 한국전쟁이 종식될 때까지 도쿄 본부를 훌륭히 관리했다. 육군성은 1951년 1월 15일 국방성이 창설한 특별참모부 소속 기관인 '심리전 총장실OCPW'에 로버트 맥클러Robert McClure 준장(유럽에서 아이젠하워의 심리 작전을 지휘)을 내정했다. 그가 테헤란으로 떠난 후로는 윌리엄 블록William Bullock 준장이 OCPW를 지휘했다. 한국전쟁이 종식될 무렵 주한 미8군 본부는 美육군 장교 중 최장기 실무경험자인 도널드 홀Donald Hall 대령의 지휘 하에 현지에서 심리전을 벌였다.

CHAPTER 15 전략적 국제정보작전

1776년에서 1945년에 이르기까지 미국 정부는 통치체제의 유형이 다양한 세계에서 독립적인 프로파간다 및 선동 세력을 구축하지 않고 가까스로 존속해왔다. 20세기를 두루 거친 프로파간다는 전쟁의 보조 병기라는 미국식 개념에 한정되었다. '심리전'은 종래의 미국식 관점을 따르자면 승리가 확실시된 전쟁에서만 목적에 부합했으므로 1945년 평화를 맞이했을 때 미국은 프로파간다 기구의 운영을 두고 확신이 서지 않았다.

필자가 원고를 쓰고 있는 지금도(1954년) 미국에 프로파간다 기구가 필요한지에 대해 의견이 분분하다. 1953년 7월에 발표된 윌리엄 잭슨 보고서는 '프로파간다'와 '심리전'이 정확한 용어는 아니라고 지적했다. 물론 그랬고 지금도 그렇다. 미국의 민족성과 이성과 전통에 비추어 보면 세계world도 어폐는 있다.

2차 대전이 종식된 이후 미국의 '평시' 프로파간다는 매우 복잡다단해졌다. 빈도와 방향, 목적 등은 변화무쌍한 국제정세에 따라 달라졌다. 1946년에 『심리전이란 무엇인가』의 초판이 나온 이후로 이 주제는 쓰기가 상당히 어려워졌다.

첫째, 정부의 기밀이 다시 강화되었다. 미국의 시각을 관철시키려는 국무성의 작전은 다량의 기밀문서에 덮여 있다. 외부인은 잘 모르는 어떤 이유에서 미국 정부는 보편적인 작전도 기밀이나 일급비밀로 취급한다는 가설이 난무하고 있다. 전혀 민감하지 않은 작전을 비밀에 부친다면 안보에는 전혀 보탬이 되지 않겠지만 역으로, 비판적인 언론에 대한 미국 정부의 계획과 방침이 얼마나 적대적이고 심각한가를 공개하지 않는다면 그들을 안심시킬 수 있다는 해석도 일리는 있다. (기밀이 국내의 비판 여론으로부터 정부를 보호한다는 취지의 문제를 논할 차례와 지면은 아닌 듯싶다. 물론 기밀이 정부와 시민 모두에게 항상 유익한 것은 아니다)

둘째, 정보활동이 쉬쉬하는 가운데 실시되고 더욱 복잡해졌다. 얽히고설킨 정보의 파노라마를 제대로 다루기란 쉽지가 않은 데다 일부 활동은 현행법에 저촉되는 탓에 언급이나 구체적인 서술이 어렵기도 하다.

해체와 재편성

앞서 언급한 바와 같이, OWI가 막을 내리자 국제정보실은 국무성 정보기관으로 이관되었다. 1945년에서 1953년까지는 국무성 공보담당 차관보가 지휘했고, 1953년에는 석연치는 않지만 어쨌든 국무성이 '아닌' 안전보장회의에 소속된 美문화정보국USIA 수장이 배턴을 이었다. USIA의 해외 지부는 국무성에서 이관된 美공보실USIS 소관이었다.

즉, 국무성은 미국의 평시 프로파간다를 8년간 담당해 왔다는 것이다. 이처럼 미국 정부는 비교적 평화로운 시기에 처음이자 마지막으로 프로파간다 활동을 지속적으로 이어왔다.

프로파간다 활동은 성쇠를 겪었다. 시민이나 공직자가 평시인지 전시인지 구분하지 못한 데다, 전쟁 중이라면 누구와 싸우고 있는지도 잘 몰랐기 때문이다. 어떤 이는 공산주의라는 이데올로기를 적이라 하고, 어떤 이는 공산주의 운동을, 어떤 이는 소련을, 어떤 이는 중공군이 아닌 북한 인민군을, 어떤 이는 중국에 있는 중공군이 아니라 한국에 파견된 중공군을 적이라 규정했으니 말이다.

대체로 지난 8년간의 역사는 2차 대전 당시 막대한 비용과 기술로 창설한 프로파간다 기구를 해체·붕괴시킨 1차 국면과, 기구를 일부 재건하고 기술을 복원한 2차 국면으로 구분할 수 있다. 이 과정에서 1947년~48년 겨울 때는 활동이 거의 없었다.

한동안 워싱턴 주변에서는 소문이 무성했다. 루이스 존슨Louis Johnson 국방성 장관은 "프로파간다"나 "심리전"을 들을 때마다 노여워했고 육군성 장관인 케네스 C. 로열Kenneth C. Royall은 이를 귀에 들리지 않게 해달라고 단단히 일러두었다는 것이다. 신문기자의 특성상 과장일 수도 있지만 당시의 분위기를 단적으로 보여주는 사례가 아닐까 싶다.

이때 '심리전'은 국방성과 세 유관기관에서 거의 사라지다시피 했지만 국무성은 이를 해체하지 않았다. 국무성은 OWI 및 육군 기구를 주둔지—오스트리아, 독일, 한국 및 일본—에 파견하고 실질적인 정보기관을 계승한 국무성답게 최소한의 작전은 가동시켰다. 예컨대, 美방송국 유럽지부ABSIE와 美주둔지—베를린—방송국 RIAS, 美주둔지 독일정보통제사령부와 일본 연합군 최고사령관SCAP 총사령부 정보교육과I&E는 (이따금씩 명칭이 바뀌기도 하지만) 워싱턴 사령부가 관할하는 프로파간다 활동을 대표했다.

한편, 정보기관을 각 외교기관과 대다수 영사관에 배속시키는 것은 美외교기관의 예규가 되었다.

프로파간다를 아주 해체해야 한다거나, 정보 프로그램을 유지해야 한다는 주장이 팽팽한 까닭에 선전활동을 계속 이어야 할지 여기서 손을 떼야 할지에 대해서는 항상 애매한 입장이다. 1947년과 48년의 절감과 해체 국면은 1949년 소련이 유럽을 배신했다는 증거로 자극을 받고 1950년 6·25전쟁이 벌어지자 더욱 시선이 집중되었다.

다양한 체제를 모두 한 어구로 규정하는 것은 불가능하다. 최근 사례에서 미국이 쿠바나 아이티, 아일랜드 혹은 호주 같은 우호국에까지 정보 프로그램을 설치하려 한 까닭은 밝히기가 쉽지 않을 것이다. 극보수파는 과거의 시어도어 루스벨트에게 바람직했던 것은 지금의 그에게도 바람직하기 때문이라고 했는데 일리가 있는 주장이다. 이를테면, 미국이 본연의 모습이 아닌 소수의 선동가가 주장하는 모습으로 알려져서는 안 된다는 것이다.

그러나 수많은 활동분야가 그렇듯, 과거도 돌이킬 수는 없다. 미국이 방어체제를 핵 이전으로 되돌릴 수 없는 것처럼 프로파간다 활동 또한 핵 이전 시대로 돌아갈 수는 없는 법이다. 우리가 건설한 세계는 우리와 함께 있거나와 생존의 유일한 대안은 죽음인 듯싶다. 특정 프로파간다 영역은 가끔 정치적 연대로 귀결될 때가 있어 주목을 끌기도 한다. 미국에서 보수주의자들은 보수적인 성향이 강한 탓에 프로파간다를 원치 않는다면서도 반공 사상에 심취한 사람들은 되레 프로파간다를 더 부추기고, 국내 좌파도 일단 경각심을 갖고 프로파간다를 주시하나 프로파간다를 좀더 늘려야 한다거나 좌익에 대한 내용을 보강해야 한다는 사례도 더러 있다.

국무성 공보담당 차관보

국무성 공보담당 차관보는 1945년에서 53년까지 미국의 프로파간다를 담당했던 주무관이었다. 후임인 美문화정보국 국장도 전직 관리가 겪은 것과 유사한 문제에 봉착하곤 했는데, 다행히 국무성 차관보 중 하나가 자신의 경험을 바탕으로 이를 구체적으로 서술한 책을 집필했다. 에드워드 W. 배럿Edward W. Barrett은 『진리는 우리의 무기Truth is Our Weapon(뉴욕, 1953)』에서 직책을 수행했던 2년간의 경험을 술회했다. 배럿 차관보는 부처간 위원회의 도움을 받았다고 한다. 당국은 취급하는 기밀등급과 직급이 다양한 위원회로 각 정부 부처의 해외 정보활동을 공통적인 목표에 맞춰 조율해 왔다.

차차 밝히겠지만, 훗날 국무성 공보담당 차관보는 국무성과는 독립된 심리전략위원회Psychological Strategy Board로 대체되고, 나중에는 고위급 정보정책을 담당하는 백악관 보좌관이 배턴을 잇게 된다.

미국 최초의 평시 프로파간다는 어땠을까?

국무성 차관보들은 역량과 관심사가 다양했다. 배럿은 OWI 베테랑이자 고위급 언론인이었고, 조지 앨런Goerge Allen은 정신력이 강한 외교관이었다. 홀랜드 사전트Howland Sargeant는 특출한 정부관리였으며 윌리엄 벤턴은 레스토랑에 설치하는 '캔드canned' 음악시스템(canned, 방송의 효과음으로 사용되는 녹음된 웃음이나 음악소리—옮긴이)의 원조이자 『브리태니커 백과사전Encyclopedia Britannica』에 등재된 인물 중 가장 열정적인 기획자로, 나중에는 상원의원을 역임하기도 했다. 이러한 경력의 관리라면 美 '정치국Politburo'의 은둔지에서 나타난 과묵한 과격주의자라 치부할 수는 없을 것이다. 그들 및 동료들은 괄목할 만한 성과를 거두었다.

해외여행자들은 미국의 프로파간다 활동이 국내에서 예상한 것보다 훨씬 더 정제되고 목적에 충실했다는 데 감탄하곤 했다. 국무성 공보담당 차관보는 소련을 비롯한 위성국가와 중립국 및 우방국에 송출되는 국내 방송을 감찰했다. 라디오 방송국은 '미국의 소리Voice of America'로 널리 알려졌다. 차관보는 미국인이 국내에서 운영하지만 때로는 국내 소재의 송신기나, 美대륙에서 송출된 프로그램을 포착하여 해외에 재방송하는 중계 송신기를 통해 외국인에게 메시지를 전달하는 프로파간다 시스템을 담당했다.

한 제대가 폐지되자 몇몇 기관들이 외교 및 영사 시설에 부속되었다. 대개는 美공보실USIS로 알려졌지만 준민간 기구가 지원을 받는 경우도 있었다. 해외 각국의 대사관이나 공사급 기관에는 공보담당관PAO을 두었다. 그는 외교 공관의 정보 전문가로, 파견 국가에서 미국의 모든 프로파간다나 정보활동—어떻게 부르든 같은 말이다—을 감행해 왔다.

지휘체계가 복잡다단한 관리들은 프로그램을 본부에서 현장의 PAO로 전송·중계·심의하고 조정하면 PAO의 제안이나 요청을 다시 본부로 전달했다.

기타 기관

국무성의 프로파간다를 담당한 국무성이 '정부주도' 매스컴의 해외 독점권을 활용하지 못했다는 점은 이해하기 어려운 사실이었다. (국무성이 『타임』과 『뉴스위크』 국제판 등의 민간 매스컴과 시중에 유통되는 국내 서적 및 잡지와 해외에서 발행되는 미국인 소유의 상업 간행물 등을 통제했다거나 이를 시도한 적 또한 없다는 것은 두말할 나위도 없다) 국무성은 활동 중인 대다수 국가에 방송을 송출하는—국가에 따라 어조도 내용도 사뭇 달랐다—미군 라디오 방송국AFRS을 보유하고 있었다. 다수의 사례를 보면, 영어를 이해하는 외국인들은 그들을 겨냥해 제작된 '녹음' 방송보다는 해외에 주둔해 있는 미군의 인성계발을 위한 생방송 프로그램을 선호했다. (필자는 태평양 어딘가에서 어느 하사가 부대 송신기로 느릿느릿 전하는 당일 뉴스를 싱가포르에 거주하는 중국 상인들이 아주 진지하게 경청하는 모습을 본 적이 있다) 1948년에는 군대와 국무성의 조율이 사실상 이루어지지 않았지만, 시간이 흐르자 두 방송국은 서로의 방송을 주목하게 되었다. 조율은 서류상으로 보는 것처럼 쉬운 일은 아니었다.

그러면 어떻게 해야 할까? 해외에 주둔해 있는 순진무구한—수많은 순결연맹purity leagues과 지방의 압력단체가 방어하기 위해 안간힘을 쓰고 있는—부대를 '선동'하는 것이 과연 타당할까? 따지고 보면, 이 부대원들에게는 무서운 무기가 있다. 각자가 서한을 보낼 수 있는 의원a Congressman을 두고 하는 말이다. 그러나 해외 부대원에게 프로파간다와 무관한 정보를 전파할 예정이라면 어찌 같은 지역에 원주민 요원을 대상으로 선전 방송을 송출할 수 있겠는가? 미국 정부발 프로파간다는 동일한 정부의 '非프로파간다'와 크게 달라서는 안 된다. 양극단의 커뮤니케이션이 현격히 동떨어져 있다면 미국 정부는 무능해 보일 것이다. 그러면 정말 큰 불행이다.

미국 기관의 문제로는 두 정부기관과, 해외에 본사를 둔 사설 뉴스통신 및 배포기관의 운영을 둘러싼 모순과 고충이 끝은 아니다.『워싱턴포스트Washington Post』와 조셉 앨섭Joseph Alsop과 제임스 레스턴James Reston 및 유력한 워싱턴 언론인들은 미국의 비밀첩보작전이 여전히 자행되고 있다는 암울한 사실을 넌지시 내비치곤 했다. 도로시 톰슨Dorothy Thompson도 이른바 "OSS의 무책임한 후속기관" 때문에 골치를 앓았다고 성토하기도 했다. 그러나 관련 지역에 사는 미국인들은 해외 주거지에서 벌어지고 있는 비밀작전을 들어본 적이 없는 듯 보였다. 워싱턴에서는 온갖 미사여구를 써가며 이 작전을 비난하기도 했는데, 분명히 짚어둘 점은 (미국이 독일 민족주의 저항단체를 지원하는 데 혈안이 되어 있다는『타임』보도 같이) 비밀작전이 폭로될 때보다는 유난스런 칼럼니스트나 워싱턴의 내부고발 사건을 누군가가 믿게 될 때가 훨씬 더 큰 파장을 불러일으킨다는 것이다.

더 심각한 문제는 '공식적인' 정보활동이 2배, 3배로 늘고 때로는 4배까지 증가한다는 데 있었다. 가령 경제협력청ECA에서 상호안전청MSA을 거쳐 대외운영청FOA으로 명맥을 이은 해외 경제·군사지원 프로그램은 국무성과 군대와 함께 전단과 방송 및 기타 정보활동을 대체해 왔으나, 네 번째 경쟁기구인 기술협력국TCA까지 설치된 것이다. 기술협력국은 해외의 상황에 따라 국무성 소관일 때도 있고 아닐 때도 있었다.

자유유럽방송과 자유아시아방송

정부의 작전과 아울러 자유유럽위원회the Committee for a Free Europe와 자유아시아위원회the Committee for a Free Asia가 실시한 준민간 임무도 있었다. 국무성이 적

적치 않다고 판단하는 방송을 송출하기 위해 공익단체들이 사재를 털어 이를 후원해 온 것이다. 정부가 기여하거나 참여하는 정도는 밝혀지지 않았지만 미국 언론의 흔적이 감지된 경우도 종종 있었다. 물론 논란이 되고 있는 뉴스나 현지 소식을 '철의 장막' 국가(소련 및 동구권 공산국가)에 송출할 수 있다거나, 미국에서 조그만 모금함으로 모금운동을 벌인다는 점에서 사설기관이라는 사실은 분명했다.

자유유럽방송RFE과 자유아시아방송RFA의 장점은 정부간 조약이 미국 공영방송에 설정한 제약을 넘어 독립적으로 공산주의에 대한 저항의 메시지를 전파할 수 있다는 것이었다. 예컨대, 미국 공영방송이라면 루마니아 정부의 차관을 "악당"이나 "도둑"이나 "변태" 혹은 "변절자"라 부를 수는 없지만, RFE에 접근이 허용된 루마니아 망명자는 이러한 제약에 연연할 필요가 없다는 것이다. 반면, RFE는 미국 본사에서 재무·관리를 처리하기 때문에 독립적인 반공산주의 방송이 미국 정부의 후원을 받는다는 불필요한 오해를 불러일으킬 수 있다는 맹점도 있다. 아울러 국무성과 국방성의 방송 조율 사례에서 언급한 바와 같이, 모든 프로파간다 방송을 비공식으로 처리하느냐, 공식으로 처리하느냐의 기준선은 정확히 그을 수가 없다. 사실 프로파간다 방송을 모두 조율해야 한다는 말도 어불성설이다.

심리전략위원회

그럼에도 (아쉬운 정부 측에서) 조율 시도가 있었다. 1951년 트루먼 대통령은 이를 위해 심리전략위원회를 창설, 유능하고 신중한 고든 그레이Gordon Gray를 워싱턴에 영입했다. 심리전략위의 규정된 역할은 정부 시책의 성과를 극대화하기 위해 미국의 모든 정보정책을 조율·기획하고 단계적인 수순을 밟는 것이었다. 위원회는 민간 기구의 권한을 한 푼만큼도 건드리지 않았다. 본디 심리전략위는 중앙정보국CIA 국장인 월터 베델 스미스Walter Bedell Smith 장군의 직속기구로, 회원은 국무차관과 국방차관 및 (상호안전청MSA의 전신인) 경제협력청ECA 부청장으로 구성되었고 실무진에는 정부 부처에서 상시적으로 임무를 수행해 온 유능한 참모장과 소수의 참모를 두었다. 위원회의 세부 작전은 극비로 베일에 싸여 있었다. 미국의 프로파간다는 위원회가 설치된 후 2년 동안 부진하지도 않았지만 그렇다고 국제정세를 회고한 연보에 지면을 차지할 정도로 큰 성과를 거두지도 못했다.

윌리엄 잭슨 리포트

1953년 공화당이 집권한 이후, 드와이트 D. 아이젠하워 대통령은 정보기관을 정비하기 시작했다. 전직 OSS 관리 출신이자 투자은행가였던 윌리엄 잭슨 위원장과 비서관인 애버트 워시번Abott Washburn—제너럴 밀스社General mills Inc. 홍보부에서 성공신화를 쓴 인물이다. 본사는 청소년이 선호하는 시리얼과 주부들이 즐겨 찾는 밀가루 수백만 개의 박스 상단에 당첨 이벤트를 벌여 수백만 건의 선물을 발송해 왔다—의 지휘 하에 위원회가 임명되었다. 일부 진보 논객들은 위원회의 행적을 암울한 시각으로 지켜보았으나 대중에 공개된 보고서는 매우 정교하고 수준 높은 문헌으로 각광받았다.

1953년 7월에 발표된 보고서는 심리전략위원회가 미국 정부의 활동 중 국제적으로 중요한 '정보 관련 측면informational aspect'을 고려하지 않고 독자적으로 정보활동을 계획하려 했다는 오점을 지적했다. 또한 보고서는 심리전략위원회를 좀 더 현실적인 정책조율기관—프로파간다 정책뿐 아니라 모든 정책을 조율하고, 의결된 정책을 두고는 심리적 선전을 최대한 끌어올릴 수 있는 대책을 마련할—으로 교체하라는 권고도 덧붙였다.

이는 1789년 이후 정부의 최고 통치자가 국내외 행정문제의 최종 결정권자이기 때문에 미국에는 대통령이 있어야 한다는 논리와 같다. 어떤 의미에서는 대통령의 책무가 너무 막중하기 때문에 그의 개인적인 판단으로 (국내에서 결정된 행정사안에 대해 해외에서 조성될지 모를 여론의 반응도 두루 살펴야 할) 모든 참모의 역할을 감당할 수는 없다는 뜻으로 해석될 수도 있다. 둘째 가설이 사실이라면 미국인과 정부가 마주치는 국제문제가 폐쇄적인 데다 위험하면서도 그만큼 중요하기 때문에 미국이 좀더 복잡다단한 행정절차를 부담하고 있다는 의미일 것이다.

실무조정위원회

1953년 9월 3일, 아이젠하워 대통령은 콜로라도 덴버에서 심리전략위원회를 폐지하고 실무조정위원회the Operations Coordinating Board를 창설하겠다고 발표했다. 당시 보도된 언론 논평에 따르면, 대통령 직속기관인 국제정보활동위원회Committee on International Information Activities가 이런 취지로 권고한 것은 백악관의 의도였다고 한다. 신설된 위원회는 국가안전보장회의가 관할했다. C. D. 잭슨C. D. Jackson은 위원회의 핵심인사였지만 회장은 월터 베델 스미스였다. 위원회는 당시 국무차관을 역임한 스미스 장군 외에, 해럴드 E. 스태슨Harold E. Stassen 대외작전본부장Foreign Operations Administration과 앨런 W. 덜레스Allen W. Dulles 중앙정보국장 및 로저 M. 키스Roger M. Kyes 국방성 차관을 영입했다. 또한 대통령은 시어도어 C. 스트라이버트Theodore C. Streibert 美정보국장도 유사시에 즉시 가담할 것을 지시했다.

이 같은 개편이 전 세계에 미치는 영향력을 극대화할 수 있는 방향으로 정부 시책의 틀을 조율하겠다는 의도라면 이는 장족의 발전으로 봄직하다. 정부가 선전물을 발행하는 등, 실제 활동을 통한 물리적 지원이 '없이도' 어떻게든 성과를 낼 수 있는 작전이긴 하지만 '심리전'이나 '심리전략'에 강세를 두지 않았다는 점은 긍정적인 신호가 틀림없다.

'심리전'은 매스컴을 이용하는 현대식 정치·군사적 무기로는 좋게 봐야 거추장스럽고 과장된 꼬리표에 지나지 않는다. 3장에서 언급한 경험적 '심리전'은 1946년 첫 원고를 쓸 때 떠오른 것으로, 불시에 작전을 실시하면서 각자가 겪은 경험이 배어 있으므로 특수성을 지니고 있다. 심리전은 태곳적 개념이 아니다. 수세기를 거치면서 명확히 규정된 탓에 이를 재정의한다거나 무시하더라도 경솔하다는 핀잔을 듣진 않는다는 이야기다.

사실, '심리전'의 근본적인 약점으로는 1900년대 미국 문명에 내재된 가식pretentiousness 을 꼽는다. 1960년대의 미국이 역동적이고 전향적인 데다 자국의 세계관을 고집하게 될지는 누구도 장담할 수 없다. 1950년대는 핵폭탄이 핵분열 현장에 투하된 것만큼이나 끔찍한 사건이 향후 10년 동안 정치·사회 현장에서 어떤 경위로 벌어질지는 예측하기 어려울 것이다. 미국은 또 다른 이슬람의 문턱까지 오진 않은 듯싶다. 좋든 싫든 미국은 정신이 온전하고 의연하며 건실하다는 장점이 있다. 세 덕목은 '혁명'의 장점과는 상반되는 '생활'의 장점이다. 혁명은 강성할 수도 있고 당사자에게 희열을 줄 수도 있지만 데니스 W. 브로건Denis W. Brogan이 『혁명의 대가The Price of Revolution(보스턴, 1952)』에서 지적했듯이 혁명은 예상 결과와 비교하여 가늠하는 비용요인cost factor이 발생하게 되어 있다.

20세기 중반의 정세 속에서 광신주의 드라마나, 만행을 통한 세계 구원은 외면하지만 온당하고 합리적인 작전에 대해서는 과장 및 허세용 꼬리표를 붙이며 각색하려는 요즘 미국인들을 보면 애정도 느끼지만 측은키도 하다. 공산주의자들이 미국인을 장시간 고문한다면 자칫 예민한 야수가 될지도 모르겠다. 과연 그럴까 싶은 의구심은 들지만, 미국은 전시에 악마가 되지 않고도 계속 용감히 싸울 것이며 평시에 포악해지지 않고도 강할 것이다.

심리전의 정의는 공식기관이 수시로 채택한다. 합동참모본부의 최신 정의(1953년)는 다음과 같다.

"심리전이란 국가의 정책과 목표 및 군사적 임무를 지원함으로써 적이나 해외 집단의 여론과 감정, 태도 및 행동에 영향을 주기 위해, 프로파간다와 정보 관련 대책을 계획적으로 활용하는 것을 일컫는다."

3장에서 제시한 정의와는 다르다. 여기서는 심리전의 '계획성'을 강조하고 관련 대책은 '정보성'에 한정했으며 작전의 목표를 분명히 밝혔다.

심리전 요원의 역할이 다른 국가 활동과 결이 같아야 한다는 권고가 없는데 굳이 심리전의 계획성을 강조할 필요가 있었는가 하는 의문이 든다. 정보성에 제약을 두었다는 점은 문제가 더 크다. 이는 심리전이 '심리로 벌이는 전쟁'에 좌우된다는 해석을 배제한 것이기 때문이다. 따라서 심리적인 성과를 거두기 위해 채택·실시되는 비정보성 작전도 심리전에 포함될 수 있는 것이다. 끝으로, 목적을 구체적으로 밝힌 점은 역할을 통제하는 데는 중요할지 몰라도 대수롭지 않게 여기는 경우가 허다하다. 그래서 필자는 공식적인 정의—적군의 정의도 포함—의 범주를 구성하는 역할을 포괄적으로 규정하기 위해 1946년에 밝힌 정의를 채택한 것이다.

미국 오리지널의 한계

심리전을 오해하는 사람들이 있다. 심리전 작전에 대해 과대망상에 빠진 친구들이 허무맹랑한 설을 퍼뜨린다. 프로파간다의 효과를 두고도 억측이 난무해 왔다. 때로는 심리전이 전쟁을 대신한다거나 외교를 대신한다는 주장도 있었고, 어떤 미국인은 자국 정부에 이런저런 국가만큼 프로파간다를 "잘" 이용하라고 청원하기도 했다. 미국이 공화국이자 민주주의 국가라는 사실을 망각한 탓에 민주주의·공화국 정부가 넘을 수 없는 뚜렷한 한계를 깨닫지 못한 것이다.

공화국은 인류에 목적을 강요해선 안 된다.

민주주의 국가는 정책을 발표하고 나서 이를 수년, 수십 년간 고집해서도 안 된다.

미국인은 메시야가 아니다. 유관 정책기관과 미국 문명에는 부득불 한계가 있기 때문에 공산주의에 대항하여 과격한 반란을 일으킬 수도 없거니와, 1975년의 미국은 이런저런 조치를 취할 거라는 약속을 1955년의 미국이 전 인류에 보증할 수도 없다.

'미국식' 프로파간다는 늘 제약이 따른다. 그것이 '미국식'이기 때문이다. 원폭 시대에도 '미국식'이라는 말은 어느 정도까지만 '자유가 허용된다'는 뜻이었다. 미국 국민이나 엄청 많은 사람들은 정부의 업무와 무관하지 않다. 반대 입장인 하원과 표결이 만나면 프로젝트의 자금줄은 일급비밀 기획자의 판단과는 관계없이 얼마든 끊길 수 있다. 워싱턴 정치인과 관리는 가끔씩 잊곤 하지만 자유국가라면 다 아는 사실이다. 혹자는 아치볼드 매클리시Archibald MacLeish 시인이 노래한 「아메리카는 약속이었다America Was Promises」를 반박할지도 모르겠다. 특히 프로파간다를 두고는 아메리카는 결코 약속이 통하지 않는다고 주장할 것이다. 차르나 독재자의 서약은 그가 존속하는 동안에는 유효하지만 미국의 서약은 법조문—조약과 영리계약과 예리하고 정교한 약조—안에서만 효력이 있다.

국제정세에는 미국의 저력이 보인다. 저력은 프로파간다가 장담하거나 위협하거나, 혹은 미국 정부가 향후 정책에 집중하는 데 있는 것이 아니다. 미국의 저력은 미국인이 공격에 어떻게든 대응할 공산이 크다는 점과, (공격을 당할 때는) 적이 누구든 십중팔구 그를 궤멸시킨다는 점, 정책이 전 인류의 평등과 번영과 자유를 보증하더라도 결국에는 미국인이—인종에 대한 관용과 정치적 자유와 경제적 불공정에 대해서는 이따금씩 흠결이 있긴 했지만—그 배후를 굳건히 지킬 것이라는 데 있다.

프로파간다의 근원지인 미국의 제약은 뚜렷하다. 미국에는 당 노선이 없다. 다들 알다시피, 당 노선은 우리 문명 안에서는 상상조차 할 수 없는 개념이다. 연방정부 부처에는 만장일치로 구속력이 있는 공식 노선은 있을지 모르겠지만, 연방정부도 따지고 보면 미국 본토 내에서 작동하는 49개 주 정부 중 하나에 불과하다(개정판이 1954년에 출간된 까닭에 1959년 50번째 주가 된 하와이는 제외되었다—옮긴이). 주 정부와 그에 포함된 도시와 국민은 연방정부의 입장에 반론을 제기할 자유가 있다.

미국의 저력은 만장일치로 체득된 것이 아니다. 미국이 선전한들 뮌헨Munich 모자에서 주데텐Sudeten 토끼를 꺼낼 수는 없다(뮌헨 협정에서 히틀러의 요구대로 독일이 주데텐을 합병하게 된 사건을 빗댄 듯하다—옮긴이). 미국 정부가 전쟁이라는 극단적인 카드 없이는 어느 국가를 위협할 수 없다고 치자. 다수의 미국 시민들은 즉각 정부와 관련국 국민을 향해 목소리를 높일 것이다. "워싱턴 관리들의 진심은 그게 아닙니다! 우린 전쟁을 원하지 않아요. 전쟁을 추진하진 않을 겁니다." 미국이 스페인을 공격한다면 워싱턴에 있는, 프랑코(Franco, 스페인 내전의 주역으로 1939년 권좌에 오른 스페인 독재자―옮긴이)의 지인들은 그에게 상황을 좀더 지켜보라고 종용할 것이다. 미국이 돌연 공산주의 세계를 공격한다면 수많은 미국인들은 정부 안팎에서 개인이 목소리를 내든 언론이나 서한을 통해서라도 인도 정부가 모스크바와 베이징에 "미국은 전쟁을 벌이지 못할 것"이라는 메시지를 전해야 한다고 주장할 것이다.

따라서 미국 프로파간다의 저력은 '당시 미국 여론을 "중심"으로' 활용해야 한다. 공과 사를 떠나 모든 미국인이 만장일치로 동의하거나 이를 강요하는 정책을 찾는다는 것은 불가능하지만, 리더십 및 선견지명과 아울러 국내 정책에 대한 예리한 안목을 발휘한다면 국민의 결정적인 공감을 얻어낼 수 있는 외교정책은 설계할 수 있을 것이다.

전쟁과 만장일치

세계가 평화에서 멀어질수록 평시 정보 프로그램의 효과는 배가된다. 공산주의자들이 남한을 침략하자 미국의 대중은 정부 뒤로 밀려나고 말았다. 워싱턴발 프로파간다로는 도통 예상하기 힘든 사건이 벌어진 것이다. 미국인은 위기가 닥치면 한데 뭉치고, 사태가 안정되면 뿔뿔이 흩어진다. 그러니 바깥에서 누군가가 지속적으로 미국인을 괴롭힌다거나 도탄에 빠뜨릴 거라는 확신이 없다면 애당초 전쟁을 계획해선 안 될 것이다.

과거 미국인들은 전쟁이 발발하면 승전에서 종전에 이르기까지 우수한 단결력을 몸소 보여주었다. 장래에도 상황이 달라질 것 같진 않다. 여기에 해결의 실마리가 보이지 않는 난감한 과제가 있다. "미국인들이 전쟁에 가담하지 않고도 만장일치에 가까운, 과감한 결단력을 발휘하여 전쟁을 방지할 순 없을까?" 1950년대 초에 벌어진 사태는 공산주의 입장에서는 이른바 "침략을 자행하는_aggressive_" 미국 자본주의 세력과의 대전이었다.

즉, 전 세계의 공산주의가 미국과 전쟁을 벌였다는 것이다. 하지만 미국은 그 누구와도 전쟁을 선포하지 않았다. 한 정부 관리는 사무실에 오랫동안 이런 슬로건을 걸어둔 적이 있다고 한다. '난 아무에게도 화나지 않았다 AIN'T MAD AT NOBODY.' 미국인의 감정을 단적으로 나타낸 대목이다. 딱히 항전에 가담할 의지가 없는데 어떻게 전쟁을 방어할 수 있겠는가?

미국 선전요원은 하나의 국가를 대변하는 것이 아니라, 단일 국적을 넘어선 방대한 실체를 대표한다는 사실을 망각하곤 한다. 좋든 싫든, 그들은 거칠지만 현실적인 자유와 지구촌의 새로운 인생을 대변한다. 전형적인 미국인의 저력은 인내력과 지구력, 다양한 재간 및 호기심을 꼽는다. 그러니 미국인에게 강력히 분노하고 증오하며 만행과 독선을 강력히 자행하라고 요구하는 것은 어리석은 짓일 것이다. 우리는 일본인도 아니고 프로이사인이나 러시아인도 아니며, 아일랜드인이나 영국인도, 프랑스인도 아니다. 미국인은 대개 유럽인이지만 비유럽인이기도 하다. 미국의 프로파간다는 고국에서의 생활 가운데 가장 평범하고 강력한 면모에서 비롯될 때만 효과를 기대할 수 있다. 미국의 물질적 번영은 다른 세계에서는 찾아보기 힘든 근검절약과 인정과 겸허한 통찰로 실현해낸 것이다.

우정을 내세운 프로파간다

미국의 한계는 평시에 "우방의 마음을 얻는다"는 구호가 자주 반복된다는 데서 여실히 드러난다. 친구를 사귀고 싶은 마음이라면 미국의 도시사회에 만연해 있는 군중 속의 고독에서 비롯된 불가피한 결과일 것이다. 그러나 '환심을 얻어야 할' 필요성은 '환심을 얻는' 것과 관련하여 기괴하리만치 과장된 억측으로 이어진다. 미국 정부 내외의 인사들은 미국이 "우방국을 포섭해야 한다"고 주장한다. '우방'은 국가가 어려울 때 보탬이 될 거라는 순진한 생각 때문이다.

물론 사실은 그렇지가 않다.

스웨덴은 노르웨이의 우방이었지만 정작 나치가 노르웨이를 침략했을 때는 좌시만 하고 있다가 자국만 무사히 빠져나갔다.

리투아니아는 적이 있었던가? 라트비아와 에스토니아는 어떤가? 서방 열강과 두루 화친했던 우방들이었지만 지금은 보이지 않는다.

미국은 중국의 우방이었다. 대니얼 웹스터(Daniel Webster, 저명한 변호사로 미국 하원·상원의원 및 국무장관을 역임했다(1782~1852)—옮긴이)에서 조지 C. 마셜George C. Marshall에 이르기까지 격한 감정으로 자랑스럽게 우방을 선포한 지가 100년도 더 되었다. 미국을 우방으로 둔 중국은 무슨 소용이 있었던가? 중국이 곤경에 처했을 때 美국무장관은 중국이 부패했다고 매도하며 미국은 깨끗하다고 강조했다.

대개 우정은 전쟁의 원인도 아니지만 평화의 원인도 아니다. 전쟁과 평화는 생존이 좌우한다. 퇴역 군인이라면 현역 당시 마음에 들지 않았던 사람이 몇 명은 있었을 테인데, 개인적인 감정 때문에 그들을 적군에 넘긴다는 건 상상도 못할 일이다. 우호관계보다는 모두가 겪고 있는 위기a common danger, 좀더 넓게는 '모두가 걸린 이해관계a common interest'가 미래의 전력과 전략을 보장할 것이다.

우호관계는 국가라는 법인격이 아니라 개인 사이에서 작동한다.

당신이 서독인이라 치자. 모든 미국인이 너그러운 민족이라는 데 절대적으로 동감한다면 소련에 연합하는 편이 현명할 것이다. 러시아가 이기면 고집불통에 알다가도 모를 모스크바인을 달랠 수 있을 테니까. 미국이 이겨도 우방국 못지않게 든든하고 너그러운 민족이라는 확신은 변하지 않을 테고 미국인 또한 형편이 여의치 않아 잠시나마 그랬거니 하며 당신이 다른 편에 가담한 사실을 '진정으로really' 마음에 두지 않을 것이다. 절친한 친구가 있다고 치자. 당신이 강에 빠지면 그는 몸을 던질 것이다. 아니, 구조대에 신고를 해서라도 당신을 살려낼지도 모른다. 설령 그가 수갑을 채우더라도 곤경에 처할 땐 그가 곁에 있어 줄 거라는 합리적인 믿음은 변치 않을 것이다.

선전이든, 정보나 국제적인 커뮤니케이션이든, 어떤 미명 하에서든 요점은 분명하다. '미국은 공동의 이익을 도모하거나 공동의 위기를 타개하겠다는 일념으로 신뢰할 만한 동맹국을 찾는다'는 것이다. 우호관계는 기분은 좋지만 본질적인 것은 아니다. 해외 지역의 리더나 핵심그룹이라면 미국이 우방이라는 생각보다는 소련보다 '더 추악한 적worse enemy'이 될 수 있다는 점을 명심해야 할지도 모른다. 프랑스는 이에 동감하더라도—소련이 점령한 프랑스에는 수소폭탄 65기가 투하되는 반면 미국이 점령한 프랑스에는 고작 3기만 떨어질 테니—미국인들이 좋든 싫든, 미국을 선호할 것이다.

이런 커뮤니케이션이 미국의 이상과 결이 같을까? 아마 그렇진 않을 것이다. 그러나 '정직'은 시종일관 미국의 이상 중 하나였고, 정직이야말로 과거의 우호관계보다 더 현명하고 유력한 지위로 이끌어 줄 것이다.

CHAPTER 16 연구·개발·미래

심리전은 문화의 일면을 보여준다. 문화는 정의가 무엇이든 정적인 것은 아니다. 문화는 남녀가 생각·행동하는 '이유whys'와 '방식hows'의 매우 유동적이고 역동적이며 때로는 격동하는 복합체를 일컫는다. 문화의 단기적인 요인은 장기적인 것만큼이나 중요할 때가 종종 있다. 1860년~1960년까지 미국은 기독교 문화가 지배하는 서유럽의 일부였음에도 유행과 신념, 취향 및 행동양식이 크게 변모해 왔다. 발전과 변모를 거듭해온 문화와 달리, '전쟁'은 매우 정적인 개념처럼 보인다. 그래서인지 남북전쟁과 2차 대전(1939년~45년까지 독일과 서방 열강의 전쟁)이 어느 정도는 비교가 가능한 역사 같기도 하다. 물론 한정된 범위 내에서만 비교할 수 있겠지만 말이다.

전쟁의 의미

현대 문화의 특징인 단기성transitoriness과 변화가능성changeability은 정보요원이 '전쟁'에 덧붙인 의미에서 가장 뚜렷이 나타난다. 1861년~65년까지 전쟁은 '숭고한' 것이었으나 1941년~45년에는 무의미한 미사여구나, 겉으로만 '숭고'한 것이 되었다. 사례를 좀더 이어보면, 1861년~65년까지 '심리전'은 알려진 바가 없었으나 1941년~45년까지는 유행이 되었다. (남북전쟁 당시 대통령의 심기를 불편하게 한 변절자들이 상당히 많았음에도 북부 시민이 '반미주의자'로 전락하진 않을까 노심초사했다는 링컨을 두고 진지하게 의심해 봄직하다.) 1945~53년은 매우 중요한 시기였다. 미국의 사상과 언어와 행동패턴이 8년 동안 크게 달라졌기 때문이다. 20년 후는 또 어떻게 달라질지 예측하기가 어렵게 되었다.

전쟁은 주권국가의 반은 야만적이고 반은 정중한 무장갈등이 아니라 혁명을 성취하거나 방지하는 것으로 의미가 달라지고 있다. 전쟁은 장기적인 양상으로 변모하고 있다. 또한 미국과 캐나다, 멕시코와 쿠바, 인도네시아와 인도, 이라크와 사우디아라비아 등 서로 비등한 국가들의 전쟁은 이제 상상하기가 어려워진 반면, 이념이 다른 남한과 북한, 공산당 중국과 국민당 중국, 베트민(Viet Minh, 호치민胡志明을 지도자로 하는 1941-54년의 베트남 독립 동맹군 및 그 일원—옮긴이)과 베트남, 소련과 미국의 전쟁은 비교적 평범해 보인다.

갈등 연구

모든 사람이 자신의 문제를 해결하지만, 대다수의 사례를 보면 문제를 해결할 기회는 이미 지나간 뒤였다더라. 정부와 정치 및 개인의 '결정'은 이런 행동 대신 저런 행동을 선택하는 것이 아니라 이미 결정한 신념을 확정하는 것일 때가 더러 있다. 개인의 일상이 그렇다면 학자와 전문가는 두말할 필요가 없을 것이다. 사회·심리학 및 인문학 분야의 맹점 중 하나는 문제가 발생한 지 수달 혹은 수년이 지난 후에 정부관리가 어찌어찌 파악하여 이를 바로잡으려 했다손 치더라도 학자들은 결정할 기회를 놓친 지 수십 년이 지나서야 문제를 처리하는 경우가 비일비재하다는 것이다.

이는 전쟁의 원인 중 하나인 '긴장tension'을 논할 때 가장 뚜렷하게 나타난다. 1914년 전쟁(1차 대전)이 발발하게 된 주요 원인으로 긴장을 꼽는데 1930년대 당시 파시즘과 공산주의 세력을 막강하게 키운, 유럽의 긴장과 반감 또한 1939년에 벌어진 전쟁의 원인일 가능성이 있다. 그러나 1939년 9월 전쟁이 긴장의 결과라―간접적인 원인은 되었을지 몰라도―단정하기에는 무리가 있다. 필자는 긴장 때문에 문화가 보전되고, 그러는 가운데 전쟁이 일어나는 것이라 확신하지만 문화 안에서 작용하는 긴장이라는 추가적인 변수가 전쟁의 1차적인 원인이라는 데는 동의할 수 없다.

긴장에 대한 연구는 꽤 진전을 이루었다. 긴장이 전쟁에 미치는 영향은 과학적인 방법으로 입증할 수도 있다. 이를테면, A열강의 심리전이 B열강―지배층이든 일반 국민이든―보다 훨씬 더 긴장을 고조시켜 B열강이 더는 전쟁을 고집할 수 없게 된다든지, A열강이 B열강의 지배층이나 국민의 긴장을 완화시켜 B열강의 전쟁 가능성이 낮아지거나 결정이 미뤄질 수 있다는 것이다.

군사 최강국의 양대산맥―한편에 소련과 그 위성국가가 있다면, 다른 한편에는 서방열강이 있다―에 긴장이 만연해 있다는 주장은 연구를 위해서도 주목할 만하다. 긴장은 복잡다단한 일상뿐 아니라 개인의 심리생리학적 조직에 가한 압력과 첨단시설이 원인인 것으로 보인다. 아울러 현실에서 부딪치는 문제에 대해 자기혐오를 자각하기보다는 상대 문화 구성원에 증오심을 방출할 기회가 있다는, 문화에 내재된 안도감relief을 통해서도 긴장은 촉발될 수 있다고 본다.

다른 시각에서 말하자면, 현대화 과정은 녹록지가 않다는 것이다. 현대화 과정에서 겪게 되는 난관 때문에 개인은 걸핏하면 불안과 스트레스를 느끼게 되고, 불안과 스트레스가 공포로 이어지면 공포는 다시 증오로 돌변하고 증오는 필경 정치적인 모양새를 띠게 될 것이다. 정치적 증오는 핵폭탄이나 유도미사일처럼 가상이 아닌 현실적인 위협을 조장하고, 위협은 증오를 더 부추길 것이다. 그러므로 불안-공포-증오-무장-불안-공포의 악순환은 계속 반복될 것이다.

심리학의 혁신 가능성

심리학 및 관련 학문이 서방세계에서 급속도로 발전했다는 점에서 미국인을 둘러싼 위협에 대해서도 미증유의 해결책―첫째는 전쟁의 대안이 되는 평화요, 둘째는 전쟁이 벌어졌을 때 승리라는 해결책―이 나올 성 싶긴 하다. 그럴 공산이 아주 크진 않더라도 말이다. 그러나 전쟁심리와 군중행동 및 현대판 무력정치의 심리나 정신의학을 다룬 기존 학술지 중 당면한 '문제'에 적용할 수 있는 해결책이 조금이나마 가까워졌다는 추론을 뒷받침하는 대목은 하나도 없다. '문제'는 인생 전반에 깔려있는 것인지라 수수께끼를 푼다거나 단번의 과학실험으로 해결할 수 있는 사안이 아니다.

미국의 군사·정치 지도자라면 미국인의 일상적인 대화나 생각(학술적이든 대중적이든)에 녹아있는 저력을 간과해서는 안 된다. 오로지 전쟁에서 이겨야 한다는 문제에 급급하다 보면 지도자나 전문 보좌관은 과거의 경험에서 비롯된 해결책에만 집중하기 때문에 독창적이고 색다른 해결책을 놓칠 수도 있다. 변화가 꼭 취약하다는 인상을 주는 것은 아니다(과거의 기준을 절대적인 것으로 본다면 변화는 취약하겠지만). 1910년~20년에 태어난 사람이 1930년~40년에 태어난 사람에게는 흔치 않은 자질을 가졌을지는 몰라도, 1930년~40년에 태어난 세대가 기성세대에는 없는 역량과 저항력을 발휘할 가능성은 대단히 높다.

이러한 개념을 공산주의에 적용해 보라. 공산주의는 존재하는 나날이 세력을 잃고 말 것이다. 즉, 하루가 지날 때마다 독창성이 떨어지고 매너리즘에 빠지며 하루가 지날 때마다 지도자는 하루치 나이를 먹을 거라는 이야기다. 미국인이 융통성과 상상력을 발휘하고 자신의 현주소를 파악할 수 있다면 전 세계 청년을 대상으로 하는 선전은 공산주의자의 것보다 훨씬 더 효과가 클 것이다. 하지만 안타깝게도 1950년대 초, 냉전 당시 미국은 공산주의자가 경쟁하듯 내놓은 이상 및 기준보다 '구태의연한older' 이상과 기준에 토대를 둔 탓에 미국인과 공산주의자가 지구촌 곳곳에서 벌인 전쟁은 신구新舊의 싸움으로 비쳐졌다. 거짓말 하나 보태지 않은 사실이다. 반면 1950년~53년까지 한국에 주둔해 있던 미군은 역사상 가장 혁신적인 군대 중 하나로, '탈승전non-victory'이라는 기치 하에 미국 정부의 배후에 있는 유엔이라는 그림자 정부에 충성을 서약했다. 수세기를 돌이켜 보더라도 이때만큼 진솔하게 합리적으로 묵묵히 싸운 적은 없을 것이다. 미군은 "안전한 민주주의 세상을 만든다"거나 "4대 자유를 수호한다"는 슬로건으로 법석을 떨지 않아도 잘 싸웠다.

1951년의 주한미군의 성향은 어느 보충대 병장의 일화에서 잘 나타난다. 그는 부산행 선박에 탑승하기 전까지만 해도 보충대 소속이라는 사실을 몰랐다고 한다. 또한 생활형 인간인지라 고향이 몹시 그리웠지만 자신의 소임은 기꺼이 해냈다. 대구 미군 본부에서 선전용 항공기를 시험하는 게 주된 임무였다. 가끔은 확성기가 말썽을 일으키기도 했지만 그는 500피트(150미터)와 1000피트(300미터) 및 1500피트(450미터) 상공에서 이를 시험하는 요령을 배웠다. 하루는 항공기가 미군 본부 상공을 낮게 날아올랐다. 엔진에서 나오는 굉음에 본부 사람들은 거의 귀가 멀 지경이었음에도 이를 뚫고 확성기의 잡음이 들려왔다. 주파수를 맞추지 않고 라디오를 틀었을 때 나는 노이즈가 크게 증폭되었다. 사람들은 이런 시험방송을 예상했다. "미8군 방송 테스트입니다. 하나, 둘, 셋 …!" 마침내 또렷한 목소리가 벽과 나무를 뚫고 하늘과 숲에 쩌렁쩌렁 울렸다. 4마일(6.5킬로미터)은 족히 이르렀을 것이다. 병장의 웅대한 목소리는 한반도 절반은 덮은 듯했다. "미제국주의 … 새끼들아 … 월스트리트로 … 돌아가지 … 않으련?" 이때 대령 50명이 동시에 수화기를 붙잡았다고 한다. 그러나 사건의 배후에 나타난 미국식 전략은 병장이 처벌을 받지 않았다는 데 있었다. 어떤 불이익도 없었다. 미국인들은 적이 우습다거나 멍청하다고 생각했다. 미군은 애당초 공산주의 사상을 우려하지 않는다고 주장해 왔는데, 이를 두고 일부 한국인은 필자에게 "미국인들은 당최 이해할 수 없는 사람"이라며 혀를 내둘렀다.

현대 문화가 발전함에 따라 전쟁의 목적과 유형에도 분명 변화는 있었다. 핵무기와 수소폭탄이라는 절체절명의 위기를 목전에 둔 국가들은 전략적으로 우위를 차지할 수 있는 소규모 전쟁과 준전시 작전에 더욱더 박차를 가할 공산이 크다. 때문에 미군은 소규모 전쟁과 비정규전을 비밀리에 연구하고 있다. 이 분야의 발전상은 흥미진진하지만 보안상 논하기는 어려울 성싶다.

국내 연구개발 프로그램

미국 정부는 대체로 목적에 부합한 과학 연구 프로그램을 개발해 왔다. 대다수 연구는 가장 확실한 결과를 도출할 수 있는 물리학과 의학에 중점을 두었다. 의학과 동종 분야는 이미 장족의 발전을 보이고 있다. 반면 일부 연구는 심리전 관련 분야에서 실시하고 있는데 여기서 기억해둘 점은 심리전 연구가 다른 분야—전쟁의 성격을 바꾸면 심리전도 달라지는 분야—의 연구만큼 심리전 자체에 영향을 주진 않을 수도 있다는 것이다.

일반 연구 분야에서 미군이 분명히 구분한 두 가지 기초 연구법에는 개발연구와 작전연구가 있다. '개발연구developmental research'는 신무기나 병법, 장비 등을 제작·창출하는 연구로, 이를 위해 연구진은 현대 과학을 면밀히 분석하고 군사문제에 이를 적용할 수 있는지 조사하며 군사적 이해관계에 따라 필요하다면 과학의 경계를 넓히기도 한다. 반면 '작전연구operational research'의 목표는 그리 거창하진 않지만 경우에 따라서는 논쟁을 일으킬만한 측면도 아주 없진 않다. 작전연구는 작전을 있는 그대로 보고, "작전은 공지된 목표에 얼마나 과학적으로 부합한가?" "어떤 통합이나 수정이 필요한가?" "작전이 개선될 방안은 무엇인가?"를 놓고 처음부터 끝까지 재조사한다.

심리전 개발연구

1950년~53년의 한국전쟁이 막바지에 이를 무렵, 주한미군이 실시한 심리전에 개발연구가 영향을 주었다는 흔적은 거의 없었다. 전단도 2차 대전 때만 못한 데다 크게 다르지도 않았다. 라디오 프로그램은 특수한 정치적 한계 탓에 아이젠하워 집권 당시의 美방송국(유럽지국)과도 수준이 거의 같았다. 비록 확성기를 전술적으로 활용한 것은 2차 대전 때보다는 확실히 발전한 구석이 있긴 하나 엔지니어(작가를 비롯하여)가 아닌 사람들에게는 공산주의자의 확성기가 우리편 확성기보다 더 낫다거나 다르게 보이진 않았다.

개발연구는 많은 결과를 내놓았지만 초기의 과학적 성과와 실제로 군대에 적용된 사례는 괴리가 상당히 컸기 때문에 연구가 미군의 심리전 프로그램을 변모시켰다는 가설은 장담할 수 없을 것이다.

한국에서 실시된 작전연구

작전연구는—시쳇말로 '오프서치opsearch'라 한다—한국전쟁에 적용되었으나 결과가 고르게 나타나진 않았다.

무엇보다도, 한국전쟁 당시 심리전에 투입된 육군 장교들은 선전이 위력을 발휘할 수 있는 전술적 기회가 지상군에 있다는 점을 확인했다. 다양한 실험이 실시된 가운데 전쟁의 결과에 영향을 줄 만큼 결정적인 연구는 없었지만 일부는 전술적인 가치가 있었고 일부는 중공군의 투항을 유도하는 데 중요한 역할을 하기도 했다.

검증된 연구결과 중 하나는 '과정process'으로 간주하는 항복이었다. 투항은 대개 전쟁을 '찬성'한다거나 '반대'한다는 적군의 입장으로 결정되진 않는다. 천 번을 "반대한다"고 주장해도 여전히 적진에서 우리에게 총격을 가하고 있으니 말이다.

항복에 대한 물리적 '과정'에는 상대편을 포기할 각오를 다진다는 심리적 과정과, 생포되었을 때 투항할 수 있는 신체적 능력과, 적진을 고의로 이탈하여 우리 진영에 안착하는 위험한 과정을 꼽는다. 1951년~1952년에는 투항에 대한 연구에 괄목할 만한 진전이 있었다. 이때 미군은 적군을 상대로 하는 투항 교육법에 대해 많은 것을 배웠다. 1952년에서 1953년 초, 최전방은 이렇다 할 움직임이 없었기 때문에 적군이—정찰 중인 소수민족은 제외—탈영이나 간첩 혐의로 동지에게 죽임을 당하지 않고 무사히 진영을 이탈하여 투항하려면 특출한 용기가 필요했다.

미국인들이 몰랐던 사실이 있다. 라디오 방송 프로그램 기금과 방송 시간 점유율은 공산주의 국가가—러시아, 북한, 중국—한국전쟁 내내 유엔보다 우세했다는 것이다. 또한 미국과 중국의 언어도 차이가 상당히 컸기 때문에 중국 방송의 청취자 폭이 더 넓었다는 사실은 미국인이 알기가 어려웠다. 미국 방송이 제한된 이유 중 하나는 6·25전쟁이 북한 영토에 주둔해 있는 무장 중공군과의 전투에만 한정되었기 때문일 것이다(극동지역에 주둔해 있는 무장 중공군은 배제).

철학 및 프로파간다 개발

심리전을 다룬 문헌에 대해서는 2차 대전이 종식된 이후 철학자들이 심리전에 기여한 업적을 찾기가 쉽지 않다. 공산주의가 철학을 선전·보급했다는 점에서—주된 병기로 왜곡하긴 했어도—선뜻 이해하기 어려운 대목이다. 미국 철학자인 조지 모건George Morgan 박사는 외교관이자 소비에트지역 전문가 겸 심리전술위원회의 핵심인사이기도 했는데, 모건 같은 인물은 많지가 않았다는 것이다.

철학은 문화적 가치를 재검토할 기회를 준다. 3세대 교사를 교육할 교수진의 가르침은 미래 세대가—민간 문화의 축복을 가급적 오랫동안 누리고 최선의 군사작전 기회를 제공할—세계관을 담은 '그릇'에 영향을 줄 것이다. 미국 문화가 아직은 군사영역이 아니라 민간영역이라는 점은 반박할 수 없는 사실이다.

윌리엄 잭슨 위원회는 광야에서 외치는 소리답게(성경 「이사야」와 복음서에서 세례요한을 빗댄 표현이다—옮긴이) 미국 프로파간다 작전에 걸맞은 용어와 아이디어를 주문한 적이 있다. 철학자라면 몇 가지 해법을 찾을 수는 있겠지만 특히 철학자는 떠밀리거나 독촉 당하는 것을 유독 싫어한다. 필자는 미국 정부가 비밀리에 기용한 철학자 중, 미국이 향후에도 승전할 수밖에 없는 역사·문화적 근거를 철저히 따져봤다는 사람을 두고는 들어본 바가 없다. F. S. C. 노스롭Northrop과 에리히 프롬Erich Fromm도—확연히 대조되는 인물 둘을 꼽았다—국제 프로파간다 역사에 한 획을 그은 서적을 집필했다지만 연관성은 딱히 없어 보였다.

문학적 기여

현대 강대국에 포진한 최고의 선전요원은 거의 모두가 어느 정도는 문학과 관련된 인물이다. 글의 예술·문화적 측면이 프로파간다로 전용된 셈이다. 예컨대, 엘머 데이비스는 소설가이자 논설위원으로 활약했고 로버트 셔우드는 미국에서 최고로 유명한 극작가 중 하나로 꼽힌다. 아울러 베니토 무솔리니는 불온소설을 썼으며 마오쩌둥은 시인이자 철학자에 공산당 주석이기도 했다. 미국 소설가인 제임스 구드 코젠스와 패트 프랭크, 제롬 와이드먼 및 머레이 다이어도 미국 심리전에 투입된 바 있다.

문학도들이 자신의 필력을 대거 프로파간다에 활용했음에도 사상개조 문헌의 특성을 규정한다거나 선전 분야에 적용할 만한 문체를 집대성한 사람은 거의 없다. 훗날에는 나올지도 모르겠다.

사회과학

전미여론연구협회AAORP는 미국 선전요원 및 여론 분석가로 구성된 전문가 연합으로, 당협회가 발행하는 『퍼블릭 오피니언Public Opinion(계간)』은 이 분야에서 매우 중요한 저널로 손꼽힌다. 협회 회원은 실제 정보원인 조지 갤럽과 엘모 로퍼를 위시하여, 근엄한 이론가인 네이선 라이츠와 해들리 캔트릴 등, 사회과학과 심리학 분야에서 두루 모집되었다.

정치학이나 사회학 혹은 경제학 등을 개별적으로 프로파간다에 적용하기보다는 사회과학 전반에서 비롯된 기술이 해당 분야에 온전히 적용될 때 더 가치가 있다는 취지에 대해서는 타당한 논증이 가능할 듯싶다. 아직 출간되진 않았지만 『지식의 정치학The Politics of Knowledge』을 집필한 저자 말마따나 지식의 수용·통제·금지·전파는 프로파간다 안팎의 행정절차를 좌우하는 주된 변수다.

심리학과 관련 학문

프로파간다 분야에서 심리학자가 지금까지 실시해온 연구는 (대개는 기밀이지만) 상당히 많다. 어떤 연구는 극히 기상천외한지라 전장에 투입된 공산주의자들을 짓궂게 놀래줄 성싶다. 어떤 연구에는 작전에 투입되었을 때 미국이 현재 확보하고 있거나, 확보할 가능성이 높은 군대로 실현 가능성을 입증할 법한(혹은 입증할 수 없을 법한) 반복적인 진술도 포함되어 있다.

2차 대전 이후 괄목할 만한 성과 중 하나는 심리학자와 사회학자 및 관련 분야의 전문가들이 '정량화 기법'을 적용했다는 것이다. 선전활동이나 선전결과에 대한 보도에 '수치'를 도입한 것은 의미가 크다. 물론 정량화로 이를 찬성하는 사람의 주장이 모두 이루어진다는 보장은 없다. 서술descriptive 면에서 일반인이나 전문인에게 유의미한 행동 영역은 상당히 넓기 때문에 수치와 도표 및 그래프가 서술·암시 기법을 대체하면 의미가 반감될 가능성도 배제할 순 없을 것이다. 그러나 프로파간다 연구의 수단으로 정량화가 서술을 대체한들 큰 문제가 되진 않는다.

정량화는 프로파간다 분야 안팎의 요원들이 논의하는 공통영역을 확대시킨다. 정량화가 결과를 입증할 수 있는 사례는 한둘이 아니다. 이때 결과에 대한 주장은 이를 뒷받침할 권위를 갖게 된다. 우리만의 특수한 문화에서 정량화는 설득력이 있다. 미국인이라면 공학과 숫자를 믿기 때문이다. 남녀에 관한 킨제이 보고서(the Kinsey reports, 미국의 동물학자 킨제이가 조사·발표한 현대 미국인의 성생활 실태에 관한 보고서—옮긴이)가 내놓은 결론은 일반인에게 훨씬 더 권위를 인정받을 듯하다. 수치가 넉넉하기 때문이다. 물론 서양인의 성생활에 대한 심리와 행동패턴을 다룬 해블록 엘리스Havelock Ellis의 작품도 당시에는 이해하기가 쉽고 신선했을 것이다.

예측과 연구

모든 선전에는 어느 정도 예측이 포함된다. 선전요원은 실제와는 다른 상황에 자신을 대입해 보고 '아직' 부딪치지 않은 상황에 대해 사람들과 소통한다는 것이다. 전술적 심리전에 대한 심리학적 연구 중 상당수는 아직 실시되지 않았다. 정량적 관점에서는 미국이 지난 4년간 큰 성과를 거두었지만 말이다.

예측에는 미개척 분야가 더러 있다. 매우 까다로운 데다 심각하리만치 비과학적인 특성이 있기 때문이다. 문제를 이렇게 생각해 보자. 가상의 적(이를테면 소련)과 전쟁을 치르기 하루 전, 미국은 저 나름의 독특한 성향이 있을 것이다. 국가를 대표하는 인사라면 매스컴에 관심을 기울이고 이를 신뢰하며, 언론이나 방송 등 대중매체를 통해 나올 법한 구호에도 어떻게든 반응할 것이다.

전쟁 1일차가 되면 미국은 종전과는 다른 양상을 띨 것이다. '이유인 즉because' 전쟁이 벌어졌기 때문이다.

한 달 정도 지나면 미국은 전쟁 당일 존재했던 USA$_1$과 같다고는 보기 어려울 것이다. 변화의 속도와 다양한 경우의 수를 감안한다면 USA$_{25}$로 봄직하다. 이때 소련이 제작한 수소폭탄 3기와 핵폭탄 12기는 미국의 국가·경제·정치·심리적 특성 중 상당수를 바꿔놓을 가능성이 있으나 누구도—미국인조차도—변화를 예단하긴 어려울 것으로 보인다. 최선이라면 시시각각 달라지는 변화를 연구하고 변화의 속도와 방향을 파악하며 전쟁지도(conduct of war, 전시의 국력 운용에 관한 지표—옮긴이)를 감안하여 변화의 의미를 분석해야겠다는 마음가짐일 것이다.

소련도 예외는 아니다. 소련 또한 여느 강대국 같이 전쟁의 여파로 변화에서 자유로울 수 없을 것이다. 1941년 나치의 침략을 기화로 러시아의 애국주의와 전통주의가 부흥하리라는 것을 누가 상상이나 했겠는가? 전쟁 이후 러시아의 현 위상은 알고 있다손 치더라도 일단 전쟁이 벌어지면 앞으로의 향방이나 진행 속도는 아무도 예측할 수 없다.

그러므로 미국·소련 전쟁을 심층적으로 연구할 때 봉착하는 문제는 매우 까다롭게 마련이다. 문제는 세 가지 변인군과 연관된 것으로, 첫째 군cluster은 미국인과 그들의 행동 및 기관이고 둘째는 러시아와 동맹민족 및 그들의 행동과 기관이며, 마지막 군은 양국 사이에 존재하는 커뮤니케이션 방식의 동향일 것이다.

미국인과 미국 역사의 특성만 보더라도 소련USSR의 공산주의 지도자들이 전면전을 벌인다면 전쟁은(정보와 사상이 아직은 달라지지 않았다는 전제 하에) 분명 미국 국민과 러시아 국민의 화해로 끝날 성싶다. 달리 말하자면 USA$_v$(승전한 미국)와 USSR$_v$(승전한 소련)는 서로 모종의 관계를 맺어야 하고 틀림없이 그럴 수밖에 없다는 것인데, 전쟁의 피해를 복구하고 정치·문화적 화해를 도모하며 국민들이 열정과 희망을 가지고 응원할 수 있는 세상을 재건하기 위해 노력하는 관계가 무엇보다 중요할 것이다.

USA$_v$와 USSR$_v$는 상상이 가능하다(v=승리victory). 이때 전쟁을 앞두었거나 전쟁 당일의 USA$_1$과 USSR$_1$은 이미 알려진 변수가 될 것이다. 전쟁이 지속되는 동안 우리가 소련의 지도부 및 지배계층의 변화와 소련 인구의 동향을 파악할 수 있다면 과학은 미국의 매스컴과 군대에 보탬이 될 것이다. 미국은 소련의 동향을 물리적으로 추정해야 할 뿐 아니라 심리적·의미론적인 면에서도 추이를 두루 이해할 필요가 있다. 방대한 작업이지만 국내 연구개발기관이 문제를 다루는 데 필요한 연구 프로그램을 제공할 수 있으리라 장담할 수는 없을 것이다.

미국이 전쟁 전후로 러시아를 파악하고 있다면 국가가 처음으로 적을 예의주시한 결과로 봄직하다.

과거를 돌이켜 보면, 전쟁이 한창 진행 중일 때는 적의 국가적 특성이라는 다소 과장된 고정관념을 수용하고 악행이나 잔혹한 행태가 조금이라도 드러날 경우에는 이를 적에게 전가시킨 반면, 전쟁이 종식된 후로는 적을 우호국으로 재정의하곤 했다. 따라서 미국 정부와 선전요원이(혹은 많은 소수집단) 미국인보다 러시아인들에게 훨씬 더 큰 상처를 준 독재자로부터 러시아인을 해방시키는 데 '보탬help'이 되기 위해 소련과 싸우는 법을 터득하려 한다면 기묘하고도 낯선 사건이 되는 것이다.

독일은 러시아 소비에트 연방 사회주의 공화국과 우크라이나에서 비참하고도 감당하기 어려운—결정타가 될 법도 한—심리적 참패를 경험했다. 러시아와 우크라이나의 성향을 오판하여, 독일이 러시아 및 우크라이나인과 맺은 반공산주의 동맹에 대해 행사할 수 있었던 모든 기회를 놓치고 만 것이다. 그들은 무지가 아니라 자신이 알고 있다는 '착각' 때문에 자멸했다. 좀더 의연하게, 지나친 자신감은 내려놓고 직관적인 경험에서 교훈을 찾고자 했다면, 러시아와 우크라이나의 성향을 둘러싼 가당찮은 오해를 가슴에 담아두지 않았더라면 러시아·우크라이나 동맹은 독일과 연합하여 소비에트 체제를 무너뜨렸을지도 모를 일이다.

전 세계 공산주의 세력은 1950년 하계 이후부터 미국의 행동을 제대로 예측하지 못한 탓에 심각한 좌절을 겪어왔다. 러시아 및 중국 공산당이 미국인을 파악하고 남한 침략을 둘러싼 미국의 대응을 정확히 읽었더라면 무기력증이 경각심으로, 약체가 막강한 전투력으로 탈바꿈하고 공산주의와 공산당 비밀동조자의 프로파간다에 속절없이 당했던 미국이 "진보"와 "인민정부"와 "자유"라는 공산주의식 구호에 속지 않고 이를 냉철하고 예리하게 판단하도록 상황을 몰아가진 않았을 것이다.

공산주의의 발전

美정부기관은 지난 몇 년에 걸친 소비에트 선전술의 발전상을 알고 있을지는 몰라도 필자에게는 정보를 흘린 적이 없다. 이 책에 서술한 내용은 유럽과 아시아에서 탈출한 공산주의자들을 내가 직접 신문해서 얻은 기록과, 기밀이 아닌 자료에서 발췌한 것이다.

사회학적 견지에서 보면, 러시아 공산주의자들은 공산주의 혁명술을 개선하려 했지만 유럽의 위성국가에서는 대부분 실패한 것으로 보인다. 루마니아와 불가리아, 헝가리, 체코슬로바키아, 폴란드 및 동독 정부는 조악한 국가로—소비에트 시각에서는 소련의 복제품과 달리, 유사의회pseudo-parliamentary의 구색을 갖추었다는 점에서 괄목할 만한 혁신을 이루었을지는 몰라도—전락하고 말았다.

모스크바·베이징의 중심축에서 볼 때, 혁명 프로파간다와 조직의 사회학적 연구는 러시아보다 중국 쪽이 훨씬 더 효과를 본 듯하다. 중국 공산당은 애당초 중국인인 데다, 러시아인보다 냉정하고 경험도 많은 공산주의자인 까닭에 국가를 엄격히 통제할 수 있었고 사회·정치적 실험도 과감하게 실시할 수 있지 않았나 싶다. 그들은 중국에서 공산주의식 통제를 위해 독재정권을 창출하는 동안 중국과 대립된 노선을 어렵사리 탈피했다.

소련과 중국이 위성국가를 조종하고 프로파간다를 두루 구사할 무렵, 북한 공산군과 인도차이나의 베트민군, 말라야 반도의 말라야민족해방군은 주된 공산주의 패턴에서 크게 이탈하지 않고도 최적의 지역주의와 배타주의를 견지한 것으로 보인다. 물론 북한 인민군은 중국이 개입하고 소련이 이를 지원하면서 입지가 크게 달라진 반면, 안남·말라야 공산군은 비록 베이징과 모스크바가 이중으로 통제하는 데다 아시아 민족주의와 마르크스주의가 결을 같이한다는 것이 쉽지 않았음에도 충천한 사기로 싸워 대승을 거둔 듯하다.

또 다른 공산주의 기술은 에드워드 헌터Edward Hunter가 쓴 도발적인 책을 통해 널리 알려졌다. 『세뇌brain-washing』는 사상을 개조한다는 뜻인데 제목이 내용을 정확히 함축하고 있다. 저자는 세뇌를 당한 피해자를 직접 신문했기에 세뇌의 섬뜩한 결과를 증언할 수 있었다. 피해자는 웬만해서는 설득을 당하지 않거나, 미국의 선전요원이 최근 파악한 만큼의 프로파간다에 노출되지도 않는다. 대신 세뇌 과정은 사상의 모든 차원을—가장 의식적인 면에서 가장 깊숙한 무의식까지—정면으로 공격한다. 공산주의자들은 잠을 재우지 않고 심문을 계속해가며 소위 '신경쇠약'과 비슷한 질환을 만들어낸다. 그러고는 '치유healing'를 통해 피해자를 정상적인 공산주의자로 전락시켜 사상을 '재건'한다.

저자가 대화를 나누었다는 어느 피해자는 가톨릭 집안에서 자랐음에도 세뇌를 당한 후로는 자신이 공산주의자라 믿게 되었다고 한다. 세뇌 후, 공산주의 명분을 비롯하여 공산주의에 합당한 삶과 지위를 전적으로 확신했다는 것이다. 하지만 성생활이 어려워졌다는 점은 공산주의 입장에서도 꽤 안타까운 사실이다. 미국의 정신과 전문의라면 누구든 이를 심각한 장애로 진단할 것이다.

성적 욕구 불만 탓에 그는 의학적으로 규정된 정신분열증과 약간 흡사한 증상을 보였다. 사상이 개조당하는 끔찍한 순간, 자신만의 진실과 단절하고 사람과의 소통도 대부분(혹은 모조리) 차단해버린 결과, 한순간은 평범한 공산주의자로 난징 거리를 걷다가도 '가톨릭 신자'라는 정체성이 돌연 공산주의자를 비집고 올라온단다(저자에게 직접 들려준 말이다). 이때 그는 반공산주의자요, 공공의 적으로서 주변과 전쟁을 치렀을 것이다. 생각건대, 세뇌를 당한 피해자는 공산주의 환경에 적응했음에도 은연중에 정신을 놓은 것 같다. 우리 쪽으로 다시 넘어왔으니 말이다.

두 가지의 사회·문화 체제가 완전히 상반된다면 두 체제 안에서 모두 '정상인'으로 살 수는 없을지도 모른다. 이 마당에 누가 정상과 비정상을 구분할 수 있으랴?

과학적인 측면에서 볼 때, 중국의 사상개조 과정에는 서양 공산주의 전향자에게서 자백을 받아낼 때와는 달리 약물을 쓴 흔적은 보이지 않았다. 파블로프(조건반사) 심리학 문헌에서 널리 알려진 실험과, 과감하고 현실적인 실험을 조합한 듯싶기도 하다. 이런 문제를 자문해 보면 어떨까? "심리학을 연구하는 공산주의 연구자들은 심리전 무기를 한창 개발하는 과정에서 공산주의의 맹점을 깨닫고 스스로 탈공산주의를 선언할 수 있을까?" 공산주의식 심리전 기술을 담당하는 연구진이 과학자라면(미국의 심리학자들은 대부분 과학도 출신이다) 쟁점이 될 수도 있겠지만 안타깝게도 대다수는 예술인과 종교인 및 광신도로 보인다. 수세기에 걸쳐 인류의 분노를 자극하고 많은 것을 빼앗아간 광신적 종교의 역사를 돌이켜 볼 때, 공산주의와 과학에 좀더 몰입하면 탈공산화가 이루어질 거라고 주장하는 공산주의자는 없을 듯싶다.

따지고 보면 미국은 전 세계에서 최대 규모를 자랑하는 혁신적인 실험국으로 봄 직하다(도그마를 철저히 따른 것도 아니고 증오심을 품은 적도 없었으며 단기적이고 실용적이자 산업적인—이념은 피상적이라 할지라도—합의를 정치·산업 문화의 근간으로 삼아온 최초의 거대 공동체라는 면에서). 미국이 전쟁을 몇 번 더 이긴다면 전 인류는 미국식 실용주의를 선호할 뿐 아니라 적국의 이념에 비해 실용주의의 방어력이 과학적으로도 막강하다는 사실을 깨달을 것이다. 과학적인 측면을 기준으로 경쟁을 벌인다면 프로파간다에서 미국이 공산주의에 밀릴 가능성은 희박할 듯싶다. 그러나 예술과 혁신기술면에서는 공산주의도 미국만큼 독창적이고 열성은 더 강하다.

민간 심리전과 비밀전술

심리전이 발전하면서 나타나게 된 또 다른 특징은 전시에 습득한 기술이 평시에도 잊히지 않고 적용될 가능성이 필연적으로 높았다는 것이다. 2차 대전 당시 OWI(전시정보국)에서 실시한 연구 중 다수는 긍정적인 측면에서 인종학이나 인류학 혹은 심리학에 기여해 왔고, 랜드연구소Rand Corporation의 전후 연구는 일부가 공개되어 프로파간다와 인류에 대한 지식에도 보탬이 되었다. 아울러 스탠퍼드大의 레이더RADIR 프로젝트와, MIT 및 하버드大의 러시아 연구 프로그램 등, 정부가 단서를 주었거나 장려한 연구도 민간 학문과 토론에서 유사한 결실을 맺어왔다.

반면, 비밀 프로파간다의 일환으로 OSS(미군전략정보국)가 개발한 고위험 기술 중 일부는—유럽에서는 성공적으로 적용된 사례가 있었으나—미국 내 정치나 상업적인 경쟁 등 민간부문에는 도입되지 않았다. 1·2차 대전을 겪은 후 전쟁이 국가를 타락시킨다면 전시기술을 평시에 적용할 법도 하나, 1948년과 1952년 미국의 대선 유세 때는 그런 적이 없다는 사실을 강조해두고 싶다. 물론 2차 대전을 치르는 과정에서 심리전을 터득한 인사들이 스티븐슨과 아이젠하워 보좌진에 포진되어 있었지만 말이다.

19세기를 통틀어 매우 혁명적이지만 목숨을 부지할 수 없을 만큼 위험천만한 프로젝트 중 일부는 기존 정부의 지원이나 승인 없이 자행되었다는 사실을 잊을 때가 더러 있다. 카를 마르크스는 파머스턴 경(Lord Palmerston, 영국의 정치가. 아일랜드 귀족으로서 1807년에 하원의원이 되며, 이후 육군성 장관과 외무성 장관 및 내무성 장관 등을 역임하고 두 차례에 걸쳐 수상을 역임했다—옮긴이)의 꼭두각시가 아니었고, 바쿠닌(Bakunin, 러시아 혁명가로 무정부주의 주창자 중의 한 사람이다. 유럽 노동자당 연합체인 제1인터내셔널에 가입하여 활동하면서 카를 마르크스와 이념적으로 대립, 유럽 사회주의운동의 분열을 초래했다—옮긴이) 또한 프랑스 외교부에서 활동한 것은 아니었다.

전후 미국·공산주의 대립구도에서 소련의 비밀작전에 대한 미국의 입장은 자국도 비밀작전으로 소련에 대항해야 한다는 것이었다. 이런 맥락에서 우리가 망각하고 있는 사실이 있다. 그런 비밀작전은 위험키도 하지만 국내법에도 저촉된다는 것이다. 연방법에 따르면, 노예해방령이 시행되기 몇 해 전부터 흑인노예를 자유주(Free States, 남북전쟁 전, 노예제도가 실시되지 않은 주—옮긴이)에서 캐나다로 피신시키듯, 소련을 탈출한 사람을 지원하는 지하철은 개통할 수 없다고 한다. 미국의 비밀작전에 제동을 거는 주된 걸림돌 중 하나는 연방정부의 권력과 권위 및 책임이 모든 면에서 크게 확대되었다는 점인데, 때문에 미국발 혁명·공모 작전은 당국의 사전 승인 없이는 불가능해졌다. 기존 국제법에 의거하자면 당국은 승인을 해줄 능력도 없고 그럴 형편도 못 될 것이다.

냉전체제가 장기간 지속된다면 미국은 자국의 시민에 적용해온 규제를 재검토하고, 반미운동은 금하되 친미 비밀공작은 허용하도록 법을 개정하는 것도 바람직할 듯싶다. 물론 그렇다고 해서 문제가 아주 해결되는 것은 아니다.

사건의 정황을 모르는 정부가 어찌 누구는 "허락"하고 누구는 "금지"할 수 있겠는가?

기존의 사법체제는 정부가 권한을 일부 철회하면, 공작이 미국 정부에 해가 된다는 사실이 입증될 때는 기소되어 법정에 서지만 미국의 반동세력에 위해를 가할 때는 처벌을 면할 수 있다.

바꾸어 말하면, 장기적인 냉전체제에서 공산주의 국가들은 반동세력이긴 하지만 모두가 美정부의 군사 적대국은 아니다. 단, 정부의 적대국과 대표단과 영토 및 조직은 법의 보호를 받을 수 없다는 사실을 깨달아야 한다는 것이다. 이를테면 모스크바에 적용되는 법이 뉴욕시립은행에 적용될 리 없고, 부다페스트 법이 美전신·전화 회사에는 적용되지 않는 것과 같은 이치다. 공산주의 국가들은 오랫동안 미국의 비즈니스와 사교모임을 마치 범죄와 반체제 선동을 염두에 두고 활동해온 것처럼 취급해 왔다. 미국의 법적 보호를 모두 철회한다면, 공산주의자들에 도전·대립하려는 미국인의 성향은 더욱 짙어질지도 모른다. 지금은 연방법이 반공 성향을 철저히 억제하고 있다.

심리전의 미래

심리전은 기존의 병법으로 자리 잡았다. 1919년과 1940년 사이 미국은 전문가를 확보하지 못했으나 1945년 이후로는 심리전에 관심이 있는 현역·예비역 장교와 민간 컨설턴트 및 퇴역군인이 줄을 이었다. 다양한 군사기관도 심리전 임무를 담당해 왔다. 모집·훈련을 받은 장교와 사병도 상당히 많다. 라디오 방송과 전단 설비는 육·해·공군이 어디로 이동하든 가동할 준비가 되어 있고 전시에는 용도가 즉각 전환되는 美글로벌 프로파간다 전략센터는 국가안전보장회의NSC 산하 실무조정위원회Operations Coordinating Board에서 운용하고 있다.

여기서 끝이 아니다.

프로파간다를 연구·실시할 때 역설적이지만 부정할 수 없는 사실이 있다. 프로파간다는 아는 만큼 내성도 강해진다는 것.

1920년대만 해도 프로파간다는 무시무시한 유령과도 같은 존재였다. 1920년 전에 태어난 사람에게 선전은 흥측하고 섬뜩한 대상이었을 것이다. 기억을 더듬어 보면 1930년 이후에 태어난 사람들은 그다지 섬뜩하게 생각하진 않았던 것 같다. 1920년~30년 사이에 태어났다면 선전 실황을 두고는 정서적인 반응이 갈라졌을 것으로 보인다.

심리전은 요술이 아니다. 현대식 전략의 감초요, 현대전의 보조 역할로 제격일 뿐이다. 전쟁 억지 차원에서 합리적이고 효율적으로 전략 방침을 계획한다면 이를 뒷받침하는 심리전은 전쟁을 방지하는 데 기여할 것이다. 심리전은 병법이라는 군사·전략 분야 중 인간의 인지·수용을 주로 다룬다.

우리는 당장은 아니더라도 언젠가는 맞닥뜨릴 핵의 위협 속에 살고 있다. 최강의 괴력을 자랑하는 핵폭탄이 국민의 긴장과 악감정을 고조시키는 한, 혹자의 말마따나 인류의 신경을 건드린 장본인이 물리학자라면 인류를 안심시키고 평화를 도모하는 건 선전요원에게 달린 일이다.

심리전은 기능이 무엇이든, 전쟁을 부추기지도 않거니와 부추겨서도 안 될 것이다. 전쟁이 가장 큰 아픔이기 때문이다. 방송과 전단은 전시체제라도 증오를 조장하지 않는다. 전 세계가 당면한 상황은 심리학적 지식이 아니라 기술이 발전한 탓에 위험해진 것이다. 심리전은 무기로 분류되지만 가장 인간적인 무기라 해도 과언은 아니다.

적의 목숨을 살려도 전력을 무너뜨릴 수 있는 병기가 있던가? 심리전 외에는 없다. 심리전은 적의 투항을 유도하지만 그를 친구로 만들어 고향에 돌려보낸다. 심리전에 견줄만한 병기는 없다.

명칭이 어떻게 달라질지는 모르겠지만 심리전이 현대전에 투입되는 병기에서 누락될 리는 없다. 물리전보다 수명이 길진 않을 것이다. 심리전을 개발하는 것은 곧 국가의 군사력을 저렴하고 효율적으로 인간답게 증진시키는 방책이기도 하다. 우리 기준에 정치적으로 옳은 국가든 그릇된 국가든 그건 중요하지가 않다.

1945년 이후, 심리전을 두고는 여느 자유 국민보다 미국인들이 더 많이 쓰고 연구하고 토론해 왔다. 전망이 밝다는 이야기다. 이는 기술을 선호하고 유행을 추구하는 미국의 성향이 인간의 전쟁무대로 방향을 돌릴 수 있다는 방증이기도 하다. 공산주의자들은 미국인보다 거짓말도 잘하고 모략과 살인에도 능숙하다. 처음에는 심각한 광신도에서 출발했다가 이 지경에까지 이른 것인데, 그렇다면 공산주의보다 속임수나 입씨름이나 책략에서 그들을 능가하는 것이 미국의 정신에는 위배되는 일일까? 우리에게는 후방을 지키는 독창적인 문화가 있다. 그러니 가이드가 될 독재자도 없고 위안으로 삼을 만한 당 노선도 없다. 딱히 바라지도 않는다. 형편이 녹록지 않아도 양심에 따라 살 수 있으니 우리를 지켜줄 수호자는 필요하지 않은 것이다.

공산주의자들은 우리와의 전쟁을 선포했다. 이 싸움은 종식까지 오랜 시일이 걸릴지도 모른다. 전쟁을 그만둘 의사가 있다면 우리는 흔쾌히 평화를 도모하겠으나 막판까지 전쟁을 밀어붙인다면 …

우리도 호락호락 승기를 내주진 않을 것이다.

부록

6·25전쟁과 심리전(1950~53)

1950년 6월 25일, 대한민국 침략이 본격적으로 개시될 무렵 심리전 조직의 실체는 뚜렷하지 않았다. J. 우달 그린 대령이 이끄는 기획참모부는 3년 전(1947년) 극동총사령부GHQ에 재창설되었으나, 특히 야전부대가 부족한 상황에서 전면적인 프로파간다 작전을 감독해야 하는지라 엄두가 나질 않았다. 그럼에도 조속히 보강된 참모진(사실상 작전부대가 되었다)은 남침 이틀 후, 전략전의 일환으로 전단과 방송으로 작전을 개시했다. 전략전은 3년 이상 꾸준히 지속되었다.

맥아더 장군이 극동사령부에 심리전 기획참모진을 구성하던 1947년 당시, 정보참모국은 정보예비군 특기병을 대상으로 장기 공개강좌 프로그램을 감독했다. 군사정보 프로그램의 특과는 심리전이었다.

육군성은 2차 대전의 경험을 바탕으로 한 훈련교범 개발과 병행하여 현장기동훈련에서 심리전을 시험하기도 했다. 전술정보분대Tactical Information Detachment라는 특수부대는 캔자스 포트 라일리에서 조직되었다.

야전부대가 조직되다

1950년 전쟁이 발발한 지 한 달이 채 되기 전, 육군성은 심리전 야전부대라는 신조직 개념을 공개 승인했다. 이는 2차 대전 당시 모든 작전지에서 귀감이 된 개념으로 두 부대—'전략' 프로파간다 지원부대와 '전술' 프로파간다 지원부대—의 설립으로 이어졌다.

라디오 방송·전단군

신설 부대 조직과 역할에 대한 개념이 하루아침에 떠오른 것은 아니었으나, 설계와 작전을 병행하던 극동사령부 소속 심리전반PWS은 모든 지역에서 전면적인 전략작전을 지원하려면 인력과 장비를 충분히 갖춘 부대가 시급하다는 점을 지적했다. 이를 기화로 창설된 라디오 방송·전단RB&L군은 군사작전 지원군으로서 몸소 전략 프로파간다를 실시하는가 하면 지령에 따라서는 국내외 프로파간다 작전에도 투입되었다. 방송·전단군은 3개 중대를 기초로 설립되었다.

본부 및 본부중대 Headquarters and Headquarters Company_프로파간다 작전에 필요한 사령부와 행정, 감독 및 창의적인 인력으로 구성되어 있다.

재생중대Reproduction Company_크기와 색상이 다양한 전단 및 신문을 제작할 수 있는 숙련된 인력과 설비를 확보했다.

이동식 라디오 방송중대 Mobile Radio Broadcasting Company_라디오 선전용 방송수단을 대체하거나 보강했다.

1953년에는 유형이 다른 통합중대Consolidation Company가 노스캐롤라이나 포트 브래그Fort Bragg에서 가동되었다. 통합중대는 매우 유연한 부대로, 군사당국의 통제 하에 심리전을 실시하며 통합작전을 지원했다.

〈사진 75〉 UN 프로파간다 한국에 살포된 전단 중에는 유엔이 주인공으로 부각된 사례도 있다. 유엔은 남한에 아낌없이 퍼주지만 공산주의는 북한을 약탈하고 있다는 것이다. 우리 쪽 빈민가 이야기는 쏙 뺐다.

확성기·전단 중대

 심리전 지원 작전에 투입되는 방송·전단군의 하급부대는 확성기·전단(L&L) 중대였다. 이 부대는 특히 '전술' 프로파간다로 야전부대를 지원했다. 또한 방송·전단군처럼 국내 프로파간다도 지원했으나 전역사령관의 지령은 시급한 목표에 따라 해석을 달리 하기도 했다. 확성기·전단 중대의 타깃은 규모가 비교적 작고 사는 환경도 특수한 까닭에 프로파간다가 공격에 노출될 가능성이 높고 프로파간다의 기회 또한 일정하지 않았다(중대로서는 매우 큰 난관이었다). 조직 면에서 볼 때 확성기·전단 중대는 방송·전단군의 축소판이었다. '중대본부company headquarters'와 '선전소대propaganda platoon'는 본부 및 본부중대에서 파생된 부대였고 '발행소대publications platoon'는 재생중대의 축소판으로 좀더 유연한 부대였다. '확성기소대loudspeaker platoon'는 '전략적인' 이동식 라디오 방송중대에 버금가는 '전술' 부대였다.

〈사진 76〉 한국의 전단 살포탄 초기모델 요코하마 FEC 인쇄공장(1950년 11월 1일)에서 적재중인 M16A1 클러스터 어댑터. 폭탄형 어댑터에는 2만2천500장(가로 5cm, 세로 8cm)의 심리전 전단이 담길 예정이다.

전술정보분대는 1950년 가을, 포트 라일리에서 한국으로 이전된 후 '확성기·전단 제1중대'로 재편, 미8군EUSAK에 편입되어 한국전쟁 내내 전술 프로파간다 부대로 활약했다. 제1중대는 전시상황의 기복에 따라 위치와 장비 및 프로파간다의 기조를 조정했다.

심리전센터

1951년 봄, 육군심리전반의 심리전 대장실 신설과 아울러 교육훈련이 개시되었다. 전 세계에서 최초로 프로파간다 정규교육기관의 출범을 위해 육군장성학교the Army General School에 교수진이 초빙되었다.

입대 전 매스커뮤니케이션이나 관련 직종에 종사하던 예비역 장교들은 심리전에 다시 투입되었고, 일부 라디오 방송·전단군 및 확성기·전단 중대는 포트 라일리에서 활동과 훈련을 실시했다. 이중 '라디오 방송·전단 제1군'은 일본에 파견되어 극동사령부의 전략 프로파간다 지원부대로 재편됨으로써 적잖이 고충을 겪고 있던 심리전반의 작전 부담을 덜어주었다. 제1군은 1951년 7월 포트 라일리를 떠났으나 미주리 밸리Missouri Valley의 홍수가 정점을 찍은 터라 부대는 승선 일정을 맞추기 위해 버스와 열차로 경로를 급히 우회했다. 제1군은 실제 작전에 투입된 유일한 부대인 반면, 다른 부대는 훈련임무에 편입되었다. 예비군 및 중대는 부대의 준비태세를 목적으로 전문 인력이 배치된 주요 지점에서 정기적으로 훈련을 받았다.

1952년 4월, 포트 라일리에서 실시되던 심리전 훈련은 심리전센터Psychological Warfare Center가 신설된, 노스캐롤라이나 포트 브래그로 이관되었다. 심리전센터는 부대의 훈련과정을 감독하고 시설을 제공하는가 하면, 장비와 기술을 시험·평가하는 심리전 위원회Psychological Warfare Board를 창설하기도 했다. 한편 육군장성학교 교육과정에서 비롯된 심리전학교Psychological Warfare School는 육군 전문학교 중 하나로 공인되었다. 원고를 집필하고 있는 현 시점(1953년)을 기준으로 400명이 넘는 장교가 수료증을 받았다. 수료생 대다수는 육군 장교지만 해군과 해병대, 공군, 美정보기관 및 9개 연합국 소속도 더러 있었다.

심리전 참모국, 극동사령부

심리전반은 정보참모국(G2)의 감독 하에 약 2년간 작전을 실시해 왔다. 1차 대전 이후로 G2에는 심리전 활동을 감찰할 책무가 있었고, 이는 2차 대전 내내 부각된 관행이었다. 1947년 육군성은 심리전 감찰·감독권을 작전참모국G3으로 이관했으나 극동사령부에서는 1952년에 이를 시행했다.

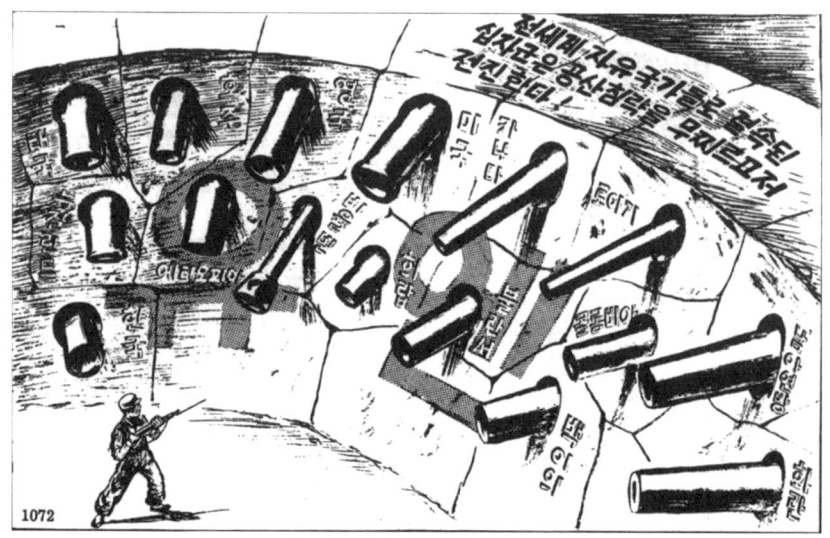

〈사진 77〉 유엔 슬로건 위의 한국어로 된 전단은 "54명과 싸우려는 군인은 없지만 공산주의 국가인 중국은 54개국을 상대로 전쟁을 벌이려 한다. 공산주의 노예를 위해 싸우지 말고 전우와 함께 투항하여 안전을 보장받으라"고 종용한다.

1953년 초, 심리전반은 극동육군AFFE 사령관 참모국으로 이관되었다. 즉, 심리전 지원부대의 기획·작전을 조율하기 위해 참모를 인근에 배치한다는 것이다.

심리전반은 현지 사령관과 마찬가지로, 한국전쟁 내내 두 개의 감투를 썼다. 심리전반은 유엔사령부의 심리전 작전 조율기관이기도 했다.

목표의 폭을 넓히자 프로파간다 구호가 수천 가지씩 나왔다. 2차 대전 당시 주목을 끌었던 '조건 없는 항복'은 한국전쟁에는 적용되지 않았다. 유엔의 거부 방침으로 심리전반이 금지조치를 단행했기 때문이다.

미8군, 심리전 참모국

육군성은 육군 및 참모국에 심리전 전담 장교의 필요성을 깨닫고는 해당 장교를 본부에 통합시켰다. 그리하여 심리전 장교는 작전참모반에 자리를 잡게 되었다.

작전참모국의 8군 심리전단은 확성기·전단 제1중대(L&L)를 통제했다. 미8군 심리전 장교는 선전소대를 8군 참모국으로 이관함으로써 L&L 중대의 선전물을 엄격히 감독했다.

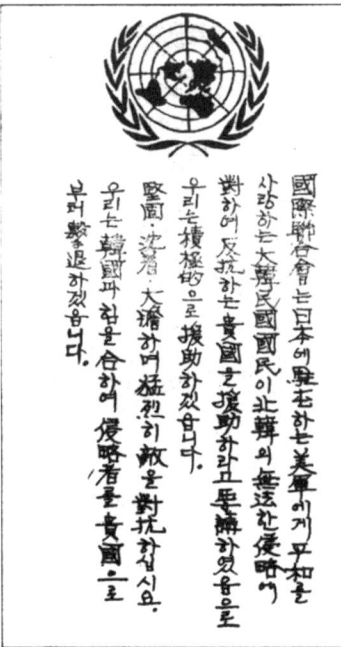

〈사진 78〉 국내 전선의 사기 남한의 통신이 끊겼을 때 초기 전단은 민간인들의 사기를 진작시키는 데 일조했다.

각 부대의 심리전 장교들은 L&L 중대에서 차출된 확성기반(부대원의 숫자는 서로 달랐다)을 작전상의 통제 대상에 두었다.

라디오 작전

한국전쟁 당시, 라디오 방송은 전략 및 전력 강화를 위한 매체로 활용되었다. 전초부터 군 당국의 방침을 대변했던 방송은 1950년~51년까지 심리전반과 RB&L 제1군의 감독 하에 유엔사령부의 소식통으로 알려지기도 했다. 한국방송(KBS)과 일본방송(JBS)은 서로 협력하여 방송을 전파했고 방송시간은 미국 정부가 매입했다. RB&L 제군의 라디오 부대는 서울(KBS)과 대구(KBS), 부산(KBS) 및 도쿄(JBS)에 자리 잡은 주요 방송국을 통해 프로그램을 지원했고, KBS에는 12개나 되는 방송국을 원활히 가동시키기 위해 기술지원도 제공했다.

전단 작전

2차 대전 때와 마찬가지로 전단은 주로 두 가지 수단인 항공기와 포를 이용하여 살포해 왔다. 극동공군의 B-29 폭격기는 야간임무 시 전략지역에 전단이 든 폭탄을, 경폭격기와 연락선은 美8군의 지원 하에 전단폭탄과 꾸러미를 전술 타깃에 투하했다. 전단꾸러미는 한국전쟁 때 개발된 것으로, 포장재로 싸고 끈으로 묶고 난 뒤 기폭장치를 달아 전단이 공중에서 살포되었다. 또한 105밀리미터 곡사포는 선전물을 채운 포탄을 정확한 목표지점에 떨어뜨리는 주요 병기로 꼽힌다.

인쇄된 전단은 상당히 많았다. RB&L 제1군은 평균적으로 2000만 장이 족히 넘는 선전물을 매주 제작했고 L&L 제1중대는 여기에 주당 350만 장을 보탰다.

확성기 작전

항공기에 탑재된 확성기는 시험의 일환일 뿐, 본격적인 선전 방송은 대부분 탱크나 포좌에 장착된 확성기로 내보냈다. 1951년~53년까지 전쟁이 소강상태에 접어들었을 때는 포좌를 많이 활용했다. 소리가 닿는 거리는 대기나 기상조건이 좋더라도 2000야드(약 1.8킬로미터) 정도로 짧았다. 병력과 장비는 L&L 제1중대가 제공했으며 대본은 미8군 작전참모국 심리전단이 작성했다.

심리전의 결과

"심리전이 효과가 있던가요?" 이런 질문을 받으면 답도 애매해진다. 프로파간다 작전의 효과를 즉각적으로 '똑 부러지게' 평가한다는 것은 적잖이 불가능하기 때문이다. 목표지역에는 보이지 않는 변화무쌍한 요인이 상당히 많다.

어느 논객은 극동사령부에서 실시한 작전에 대해, 프로파간다 때문에 포로가 투항했다는 것은 과장된 주장이라고 일축했다. 포로의 머릿수가 (군사작전을 지원하는 차원에서 벌인) 심리전의 '직접적인' 결과를 측정하는 정확한 잣대가 될 순 없다는 것이다. 적을 생포하는 것이 심리전의 '유일한' 목표는 아니기 때문이다.

혹자는 방점이 프로파간다의 '퀄리티(quality, 질)'보다는 '퀀티티(quantity, 양)'에 찍혔다는 점을 지적했다. 퀀티티는 기록식 통계로 측정한 프로파간다인 반면, 퀄리티는 막강한 정보력으로 계획하여 심리적 영향력을 최대한 끌어올린 기회를 선용할 수 있는 프로파간다를 뜻한다.

심리전은 목표를 달성했는가?

1000일 동안 라디오 방송을 송출하고 확성기로 1만 번을 외치고 10억 장의 전단을 뿌려 설득해온 결과는 과거를 돌이켜 봐야 판단할 수 있지 않을까 싶다. 앞선 문제는 타깃지역의 반응이 바람직한 쪽으로 기울어졌을 때(혹은 그러지 못했을 때) 답이 정해질 것이다. 단, 전제는 군사작전의 가시적인 결과가, 동시에 혹은 차후에 벌인 전략 국제정보작전의 결과와는 분명히 구분되어야 한다는 것이다.

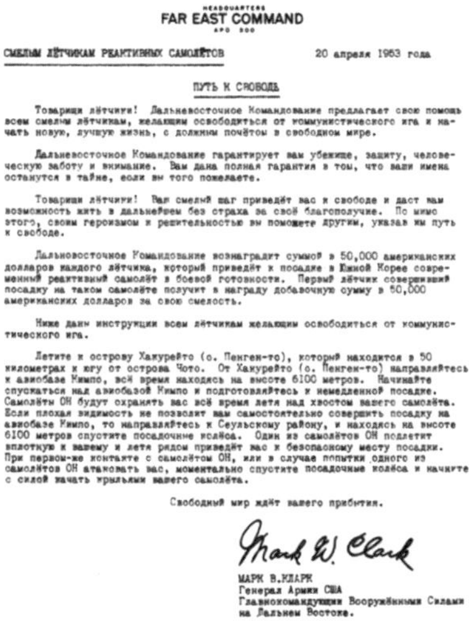

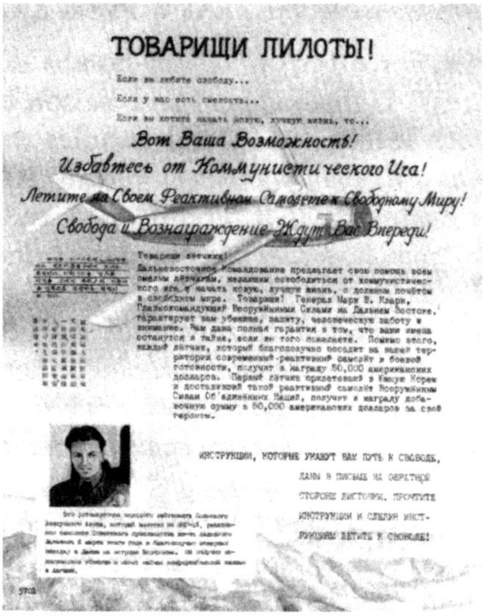

〈사진 79〉 유명한 항공기 투항전단 논란이 일었던 극동사령부의 전단. 1953년 4월, 비행이 가능한 현대식 전투기를 한국에 전달한 파일럿에게 미화 5만 달러를 지급했다는 정보가 담겨있다. 아울러 자유국가를 표방하는 한국에 전투기를 전달한 최초의 조종사는 담력을 발휘한 수당으로 5만 달러를 얹어 받게 될 거라고 한다. 전단은 러시아어, 중국어 및 한국어로 인쇄되어 있으며 러시아어로 된 사진 속 전단에는 "러시아어를 읽을 줄 아는 조종사에게 미국이 전하는 메시지이므로 그런 사람을 알고 있다면 그에게 전하시오. 유엔군으로 탈출할 방책을 일러줄 것"이라는 추가 주문이 한국어와 중국어로 되어 있다.

감사의 글

이 책은 연구보다는 경험, 탐독보다는 컨설팅의 산물이다. 미국 심리전 기관에 소속된 민간 전문가이자 육군 장교로서 5년간 겪은 실무—합동·연합참모본부의 기획단계에서 중국파견대의 전단 제작에 이르기까지—에 바탕을 두었다. 물론 필자의 경험만을 담기보다는 현역들이 인정한 개념과 원칙도 초판에 통합하려 했다. 그러니 책임은 내게 있겠지만 신빙성은 그렇지 않을 것이다.

심리전에는 머리를 써야 하는 흥미진진한 업무가 수반된다. 그래서 두뇌가 비상한—번뜩이는 아이디어가 가득한—사람들이 끌리게 되어 있다. 옌안의 마오쩌둥과 워싱턴의 조셉 데이비스 대사를 위시하여 뉴질랜드의 엔지니어(상병)와 충칭 본부의 2급 쿨리(coolie, 중국과 인도에서 19~20세기 초 미국으로 넘어온 노동자들을 비하하여 부르는 용어—옮긴이)와도 심리전에 대한 소견을 나눈 적이 있다. 그러다 보니 같은 뉴욕에서 어느 변호사의 '멘탈'이 붕괴될라치면 동료 변호사가 해결책을 제시하고 퓰리처 수상자의 아이디어가 바닥나면 속기사가 이를 채워주는 사례도 있었다. 모든 이들에게서 한수 배우려고 애썼고 그런 열정이 담긴 기억을 그러모아 책으로 엮으려 했다. 다행히 저작권은 신경 쓰지 않아도 되지만, 아쉽게도 코멘트나 창작의 출처는 밝히지 못했다. 일부 저작권자가 사람들의 기억에 오르내리는 것을 거부할지도 모르기 때문이다.

은인 중 서너 명은 뇌리에 확실히 각인되어 감사를 표현하지 않을 수 없지만, 지면에 열거하고픈 사람을 전부 공개해서는 안 된다는 마음으로 조심스레 소개하련다.

우선 부친인 폴 M. W. 라인바거 판사(1871~1939)는 쑨원과 중국 국민당을 대표하는 활동과 관련하여, 국제 정치전의 거의 모든 국면(공개와 비공개를 떠나)을 접하게 했다. 빠듯한 예산으로(사재를 턴 기간이 수년이다) 네다섯 개 언어를 구사해가며 반제국주의 및 반공산주의 운동을 벌이는가 하면 미중 우호관계와 중국의 민주주의 정립에도 앞장섰다. 5년 반 동안 부친의 비서로 활동하다 보니 이 책이 미국의 원칙만을 고집하지 않을 수 있었다. 프로파간다를 배우려면 남이 유포한 프로파간다를 몸소 체감하는 것이 가장 좋다.

아버지 다음으로는 육군성에서 심리전을 담당한 총참모부 장교들에게 감사의 뜻을 전하고 싶다. 미국은 지성과 양심과 역량을 겸비한 인재들이 중차대한 임무를 끊임없이 이어왔다. 1942년에서 47년까지 그들의 지휘아래서 복무할 수 있었던 것은 큰 행운이었다. 임무 순으로 열거하자면 퍼시 W. 블랙 대령을 비롯하여 오스카 N. 솔버트 준장과 찰스 블래키니 대령, 찰스 알렉산더 홈즈 톰슨 중령, 존 스탠리 대령, 리처드 허시 중령, 브루스 버틀스 중령, 다나 존스턴 대령, 대니얼 테이텀 중령 및 웨슬리 에드워즈 중령 등이 있다. 재능과 성장배경은 서로 다르지만 역량만은 모두가 출중했다. 심리전의 독특한 마력이나 부관참모의 혜안이라기보다는 그저 운이 좋아 이런 인맥을 쌓을 수 있었다고 본다.

특히 수기 원고를 (일부 혹은 전부) 읽어준 지인들에게도 감사드린다. 이들은 콜롬비아에서 교육을 이수하고 군사정보처MIS에서 프로파간다를 분석해온 에드워드 K. 메러트와 국무성 국제정보 컨설턴트 겸 브루킹스 연구소 간부인 C. A. H. 톰슨, 가톨릭대 교수이자 합동참모부 소속 심리전 역사가인 E. P. 릴리, 인네스 랜돌프 중령, 그리고 미국인으로서는 유일하게 1·2차 대전에 모두 참전하여 심리전 장교로 활약한 헤버 블랭켄혼 대위, 전시에 OWI·MIS 대외사기분석처를 지휘한 정신과 전문의 겸 인류학자인 알렉산더 M. 라이턴 해군 소령, 리처드 허시, 도널드 홀 대령(그의 격려가 없었다면 책은 출간되지 못했을 것이다) 외에, 전략 정보에 대한 넓은 식견으로 평론에 무게를 더한 조지 S, 페티 교수와 다나 존스턴 대령, 언젠가는 미스터리한 야크지프 작전Yakzif operation의 전말을 전 세계에 공개할지 모를 마틴 허츠 및 M. S. 라인바거 등이다.

프로파간다 기관에서 같이 근무했던 동료들에게도 감사를 표시해야 할 듯싶다. 제프리 고라는 탁월한 동료이자 조력자였다. 에드윈 거드리 학장은 신중하고 인간적인 성품과 탁월한 심리학적 지식이 투영된 통찰력을 심리전에 접목시켰고 역사학자인 W. A. 에이켄 교수는 2차 대전 때 가동되던 미국 기관의 초기 사료를 제공했다. OWI 중국 아웃포스트 담당관인 F. M. 피셔와 리처드 와츠 주니어는 동료와 함께 업무를 분담함으로써 많은 것을 알려주었으며, 당시 직속상관이던 조셉 K. 다키 대령은 일손이 빠듯했음에도 참모 중 하나가 심리전에 시간을 낼 수 있도록 배려해 주었다. 허버트 리틀과 존 크리디 및 C. A. 피어스는 프로파간다의 목적을 둘러싼 기상천외한 일화를 들려주었다. 전 국무성 차관 및 주일대사를 역임한 조셉 C. 그루에 따르면, 기존의 외교절차에는 심리전이 다른 형태로 재발견한 기술이 다수 포함되어 있다고 한다.

끝으로 조셉 I. 그린 대령에게도 고마움을 전하고 싶다. 그는 편집자와 발행인과 친구라는 1인 3역으로 출간에 결정적인 역할을 담당했다.

책에 실은 자료는 육군성이 보안상의 이의를 제기하진 않았으나 당국의 정책이나 시각이나 견해와는 방향이 다를 수 있으며 사실의 정확성에 대해서도 당국은 책임이 없다. 책임은 전적으로 필자에게 있으니 소감이나 불만이 있다면 언제든 흔쾌히 들을 참이다.

폴 M. A. 라인바거

2831 29번가 N. W.
워싱턴 8, D. C.
1947년 6월 20일(현재)

지은이

폴 M. A. 라인바거

폴 라인바거 박사는 프로파간다(선전)와 심리전 및 중국문화에 정통한 까닭에 美첩보부 스파이로 활동해 왔고, 한국전쟁(6·25전쟁)에도 심리전 요원으로 참전한 이력이 있다. 평소에는 독창적이고도 범상치 않은 공상과학소설을 쓰며 자신의 신분을 철저히 숨겨왔고 이를 위해 '코드와이너 스미스Cordwainer Smith'라는 필명으로 책을 집필하기도 했다.

옮긴이

유지훈

기획하고 쓰고 디자인하고 그리고 번역하는 등, 책을 만들기 위해서라면 뭐든 하는 북크리에이터. 저서로 『남의 글을 내 글처럼』과 『창세기의 미스터리』 등이 있으며, 옮긴 책으로는 『좋은 사람 콤플렉스』를 비롯하여 『왜 세계는 가난한 나라를 돕는가?』, 『위도 10도』, 『퓨처 오브 레스』, 『맨체스터 유나이티드』, 『미 정보기관의 글로벌 트렌드 2025』, 『걸어서 길이 되는 곳, 산티아고』, 『베이직 비블리칼 히브리어』, 『팀장님, 회의 진행이 예술이네요』의 다수가 있다.

심리전이란 무엇인가
Psychological Warfare

초판 1쇄 발행 2020년 10월 31일
글 쓴 이 폴 M. A. 라인바거
옮 긴 이 유지훈
펴 낸 곳 투나미스
발 행 인 유지훈
교정교열 편집팀

출판등록 2016년 06월 20일
출판신고 제2016-000059호
주   소 수원 팔달구 정조로 735 3층
이 메 일 ouilove2@hanmail.net
홈페이지 http://www.tunamis.co.kr

ISBN 979-11-90847-14-8 (03340)

* 이 책은 저작권법에 따라 보호 받는 저작물이므로 무단 전재와 복제를 금하며, 내용의 전부 혹은 일부를 이용하려면 반드시 저작권자와 투나미스의 서면 동의를 받아야 합니다.

* 잘못된 책은 구입처에서 바꿔 드립니다.

* 책값은 뒤표지에 있습니다.

COPYRIGHT 1946, 1954, BY PAUL M. A. LINEBARGER©

인민군을 집에 드리면 남의 주검에 휩쓸려 들게 된당. 산양관이 집승의 뒤를 쫓드시 유엔폭격기는 언제나 인민군을 따라다 닌당.